PRÜFE DEIN WISSEN

Rechtsfälle in Frage und Antwort
Band 7/1

Handelsrecht

einschließlich Bilanzrecht

von

DR. HERBERT WIEDEMANN

em. o. Professor an der Universität zu Köln
Richter am Oberlandesgericht Düsseldorf a. D.

fortgeführt von

DR. HOLGER FLEISCHER

o. Professor an der Universität Bonn
Dipl.-Kfm., LL. M.

8., völlig neu bearbeitete Auflage

Verlag C. H. Beck München 2004

Verlag C. H. Beck im Internet:
beck.de

ISBN 3 406 52070 7

© 2004 Verlag C. H. Beck oHG
Wilhelmstraße 9, 80801 München
Druck und Bindung: Nomos Verlagsgesellschaft
In den Lissen 12, 76547 Sinzheim

Satz: Druckerei C. H. Beck Nördlingen

Gedruckt auf säurefreiem, alterungsbeständigem Papier
(hergestellt aus chlorfrei gebleichtem Zellstoff)

Vorwort

Die Neuauflage bringt das Buch auf den Stand von Februar 2004. Einzuarbeiten waren namentlich die Auswirkungen der Schuldrechtsreform auf das Handelsrecht sowie die tiefgreifenden Umwälzungen im Rahmen der Internationalen Rechnungslegung. Erweitert und vertieft habe ich die Abschnitte über besonders prüfungsträchtige Rechtsmaterien: den Unternehmenskauf, die Haftung des Erwerbers eines kaufmännischen Unternehmens und den Handelskauf. Nachdrückliche Aufmerksamkeit erfahren wie bisher die europarechtlichen Bezüge des Handelsrechts und seine Verbindungslinien zum Bürgerlichen Recht.

Für kluge Ratschläge und kritische Textdurchsicht danke ich meinen wissenschaftlichen Mitarbeitern *Ingo Fuchs*, *Bastian Schoppe* und *Christian Schwandtner*. Das Manuskript hat meine Sekretärin *Eleonore Krüger* in mustergültiger Weise erstellt.

Bonn, im März 2004 *Holger Fleischer*

Inhaltsverzeichnis

Abkürzungen XIII
Literaturverzeichnis XVII

A. Grundlagen des Handelsrechts

I. Gegenstand und Geschichte 1
II. Fortentwicklung und Neukonzeption 5
III. Europäisierung und Internationalisierung 7
IV. Handelsrecht und Bürgerliches Recht 9
V. Einrichtungen mit handelsrechtlicher Bedeutung 10

B. Handelsstand

I. Kaufleute 13
   1. Istkaufmann 14
      a) Gewerbe 14
      b) Handelsgewerbe 20
      c) Betreiben 22
      d) Beginn und Ende der Kaufmannseigenschaft 25
   2. Kleingewerblicher Kannkaufmann 26
   3. Land- oder forstwirtschaftlicher Kannkaufmann ... 28
   4. Fiktivkaufmann 31
   5. Formkaufmann 34
   6. Handelsgesellschaften als Kaufleute 35
   7. Scheinkaufmann 36
II. Handelsregister 40
   1. Einrichtung und Gegenstand des Handelsregisters .. 40
      a) Funktion und Führung des Handelsregisters 40
      b) Eintragungsfähige und eintragungspflichtige Tatsachen 42
      c) Registergerichtliches Prüfungsrecht und Registerzwang ... 45
      d) Einsichtnahme und Bekanntmachung 47
      e) Haupt- und Zweigniederlassungen 49

Inhaltsverzeichnis

2. Publizitätswirkungen des Handelsregisters 53
   a) Überblick 53
   b) Negative Publizität 54
   c) Wirkung eingetragener und bekannt gemachter Tatsachen   61
   d) Positive Publizität 66

III. Handelsfirma 69
  1. Überblick 69
  2. Bildung der Firma 71
     a) Arten der Firma 71
     b) Abgrenzungen 72
     c) Kennzeichnungseignung 74
     d) Unterscheidungskraft 75
     e) Firmenbildung bei Handelsgesellschaften 77
     f) Untersagte Firmenbildungen 78
  3. Grundsätze des Firmenordnungsrechts 80
     a) Firmenwahrheit 80
     b) Firmeneinheit 83
     c) Firmenunterscheidbarkeit 84
     d) Firmenbeständigkeit 87
  4. Firmenschutz 91

IV. Haftung des Erwerbers eines kaufmännischen Unternehmens ... 95
  1. Überblick 95
  2. Haftung beim Erwerb eines Handelsgeschäfts unter Lebenden 96
     a) Allgemeines 96
     b) Haftungsvoraussetzungen 98
     c) Haftungsausschluß 101
     d) Nachhaftungsbegrenzung für frühere Geschäftsinhaber .. 102
     e) Forderungsübergang auf den Erwerber 103
     f) Haftung des Erwerbers aus besonderem Verpflichtungsgrund 105
  3. Haftung des Erben eines Handelsgeschäfts 106
     a) Allgemeines 106
     b) Haftungsvoraussetzungen 106
     c) Haftungsausschluß 108
  4. Haftung bei Eintritt in das Geschäft eines Einzelkaufmanns 109

V. Anderes Unternehmens(außen)recht 114
  1. Unternehmensbegriff 114
  2. Unternehmensschutz (eingerichteter und ausgeübter Gewerbebetrieb) 116

Inhaltsverzeichnis

3. Unternehmenskauf	122
4. Unternehmensbewertung	133
VI. Handelsrechtliche Stellvertretung	137
1. Überblick	137
2. Prokura	139
a) Rechtsnatur der Prokura	139
b) Erteilung der Prokura	140
c) Arten der Prokura	143
d) Umfang der Prokura	145
e) Erlöschen der Prokura	148
f) Mißbrauch der Prokura	150
3. Handlungsvollmacht	153
a) Einordnung und Abgrenzung zur Prokura	153
b) Arten und Umfang der Handlungsvollmacht	155
c) Handlungsvollmacht im Außendienst	157
d) Erlöschen der Handlungsvollmacht	158
4. Stellvertretung durch Ladenangestellte	159
VII. Handelsvertreter und andere Absatzformen	162
1. Handelsvertreter	162
a) Wirtschaftliche und rechtliche Grundlagen	162
b) Pflichten des Handelsvertreters	166
c) Provisionsanspruch des Handelsvertreters	168
d) Beendigung des Handelsvertretervertrages	171
e) Ausgleichsanspruch des Handelsvertreters	173
aa) Überblick	173
bb) Tatbestandsvoraussetzungen	173
cc) Ausschlußgründe	177
2. Handelsmakler	179
3. Andere Absatzmittlungsverhältnisse	182
a) Überblick	182
b) Vertragshändler	184
c) Franchising	188

C. Handelsbücher

I. Grundlagen der Rechnungslegung	196
1. Gegenstand und Grundeinteilung des Rechnungswesens	196
2. Rechtsgrundlagen und Gliederung des Handelsbilanzrechts	197
3. Bilanzierungsziele	199

Inhaltsverzeichnis

 4. Handelsbilanz, Steuerbilanz und Sonderbilanzen 201
 5. Bilanzpolitik und Bilanzanalyse 205
 6. Bilanzierungszuständigkeiten 208
 7. Bilanzrechtsprechung 210
II. Vorschriften für alle Kaufleute 211
 1. Grundbegriffe 211
 2. Ansatzvorschriften 215
  a) Aktivseite 216
  b) Passivseite 224
  c) Rechnungsabgrenzungsposten 227
 3. Bewertungsvorschriften 227
 4. Stille Reserven 232
III. Ergänzende Vorschriften für Kapitalgesellschaften 235
 1. Jahresabschluß und Lagebericht 235
 2. Konzernabschluß und Konzernlagebericht 239
  a) Grundlagen 239
  b) Pflicht zur Aufstellung 242
  c) Konsolidierungskreis 243
  d) Bilanzansatz- und Bewertungsregeln 244
  e) Konsolidierungsmaßnahmen 246
 3. Prüfung 248
 4. Offenlegung 253
 5. Kapitalmarktbezogene Publizität 255
 6. Kontrolle der Rechnungslegung kapitalmarktorientierter Unternehmen (Enforcement) 257
IV. Internationalisierung der Rechnungslegung 259
 1. Überblick 259
 2. International Financial Reporting Standards (IFRS) 262
 3. United States Generally Accepted Accounting Principles (US-GAAP) 266
 4. Bilanzierung nach HGB, IFRS/IAS und US-GAAP im Vergleich 268

D. Handelsgeschäfte

I. Allgemeine Vorschriften 270
 1. Grundlagen 270
  a) Überblick 270

b) Begriff und Arten der Handelsgeschäfte 270
c) Handelsbräuche 273
2. Handelsgeschäfte und Vertragsschluß 276
   a) Schweigen auf ein Angebot 276
   b) Schweigen auf ein kaufmännisches Bestätigungsschreiben 278
3. Handelsgeschäfte und Vertragsfreiheit 283
   a) Erweiterung der Inhalts- und Formfreiheit 283
   b) Inhaltskontrolle von Allgemeinen Geschäftsbedingungen 285
4. Handelsgeschäfte und Allgemeines Schuldrecht 287
   a) Ergänzungen und Abweichungen 287
   b) Kontokorrent 289
5. Handelsgeschäfte und Sachenrecht 295
   a) Erweiterung des gutgläubigen Erwerbs 295
   b) Kaufmännisches Zurückbehaltungsrecht 300

II. Handelskauf 301
1. Überblick 301
2. Annahmeverzug des Käufers 303
3. Bestimmungs- und Fixhandelskauf 305
4. Rügeobliegenheit 307
   a) Allgemeines 307
   b) Voraussetzungen der Rügeobliegenheit 308
   c) Rügeobliegenheit und BGB-Kaufrecht 316
   d) Rechtsfolgen des Rügeversäumnisses 318
   e) Rügeobliegenheit und Rückgriff beim Verbrauchsgüterkauf 322
5. Internationales UN-Kaufrecht 323

III. Kommission 324
1. Überblick 324
2. Kommissionsgeschäft 326
3. Ausführungsgeschäft 328
   a) Rechtszuordnung bei Verkaufs- und Einkaufskommission 328
   b) Kommittentenschutz 330
   c) Schadensersatz- und bereicherungsrechtliche Besonderheiten 332
   d) Selbsteintritt 333

IV. Transport- und Lagerrecht 334
1. Überblick 334

2. Frachtgeschäft 335
   a) Allgemeines 335
   b) Schadensersatzhaftung 336
   c) Rechtsstellung des Empfängers und Zahlungsansprüche des Frachtführers 337
3. Speditionsgeschäft 339
4. Lagergeschäft 342

Sachverzeichnis 345

Abkürzungen

aA	anderer Ansicht
aaO	am angegebenen Ort
ABl.EG	Amtsblatt der Europäischen Gemeinschaften
AcP	Archiv für die civilistische Praxis
ADHGB	Allgemeines Deutsches Handelsgesetzbuch von 1861
ADSp	Allgemeine Deutsche Spediteurbedingungen
aE	am Ende
aF	alte Fassung
AG	Amtsgericht, Aktiengesellschaft
AGB	Allgemeine Geschäftsbedingungen
AktG	Aktiengesetz
Anh	Anhang
Anm	Anmerkung
AO	Abgabenordnung
ArbGG	Arbeitsgerichtsgesetz
arg	argumentum
BÄO	Bundesärzteordnung
BAG	Bundesarbeitsgericht
BAnz	Bundesanzeiger
BayObLG	Bayerisches Oberstes Landesgericht
BB	Betriebsberater
BFH	Bundesfinanzhof
BGB	Bürgerliches Gesetzbuch
BGBl	Bundesgesetzblatt
BGH	Bundesgerichtshof
BGHZ	Entscheidungen des Bundesgerichtshofs in Zivilsachen
BiRiLiG	Gesetz zur Durchführung der Vierten, Siebenten und Achten Richtlinie des Rates der Europäischen Gemeinschaften zur Koordinierung des Gesellschaftsrechts (Bilanzrichtlinien-Gesetz)
BNotO	Bundesnotarordnung
BRAO	Bundesrechtsanwaltsordnung
BStBl	Bundessteuerblatt
BTÄO	Bundestierärzteordnung
BUrlG	Mindesturlaubsgesetz für Arbeitnehmer (Bundesurlaubsgesetz)
BVerfG	Bundesverfassungsgericht
BVerfGE	Entscheidungen des Bundesverfassungsgerichts
CIM	Convention internationale concernant le transport de marchandises par chemins de fer/Einheitliche Rechtsvorschrif-

Abkürzungen

	ten für den Vertrag über die internationale Eisenbahnbeförderung von Gütern
CISG	Convention on Contracts for the International Sale of Goods/UN-Übereinkommen über Verträge über den internationalen Warenkauf
CIV	Convention internationale concernant le transport des voyageurs et des bagages par chemins de fer/Einheitliche Rechtsvorschriften für den Vertrag über die internationale Eisenbahnbeförderung von Personen und Gepäckstücken
CMR	Convention relative au Contrat de transport international de marchandises par route/Übereinkommen über den Beförderungsvertrag im internationalen Straßengüterverkehr
COTIF	Convention relative aux transports internationaux ferroviaires/Übereinkommen über den internationalen Eisenbahnverkehr
DB	Der Betrieb
Denkschrift	Entwurf eines Handelsgesetzbuchs nebst Denkschrift, amtliche Ausgabe 1896
DJT	Deutscher Juristentag
DStR	Deutsches Steuerrecht
EG	Vertrag über die Europäische Union
EU	Europäische Union
eG	eingetragene Genossenschaft
EGHGB	Einführungsgesetz zum Handelsgesetzbuch
EKG	Einheitliches Gesetz über den internationalen Kauf beweglicher Sachen
EStG	Einkommensteuergesetz
EuGH	Gerichtshof der Europäischen Gemeinschaften
EWiR	Entscheidungen zum Wirtschaftsrecht
EWIV	Europäische wirtschaftliche Interessenvereinigung
EWS	Europäisches Wirtschafts- und Steuerrecht
FGG	Gesetz über die Angelegenheiten der freiwilligen Gerichtsbarkeit
FS	Festschrift
GAAP	Generally Accepted Accounting Principles
GBO	Grundbuchordnung
GenG	Gesetz betreffend die Erwerbs- und Wirtschaftsgenossenschaften
GewO	Gewerbeordnung
GG	Grundgesetz für die Bundesrepublik Deutschland
GmbH	Gesellschaft mit beschränkter Haftung
GmbHG	Gesetz betreffend die Gesellschaften mit beschränkter Haftung

Abkürzungen

GmbHR	GmbH-Rundschau
GoB	Grundsätze ordnungsmäßiger Buchführung
GVG	Gerichtsverfassungsgesetz
GWB	Gesetz gegen Wettbewerbsbeschränkungen
Hdb	Handbuch
HGB	Handelsgesetzbuch
hM	herrschende Meinung
HRefG	Handelsrechtsreformgesetz
hrsg.	herausgegeben
HRV	Handelsregisterverfügung
IAS	International Accounting Standards
IATA	International Air Transport Association
idF	in der Fassung
IDW	Institut der Wirtschaftsprüfer in Deutschland e.V.
IFRS	International Financial Reporting Standards
IHK	Industrie- und Handelskammer
Incoterms	International Commercial Terms
Inh	Inhaber
InsO	Insolvenzordnung
JA	Juristische Arbeitsblätter
JR	Juristische Rundschau
Jura	Juristische Ausbildung
JuS	Juristische Schulung
JW	Juristische Wochenschrift
JZ	Juristenzeitung
kfm	kaufmännisch
KG	Kammergericht, Kommanditgesellschaft
KGaA	Kommanditgesellschaft auf Aktien
LG	Landgericht
LM	Lindenmaier-Möhring, Nachschlagewerk des Bundesgerichtshofs
MarkenG	Markengesetz
MDR	Monatsschrift für Deutsches Recht
MünchKomm	Münchener Kommentar zum Bürgerlichen Gesetzbuch
NJW	Neue Juristische Wochenschrift
NJW-RR	NJW-Rechtsprechungs-Report Zivilrecht
NZG	Neue Zeitschrift für Gesellschaftsrecht
OHG	offene Handelsgesellschaft
OLG	Oberlandesgericht

Abkürzungen

ppa	per procura
PublG	Gesetz über die Rechnungslegung von bestimmten Unternehmen und Konzernen (Publizitätsgesetz)
RG	Reichsgericht
RGBl	Reichsgesetzblatt
RGZ	Entscheidungen des Reichsgerichts in Zivilsachen
RIW	Recht der internationalen Wirtschaft
ROHG	Reichsoberhandelsgericht
RPflG	Rechtspflegergesetz
StBerG	Steuerberatungsgesetz
StGB	Strafgesetzbuch
str	streitig
st Rspr	ständige Rechtsprechung
UN	United Nations/Vereinte Nationen
UNCITRAL	United Nations Commission on International Trade Law/ Kommission der Vereinten Nationen für internationales Handelsrecht
UNIDROIT	International Institute for the Unification of Private Law/ Internationales Institut für die Vereinheitlichung des Privatrechts
UStG	Umsatzsteuergesetz
UWG	Gesetz gegen den unlauteren Wettbewerb
WA	Warschauer Abkommen zur Vereinheitlichung von Regeln über die Beförderung im internationalen Luftverkehr idF des Protokolls von Den Haag
WM	Wertpapier-Mitteilungen
WP-Handbuch	Wirtschaftsprüfer-Handbuch
WPg	Die Wirtschaftsprüfung
WPO	Gesetz über eine Berufsordnung der Wirtschaftsprüfer
ZahnHKG	Zahnheilkundegesetz
ZGR	Zeitschrift für Unternehmens- und Gesellschaftsrecht
ZHR	Zeitschrift für das gesamte Handels- und Wirtschaftsrecht
ZIP	Zeitschrift für Wirtschaftsrecht
ZPO	Zivilprozeßordnung

Literaturverzeichnis

I. Lehrbücher und Fallsammlungen

Brox, Hans, Handelsrecht und Wertpapierrecht, 17. Aufl. 2004
Bülow, Peter, Handelsrecht, 4. Aufl. 2001
Canaris, Claus-Wilhelm, Handelsrecht, 23. Aufl. 2000
Coenenberg, Adolf Gerhard, Jahresabschluß und Jahresabschlußanalyse, 19. Aufl. 2003
Fezer, Karl-Heinz, Klausurenkurs im Handelsrecht, 3. Aufl. 2003
Großfeld, Bernhard, Bilanzrecht, 4. Aufl. 2004
Hofmann, Paul, Handelsrecht, 11. Aufl. 2002
Hopt, Klaus J./Mössle, Klaus P., Handelsrecht, 2. Aufl. 1999
Hübner, Ulrich, Handelsrecht, 5. Aufl. 2004
Jung, Peter, Handelsrecht, 3. Aufl. 2004
Klunzinger, Eugen, Grundzüge des Handelsrechts, 12. Aufl. 2002
Martinek, Michael/Wimmer-Leonhardt, Susanne, Handels-, Gesellschafts- und Wertpapierrecht, 58 Fälle mit Lösungen, 3. Aufl. 2001
Müller-Laube, Hans-Martin, 20 Probleme aus dem Handels-, Gesellschafts- und Wirtschaftsrecht, 3. Aufl. 2001
Oetker, Hartmut, Handelsrecht, 3. Aufl. 2002
Roth, Günter H., Handels- und Gesellschaftsrecht, 6. Aufl. 2001
Schmidt, Karsten, Handelsrecht, 5. Aufl. 1999
Timm, Wolfram/Schöne, Torsten, Fälle zum Handels- und Gesellschaftsrecht, 5. Aufl. 2003

II. Kommentare und Handbücher

Adler, Hans/Düring, Walther/Schmalz, Kurt, Rechnungslegung und Prüfung der Unternehmen, 6. Aufl. 1994 ff. mit Ergänzungsband 2001
Baumbach, Adolf/Hopt, Klaus J., Handelsgesetzbuch, 31. Aufl. 2003
Beck'scher Bilanz-Kommentar, 5. Aufl. 2003
Budde, Wolfgang Dieter/Förschle, Gerhart, Sonderbilanzen, 3. Aufl. 2002
Ebenroth, Carsten Thomas/Boujong, Karlheinz/Joost, Detlev, Handelsgesetzbuch, 2 Bände, 2001 mit Aktualisierungsband 2003
Gemeinschaftskommentar zum Handelsgesetzbuch, 6. Aufl. 1999
Heidelberger Kommentar zum Handelsgesetzbuch, 6. Aufl. 2002
Heymann, Handelsgesetzbuch, 2. Aufl. 1995 ff.
Koller, Ingo/Roth, Wulf-Henning/Morck, Winfried, Handelsgesetzbuch, 4. Aufl. 2003

Küting, Karlheinz/Weber, Claus-Peter, Handbuch der Rechnungslegung, 5. Aufl. 2003
Münchener Kommentar zum Handelsgesetzbuch, 1996 ff.
Pfeiffer, Thomas, Handbuch der Handelsgeschäfte, 1999
Röhricht, Volker/v. Westphalen, Friedrich, Handelsgesetzbuch, 2. Aufl. 2002 mit Nachtrag 2003
Staub, Handelsgesetzbuch, 4. Aufl. 1983 ff.
Winnefeld, Robert, Bilanz-Handbuch, 3. Aufl. 2002
Wirtschaftsprüfer-Handbuch, Bd. I, 12. Aufl. 2000, Bd. II, 12. Aufl. 2002

A. Grundlagen des Handelsrechts

I. Gegenstand und Geschichte

1. Was versteht man unter Handelsrecht?

Handelsrecht ist das **Sonderprivatrecht der Kaufleute**. Es knüpft nach seiner historischen Konzeption und positivrechtlichen Ausformung an die Kaufmannseigenschaft an und stellt für diesen Normadressatenkreis Sonderregeln auf.

2. Welche systematischen Anknüpfungspunkte für eine Verselbständigung des Handelsrechts sind vorstellbar und wo werden sie in den Handelsgesetzbüchern Europas verwendet?

Es lassen sich zwei verschiedene Grundeinteilungen denken:
a) Das **subjektive System** macht die Geltung handelsrechtlicher Vorschriften von der Kaufmannseigenschaft der Beteiligten abhängig: **Handelsrecht ist danach Standesrecht**. Diesem System folgt das deutsche Handelsrecht: Das HGB regelt im Ersten Buch den „Handelsstand", im Vierten Buch die „Handelsgeschäfte" unter Bezugnahme auf den Kaufmannsbegriff (§ 343 HGB). Allerdings wird dieser Ausgangspunkt in § 345 HGB teilweise aufgegeben: Danach genügt es für die Anwendung des Rechts der Handelsgeschäfte grundsätzlich, daß *einer* der Beteiligten Kaufmann ist.
b) Das **objektive System** bildet den Geltungskreis des Handelsrechts nach der Natur des betreffenden Geschäftes aus: **Handelsrecht** ist danach das **Recht der Handelsgeschäfte**. Diese Gesetzesarchitektur liegt dem ständefeindlichen *Code de commerce* von 1807 zugrunde, der in den Art. 1 und 632 auf dem Schlüsselbegriff des *„acte de commerce"* aufbaut.

3. Was ist die wichtigste Rechtsquelle des Handelsrechts?

Das **Handelsgesetzbuch (HGB)**, das am 1.1.1900 zeitgleich mit dem BGB in Kraft getreten ist.

4. Welches deutsche Gesetzbuch war der Vorläufer des HGB und nach welchem ausländischen Vorbild wurde es geschaffen?

a) Das HGB greift in weiten Teilen (wenn auch nicht hinsichtlich des subjektiven Systems) auf den Normenbestand des **Allgemeinen Deutschen Handelsgesetzbuches (ADHGB) von 1861** zurück, das von der Frankfurter Nationalversammlung angenommen und anschließend von den einzelnen deutschen Staaten im Wege der Parallelgesetzgebung in Kraft gesetzt wurde. Einen wesentlichen Beitrag zu seiner einheitlichen Handhabung leistete das 1869 eingerichtete Bundesoberhandelsgericht (ab 1871: Reichsoberhandelsgericht), dessen oft grundlegende Entscheidungen (amtliche Sammlung: ROHGE) bis heute zitiert werden.

b) Ausländisches Vorbild für die deutsche Handelsrechtskodifikation und etwa 40 weitere Handelsgesetzbücher in anderen Staaten war der **französische *Code de commerce* von 1807**, der als Teil des napoleonischen Gesetzgebungswerkes erlassen wurde und etwa im Rheinland bis zur Mitte des 19. Jahrhunderts galt. Er beruhte seinerseits auf Vorläufern, nämlich der von *Ludwig XIV.* erlassenen *Ordonnance sur le commerce de terre* von 1673 (*Code Savary*) und der *Ordonnance sur le commerce par mer* von 1681.

5. Enthält das HGB ausschließlich handelsrechtliche Regelungen?

Nein. Die Vorschriften des zweiten Buches (**§§ 105–236 HGB**) über die offene Handelsgesellschaft, die Kommanditgesellschaft und die Stille Gesellschaft gehören systematisch zum **Gesellschaftsrecht**, die Bestimmungen über die Handlungs-

I. Gegenstand und Geschichte

	gehilfen und Handlungslehrlinge (§§ 59–83 HGB) zum **Arbeitsrecht**.
6. Gibt es auch handelsrechtliche Vorschriften außerhalb des HGB?	Ja. Beispiele bilden die §§ 29 Abs. 2, 38 Abs. 1 ZPO (Vereinbarung über den Erfüllungsort, Gerichtsstandsvereinbarung), § 95 Abs. 1 Nr. 1 GVG (Handelssache) und § 37h WpHG (Schiedsvereinbarungen über Rechtsstreitigkeiten aus Wertpapierdienstleistungen).
7. Welche häufig wiederkehrenden Merkmale werden handelsrechtlichen Normen gewöhnlich zugeschrieben?	Man pflegt vier Charakteristika hervorzuheben (vgl. *Baumbach/Hopt*, Einl. vor § 1 HGB Rn. 4–7): (1) **Selbstverantwortlichkeit**: Sie zeigt sich bei dem Verzicht auf einzelne Schutzgedanken des allgemeinen Privatrechts, etwa bei der erweiterten Inhalts- und Formfreiheit im Rahmen der §§ 348–350 HGB. (2) **Einfachheit und Schnelligkeit**: Davon zeugen z. B. die Rügepflicht des § 377 HGB und die Sonderregeln zum kaufmännischen Bestätigungsschreiben. (3) **Verkehrs- und Vertrauensschutz**: Belege bieten der umfassend ausgebildete Publizitätsschutz des Handelsregisters gemäß § 15 HGB und der in § 49 HGB zwingend festgelegte Umfang der Prokura. (4) **Praxisnähe und Internationalität**: Sie spiegeln sich in der großen Bedeutung von Handelsbräuchen und der Verbreitung internationaler Klauselwerke wider.
8. Die Geschichte des Handelsrechts ist auch eine Geschichte herausragender Handelsrechtler, die dem jungen Fach im 19. Jahr-	*Levin Goldschmidt* (1829–1897) gilt als der größte deutsche Handelsrechtler und **Begründer der modernen Handelsrechtswissenschaft**. Er wirkte zunächst als Professor in Heidelberg, bevor er 1870

hundert zu wissenschaftlicher Blüte verholfen haben. Unter ihnen nimmt *Levin Goldschmidt* eine Ausnahmestellung ein. Was wissen Sie über sein Leben und Werk?

als führender Fachkenner an das Bundesoberhandelsgericht (vgl. Frage 4a) berufen wurde. Von dort folgte er 1875 einem Ruf nach Berlin auf den ersten handelsrechtlichen Lehrstuhl in Deutschland. *Goldschmidt* verstand das Handelsrecht als ein modernes, in ständiger Fortentwicklung begriffenes *ius gentium*. Mit seiner **genetischen Methode** versuchte er die einzelnen Rechtsinstitute aus ihrer Entwicklungsgeschichte heraus zu erklären und die dabei gewonnenen Einsichten für das Verständnis des geltenden Rechts nutzbar zu machen. Zeugnis davon legt sein weltbekanntes **„Handbuch des Handelsrechts"** ab, das in drei Auflagen erschien, aber unvollendet geblieben ist. Ein großes Verdienst um die Pflege des Handelsrechts hat sich *Goldschmidt* auch durch die Gründung der „Zeitschrift für das gesamte Handelsrecht" (ZHR) erworben.

9. Zu den handelsrechtlichen „VIPs" zählt auch *Hermann Staub*. Was verbinden Sie mit seinem Namen?

Hermann Staub (1856–1904), wie *Goldschmidt* jüdischen Glaubens, gehörte zu den angesehensten Rechtsanwälten gegen Ende des 19. Jahrhunderts. Wissenschaftlich ist er vor allem durch einen großen Kommentar zum Allgemeinen Deutschen Handelsgesetzbuch hervorgetreten (1. Auflage 1893), der binnen sieben Jahren sieben Auflagen erlebte und mit seiner systematischen Stoffdurchdringung neue Maßstäbe setzte. Noch heute trägt das Werk in der Kombination **„Staub-Großkommentar"** den Namen seines Gründers. Die größten dogmatischen Leistungen *Staubs* liegen in der Entwicklung der Lehre vom **Scheinkaufmann** (vgl. Frage 70) und in der „Entdeckung" der positiven Vertragsverletzung im Jahre 1902.

II. Fortentwicklung und Neukonzeption

10. Das Handelsrechtsreformgesetz von 1998 hat das HGB grundlegend umgestaltet. Nennen Sie die beiden wichtigsten Neuerungen!

a) Die erste einschneidende Änderung betrifft den **Kaufmannsbegriff,** der in den §§ 1 ff. HGB ein vollständig neues Gesicht erhalten hat.
b) Nicht minder tiefgreifend ist zweitens die Modernisierung des überkommenen **Firmenrechts,** das in den §§ 17 ff. HGB nunmehr auf den Grundsatz der namensrechtlichen Gestaltungsfreiheit hingeordnet ist.

11. Welche weiterreichende Forderung von Teilen der Handelsrechtswissenschaft hat der Reformgesetzgeber nicht aufgegriffen?

Keine Berücksichtigung gefunden hat die Forderung, das Handelsrecht zu einem **Außenprivatrecht der Unternehmen** fortzubilden (dazu *K. Schmidt,* § 3 I, S. 47 ff.; gegen ihn die h. M., etwa *Canaris,* § 1 Rn. 23 ff.). Zwar nimmt § 1 Abs. 2 HGB den Begriff des Unternehmens auf, doch bleibt der **Kaufmannsbegriff der archimedische Punkt des gesetzlichen Systems:** Die Vorschriften des HGB richten sich nicht an alle Unternehmensträger, sondern nur an Kaufleute (vgl. Begründung RegE HRefG, BT-Drs. 13/8444, S. 22–23). Unberührt bleibt freilich die Möglichkeit einer Analogie, die allerdings stets einer normbezogenen Einzelbegründung bedarf.

12. Gibt es in unseren Nachbarländern Anzeichen für einen Systemwechsel vom Kaufmanns- zum Unternehmerbegriff?

Ja. Der österreichische Gesetzgeber schickt sich an, ein Unternehmensgesetzbuch (UGB) zu verabschieden, das den Kaufmanns- durch den Unternehmensbegriff ersetzt. Als Unternehmen gilt nach

6 A. Grundlagen des Handelsrechts

§ 1 Abs. 2 UGB jede auf Dauer angelegte Organisation selbständiger wirtschaftlicher Tätigkeit, mag sie auch nicht auf Gewinn gerichtet sein. Ausgeklammert bleiben allerdings die freien Berufe.

13. Kennen Sie benachbarte Gebiete des Wirtschaftsrechts, die nicht auf dem Kaufmannsbegriff, sondern auf dem des Unternehmens aufbauen?

Ja. Das **Kartellrecht** stellt nahezu ausnahmslos auf den Unternehmensbegriff ab (vgl. §§ 1, 14, 16, 19 ff., 35 ff. GWB) und versteht ihn als jedwede Tätigkeit im geschäftlichen Verkehr (vgl. *Emmerich*, Kartellrecht, 9. Aufl. 2001, § 2, S. 17 ff.). Im **Konzernrecht** verwenden die §§ 15 ff. AktG den Unternehmensbegriff und lassen ihm eine zweckbezogene Interpretation angedeihen, die vor allem dem Schutz der Gesellschaftsgläubiger und der Minderheitsaktionäre verpflichtet ist (vgl. *Emmerich/Sonnenschein/Habersack*, 7. Aufl. 2001, Konzernrecht, § 2 III, S. 27 ff.). Im **Steuerrecht** begegnet der Unternehmensbegriff an hervorgehobener Stelle in § 2 Abs. 1 UStG, wonach Unternehmer ist, wer eine gewerbliche oder berufliche Tätigkeit selbständig ausübt.

14. Spielt der Begriff des Unternehmers auch im Bürgerlichen Recht eine Rolle?

Ja. Der Gesetzgeber verwendet ihn neuerdings in **§ 14 Abs. 1 BGB** als Gegenbegriff zu jenem des Verbrauchers. **Unternehmer** ist danach eine natürliche oder juristische Person oder eine rechtsfähige Personengesellschaft, die bei Abschluß eines Rechtsgeschäfts in Ausübung ihrer gewerblichen oder selbständigen beruflichen Tätigkeit handelt. Diese Definition gilt etwa für den Unternehmerbegriff in §§ 310, 312, 474, 481, 491 BGB.

15. Welche besonderen Handelsgeschäfte sind in jüng-

Es sind dies das **Fracht-, Speditions- und Lagerrecht,** die zuvor stark zersplittert

III. Europäisierung und Internationalisierung

ster Zeit ebenfalls vollständig neu geregelt und vereinheitlicht worden? waren und durch das Transportrechtsreformgesetz von 1998 zusammengeführt worden sind.

III. Europäisierung und Internationalisierung

16. Welchen Einfluß hat das Gemeinschaftsrecht auf das deutsche Handelsrecht?

Einen außerordentlich großen und ständig wachsenden. Zahlreiche handelsrechtliche Vorschriften gehen auf **gemeinschaftsrechtliche Rechtsakte** zurück oder werden von ihnen beeinflußt. Dazu gehören das Handelsregisterrecht (§§ 8–16 HGB), auf das die Publizitäts- und die Zweigniederlassungs-Richtlinie einwirken, das Handelsvertreterrecht (§§ 84–92c HGB), das nahezu vollständig durch die Handelsvertreter-Richtlinie überlagert ist, und das Recht der Handelsbücher (§§ 238–342a HGB), bei dessen konkreter Ausgestaltung gleich mehrere EG-Richtlinien Pate standen. Beim gegenwärtigen Stand der Rechtsangleichung in der EG kann man daher bündig von einem **europäischen Handelsrecht** sprechen (vgl. *Grundmann,* ZHR 163 (1999) 635).

17. Was ist bei der Anwendung und Auslegung angeglichenen Handelsrechts zu beachten?

a) Einmal gilt der **Grundsatz richtlinienkonformer Auslegung** des deutschen Rechts: Danach ist im Zweifel einer der Richtlinie entsprechenden Gesetzesinterpretation der Vorzug zu geben.

b) Zum anderen besteht im Rahmen des **Art. 234 EG** eine **Vorlagepflicht an den *EuGH:*** Der Gerichtshof entscheidet dann im Vorabentscheidungsverfahren verbindlich über die Auslegung der betreffenden gemeinschaftsrechtlichen Rechtsakte.

18. Erläutern Sie Bedeutung und Arten internationaler Klauselwerke für den Handelsverkehr!

Im internationalen Verkehr besteht seit alters ein Bedarf an genormten Vertragsformeln als einer Art **Weltsprache des Warenhandels.** Dieser Vereinheitlichungsaufgabe haben sich in Vergangenheit und Gegenwart vor allem die *Trade Terms* und die *Incoterms* angenommen.

a) Die **Trade Terms** sind erstmals 1923 und zuletzt 1953 von der Internationalen Handelskammer herausgegeben worden. Sie stellen nationale Handelsbräuche zusammen und erläutern sie, ohne sie jedoch inhaltlich zu vereinheitlichen.

b) Die **Incoterms** *(International Commercial Terms)* sind die bekanntesten und verbreitetsten Handelsklauseln und liegen inzwischen in einer Fassung aus dem Jahre 2000 vor. Allerdings gelten sie nicht kraft Gesetzes, sondern nur, wenn die Vertragspartner auf sie Bezug nehmen oder soweit ein Handelsbrauch i. S. von § 346 HGB besteht. Ihre Domäne ist der internationale Warenhandel, viel verwendete Klauselbeispiele sind FOB *(free on board)* oder CIF *(cost, insurance, freight).*

19. Was versteht man unter der sog. *lex mercatoria?*

Hinter dem unscharfen Begriff der *lex mercatoria* verbirgt sich die Vorstellung eines **Welthandelsrechtes,** das aus den Usancen der beteiligten Verkehrskreise erwächst und auf dem Konsens der Rechtsgemeinschaft beruht. In den Kategorien der Rechtsquellenlehre ist die *lex mercatoria* teils als Gewohnheitsrecht, teils als Handelsbrauch anzusehen. Erste Ansätze zu ihrer Positivierung enthalten die im Jahre 1994 vom UNIDROIT-Institut in Rom herausgegebenen **Principles of International Commercial Contracts** (abgedruckt bei *Basedow*

(Hrsg.), Europäische Vertragsrechtsvereinheitlichung und deutsches Recht, 2000, S. 251 ff.).

IV. Handelsrecht und Bürgerliches Recht

20. In Deutschland ist das Handelsrecht in einer eigenen Kodifikation geregelt. Entspricht das auch dem internationalen Standard?

Nur zum Teil. Eine gesonderte Kodifikation findet sich etwa in Frankreich (*Code de commerce* von 1807) und den Vereinigten Staaten (*Uniform Commercial Code* von 1954). Dagegen hat die Schweiz auf eine derartige Verselbständigung verzichtet (Obligationenrecht von 1881), und Italien hat wie die Niederlande (*Nieuw Burgerlijk Wetboek* von 1976) die ursprüngliche Ausgliederung (*Codice di commercio* von 1883) später wieder rückgängig gemacht (*Codice civile* von 1942).

21. Welche historischen Gründe bestanden für die Verselbständigung des Handelsrechts im 19. Jahrhundert?

Das **Emanzipationsstreben des Handelsrechtes** rührte vor allem daher, daß das überkommene gemeine Recht den Bedürfnissen der frühkapitalistischen Wirtschaftsordnung nicht mehr gerecht wurde. Derem *laissez faire, laissez aller* stellte das Handelsrecht ein *laissez contracter* an die Seite: Mit Einführung der Gewerbefreiheit, Aufwertung der Vertragsfreiheit und Anerkennung der Stellvertretung machte es sich zum **Schrittmacher der modernen Rechtsentwicklung**. Der einflußreiche Rechtslehrer *Levin Goldschmidt* (zu ihm Frage 8) nannte es einen „Jungbrunnen" des Zivilrechts.

22. Gibt es auch heute noch Sachgründe für ein Sonderrecht der selbständigen Gewerbetreibenden?

Durchaus, auch wenn die genuin handelsrechtlichen Materien national wie international zusammenschrumpfen. **Einheitsstiftend** wirken vor allem zwei Gedanken:

a) Einmal gibt es **sachliche Leitziele** für die Ausgestaltung handelsrechtlicher Normen: Handelsrecht hat seinem Wesen nach stets die Tendenz zur Freiheitlichkeit und Universalität (vgl. Frage 7).

b) Zum anderen bietet das Handelsrecht einen **gemeinsamen Bezugsrahmen für** jene **organisatorischen Regeln,** die sich im kaufmännischen Verkehr als unverzichtbar und evolutorisch stabil erwiesen haben: das Register-, Firmen- und Bilanzrecht.

23. Inwieweit läßt sich das Handelsrecht als Variation bürgerlichrechtlicher Themen begreifen und verstehen?

Das HGB knüpft vielfach an bürgerlichrechtliche Rechtsinstitute an und formt sie – den Bedürfnissen des kaufmännischen Verkehrs entsprechend – weiter aus. Beispiele bilden die (Sonder-)Regeln der handelsrechtlichen Stellvertretung (§§ 48 ff. HGB) und des Handelskaufs (§§ 373 ff. HGB).

V. Einrichtungen mit handelsrechtlicher Bedeutung

24. Erläutern Sie Aufgaben, Bedeutung und Besetzung der Kammer für Handelssachen!

Für die streitige Gerichtsbarkeit in Handelssachen hat der deutsche Gesetzgeber keine eigenen Handelsgerichte (anders in Frankreich: *tribunaux de commerce*), sondern nur **besondere Kammern** für Handelssachen **bei den Landgerichten** eingerichtet. Sie sind mit einem Berufsrichter als Vorsitzendem und zwei ehrenamtlichen Richtern aus dem Kreis der eingetragenen Kaufleute besetzt (§ 105 Abs. 1 GVG). Damit sollen Praxisnähe und kaufmännischer Sachverstand in die Rechtsprechung eingebracht werden. Die **Zuständigkeit** der Kammer für Handelssachen ist in **§§ 94, 95 GVG** näher geregelt.

V. Einrichtungen mit handelsrechtlicher Bedeutung

25. Welche Aufgaben nimmt die Industrie- und Handelskammer wahr?	Die **Industrie- und Handelskammer** – der französischen *Chambre de commerce* nachgebildet – hat eine doppelte Aufgabe: Sie ist zum einen ein **berufsständischer Interessenverband** regionaler Art, der die gewerbliche Wirtschaft im Kammerbezirk fördern soll. Zum anderen nimmt sie als **staatliches Hilfsorgan** öffentliche Aufgaben wahr, indem sie auf Ersuchen von Gerichten oder Verwaltungsbehörden Gutachten über Handelsbräuche erstellt oder Auskünfte über Firmenbezeichnungen erteilt.
26. Wie ist die Industrie- und Handelskammer rechtlich organisiert und wer ist dort Mitglied?	Die Industrie- und Handelskammer ist eine **Körperschaft öffentlichen Rechts**, die dem kontinentaleuropäischen Prinzip der **Zwangsmitgliedschaft** folgt. Mitglied ist daher grundsätzlich jeder, der im Kammerbezirk eine gewerbliche Niederlassung, Betriebsstätte oder Verkaufsstelle unterhält (vgl. zur Verfassungsmäßigkeit *BVerwG* NJW 1998, 3510). Dies schließt alle Kleingewerbetreibenden ein, nicht hingegen die freien Berufe, Handwerker und Landwirte.
27. Wissen Sie auch, welche Bedeutung die Internationale Handelskammer hat?	Die **Internationale Handelskammer** (*International Chamber of Commerce*, ICC), die 1919 gegründet wurde und ihren Sitz in Paris hat, nimmt vor allem durch die **Empfehlung einheitlicher Handelsklauseln** (dazu Frage 18) Einfluß auf die Handelspraxis. Darüber hinaus genießt der bei ihr angesiedelte **Schiedsgerichtshof** höchste Anerkennung unter den ständigen internationalen Schiedsgerichten.
28. Was versteht man unter Handelsschiedsgerichtsbar-	Nach **§§ 1025 ff. ZPO** können die Parteien vereinbaren, daß statt der ordentlichen

keit und welche Rolle spielt sie in der Praxis?

Gerichte ein Schiedsgericht entscheidet. Hiervon macht der Handelsverkehr regen Gebrauch, weil **Schiedsgerichte** in aller Regel **schnell** (kein Instanzenzug), **diskret** (keine Öffentlichkeit) und **sachkundig** (freie Schiedsrichterwahl) entscheiden. Einzelheiten des schiedsrichterlichen Verfahrens entsprechen seit einer Gesetzesreform von 1997 weitgehend dem Modellgesetz der UNCITRAL *(United Nations Commission on International Trade Law)* über die internationale Handelsschiedsgerichtsbarkeit.

B. Handelsstand

I. Kaufleute

29. Welche Arten von Kaufleuten kennt das HGB heute?

Das Gesetz unterscheidet **Kaufleute kraft handelsgewerblicher Tätigkeit** (§ 1 HGB, Istkaufmann), **kraft Eintragung** (§§ 2, 3 und 5 HGB) und **kraft Rechtsform** (§ 6 Abs. 2 HGB, Formkaufmann). Die Kaufleute kraft Eintragung können weiter in Kannkaufleute (§§ 2 und 3 HGB) und Fiktivkaufleute (§ 5 HGB) unterschieden werden. Keine gesetzliche Regelung erfahren hat der sog. Scheinkaufmann.

30. a) Wie waren demgegenüber die Kaufmannstatbestände vor dem Reformgesetz von 1998 konzipiert? b) Woher rührte ihr Reformbedarf?

a) Nach § 1 Abs. 2 a.F. HGB galten bestimmte Arten von Geschäften *ipso iure* als Handelsgewerbe (**„Mußkaufmann"**). Alle übrigen Gewerbetreibenden erlangten die Kaufmannseigenschaft gemäß § 2 a.F. HGB nur durch die Eintragung der Firma ins Handelsregister (**„Sollkaufmann"**). Sonderregeln galten endlich nach § 4 a.F. HGB für jene Gewerbetreibenden, deren Unternehmen keinen in kaufmännischer Weise eingerichteten Geschäftsbetrieb erforderte (**„Minderkaufmann"**).

b) Rechtspolitisch zutiefst unbefriedigend war vor allem, daß sich die Sollkaufleute der Anwendbarkeit des Handelsrechts entziehen konnten, indem sie pflichtwidrig eine Anmeldung ihrer Firma unterließen (vgl. *K. Schmidt,* § 10 I 1a, S. 29 ff.). Weiter erwies sich der Katalog der Grundhandelsgewerbe in § 1 Abs. 2 a.F.

HGB im Hinblick auf den modernen Dienstleistungssektor als hoffnungslos antiquiert. Dazu kamen beträchtliche Abgrenzungsschwierigkeiten zwischen Muß- und Sollkaufmann. Schließlich zog auch die ambivalente Regelung der Minderkaufleute Kritik auf sich.

31. Auf welche Weise hat das Handelsrechtsreformgesetz den aufgezeigten Mängeln Rechnung getragen?

Der **neuen Generalklausel des § 1 Abs. 2 HGB** zufolge ist nunmehr jeder Gewerbetreibende Kaufmann, sofern er nicht bloß Kleingewerbetreibender ist. Das führt zu einem Gewinn an Sachgerechtigkeit, weil die Handelsregistereintragung ihren konstitutiven Charakter weithin (Ausnahmen: §§ 2, 3 HGB) verliert und allfällige Abgrenzungsprobleme zwischen Muß- und Sollkaufleuten entfallen. Unterschiedlich beurteilt wird die Herausnahme der Kleingewerbetreibenden aus dem HGB, die durch die Ausnahmeregelungen der §§ 84 Abs. 4, 93 Abs. 3, 383 Abs. 2, 407 Abs. 3 Satz 2, 453 Abs. 3 Satz 2, 467 Abs. 3 Satz 2 HGB teilweise wieder rückgängig gemacht wurde (näher *Canaris*, § 1 Rn. 40–41).

1. Istkaufmann

a) Gewerbe

32. Nach § 1 Abs. 1 HGB ist die Kaufmannseigenschaft untrennbar mit dem Gewerbebegriff verknüpft. Was versteht das Handelsrecht unter einem Gewerbe?

Das HGB definiert den **Begriff des Gewerbes** nicht. Eine Übertragung der auf anderen Rechtsgebieten (Gewerbeordnung, Steuerrecht) erarbeiteten Definitionen ist nur mit größter Vorsicht möglich (zum Steuerrecht Frage 42 c). Immerhin haben sich fachübergreifend bestimmte

I. Kaufleute

Basismerkmale herausgebildet. Ein Gewerbe ist danach jede (1) selbständige, (2) entgeltliche, (3) planmäßige, auf Dauer angelegte Tätigkeit, die (4) nach außen in Erscheinung tritt und (5) nicht zu den freien Berufen gehört. Ob diese Tätigkeit (6) erlaubt bzw. auf den Abschluß klagbarer Geschäfte gerichtet und (7) auf Gewinnerzielung hingeordnet sein muß, ist umstritten (näher Fragen 35 und 38).

33. Welche Aufgabe erfüllt das Tatbestandsmerkmal der Selbständigkeit im Rahmen des Gewerbebegriffes und wie wird es definiert?

Das Erfordernis der **Selbständigkeit** soll – selbständige – Gewerbetreibende von – unselbständigen – **Arbeitnehmern abgrenzen**. Einen Anhalt hierfür bietet § 84 Abs. 1 S. 2 HGB: Selbständig ist danach, wer im wesentlichen frei seine Tätigkeit gestalten und seine Arbeitszeit bestimmen kann (für Beispiele Fragen 270 und 319). Maßgebend ist dabei die rechtliche im Gegensatz zur wirtschaftlichen Freiheit, die auch bei selbständigen Kaufleuten und Unternehmen vielfach fehlt.

34. Carina Caritas verschenkt allmonatlich Altkleider an Bedürftige. Betreibt sie ein Gewerbe?

Nein. Nur **entgeltliche Tätigkeit** begründet ein Gewerbe. Mildtätigkeit folgt eigenen Regeln.

35. Die Stadt Faßberg betreibt die städtischen Wasserwerke als Eigenbetrieb. Nach der Gemeindeordnung dürfen die Wasserwerke höchstens die laufenden Unterhaltungskosten und eine marktübliche Verzinsung des eingesetzten Kapitals erwirtschaften. Handelt es sich bei den Wasserwer-

Nach Auffassung des *BGH* nein (vgl. *BGHZ* 49, 258, 261; vorsichtig abrückend aber *BGHZ* 95, 155, 157f.: Deutsche Bundesbahn als Gewerbebetrieb). Danach liegt mangels **Gewinnerzielungsabsicht** selbst dann kein Gewerbebetrieb vor, wenn landesrechtliche Vorschriften oder die Satzung des Betriebes als Jahresgewinn nicht mehr als eine marktübliche Verzinsung des eingesetzten Kapitals erlauben. Die **herrschende Lehre** stellt

ken um einen Gewerbebetrieb? | demgegenüber nicht auf die Gewinnerzielungsabsicht, sondern darauf ab, ob das Unternehmen **nach betriebswirtschaftlichen Grundsätzen geführt** und am Markt im Wettbewerb mit Privatunternehmen tätig wird (vgl. *Baumbach/Hopt*, § 1 HGB Rn. 16). Ganz ähnlich entscheidet das Steuerrecht, das die Betriebe gewerblicher Art von juristischen Personen des öffentlichen Rechts in § 4 Abs. 1 S. 2 KStG von der Absicht, Gewinn zu erzielen, dispensiert.

36. Schoeller ist jedes Jahr aufs Neue mit einem Bauchladen als Eisverkäufer auf der Leipziger Frühjahrsmesse unterwegs. Gewerbsmäßig? | Anlaß zu genauerer Prüfung gibt hier das Erfordernis einer **planmäßigen, auf Dauer angelegten Tätigkeit**. Insoweit zeigen sich Rechtsprechung und Schrifttum indes großzügig: Eine ununterbrochene Tätigkeit wird nicht verlangt (vgl. *RGZ* 130, 233, 235: Saisonbetrieb eines Weinkommissionärs), und ebensowenig schadet es, daß die geplante Dauer des Betriebes begrenzt ist, z.B. bei einem Verkaufsstand während einer sportlichen Großveranstaltung oder einer Ausstellung. Ausgegrenzt werden nur einzelne Veräußerungen, die nicht auf eine Vielzahl von Geschäften gerichtet sind, etwa der Verkauf des jeweiligen Jahreswagens durch Werksangehörige.

37. Dachs spekuliert häufiger an der Börse, indem er Wertpapiere kauft und verkauft. Ist er Kaufmann? | Nein. Der Gewerbebegriff verlangt eine **werbende Tätigkeit nach außen**, an der es bei bloßer Vermögensverwaltung fehlt (vgl. *BGHZ* 74, 273, 276f.). Nach herrschender Auffassung reicht dazu auch eine Tätigkeit an einem „inneren Markt" nicht aus (vgl. *KG* JW 1928, 238: gemeinnütziger Beamtenverein).

38. Hehler Holzer erwirbt und veräußert „gewerbsmäßig" Diebesgut.
a) Ist Holzer Kaufmann?
b) Könnte er seine Firma ins Handelsregister eintragen lassen?
c) Wie ist es, wenn er – inzwischen geläutert – legale Briefmarkenversteigerungen durchführt, ihm aber die Versteigerungserlaubnis i. S. v. § 34b Abs. 1 GewO fehlt?

a) Das ist umstritten. Nach der **Regierungsbegründung zum HRefG** (BT-Drs. 13/8444, S. 24) liegt bei Ausübung einer **sitten- oder gesetzeswidrigen Tätigkeit** wie der Hehlerei (§ 259 StGB) **kein Gewerbe** vor. Holzer wäre demnach nicht Kaufmann. Die überwiegende **Lehre** hält dem entgegen, daß die öffentlich-rechtliche **Erlaubtheit eines Gewerbes** schon nach § 7 HGB **keine Voraussetzung** für die Anwendung des HGB sei und der Gewerbebegriff die Wirksamkeit der abgeschlossenen Geschäfte nicht voraussetze (vgl. *Canaris*, § 2 Rn. 13).

b) Nein. Folgt man der Regierungsbegründung, so fehlt Holzer für eine Eintragung schon die Kaufmannseigenschaft. Aber auch die h. L. verneint die Eintragungsfähigkeit der Firma eines Gewerbes jedenfalls dann, wenn feststeht, daß es insgesamt sitten- oder gesetzeswidrig ist: Ein solches Gewerbe ist nicht in das Handelsregister einzutragen, sondern zu unterbinden (vgl. *Baumbach/Hopt*, § 1 HGB Rn. 21).

c) Nach **§ 7 HGB** ist die **öffentlich-rechtliche Zulässigkeit** des Betriebs eines Gewerbes für die Anwendung des HGB und damit auch für die Eintragung in das Handelsregister ohne Belang (vgl. *BayObLGZ* 1978, 44, 46f.). Das Fehlen einer Versteigerungserlaubnis hindert daher nicht die Eintragung Holzers ins Handelsregister; ihr Wegfall trägt keine Amtslöschung (§ 142 FGG). Anders liegt es nur bei der Eintragung juristischer Personen, soweit für sie bestimmte öffentliche Urkunden vorgelegt werden müssen (vgl. etwa §§ 37 Abs. 4 Nr. 5 AktG, 8 Abs. 1 Nr. 6 GmbHG).

39. Ehevermittler Ehrlich beantragt die Eintragung in das Handelsregister. Das Registergericht lehnt die Eintragung ab, weil Ehrlich kein Gewerbe betreibe. Zu recht?

Nach Ansicht der **obergerichtlichen Spruchpraxis** ja (vgl. *OLG Frankfurt* NJW 1955, 716; *BayObLG* NJW 1972, 1327). Danach können **Ehevermittler nicht Kaufleute** werden, weil sie mangels Klagbarkeit ihrer Ansprüche (§ 656 BGB) kein Gewerbe betreiben. Das ist **mit der ganz h. L. abzulehnen** (vgl. *Baumbach/ Hopt*, § 1 HGB Rn. 21): Der Unklagbarkeit der Entgeltforderungen fehlt ein teleologischer Bezug zu den kaufmännischen Einrichtungen und Pflichten; warum Ehevermittler wegen der bürgerlichrechtlichen Schwäche des § 656 BGB von den handelsrechtlichen Stellvertretungsregeln oder den Buchführungs- und Bilanzierungspflichten ausgeschlossen sein sollen, ist nicht erfindlich.

40. Angesichts einer Rechnung von 100 Euro „für seine ärztlichen Bemühungen" bemerkt Studienrat Streng mit Augenzwinkern gegenüber seinem Hausarzt Heim, die Ärzte seien heute doch gute Kaufleute. Damit würden die hohen Ideale der akademischen Berufe verraten, bei denen das Gewinnstreben zugunsten der geistigen Tätigkeit zurückzutreten habe. Der so angegriffene Heim verbittet sich diese Vorwürfe und meint, Arzt und Kaufmann seien zwei verschiedene Dinge.
Ist diese Ansicht richtig?

An sich ließe sich auch die ärztliche Tätigkeit unter den Begriff des Gewerbes subsumieren. **Kraft Verkehrsanschauung** und **jahrhundertealter Tradition** werden die sog. **freien Berufe** jedoch **nicht** als **Gewerbe** eingestuft. Entsprechend sind Heilverfahren mangels „gewerblicher" Verwertbarkeit vom Patentschutz ausgeschlossen (vgl. *BGHZ* 48, 313, 316: „Glatzenoperation"). Die früher ernsthaft vertretene Begründung, mit der Wissenschaft sei kein Geld zu verdienen, ist freilich weder empirisch noch normativ richtig. Eher zutreffen dürfte, daß bei einem freiberuflich Tätigen das **höchstpersönliche Erbringen von Leistungen im Vordergrund** steht und in aller Regel ein von seiner Person zu trennendes, verselbständigtes Substrat fehlt, während die Leistungen von Gewerbetreibenden vornehmlich auf einer organisierten Wirt-

I. Kaufleute

schaftseinheit – dem Einsatz von Produktionsmitteln und fremder Arbeitskraft – beruhen. Betont man diesen Unterschied, so läßt sich die Ausklammerung der freien Berufe aus dem HGB auch heute noch rechtfertigen. Für Human-, Zahn- und Tierärzte ist dies gesetzlich bestimmt (vgl. die §§ 1 Abs. 2 BÄO, 1 Abs. 4 Zahn-HKG, 1 Abs. 2 BTÄO).

41. Angenommen, Heim entdeckt wider Erwarten seinen Geschäftssinn und gründet eine Privatklinik für finanzkräftige Patienten. Kommen die handelsrechtlichen Vorschriften jetzt zur Anwendung?

Ja (vgl. *RGZ* 109, 75 f.: Sanatorium). Die **Herausnahme der freien Berufe** aus dem HGB gilt **nur für** ihren jeweiligen **Kernbereich**. Tritt die persönliche Leistung gegenüber dem Einsatz von Produktionsmitteln zurück, wie dies bei Privatkliniken oder Sanatorien der Fall sein kann, ist für eine handelsrechtliche Exklave kein Raum mehr. Bei **gemischten,** teils freiberuflich, teils gewerblich kommerziell geführten **Betrieben,** z. B. Arztpraxis nebst Kurbetrieb, entscheidet das **Gesamtbild** (vgl. *Koller/Roth/Morck,* § 1 HGB Rn. 15).

42. a) Nennen Sie weitere Berufe, die kraft Gesetzes oder Verkehrsanschauung nicht als Gewerbe im Sinne des Handelsrechts bezeichnet werden!
b) Gilt diese Sonderstellung der freien Berufe auch im Wettbewerbs- und Kartellrecht?
c) Wie steht es mit ihrer Behandlung im Steuerrecht?

a) **Freiberufler** sind: Rechtsanwälte (§ 2 Abs. 2 BRAO), Patentanwälte (§ 2 Abs. 2 PatentanwaltsO), Notare (§ 2 S. 3 BNotO), Wirtschaftsprüfer (§ 1 Abs. 2 WPO), Steuerberater (§ 32 Abs. 2 StBerG) und Architekten. Weitere Berufe nennt der – für das HGB allerdings nicht verbindliche – Katalog des § 1 Abs. 2 PartGG. **Keine Freiberufler** sind dagegen: Apotheker, Heilpraktiker, Krankengymnasten oder Softwareentwickler.
b) Nein. In beiden Bereichen kommt es jeweils nur auf eine **selbständige Teilnahme am wirtschaftlichen Verkehr** an, so daß Freiberufler ohne weiteres dem

UWG und dem **GWB** unterliegen (vgl. *BGHZ* (GS) 67, 81, 84).
c) Die freiberufliche Tätigkeit erfüllt an sich alle Merkmale der gewerblichen Tätigkeit, wird aber durch § 15 Abs. 2 EStG ausdrücklich aus der Gewerblichkeit ausgeklammert. Statt dessen erzielen **Freiberufler** steuerbare **Einkünfte aus selbständiger Arbeit** (Katalogberufe des § 18 Abs. 1 EStG fiskalisch geprägt und für das HGB nicht ausschlaggebend). Sie unterliegen aber **keiner Gewerbesteuerpflicht** (§ 2 GewStG).

b) Handelsgewerbe

43. Wann ist ein Gewerbe als Handelsgewerbe anzusehen?

Nach § 1 Abs. 2 HGB ist jedes Gewerbe Handelsgewerbe, es sei denn, das Unternehmen erfordert nach Art oder Umfang keinen in kaufmännischer Weise eingerichteten Gewerbebetrieb.

44. a) Wodurch zeichnet sich ein in kaufmännischer Weise eingerichteter Gewerbebetrieb aus?
b) Nach welchen Kriterien beurteilen Sie, ob ein Unternehmen nach Art oder Umfang keinen in kaufmännischer Weise eingerichteten Geschäftsbetrieb erfordert?
c) Wen trifft die Darlegungs- und Beweislast für die (Nicht-)Erforderlichkeit eines kaufmännischen Geschäftsbetriebes?

a) **Kaufmännische Einrichtung** bedeutet vor allem: kaufmännische Buchführung und Bilanzierung (§§ 238 ff. HGB), kaufmännische Bezeichnung (Firmenname, §§ 17 ff. HGB) und kaufmännische Ordnung der Vertretung (§§ 48 ff. HGB).
b) In den Blick zu nehmen sind vor allem Art und Umfang der Geschäftstätigkeit. Was die **Art der Geschäftstätigkeit** anlangt, verdienen die Vielfalt der Erzeugnisse und Leistungen, die Teilnahme am Wechsel- und Kreditverkehr, grenzüberschreitende Geschäftsverbindungen und eine größere Lagerhaltung Beachtung. Über den **Umfang der Geschäftstätigkeit** geben die Beschäftigtenzahl, die Größe und Organisation der Betriebs-

I. Kaufleute 21

stätte(n) und das Umsatzvolumen (vgl. aber Frage 46) Auskunft. **Ausschlaggebend** ist letztlich das sich aus Art und Umfang gemeinsam ergebende **Gesamtbild**.

c) Wie sich aus der Gesetzesformulierung ergibt, ist das Vorliegen eines **Kleingewerbebetriebes** der **Ausnahmefall**, den derjenige darlegen und beweisen muß, der sich hierauf beruft.

45. Vollgas betreibt eine gutgehende VW-Reparaturwerkstatt, die – bedingt durch ihre Größe (Beschäftigtenzahl, Umsatz, Lagerhaltung) – kaufmännische Einrichtungen benötigt. Vollgas lehnt dies aber als überflüssigen Zierrat ab. Das Registergericht fordert ihn auf, sich ins Handelsregister eintragen zu lassen. Muß er dem Verlangen des Registergerichts nachkommen?

Ja. Nach dem insoweit eindeutigen Wortlaut des § 1 Abs. 2 HGB entscheidet nicht, ob der Betrieb **kaufmännische Einrichtungen** besitzt, sondern ob er sie **erfordert**. Dies trifft auf die VW-Werkstatt zu. Kommt Vollgas der Aufforderung des Registerrichters nicht nach, so kann er nach § 14 HGB zur Erfüllung seiner Anmeldepflicht durch Ordnungsstrafen angehalten werden (näher zum Registerzwang Frage 84).

46. Brause betreibt eine Bundeswehrkantine, in der Zeitschriften, Süßigkeiten und Getränke verkauft werden. Sein Jahresumsatz beträgt 250 000 Euro. Wächst ihm allein aufgrund der Umsatzerlöse eine Kaufmannseigenschaft nach § 1 HGB zu?

Nein (vgl. *OLG Celle* NJW 1963, 540). Der Pächter einer Bundeswehrkantine ist nicht schon deshalb Kaufmann, weil er einen vergleichsweise hohen Jahresumsatz (1963!) erzielt. Gegen die Erforderlichkeit kaufmännischer Einrichtungen i. S. d. § 1 Abs. 2 HGB spricht vielmehr, daß sich Brauses Geschäftsbetrieb in denkbar einfachen und durchsichtigen Formen abwickelt: Sein Abnehmerkreis ist auf Truppenangehörige beschränkt, die die Kantinenware bar bezahlen; kaufmännisch geschultes Personal ist ebensowenig

47. Brille betreibt ein Optikergeschäft mit einem Jahresumsatz von 85 000 Euro. Er hat etwa 2000 Kunden und muß mit verschiedenen Krankenkassen abrechnen. Ist er Kaufmann?

erforderlich wie eine kaufmännische Buchführung; es genügt eine einfache Zettelbuchführung in Gestalt der Lieferscheine und Kassenbons.

Ja (vgl. *OLG Hamm* DB 1969, 386). Zwar ist Brilles Betrieb nach der Art der erbrachten Leistungen spezialisiert und insoweit überschaubar, und auch der erzielte Jahresumsatz von 85 000 Euro vermag die Kaufmannseigenschaft nicht zu rechtfertigen. Zu berücksichtigen ist aber, daß die Kundenzahl und der komplizierte Abrechnungsmodus mit den Krankenkassen eine Ordnung und Übersicht erfordern, die sich nur mit kaufmännischen Mitteln erreichen läßt.

c) Betreiben

48. Sind folgende Personen Kaufleute:
a) der Prokurist eines Einzelhandelskaufmanns oder das Vorstandsmitglied einer Aktiengesellschaft?
b) der Gesellschafter einer offenen Handelsgesellschaft oder der Komplementär einer KG?
c) ein Kommanditist oder GmbH-Gesellschafter?
d) der Treuhänder eines Einzelhandelsunternehmens?
e) der Insolvenzverwalter?

In allen Fällen kommt es darauf an, ob die Personen als „**Betreibende**" i. S. d. § 1 HGB anzusehen sind. Dies setzt voraus, daß die im Rahmen des Handelsgewerbes abgeschlossenen Geschäfte **für und gegen sie wirken**, also in ihrem Namen abgeschlossen werden. Im einzelnen:

a) **Prokurist** und **Vorstand** sind rechtsgeschäftliche bzw. organschaftliche Vertreter. Der Prokurist vertritt den Einzelhandelskaufmann und ist für dessen Gewerbebetrieb tätig. Er selbst hingegen betreibt kein Gewerbe und ist **nicht Kaufmann**. Ebenso ist nicht das einzelne Vorstandsmitglied, sondern die Aktiengesellschaft als juristische Person (Form-)Kaufmann (vgl. Frage 65).

b) Nach Auffassung der Rechtsprechung ja (vgl. *BGHZ* 34, 293, 296f.; 45, 282, 284). Der *Bundesgerichtshof* betont die

Unternehmerstellung der **OHG-Gesellschafter und Komplementäre**, ihr Auftreten als „Prinzipal" im Geschäftsverkehr sowie ihre unbeschränkte persönliche Haftung nach § 128 HGB – und folgert hieraus, daß sie mit Aufnahme des Geschäftsbetriebes **Kaufleute** werden. Die praktischen Auswirkungen dieser im Schrifttum bekämpften Auffassung (kritisch MüKo/*K. Schmidt*, § 1 HGB Rn. 54) sind aber begrenzt, weil die Kaufmannseigenschaft nur für jene Geschäfte gilt, die sie als Gesellschafter und nicht lediglich als Privatleute abschließen. Dies ist nicht anhand der Vermutungsregel des § 344 Abs. 1 HGB, sondern nach § 164 Abs. 1 S. 2, Abs. 2 BGB zu beurteilen (vgl. *BGH* LM Nr. 1 zu § 406 HGB).

c) Die Kaufmannseigenschaft eines **Kommanditisten** wird heute ganz überwiegend **verneint** (vgl. *BGHZ* 45, 282, 285). Der Kommanditist betreibt kein Handelsgewerbe, weil er nicht Mitunternehmer, sondern typischer Anlagegesellschafter ist. Im Geschäftsverkehr wird er nicht als „Prinzipal" oder Inhaber des Betriebs angesehen. **GmbH-Gesellschafter** sind Mitglieder einer juristisch selbständigen Kapitalgesellschaft und als solche **keine Kaufleute** (vgl. *BGHZ* 133, 71,78; ebenso für den Alleingesellschafter-Geschäftsführer: *BGHZ* 121, 224, 228; für ein Beispiel Frage 461).

d) Der **Treuhänder** ist selbst **Kaufmann** (vgl. *KG* JW 1939, 293; *OLG Hamm* DNotZ 1964, 421, 423). Obwohl er im Verhältnis zum Treugeber häufig weisungsgebunden ist, tritt er nach außen als alleiniger Inhaber des Handelsgeschäftes auf. Daß die Betriebsmittel nicht in seinem Eigentum stehen und er nicht für eigene Rechnung handelt, ist demgegenüber ohne Belang.

e) Der **Insolvenzverwalter** führt das Handelsgeschäft des Gemeinschuldners im eigenen Namen kraft Amtes mit Wirkung für und gegen die Insolvenzmasse fort. Er wird dadurch **nicht** selbst **Kaufmann** (vgl. *BGH* NJW 1987, 1940, 1941); vielmehr bleibt der Gemeinschuldner während des Insolvenzverfahrens Kaufmann.

49. a) Der 15jährige Fritz betreibt einen Computer-Hard- und Softwarehandel. Für die einzelnen Geschäfte holt er jeweils die Zustimmung seiner Eltern ein. Wird Fritz dadurch Kaufmann?
b) Im Februar bestellt Fritz ohne Zustimmung seiner Eltern 5 Computer. Als er 4 Wochen nach Lieferung noch nicht gezahlt hat, verlangt der Verkäufer Zahlung des Kaufpreises zuzüglich 5% Zinsen ab Fälligkeit. Zu recht?
c) Was können Fritz und seine Eltern tun, damit nicht für jedes einzelne Geschäft eine Genehmigung erteilt werden muß?

a) Für das Merkmal des Betreibens kommt es auf die Geschäftsfähigkeit nicht an. Sie ist deshalb auch keine Voraussetzung der **Kaufmannseigenschaft.** Entscheidend ist, daß das Handelsgeschäft im Namen **des Minderjährigen** betrieben wird. Fritz ist also Kaufmann.
b) Diese Frage scheint gemäß §§ 352, 353 HGB von der Kaufmannseigenschaft des Fritz abzuhängen. Hierfür kommt es zwar nicht auf die Geschäftsfähigkeit an, doch ist davon streng die Frage zu trennen, ob der Minderjährige aus den einzelnen Geschäften berechtigt und verpflichtet wird. Dies hängt ausschließlich von den allgemeinen Vorschriften des BGB ab. Wenn die Eltern das Geschäft nicht genehmigen, ist der ganze Kaufvertrag von Anfang an unwirksam.
c) Gemäß § 112 **BGB** können die Eltern den Fritz mit Genehmigung des Vormundschaftsgerichts generell zum Betrieb eines Erwerbsgeschäfts ermächtigen. Für Verbindlichkeiten aus diesem Erwerbsgeschäft greift die neu eingeführte Haftungsbeschränkung Minderjähriger des § 1629a BGB ausweislich seines Abs. 2 **nicht** ein.

d) Beginn und Ende der Kaufmannseigenschaft

50. Mooshammer will ein Herrenausstattergeschäft eröffnen. Er mietet einen Laden in der Herzogstraße, beauftragt eine Designerin mit der Innenausstattung und bestellt die ersten Anzüge. Gelten für diese Geschäfte bereits die Vorschriften des Handelsgesetzbuches?

Ja. Das Betreiben des Handelsgewerbes beginnt schon mit den **Vorbereitungsgeschäften**, z.B. Miete von Geschäftsräumen, Einstellung von Personal, Eröffnung eines Bankkontos oder Abschluß eines Unternehmenskaufvertrages (vgl. *BGH NJW* 1996, 3217).

51. Weil modebewußte Kunden ausbleiben, entschließt sich Mooshammer nach wenigen Monaten zum Räumungsverkauf. Noch als Kaufmann?

Ja. So wie die Vorbereitungsgeschäfte schon dem HGB unterfallen, bleibt die Kaufmannseigenschaft spiegelbildlich auch noch bei den **zur Abwicklung erforderlichen Rechtsgeschäften** erhalten. Sie endet erst mit der vollständigen Einstellung des Betriebs (vgl. *BGHZ* 32, 307, 312: keine Betriebsaufgabe bei nur zeitweiliger Stillegung einer beschlagnahmten Wäscherei).

52. Liegt eine Einstellung des Gewerbebetriebs in dem eben erläuterten Sinn vor, wenn:
a) ein Saisonbetrieb, der während der Saison kaufmännischen Charakter hat, außerhalb der Saison zum Ruhen kommt?
b) über das Vermögen eines Einzelkaufmanns das Insolvenzverfahren eröffnet wird?

a) Für die Kaufmannseigenschaft ist grundsätzlich entscheidend, auf welchen *Umfang* ein Betrieb *angelegt* ist. Das bestimmt sich bei einem **Saisonbetrieb** allein nach der Zeit der Saison. Hat der Betrieb währenddessen **kaufmännischen Charakter**, so verliert er ihn nicht außerhalb der Saison, auch wenn er dann eingeschränkt wird oder ganz zum Ruhen kommt (vgl. *LG Lübeck,* BB 1964, 1192, 1193; *AG Wyk auf Föhr,* BB 1958, 891: Sommerhotel).
b) Auch durch Eröffnung des Insolvenzverfahrens erlischt die Kaufmannseigen-

schaft nicht. Der **Gemeinschuldner bleibt Kaufmann,** wenngleich unter Entziehung der Verwaltungs- und Verfügungsbefugnis (§ 80 Abs. 1 InsO). Da der Insolvenzverwalter lediglich die auf ihn übergegangenen Verwaltungs- und Verfügungsrechte des Gemeinschuldners ausübt (vgl. bereits Frage 48 e), sind die von ihm vorgenommenen Geschäfte in dem Umfang Handelsgeschäfte nach §§ 343 ff. HGB, wie sie es bei einer Vornahme durch den Gemeinschuldner wären.

2. Kleingewerblicher Kannkaufmann

53. Klaus Klein verkauft in einem engen Eckkiosk Zeitschriften. Er setzt 4000 Euro im Monat um und hat keine Angestellten. Klein fragt, ob er Kaufmann sei oder sich zumindest als solcher in das Handelsregister eintragen lassen könne. Student Streb erklärt Klein, er sei nur „Minderkaufmann", so daß nicht alle Vorschriften des Handelsgesetzbuches für ihn gölten. Eine Eintragung in das Handelsregister sei für Minderkaufleute nicht möglich. Hat Streb Klein korrekt beraten?

Nein. Die Auskunft Strebs traf nur für die frühere Rechtslage zu. Mit Inkrafttreten des **HRefG** wurde der in § 4 HGB a. F. geregelte **„Minderkaufmann" abgeschafft.** Nach neuem Recht ist Klein entweder Kaufmann oder Nicht-Kaufmann: *Tertium non datur.* Weil sein Gewerbe nach Art oder Umfang keinen in kaufmännischer Weise eingerichteten Geschäftsbetrieb erfordert (dazu Frage 44), ist er kein Istkaufmann i. S. d. § 1 Abs. 1 HGB. Er kann sich jedoch nach § 2 HGB freiwillig ins Handelsregister eintragen lassen. Mit der Eintragung wird sein Unternehmen einem Handelsgewerbe i. S. v. § 1 Abs. 2 HGB gleichgestellt; Klein wäre dann Kaufmann.

54. Klein bittet nun Sie um Auskunft, welche Vor- und Nachteile eine Handelsregistereintragung mit sich

Die **Vorteile einer Eintragung** sind für Kleingewerbetreibende **gering:** die Erhöhung des gesetzlichen Zinssatzes auf 5% durch § 352 HGB, das erweiterte Zu-

I. Kaufleute 27

bringt. Würden Sie ihm zu einer Eintragung raten?

rückbehaltungsrecht nach §§ 369 ff. HGB und weitere periphere Vergünstigungen. Dem stehen **schwerwiegende Nachteile** gegenüber: Er verliert nach § 350 HGB den Schutz des Formerfordernisses bei Bürgschaften, Schuldversprechen und Schuldanerkenntnissen, unterliegt der Rügepflicht des § 377 HGB, wird der scharfen registerrechtlichen Haftung nach § 15 HGB unterworfen und hat die Rechnungslegungspflichten der §§ 238 ff. HGB zu erfüllen. Regelmäßig **empfiehlt es sich daher für Kleingewerbebetreibende, von der Eintragungsoption des § 2 HGB keinen Gebrauch zu machen.**

55. a) Angenommen, Klein hat sich ins Handelsregister eintragen lassen. Welche Wirkungen zeitigt diese Eintragung?
b) Nach einiger Zeit reut Klein seine Entscheidung. Gibt es für ihn eine „Rückfahrkarte"?

a) Mit der konstitutiven Eintragung erlangt Klein den **vollen Kaufmannsstatus** mit allen Rechten und Pflichten.
b) Ja. Gemäß **§ 2 Satz 3 HGB** hat er eine **Löschungsoption,** sofern nicht inzwischen die Voraussetzung des § 1 Abs. 2 HGB eingetreten ist. Die Löschung wirkt *ex nunc,* vorher als Kaufmann begründete Rechte und Pflichten bleiben unberührt.

56. Kommissionär König kauft und verkauft im eigenen Namen, aber für Rechnung der Schönbild-GmbH Kleinkunst. Sein Unternehmen erfordert keinen in kaufmännischer Weise eingerichteten Geschäftsbetrieb und ist auch nicht im Handelsregister eingetragen.
a) Als König eine Rechnung der Schönbild-GmbH nicht sofort begleicht, macht die-

a) Ja. Ein Anspruch auf Zahlung von Fälligkeitszinsen kann sich aus § 353 HGB ergeben. Die Anwendung dieser Norm setzt ein beiderseitiges Handelsgeschäft voraus (dazu Frage 443). Die Schönbild-GmbH ist Formkaufmann gemäß §§ 6 Abs. 2 HGB, 13 Abs. 3 GmbHG. Dagegen betreibt König weder ein Handelsgewerbe i. S. d. § 1 Abs. 2 HGB, noch ist er nach § 2 HGB im Handelsregister eingetragen. Er ist folglich Nichtkaufmann. Allerdings ist König **Kommissionär** i. S. d. § 383 Abs. 1 HGB, und auf einen solchen findet § 353 HGB über die **Brük-**

se ihm gegenüber ohne vorausgehende Mahnung Fälligkeitszinsen geltend. Zu recht?

b) König verwirkt gegenüber der Schönbild-GmbH eine hohe Vertragsstrafe. Er fragt, ob er die gerichtliche Herabsetzung der Vertragsstrafe nach § 343 BGB beantragen kann.

kenvorschrift des § 383 Abs. 2 S. 2 HGB auch dann Anwendung, wenn er kein Kaufmann ist.

b) Ja. Zwar schließt § 348 HGB die Herabsetzung einer Vertragsstrafe nach § 343 BGB aus, wenn diese von einem Kaufmann im Betriebe seines Handelsgewerbes versprochen wurde. Doch ist König kein Kaufmann, und § 383 Abs. 2 S. 2 HGB nimmt die §§ 348–350 HGB ausdrücklich von seiner Verweisung aus.

Beachte: Nach § 383 Abs. 2 S. 1 HGB finden auf Kommissionäre, die keine Kaufleute sind, auch alle Vorschriften über das Kommissionsgeschäft Anwendung. Ähnliche **Verweisungen** enthalten § 84 Abs. 4 HGB für den Handelsvertreter und § 93 Abs. 3 HGB für den Handelsmakler. Durch diese Verweisungen gleicht das HGB den Umstand aus, daß **kleingewerblich tätige Kommissionäre, Handelsvertreter und Handelsmakler**, die vor der Handelsrechtsreform nach §§ 1 Abs. 2 Nrn. 6 und 7, 4 HGB a. F. Minderkaufleute kraft Tätigkeit waren, nach dem neuen § 1 Abs. 2 HGB keine Kaufleute mehr sind.

3. Land- oder forstwirtschaftlicher Kannkaufmann

57. Bauer Bio betreibt ökologische Landwirtschaft. Er baut Obst und Gemüse an und verkauft es in einem kleinen Laden auf seinem Hof an gesundheitsbewußte Kunden. Daneben betreibt Bio eine Brennerei, in der er aus selbst angebauten Brombeeren in großen Mengen „Bios Ökologischen Brom-

a) § 1 HGB findet nach ausdrücklicher Anweisung des **§ 3 Abs. 1 HGB** auf Betriebe der Land- und Forstwirte keine Anwendung. Die **landwirtschaftliche Tätigkeit** des Bio fällt unter diese Norm. Bio ist insoweit **kein Kaufmann**, wenn er sich nicht freiwillig im Handelsregister eintragen läßt (§ 3 Abs. 2 i. V. m. § 2 S. 1 HGB).

b) Nach **§ 3 Abs. 3 HGB** gelten entsprechende Grundsätze für ein mit dem

I. Kaufleute

beerlikör" herstellt. Schließlich betreibt er auf einem angrenzenden Grundstück eine freie Erdgas-Tankstelle. Bio fragt Sie, ob er Kaufmann ist,
a) als Bauer,
b) als Betreiber des Hofladens,
c) als Betreiber der Brennerei,
d) als Betreiber der Tankstelle,
e) ganz allgemein?

Landwirtschaftsbetrieb verbundenes Unternehmen, soweit dieses nur ein Nebengewerbe darstellt. Ein **Nebengewerbe** setzt (1) ein selbständiges Unternehmen voraus, das (2) mit dem land- oder forstwirtschaftlichen Unternehmen organisatorisch verbunden und (3) von diesem abhängig ist sowie (4) von demselben Unternehmer betrieben wird. Bei einer kleinen Verkaufsstelle auf dem Hof fehlt es – ebenso wie beim Marktverkauf eigener Produkte – schon an der Selbständigkeit des Verkaufsgeschäfts. Landbau und Hofverkauf bilden vielmehr zusammen einen **gemischten Betrieb**. Für dessen Einordnung unter § 1 oder § 3 HGB **ist entscheidend,** welche Tätigkeit dem Betrieb das **Gepräge** gibt. Hier steht der Landbau im Vordergrund. Also wird auch der Hofverkauf unmittelbar von § 3 Abs. 1 HGB erfaßt und macht Bio nicht zum Kaufmann.

c) Die Brennerei stellt ein im Vergleich zum Landbau selbständiges Unternehmen dar, das aber aufgrund der Verarbeitung der von Bio angebauten Brombeeren eng mit diesem verbunden ist. Bio ist Inhaber beider Betriebe, so daß es sich bei der Brennerei um einen **Nebenbetrieb i. S. v. § 3 Abs. 3 HGB** handelt. Bio ist auch als Betreiber der Brennerei kein Kaufmann kraft Tätigkeit i. S. v. § 1 HGB.

d) Die Tankstelle stellt ein vom landwirtschaftlichen Betrieb des Bio selbständiges Unternehmen dar, dem allerdings die für einen Nebenbetrieb i. S. d. § 3 Abs. 3 HGB vorausgesetzte organisatorische Verbundenheit und Abhängigkeit vom landwirtschaftlichen Betrieb fehlt. Auf die Tankstelle findet daher § 1 HGB Anwendung, dessen Voraussetzungen vorliegen. Als Betreiber der Tankstelle ist Bio folglich Kaufmann i. S. v. § 1 HGB.

e) Anders als die Formkaufleute nach § 6 Abs. 2 HGB ist eine **natürliche Person** niemals als solche **Kaufmann**, sondern **stets nur bezogen auf ein bestimmtes Gewerbe** (vgl. *Baumbach/Hopt*, § 1 HGB Rn. 29). Daraus folgt, daß Bio in bezug auf die unter a) bis c) behandelten Gewerbe auch dann nicht Kaufmann ist, wenn er zusätzlich ein davon selbständiges kaufmännisches Gewerbe betreibt. Kaufmann ist Bio im vorliegenden Fall daher nur als Betreiber der Tankstelle.

58. Bauer Bio ist verärgert über die schlechte Zahlungsmoral einiger Ladenbetreiber, die seinen Brombeerlikör verkaufen. Er möchte sich die ständigen Mahnungen ersparen und künftig bereits ab Fälligkeit seiner Forderungen nach § 353 HGB Zinsen von den säumigen Abnehmern verlangen. Andererseits möchte er nicht auch als Landwirt Kaufmann werden.

a) Bio fragt, ob er sich nur hinsichtlich der Brennerei als Kaufmann in das Handelsregister eintragen lassen kann.

b) Wie wäre es hinsichtlich des Hofverkaufs?

a) Ja. Nach § 3 Abs. 3 HGB ist auch § 3 Abs. 2 HGB hinsichtlich eines Nebenbetriebes entsprechend anwendbar. Da es sich bei der Brennerei als Nebenbetrieb um ein selbständiges Gewerbe handelt, kann Bio sie auch ohne den landwirtschaftlichen Hauptbetrieb zum Handelsregister anmelden (zu diesem gesonderten Wahlrecht *Koller/Roth/Morck*, § 3 HGB Rn. 6). Er ist dann auch als Betreiber der Brennerei, nicht dagegen als Landwirt Kaufmann.

b) Nein. Bei dem Hofverkauf handelt es sich nicht um einen selbständigen Nebenbetrieb i. S. d. § 3 Abs. 3 HGB, sondern um einen Teil des landwirtschaftlichen Hauptbetriebes. Eine gesonderte Eintragung des Hofverkaufs in das Handelsregister ist daher nicht möglich. Bio muß sich entscheiden, ob er seinen landwirtschaftlichen Betrieb insgesamt nach § 3 Abs. 2 HGB in das Handelsregister eintragen lassen will oder nicht.

59. Die Brennerei des Bauern Bio floriert zusehends. Daher baut Bio seine Produktpalette erheblich aus und bietet neben dem Brombeerlikör auch verschiedene Weinbrände und andere Obstliköre an. Dafür muß er etwa 90% der Rohstoffe von anderen Landwirten hinzukaufen. Der Umsatz der Brennerei übersteigt bald denjenigen des landwirtschaftlichen Betriebes um ein Vielfaches. Bio fragt, ob er jetzt den Vorschriften für Kaufleute unterworfen sei.

Die Annahme eines **Nebenbetriebes i. S. v. § 3 Abs. 3 HGB** setzt voraus, daß dieser von dem land- oder forstwirtschaftlichen Hauptbetrieb abhängig ist. **Dagegen** spricht nicht schon der höhere Umsatz des Nebenbetriebs (vgl. *Baumbach/Hopt,* § 3 HGB Rn. 10; s. auch *BGH* WM 1966, 195: Brennerei), wohl aber der **überwiegende Drittbezug der Vorprodukte.** Demnach ist § 1 HGB anwendbar und Bio auch als Betreiber der Brennerei Istkaufmann, ohne daß es insoweit einer Eintragung in das Handelsregister bedarf. Hinsichtlich seines landwirtschaftlichen Betriebs und des Hofverkaufs bleibt Bio dagegen weiterhin Nichtkaufmann.

4. Fiktivkaufmann

60. a) Welchem Zweck dient § 5 HGB?
b) Wann kommt er zum Zuge?
c) Verbleibt für ihn nach der Handelsrechtsreform von 1998 noch ein eigener Anwendungsbereich?

a) § 5 HGB steht ganz im Dienste der **Rechtssicherheit:** Er schreibt vor, daß eingetragene Gewerbetreibende unwiderlegbar als Kaufleute gelten und schützt diese Eintragungen damit besonders nachdrücklich gegen jede Anzweifelung.
b) § 5 HGB ist systematisch **hinter den §§ 1-4 HGB angesiedelt** und greift dann ein, wenn sich eine Kaufmannseigenschaft nach diesen Vorschriften nicht begründen läßt.
c) Das ist umstritten. **Einer Lehrmeinung zufolge** hat § 5 HGB seine ursprüngliche Funktion, Streit über das (Nicht-)Erfordernis eines in kaufmännischer Weise eingerichteten Gewerbebetriebes zu verhindern, vollständig eingebüßt: Der Einwand eines eingetragenen Gewerbetreibenden, er sei in Wirklichkeit

Kleingewerbetreibender, werde ihm bereits durch § 2 HGB abgeschnitten (vgl. etwa *K. Schmidt,* ZHR 163 (1999) 87, 92 ff.). Die **Gegenauffassung differenziert:** Nach ihr erfaßt § 2 HGB nur jene Fälle, in denen sich ein Kleingewerbetreibender freiwillig ins Handelsregister hat eintragen lassen. § 5 HGB werde dagegen nach wie vor in zwei Fallgestaltungen benötigt: (1) Bei einem nachträglichen Absinken des Gewerbebetriebs auf kleingewerbliches Niveau und (2) bei einem fehlenden, nichtigen oder irrtümlichen Eintragungsantrag nach § 29 HGB (vgl. etwa *Lieb,* NJW 1999, 35, 36; für ein Beispiel Frage 62).

61. Der Arzt Anton ist ohne sein Wissen durch einen Fehler des Registergerichts als Kaufmann in das Handelsregister eingetragen worden. Kaufmann Karl Knauser hat sich zur Ruhe gesetzt, aber vergessen, seine Firma aus dem Handelsregister löschen zu lassen. Die B-Bank nimmt beide aus einer Bürgschaft in Anspruch, die sie telefonisch versprochen haben. Zu recht?

Grundsätzlich setzt ein wirksames Bürgschaftsversprechen nach § 766 BGB die Einhaltung der Schriftform voraus. Hiervon macht § 350 HGB aber für Bürgschaften von Kaufleuten eine Ausnahme:
a) Anton ist Freiberufler und betreibt daher kein Gewerbe i.S.d. § 1 HGB (vgl. Frage 40). Auch **§ 5 HGB** greift hier nicht ein. Die Vorschrift **dispensiert** nach ihrem klaren Wortlaut („das unter der Firma betriebene Gewerbe") **nicht vom Betreiben eines Gewerbes** (vgl. *BGHZ* 32, 307, 313 f.). Daß ein Unternehmen betrieben wird, reicht entgegen einer Mindermeinung (vgl. *K. Schmidt,* § 10 III 2 b, S. 301) nicht aus. Alts Bürgschaftsversprechen ist daher nach § 125 BGB formnichtig.
b) Auch in bezug auf Knauser greift § 5 HGB nicht (mehr) ein, weil er kein Gewerbe mehr betreibt. Allerdings kann Knauser der Bank die Geschäftseinstellung und damit das Erlöschen der Kauf-

mannseigenschaft nach §§ 15 Abs. 1, 31 Abs. 2 HGB nicht entgegenhalten, soweit die Bank hiervon keine Kenntnis hatte. Er muß daher zahlen.

62. Kleingewerbetreibender Klein, dessen Gewerbe unter die Ausnahmeregelung des § 1 Abs. 2 a.E. HGB fällt (Frage 53), hat sich in das Handelsregister eintragen lassen, weil er irrig davon ausging, er sei Kaufmann i. S. d. § 1 HGB. Stimmt das? Wenn ja, nach welcher Vorschrift?	Ja. Doch ist umstritten, ob sich dies bereits aus § 2 HGB oder nur aus § 5 HGB ergibt. Nach dem Wortlaut des § 2 Abs. 1 HGB wird die Qualifikation eines Kleingewerbes i. S. d. § 1 Abs. 2 a.E. HGB als Handelsgewerbe fingiert, wenn die Firma des Unternehmens in das Handelsregister eingetragen ist. Hier hat Klein seine Firma nach § 29 HGB eintragen lassen. Einer Lehrmeinung zufolge ist er deshalb bereits nach § 2 HGB Kaufmann (vgl. *K. Schmidt,* ZHR 163 (1999) 87, 93 ff.). Die Gegenmeinung weist darauf hin, daß bei dieser Lesart der Anwendungsbereich des § 5 HGB leer zu laufen drohe und daß § 2 Abs. 2 HGB Kleingewerbetreibenden ein Wahlrecht hinsichtlich ihrer Kaufmannseigenschaft einräume. Infolgedessen setze die Annahme einer Kaufmannseigenschaft nach § 2 HGB nicht nur eine registerrechtliche Erklärung i. S. d. § 29 HGB, sondern eine auf Erlangung der Kaufmannseigenschaft gerichtete Willenserklärung voraus. Gehe ein Kleingewerbetreibender – wie hier Klein – irrig davon aus, er sei schon Kaufmann nach § 1 HGB, so löse der Eintragungsantrag nicht die Folge des § 2 HGB aus. Seine Kaufmannseigenschaft werde allein durch § 5 HGB fingiert (vgl. *Canaris,* § 3 Rn. 49).
63. a) Wirkt § 5 HGB nur zugunsten gutgläubiger Dritter? b) Kann die Vorschrift auch	a) Nein. **§ 5 HGB** ist **keine Rechtsscheinnorm,** sondern zielt auf absoluten Verkehrsschutz und objektive Rechtssicherheit (vgl. *BGH* NJW 1982, 45).

dem Eingetragenen selbst zugute kommen?
c) Muß sich der jeweils Begünstigte auf die Eintragung berufen?

b) Ja. Von Belang ist das etwa, wenn der Eingetragene Fälligkeitszinsen (§ 352 HGB) geltend macht (vgl. allgemein *RGZ* 50, 154, 158 unter Berufung auf den Gesetzeswortlaut).
c) Nein. **§ 5 HGB** betrifft die objektive Rechtslage und ist deshalb nach ganz überwiegender, aber nicht unangefochtener Auffassung – bei entsprechendem Vortrag im Zivilprozeß – **von Amts wegen zu berücksichtigen** (vgl. für die h. M. *Baumbach/Hopt*, § 5 HGB Rn. 4; abw. *Oetker*, § 2 F, S. 29). Der scheinbar entgegenstehende Wortlaut („geltend machen") ist mißverständlich.

64. Ungeachtet seiner Wirkung für und gegen alle ist § 5 HGB in zweierlei Richtung nicht anwendbar. Wissen Sie, wovon die Rede ist?

a) Nach allgemeiner Meinung gilt **§ 5 HGB nicht im öffentlichen Recht**, so daß die Buchführungspflichten der §§ 238 ff. HGB nicht auf einen zu Unrecht Eingetragenen anwendbar sind.
b) Darüber hinaus will eine verbreitete Auffassung **§ 5 HGB nicht im reinen Unrechtsverkehr** angewendet wissen, weil die Vorschriften des Handelsrechts durchweg nur den rechtsgeschäftlichen Verkehr beträfen (vgl. *Canaris*, § 3 Rn. 58; offenlassend *BGH* NJW 1982, 45). Hiergegen wird allerdings eingewendet, daß gerade keine Rechtsscheinvorschrift vorliege (vgl. *Baumbach/Hopt*, § 5 HGB Rn. 6, sowie Frage 63 a).

5. Formkaufmann

65. a) Erläutern Sie die Funktion des § 6 Abs. 2 HGB im System der Kaufmannstatbestände!

a) **§ 6 Abs. 2 HGB** stellt klar, daß **Vereine** unabhängig vom Betreiben eines Handelsgewerbes allein **kraft ihrer Rechtsform Kaufleute** sind, soweit das Gesetz

b) Welche Gesellschaftsformen genießen den Status eines Formkaufmanns, welchen fehlt die Formkaufmannseigenschaft?
c) Wie fügt sich die Vor-GmbH in diese Zweiteilung ein?

dies bestimmt. Man spricht bündig von sog. Formkaufleuten.
b) **Formkaufleute** sind die GmbH (§ 13 Abs. 3 GmbHG), die AG (§ 3 Abs. 1 AktG), die KGaA (§§ 278 Abs. 3, 3 Abs. 1 AktG), die eG (§ 17 Abs. 2 GenG) und die deutsche EWIV (§ 1 Hs. 2 EWIVG). Nicht zu den Formkaufleuten gehören OHG und KG.
c) Die **Vor-GmbH** ist **kein Formkaufmann** i. S. d. § 6 Abs. 2 HGB, fehlt ihr doch noch die Eintragung ins Handelsregister (vgl. § 11 Abs. 1 GmbHG). Sie kann aber eine Handelsgesellschaft nach §§ 1, 105 HGB sein.

66. Hakelmacher betreibt eine Wirtschaftsprüfungsgesellschaft in der Rechtsform einer GmbH. Ist die Hakelmacher GmbH Kaufmann?

Ja, nach § 6 Abs. 2 HGB i. V. m. § 13 Abs. 3 GmbHG. Dem steht nicht entgegen, daß Hakelmacher selbst keine Kaufmannseigenschaft erlangen könnte, weil Wirtschaftsprüfer zu den freien Berufen gehören (vgl. Frage 42a). Die Formkaufmannseigenschaft der GmbH hilft auch über dieses Defizit hinweg.

6. Handelsgesellschaften als Kaufleute

67. Welchen Normzweck verfolgt § 6 Abs. 1 HGB?

§ 6 Abs. 1 HGB erstreckt das **Kaufmannsrecht des HGB** ohne weiteres **auf alle Handelsgesellschaften** und erfüllt damit eine wichtige Vereinfachungsfunktion. Davon zu trennen ist die andere Frage, ob einer Gesellschaft schon kraft ihrer Rechtsform Kaufmannseigenschaft zukommt (vgl. Frage 65) oder ob sie diese nur kraft Betreibens eines Handelsgewerbes erlangt (vgl. § 105 Abs. 1, 161 Abs. 2 HGB für OHG und KG).

68. Hunger und Durst betreiben in gesellschaftlicher Verbundenheit einen kleinen Imbiß und lassen die Firma des Unternehmens ins Handelsregister eintragen. Rechtsform und Kaufmannseigenschaft der Gesellschaft?

Die **kleingewerbliche Gesellschaft** hat gemäß **§ 105 Abs. 2 HGB** – der gesellschaftsrechtlichen Parallelvorschrift zu § 2 HGB – **durch Eintragung** ins Handelsregister den **Status einer OHG** erlangt und betreibt damit nach der Wertung des § 2 Satz 1 HGB ein Handelsgewerbe.

69. Soll und Haben haben ihr ererbtes Immobilienvermögen in eine Personengesellschaft eingebracht und lassen es von ihr verwalten.
a) Betreibt diese Vermögensverwaltungsgesellschaft ein Gewerbe?
b) Kann sie ggfs. auch ohne Betreiben eines Gewerbes zur offenen Handelsgesellschaft werden?

a) Nein. Eine Gesellschaft, die nur ihr eigenes Vermögen verwaltet und nicht nach außen in Erscheinung tritt, betreibt kein Gewerbe und damit erst recht kein Handelsgewerbe (vgl. *OLG* Hamm ZIP 1993, 1310: Besitzgesellschaft, sowie Frage 37).
b) Ja. Zwar ist ihr der Weg zur OHG vermittels § 105 Abs. 1 HGB mangels Handelsgewerbes versperrt. Jedoch können Soll und Haben die Firma des Unternehmens ins Handelsregister eintragen lassen, wodurch **die Vermögensverwaltungsgesellschaft** nach **§ 105 Abs. 2 HGB** zur OHG wird.

7. Scheinkaufmann

70. Neben dem „Fiktivkaufmann" kennt das Handelsrecht auch den „Scheinkaufmann".
a) Was verstehen Sie unter dem Begriff Scheinkaufmann?
b) Worin unterscheidet sich ein Scheinkaufmann von einem Fiktivkaufmann i. S. d. § 5 HGB?

a) Die Figur des **Scheinkaufmanns**, ursprünglich auf *Hermann Staub* zurückgehend (zu ihm Frage 9), bildet heute einen integralen **Bestandteil der Lehre von der Rechtsscheinhaftung**. Danach muß sich ein Nichtkaufmann, der im Geschäftsverkehr als Kaufmann auftritt, gutgläubigen Dritten gegenüber an diesem Rechtsschein festhalten lassen.
b) Drei Unterschiede verdienen Hervorhebung:

	I. Kaufleute

c) Wie verhält sich die Lehre vom Scheinkaufmann im Fallaufbau zu §§ 5, 15 HGB?

(1) Im Gegensatz zu § 5 HGB, der dem absoluten Verkehrsschutz verpflichtet ist (vgl. Frage 63 a), begründet die Lehre vom Scheinkaufmann eine Rechtsscheinhaftung.

(2) Anders als § 5 HGB, der für und gegen den Eingetragenen wirkt (vgl. Frage 63 b), wird der **Scheinkaufmann nur zu seinen Lasten** und nicht auch zu seinen Gunsten dem **Kaufmannsrecht** unterstellt.

(3) Abweichend von § 5 HGB knüpft die Lehre vom Scheinkaufmann nicht an den Registereintrag, sondern an das Auftreten im Geschäftsverkehr an und vermag daher auch Freiberufler zu erfassen (vgl. demgegenüber zum Fiktivkaufmann Frage 61 a).

c) Im Verhältnis zu den gesetzlichen Verkehrsschutzregeln ist die **Lehre vom Scheinkaufmann subsidiär**. Sie kommt demnach nur zum Zuge, wenn die §§ 5, 15 HGB nicht anwendbar sind.

71. Können Sie anhand der Lehre vom Scheinkaufmann die allgemeine Grundstruktur eines Rechtsscheintatbestandes aufzeigen?

Herrschender Auffassung zufolge läßt sich ein dreigliedriger Tatbestandsaufbau ausmachen (vgl. *Canaris,* § 6 Rn. 68 ff.):

(1) **Rechtsscheinbasis**, d. h. das Vorliegen eines objektiven Vertrauenstatbestandes, der sich aus Worten oder Taten ergeben kann.

(2) **Zurechenbarkeit des Rechtsscheins**, d. h. ein Einstehenmüssen des Betroffenen für einen von ihm oder anderen gesetzten Rechtsschein, wobei als Zurechnungsprinzipien das Verschuldens-, Veranlassungs- und Risikoprinzip genannt werden.

(3) **Voraussetzungen in der Person des vertrauenden Dritten**, wozu neben der

Gutgläubigkeit auch ein Kausalitätserfordernis gehört, das freilich im Interesse des Verkehrsschutzes von Rechts wegen typisiert sein kann: So hängt der Vertrauensschutz des § 15 Abs. 1 HGB nicht von einer konkreten Einsichtnahme in das Handelsregister ab (vgl. Frage 103).

72. Reichen folgende Verhaltensweisen aus, um den Rechtsschein eines Kaufmanns zu setzen:
a) Bauer Bio versichert seinem Vertragspartner, er sei Kaufmann, obwohl er nicht im Handelsregister eingetragen ist.
b) Knecht Knorr bezeichnet den Bauern Bio in dessen Abwesenheit und ohne dessen Wissen dessen Geschäftspartner gegenüber als Kaufmann.
c) Der nicht im Handelsregister eingetragene Kleingewerbetreibende Klein tritt unter der Bezeichnung „Zeitschriften-Großhandel Klein" auf.
d) Der Kleingewerbetreibende Klein macht bekannt, daß er einem Angestellten Prokura erteilt habe.

a) Ja. Mit Selbstverständlichkeit kann ein Nichtkaufmann dadurch den Rechtsschein eines Kaufmanns setzen, daß er sich ausdrücklich – mündlich oder schriftlich – als Kaufmann bezeichnet.
b) Nein. Voraussetzung dafür, daß eine Person als Scheinkaufmann behandelt wird, ist, daß ihm der **erzeugte Rechtsschein zugerechnet** werden kann. Dies setzt zwar nicht notwendig ein aktives Tun voraus, ein pflichtwidriges Unterlassen reicht aus. Erforderlich ist aber stets, daß er die Möglichkeit hatte, von der objektiven Setzung des Rechtsscheins Kenntnis zu erlangen und dagegen einzuschreiten.
c) Ja. Der **Rechtsschein** der Kaufmannseigenschaft kann auch **schlüssig** gesetzt werden. Ob dafür das bloße Führen einer Firma ausreicht, ist allerdings umstritten. Keine Schwierigkeiten bereitet zunächst der Fall, daß ein Gewerbetreibender den durch § 19 HGB vorgeschriebenen Rechtsformzusatz (z.B. „e.K.") verwendet (vgl. *Baumbach/Hopt,* § 5 HGB Rn. 10). Beim Fehlen eines solchen Rechtsformzusatzes ist richtigerweise zu unterscheiden: Das Auftreten unter einer Bezeichnung, die Firmenqualität haben könnte („Zeitschriften Klein"), dürfte im Hinblick auf die Liberalisierung des Firmenrechts und die schwierige Abgrenzung zwischen Firma und Geschäftsbe-

zeichnung (vgl. Fragen 128–129) noch nicht ausreichen (gleichsinnig *K. Schmidt,* § 10 VIII 3 a aa, S. 328). Anders liegt der Fall aber bei Verwendung einer Firma, die auf das Vorhandensein eines Handelsgewerbes i. S. d. § 1 Abs. 2 HGB hindeutet („Zeitschriften-*Groß*handel Klein").

d) Ja. Der Rechtsschein der Kaufmannseigenschaft kann schlüssig auch dadurch erzeugt werden, daß ein Nichtkaufmann sich einer Einrichtung (hier: der Prokura) bedient, die nach dem HGB nur Kaufleuten zusteht (vgl. *Oetker,* § 2 G II, S. 30).

73. Albert Alt und Bertram Braun gründen eine Vermögensverwaltungsgesellschaft. Sie lassen sich nicht im Handelsregister eintragen, treten aber dennoch im Geschäftsverkehr als „Alt und Braun OHG" auf, weil sie meinen, einer OHG werde größeres Vertrauen entgegengebracht als einer GbR. Als sie drei Wochen nach Lieferung einen Karton Recyclingpapier öffnen, den die Gesellschaft bei der Öko-GmbH erworben hat, stellen sie fest, daß das Papier offensichtlich mangelhaft ist. Der Geschäftsführer der Öko-GmbH weist das Wandlungsbegehren von Alt und Braun unter Hinweis auf die versäumte Rügeobliegenheit des § 377 HGB zurück. Zu recht?

Ja. Das Bestehen einer Rügeobliegenheit i. S. d. § 377 HGB setzt voraus, daß es sich bei dem Papierkauf um ein beiderseitiges Handelsgeschäft handelt. Die Öko-GmbH ist Formkaufmann i. S. d. §§ 6 Abs. 2 HGB, 13 Abs. 3 GmbHG. Die von Alt und Braun gegründete Gesellschaft ist mangels Gewerbebetriebs und Eintragung in das Handelsregister (vgl. § 105 Abs. 2 S. 1, 2. Alt. HGB, näher oben Frage 68) nur eine GbR i. S. d. §§ 705 ff. BGB und keine Handelsgesellschaft. Doch haben Alt und Braun zurechenbar den Rechtsschein einer OHG gesetzt. Entsprechend den Regeln über den Scheinkaufmann ist die Gesellschaft daher als **„Schein-OHG"** zu behandeln, zu deren Lasten entsprechend § 6 Abs. 1 HGB die in betreff der Kaufleute gegebenen Vorschriften des HGB einschließlich der Rügeobliegenheit nach § 377 HGB gelten.

II. Handelsregister

1. Einrichtung und Gegenstand des Handelsregisters

a) Funktion und Führung des Handelsregisters

74. Welche Zwecke verfolgt der Gesetzgeber mit der Einrichtung des Handelsregisters?

a) Das Handelsregister dient zuvörderst dem **Schutz des Rechtsverkehrs:** Jedermann kann sich über gewisse bedeutsame Tatsachen, insbesondere über die Vertretungs- und Haftungsverhältnisse informieren und genießt dabei den Schutz des § 15 Abs. 1 u. 3 HGB.

b) Spiegelbildlich **eröffnet** das Handelsregister **dem Kaufmann** eine **generelle Mitteilungsmöglichkeit** und dient auf diese Weise auch der eigenen Absicherung: Eintragung und Bekanntmachung begründen gemäß § 15 Abs. 2 HGB die unwiderlegliche Vermutung, daß die eingetragenen Tatsachen jedermann bekannt sind.

c) Weiterhin **erleichtert** das Handelsregister die **Beweisführung:** Eintragungen in das Handelsregister liefern einen Beweis des ersten Anscheins für ihre Richtigkeit (näher Frage 90).

d) Endlich ist das Handelsregister unverzichtbarer **Baustein der gerichtlichen Rechtskontrolle:** Das Registergericht ist verpflichtet, die förmlichen und materiellrechtlichen Voraussetzungen einer Eintragung zu überprüfen (näher Frage 83). Allerdings hat das Handelsrechtsreformgesetz die Prüfungsdichte im Handelsregisterverfahren in verschiedener Hinsicht zurückgenommen, vgl. §§ 18 Abs. 2 S. 2 HGB, 9c Abs. 2 GmbHG, 38 Abs. 3 AktG.

II. Handelsregister

75. Was wissen Sie über die historischen Ursprünge der Handelspublizität?

Die **frühesten Ansätze** zur Bildung kaufmännischer Register sind in den italienischen Handelsstädten des 14. und 15. Jahrhunderts überliefert: Es handelt sich um die **Mitgliedermatrikel der kaufmännischen Gilden und Zünfte.** Weitere Impulse erhielt die Handelspublizität sodann unter französischer Vormachtstellung: Die von *Ludwig XIV.* im Jahre 1673 erlassene *Ordonnance sur le commerce de terre* schrieb eine ausdrückliche Registerpublizität fest. Nach dem Vorbild Italiens und Frankreichs setzte sich diese Einrichtung mit zeitlichen Verzögerungen auch in Deutschland durch.

76. a) Von wem wird das Handelsregister geführt?
b) Wie ist es gegliedert?

a) Die **Registerführung** obliegt gemäß § 8 HGB den Gerichten. § 125 Abs. 1 FGG weist die Aufgabe den **Amtsgerichten** zu, und § 3 Nr. 2 lit. d RPflG legt sie in die funktionelle Zuständigkeit der **Rechtspfleger**, sofern nicht einzelne Angelegenheiten dem Richter vorbehalten sind.

b) Das Handelsregister besteht aus zwei Abteilungen:
der **Abteilung A** für Einzelkaufleute und Personengesellschaften des Handelsrechts mit Ausnahme der stillen Gesellschaft sowie für die juristischen Personen des öffentlichen Rechts und der **Abteilung B** für Kapitalgesellschaften (AG, KGaA, GmbH).

Beachte: Für Genossenschaften wird gemäß § 10 GenG ein eigenes Register geführt.

77. a) Nennen Sie die wichtigsten Rechtsquellen des Registerrechts!

a) Seine gesetzliche Ausgestaltung erfährt das Registerrecht in erster Linie durch die **§§ 8–16 HGB.** Sie werden in der **Han-**

b) Spielen auch gemeinschaftsrechtliche Vorschriften eine Rolle?	delsregisterverfügung (HRV) weiter detailliert und durch die §§ 125 ff. FGG prozessual flankiert. b) Ja. Besonders bedeutsam ist die erste gesellschaftsrechtliche Richtlinie vom 9. März 1968 (sog. **Publizitätsrichtlinie**), die vermittels richtlinienkonformer Auslegung (vgl. Frage 17 a) auf das deutsche Registerrecht einwirkt.
78. Wie ordnet sich die Registerpublizität in die allgemeine Unternehmenspublizität des geltenden Recht ein?	Die Registerpublizität ist **Teil der allgemeinen Unternehmenspublizität**. Dazu gehören außerdem die Rechnungslegungspublizität (näher Frage 330) und die Konzernpublizität. Hinzu tritt mit ständig steigender Schlagkraft die Kapitalmarktpublizität (näher Frage 419).

b) Eintragungsfähige und eintragungspflichtige Tatsachen

79. Noll tritt in das Geschäft des Einzelkaufmanns Eugen ein. Sie gründen die „Eugen & Noll OHG", die sogleich ihre Geschäfte aufnimmt. Die Gesellschafter fragen, ob sie folgende Tatsachen in das Handelsregister eintragen lassen können bzw. müssen:
a) das Entstehen der OHG,
b) eine Vereinbarung zwischen Eugen und Noll, wonach die OHG nicht für Verbindlichkeiten haften soll, die Eugen als Einzelkaufmann eingegangen ist,

Obwohl das Handelsregister dem Schutz des Rechtsverkehrs dient, ist aus Gründen der Übersichtlichkeit nicht jede beliebige Eintragung statthaft (vgl. *RGZ* 132, 138, 140: „kein lückenloses Bild"). **Eingetragen** werden können vielmehr **nur eintragungsfähige Tatsachen**. Eintragungsfähige Tatsachen sind zumeist auch eintragungspflichtig, doch gibt es hiervon Ausnahmen. Im einzelnen gilt:
a) Eine OHG ist nach § 106 HGB beim Handelsregister anzumelden. Es besteht – unbeschadet des Umstandes, daß diese Eintragung in den Fällen des § 123 Abs. 2 HGB nur deklaratorischen Charakter hat – eine **Eintragungspflicht** (besser: Anmeldungspflicht).

II. Handelsregister

c) eine Vereinbarung, nach der Noll nach außen nicht persönlich für Verbindlichkeiten der OHG haften soll,
d) eine Vereinbarung zwischen Eugen und Noll, nach der Eugen den Noll im Innenverhältnis von der Haftung für Gesellschaftsverbindlichkeiten freizustellen hat, soweit diese insgesamt 50 000 Euro überschreiten.

b) Der gewünschte Haftungsausschluß kann nach § 28 Abs. 2 HGB eingetragen werden, ist also **eintragungsfähig**. Doch besteht keine Eintragungspflicht. Unterlassen Eugen und Noll die Anmeldung zur Eintragung, wirkt der Haftungsausschluß nur gegenüber solchen Dritten, die sie darüber informiert haben.
c) OHG-Gesellschafter haften nach § 128 S. 1 HGB zwingend für Verbindlichkeiten der Gesellschaft. Eine davon abweichende Vereinbarung ist im Außenverhältnis unwirksam und darf erst recht nicht im Handelsregister eingetragen werden. Wenn Eugen und Noll die Haftung des Noll begrenzen oder ausschließen wollen, müssen sie eine KG, stille Gesellschaft oder Kapitalgesellschaft gründen.
d) Eine Verpflichtung des Eugen zur Haftungsfreistellung gegenüber Noll kann im Innenverhältnis zwar wirksam vereinbart werden. Doch fehlt es auch dieser Tatsache an einer Eintragungsfähigkeit. Der Umstand allein, daß eine Rechtstatsache für den Rechts- oder Handelsverkehr erheblich oder aufschlußreich ist, reicht grundsätzlich nicht aus, um ihre Eintragungsfähigkeit zu begründen. Nicht eintragungsfähig ist daher z. B. auch die Erteilung einer Handlungsvollmacht nach § 54 HGB (im Gegensatz zur Prokura, vgl. § 53 HGB).

80. Hopfen und Malz betreiben einen Biergroßhandel in der Rechtsform einer OHG und beschließen eine Befreiung vom Verbot des Selbstkontrahierens (§ 181

Nein (vgl. *OLG Hamm* BB 1983, 858). Die Rechtsprechung hat über die gesetzlich geregelten Fälle hinaus unter engen Voraussetzungen eine Eintragung weiterer Tatsachen zugelassen. Dazu gehört die **Befreiung vom Verbot des Selbstkon-**

BGB). Das Registergericht lehnt die Eintragung dieser Rechtstatsache ab, weil es dafür keine gesetzliche Grundlage gebe. Mit Recht?

trahierens (ebenso *BayObLG* DB 2000, 37). Zur Rechtfertigung läßt sich ausführen, daß es hierbei nur um die nähere Ausgestaltung einer ohnehin einzutragenden Rechtstatsache geht, ist doch nach § 125 Abs. 4 HGB „jede Änderung in der Vertretungsmacht eines Gesellschafters" zur Eintragung in das Handelsregister anzumelden. Ein weiteres spektakuläres Beispiel bildet die Eintragungspflicht von **Beherrschungs- und Gewinnabführungsverträgen zwischen GmbHs,** die der *BGH* auf eine entsprechende Anwendung des § 54 Abs. 1 GmbHG gestützt hat (vgl. *BGHZ* 105, 324, 342 ff.; 116, 37, 43 f.).

81. Bleifuß hat sein Taxiunternehmen in eine GmbH eingebracht und die Vorschrift des § 181 BGB statutarisch abbedungen. Von einer Anmeldung dieser Tatsache zum Handelsregister sieht er ab, weil ihm sein Steuerberater Strietzel versichert hat, diese Anmeldung stehe in seinem Belieben. Stimmt das?

Nein (vgl. *BGHZ* 87, 59). Der schwierige Fall ist ein Musterbeispiel für die **Überlagerung registerrechtlicher Vorschriften durch Gemeinschaftsrecht:** Gemäß § 35 Abs. 4 GmbHG gilt § 181 BGB grundsätzlich auch bei der Einmann-GmbH, doch sehen Gesellschaftsverträge – wie hier – routinemäßig eine entsprechende Befreiung vor. Für diesen Fall schreibt § 10 Abs. 1 S. 2 GmbHG nach seinem Wortlaut keine Eintragungspflicht vor: Einzutragen ist nur die abstrakte, generelle Vertretungsbefugnis der Geschäftsführer. Strengere Anforderungen stellt indes Art. 2 Abs. 1 lit. d der Publizitätsrichtlinie auf, aus dem sich nach Auffassung des *EuGH* nicht nur die Eintragungsfähigkeit, sondern sogar die Eintragungspflicht dieser Tatsache ableiten läßt (vgl. *EuGH*, Slg. 1974, 1207 Rn. 5 und 6: alleinige Vertretungsbefugnis des einzigen GmbH-Geschäftsführers). Infolgedessen hat der *BGH* eine **richtlinienkonforme Ausle-**

gung des § 10 Abs. 1 S. 2 GmbHG vorgenommen und die Eintragungspflicht auch auf die Befreiung vom Verbot des Selbstkontrahierens erstreckt (vgl. *BGHZ* 87, 59, 61 f.).

82. Welche Rechtsfolgen können sich aus einer Handelsregistereintragung ergeben?

Man unterscheidet konstitutiv und deklaratorisch wirkende Eintragungen: **Konstitutiv** wirkt die Eintragung, wenn die betreffende Rechtstatsache durch sie erst zur Entstehung gelangt. So wird ein Kannkaufmann i. S. d. §§ 2 oder 3 HGB erst mit seiner Eintragung Kaufmann (vgl. Frage 55 a). **Deklaratorisch** wirkende Eintragungen sind demgegenüber keine Voraussetzung für die Entstehung der Rechtstatsache. (Musterbeispiel: Erteilung und Widerruf einer Prokura gemäß § 53 HGB). Trotzdem können sie Rechtswirkungen entfalten: So ist etwa die Eintragung eines Kommanditisten für seine Gesellschafterstellung lediglich deklaratorischer Natur; gleichwohl bewirkt erst sie den Wegfall der unbeschränkten Haftung nach § 176 Abs. 1 HGB. Manchmal kann auch dieselbe Eintragung – je nach den Umständen des Einzelfalles – unterschiedliche Rechtswirkungen entfalten: So wirkt die Eintragung einer OHG im Falle des § 123 Abs. 1 HGB konstitutiv, im Falle des § 123 Abs. 2 HGB dagegen nur deklaratorisch.

c) Registergerichtliches Prüfungsrecht und Registerzwang

83. Florian Flower meldet die Firma „Flower Power Blumenladen e. K." zur Eintragung ins Handelsregister an. Der Rechtspfle-

Nein. Das Registergericht schuldet keinen „blinden Gehorsam", sondern hat vielmehr ein **doppeltes Prüfungsrecht:**
a) Es prüft zum einen die **förmlichen Eintragungsvoraussetzungen,** z. B. die

ger, der Flower persönlich kennt, weiß, daß dieser gar keinen Laden betreibt und auch nicht vorhat, ein Geschäft zu eröffnen. Muß er die Eintragung trotzdem vornehmen?

Zuständigkeit des angegangenen Gerichts, die öffentlich beglaubigte Form der eingereichten Erklärungen (§ 12 HGB) und die Vollständigkeit der beizufügenden Unterlagen.

b) Zum anderen ist das Registergericht berechtigt und verpflichtet, die **materiellrechtlichen Eintragungsvoraussetzungen** zu überprüfen: Das folgt aus dem Grundsatz der Gesetzmäßigkeit der Verwaltung und dem Amtsermittlungsgrundsatz des § 12 FGG. Demnach muß das Registergericht bei begründeten Zweifeln die Richtigkeit der ihm mitgeteilten Tatsachen nachprüfen. Darüber hinaus hat es in rechtlicher Hinsicht zu prüfen, ob die (erforderlichenfalls nachgeprüften) Tatsachen die begehrte Eintragung rechtfertigen. Endlich unterliegt es seiner Kontrolle, ob das Irreführungsverbot des § 18 Abs. 2 S. 1 HGB beachtet ist, wobei sich das Registerverfahren seit dem Handelsrechtsreformgesetz von 1998 auf ein „Grobraster" beschränkt (vgl. § 18 Abs. 2 S. 2 HGB).

84. Welche rechtlichen Möglichkeiten stehen dem Registergericht zu Gebote, wenn eintragungspflichtige Tatsachen nicht angemeldet werden?

Für diesen Fall sieht § 14 HGB die **Festsetzung eines Zwangsgeldes** vor, das den Betrag von 5000,- Euro nicht überschreiten darf, bei Nichterfüllung aber erneut verhängt werden kann. Verfahrensrechtliche Einzelheiten des Registerzwangs regeln die §§ 132–140 FGG (Rechtsbehelf: Einspruch).

85. In Verkennung der obergerichtlichen Rechtsprechung lehnt Rechtspfleger Rummel die Eintragung einer Befreiung vom

Entscheidungen des Registergerichts können – sofern es nicht um die Festsetzung eines Zwangsgeldes geht – mit dem **Rechtsbehelf der Erinnerung** angegriffen werden **(§ 11 RpflG)**. Hilft der

II. Handelsregister 47

Verbot des Selbstkontrahierens ab (vgl. Fragen 80 und 81). Wie kann sich der Antragsteller hiergegen zur Wehr setzen?

Rechtspfleger der Erinnerung nicht ab, so legt er sie dem Richter vor (§ 11 Abs. 2 S. 3 RpflG). Hält dieser sie ebenfalls für unbegründet, so reicht er sie an das Rechtsmittelgericht weiter, das die Erinnerung als Beschwerde gegen die Entscheidung des Rechtspflegers behandelt (§ 11 Abs. 2 S. 4 RpflG).

d) Einsichtnahme und Bekanntmachung

86. Welche vier Rechte gewährt § 9 HGB?

Es sind dies die Rechte auf: Einsichtnahme (Abs. 1), Abschrift der Eintragung (Abs. 2), Erteilung eines Gerichtszeugnisses über die einschlägigen Eintragungen (Abs. 3) und Erteilung eines Negativattests, daß eine bestimmte Eintragung nicht erfolgt ist oder keine weiteren Eintragungen bestehen (Abs. 4).

87. Ralf Capone hat eine Zuchthausstrafe wegen Erpressung verbüßt. Seine Opfer – Inhaber namhafter Firmen – hatte er den Eintragungen im Handelsregister entnommen. Als er abermals bei einem Amtsgericht das Handelsregister einsehen will, wird ihm der Einblick verweigert, da der Verdacht des Mißbrauchs auf der Hand liege. Zu recht?

Zweifelhaft. **§ 9 Abs. 1 HGB** gestattet jedermann ohne weiteren Nachweis das Recht auf Einsichtnahme in das Handelsregister. Allerdings ist die Ausübung jedes Rechts an den Maßstab der guten Sitten gebunden: Der Mißbrauch eines Rechts bedeutet keine Ausübung. Nur mißbraucht Capone nicht sein Recht auf Einblick in das Handelsregister, mag er auch noch so unlautere Fernziele damit verfolgen, sondern benutzt es lediglich als Informationsquelle wie das Fernsehen, die Tagespresse oder den Bundesanzeiger. Dies soll nach Auffassung der Rechtsprechung nicht ausreichen: „Daß eine der Allgemeinheit frei zugängliche Einrichtung im Einzelfall zu unlauteren Zwecken ausgenutzt wird, ist niemals zu verhüten und muß als eine sich aus der unbeschränkten Öffentlichkeit der Einrichtung ergebende Möglichkeit hingenommen werden" (*KG* JW 1932, 1661, 1662). Anders wäre nur zu entscheiden, wenn Normadressat und Geschädigter identisch sind, z.B. wenn Capone die Eintragungen einsehen will, um die Registerbände zu verfälschen oder zu beschädigen.

88. Die Datacom-GmbH betreibt gewerblich einen Wirtschaftsinformationsdienst. Sie möchte den Datenbestand aller deutschen Handelsregister mittels elektronischer Datenverarbeitung verfügbar machen. Zu diesem Zweck beabsichtigt sie, den Bestand der Handelsregister durch Mikroverfilmung aufzunehmen. Die Datacom-GmbH bittet Sie vorab um Auskunft, ob die Mikroverfilmung der Handelsregister zum Zweck der späteren privatwirtschaftlichen Verwertung zulässig ist.

Nach Auffassung der Rechtsprechung nein (vgl. *BGHZ* 108, 32). Der *BGH* meint, daß bei einer **kommerziellen Mikroverfilmung** nicht mehr die Informationsgewinnung, sondern die gewerbliche Verwertung im Vordergrund stehe, die keine bestimmungsgemäße Benutzung des Handelsregisters i.S. des § 9 HGB mehr darstelle. Dafür sprächen namentlich auch Gesichtspunkte des Datenschutzes. Dem wird man zögern zuzustimmen: Eine Verbreitung des Registerinhalts durch private Dateien wirkt im Gegenteil effizienzsteigernd, indem sie tatsächliche Informationsbarrieren absenkt. Das Grundrecht auf informationelle Selbstbestimmung (vgl. *BVerfGE* 65, 1) tritt demgegenüber hinter die Schutzinteressen der Öffentlichkeit an möglichst breitflächiger Information zurück (vgl. auch *OLG Köln* WM 1991, 1613, 1614 zum Bundesdatenschutzgesetz).

89. Wo werden die Handelsregistereintragungen bekannt gemacht?

Nach § 10 **Abs. 1** HGB sind die Eintragungen durch den **Bundesanzeiger** und durch mindestens ein anderes Blatt bekannt zu machen, und zwar, soweit nicht anders angeordnet, mit ihrem ganzen Inhalt. Nicht vollständig bekannt gemacht, aber eingetragen werden gemäß § 162 Abs. 2 HGB die Angaben zur Kommanditeinlage. Umgekehrt werden bei AG und GmbH die Angaben über ihre Kapitalgrundlagen, insbesondere zu Sacheinlagen und Sachübernahmen, bekannt gemacht, aber nicht eingetragen.

90. Welche Beweiskraft entfaltet ein Handelsregisterauszug?

Ein **Registerauszug** ist eine **öffentliche Urkunde i. S. des § 415 ZPO** und kann im Prozeß als Beweismittel vorgelegt werden. Entgegen einer früher verbreiteten Auffassung begründet er jedoch keine Vermutung für die Richtigkeit des Registereintrags (anders: § 891 BGB für die Grundbucheintragung). Wegen der registergerichtlichen Prüfungspflichten (vgl. Frage 83) erblickt die h. M. in ihm aber immerhin einen **Beweis des ersten Anscheins** (sog. *prima facie*-Beweis), welcher der beweisbelasteten Partei nach zivilprozessualen Grundsätzen eine Beweiserleichterung verschafft (näher *Oetker,* § 3 V, S. 42 f.).

e) Haupt- und Zweigniederlassungen

91. Was ist eine Haupt-, was eine Zweigniederlassung?

Die Hauptniederlassung eines Handelsunternehmens besteht dort, wo das Handelsgeschäft geleitet wird. Für **Zweigniederlassungen** – auch Filiale oder Zweiggeschäft genannt – ist erforderlich: (1) Identität des Unternehmensträgers; (2) dauernde räumliche Trennung (auch innerhalb derselben politischen Gemeinde, vgl. *KG* JW 1929, 671); (3) im wesentlichen gleicher Geschäftsbetrieb und (4) organisatorische Selbständigkeit, die den Leiter der Zweigniederlassung zur Vornahme wichtiger Geschäfte berechtigt (wodurch sich Zweigniederlassungen von bloßen Verkaufs-, Zahl- oder Annahmestellen und Fabrikationsstätten unterscheiden, vgl. *RGZ* 44, 362).

92. a) Welche Vorschriften sind für das Recht der Zweigniederlassung einschlägig?
b) Wie sind sie gegliedert und worauf geht ihre gesetzliche Neuregelung aus dem Jahre 1993 zurück?

a) Das HGB regelt die Zweigniederlassung in den §§ **13–13 h HGB**.
b) Das Gesetz unterscheidet seit 1993 Zweigniederlassungen von Unternehmen mit Sitz im Inland (§§ 13–13 c HGB) und im Ausland (§§ 13 d–13 g HGB). Motiviert war diese Neuregelung und Erweiterung der einschlägigen Vorschriften durch die **Zweigniederlassungs-Richtlinie** aus dem Jahre 1989.

93. Was wissen Sie über die Rechtsnatur und die rechtliche Behandlung der Zweigniederlassung im einzelnen (Firma, Buchführung, Vertretungsmacht)?

a) Eine Zweigniederlassung besitzt **keine eigene Rechtspersönlichkeit**; sie hat kein rechtlich selbständiges Vermögen und keine vom Unternehmensträger gesonderten Verbindlichkeiten. Im Prozeß ist nicht sie Partei, sondern der Inhaber des Unternehmens. Jedoch kann der Inhaber des Unternehmens unter der Firma der Zweigniederlassung und gemäß § 21 ZPO auch an deren Ort verklagt werden.
b) Eine Zweigniederlassung ist nicht verpflichtet, wohl aber berechtigt, eine selbständige Firma zu führen (arg. §§ 50 Abs. 3, 126 Abs. 3 HGB). Diese muß dann allerdings denselben Firmenkern wie die Firma der Hauptniederlassung enthalten oder aber durch einen Firmenzusatz ihre Zugehörigkeit zur Hauptniederlassung erkennbar machen (vgl. *Baumbach/Hopt,* § 13 Rn. 7).
c) Zweigniederlassungen unterliegen **keiner selbständigen Buchführungspflicht** nach §§ 238 ff. HGB. Buchungen zwischen Zweigniederlassung und Hauptniederlassung bekunden keine echten Forde-

rungen und Verpflichtungen, sondern nur Posten der innerbetrieblichen Erfolgsrechnung (vgl. *OLG Hamburg*, NJW 1949, 467).

d) Die Vertretungsmacht eines Prokuristen oder Personengesellschafters kann auf den Betrieb einer besonders firmierenden Zweigniederlassung beschränkt werden (§§ 50 Abs. 3, 126 Abs. 3 HGB).

94. Die Deutsche Bank AG hat ihren Hauptsitz in Frankfurt am Main. Sie unterhält in der Kölner Innenstadt eine Filiale und in ganz Köln vierzehn weitere Zweigstellen. Sind diese wiederum Filialen der Hauptfiliale?

Nein. Es handelt sich um **unselbständige Geschäftsstellen,** wenn sie auch – etwas ungenau – im Sprachgebrauch als Filialen bezeichnet werden. Ihnen fehlt die kaufmännische Selbständigkeit. Sämtliche wesentlichen Geschäfte werden über die Filiale in der Kölner Innenstadt abgewickelt. Den Zweigstellen bleibt hauptsächlich der Ein- und Auszahlungsverkehr (das sog. Mengengeschäft).

Beachte: Die Bezeichnung „Zweigstelle" in § 24 Abs. 1 Nr. 7 KWG, wonach die Errichtung, Verlegung und Schließung einer Zweigstelle anzeigepflichtig sind, ist untechnisch verwandt. Unter diesen Begriff fällt jede Art von Nebenstelle eines Kreditinstitutes, also Zweigniederlassungen, Zahlstellen, Annahmestellen oder fahrbare Zweigstellen.

95. Kann ein Kaufmann mehrere Hauptniederlassungen haben?

Ja. Wenn er mehrere Handelsgeschäfte betreibt. Diese werden in der Regel verschiedene Unternehmensgegenstände haben (z. B. Hotel, Tankstelle); zwingend ist dies aber nicht. Sind die Unternehmensgegenstände identisch, liegt eine **Mehrheit von Handelsgeschäften** vor, wenn jeder Betrieb (1) von dem anderen räumlich getrennt ist, (2) eine eigene Geschäftsorganisation besitzt und (3) in sei-

96. Ein deutsches Ehepaar gründet in London eine *private limited company*, eine der GmbH vergleichbare Kapitalgesellschaft, und beantragt in Bonn die Eintragung einer Zweigniederlassung. Das Registergericht verweigert dies unter Hinweis darauf, daß die Gesellschaft in England keine Geschäftstätigkeit entfalte, von Bonn aus verwaltet werde und allein zur Umgehung der deutschen Kapitalaufbringungsvorschriften gegründet worden sei. Mit Recht?

nen geschäftlichen Dispositionen von den übrigen Betrieben abgesondert ist.

Nein. Nach Auffassung des *EuGH* liegt in der Weigerung, die Zweigniederlassung einzutragen, ein Verstoß gegen die Niederlassungsfreiheit der Art. 43, 48 EG (vgl. *EuGH*, Slg. 1999, I-1459 – Centros). Der Gerichtshof hat außerdem entschieden, daß es keinen Rechtsmißbrauch darstellt, wenn eine Gesellschaft in einem Mitgliedstaat nur gegründet wird, um in den Genuß vorteilhafter Rechtsvorschriften zu gelangen. In der Literatur hat die Centros-Entscheidung ein lebhaftes Echo hervorgerufen und eine kontroverse Debatte über den sog. Wettbewerb der Rechtsordnungen entfacht.

97. Der deutsche Gesetzgeber erwägt, in Reaktion auf das Centros-Urteil eine Sonderregelung für formal ausländische Gesellschaften einzuführen. Danach sollen diese verpflichtet werden, auf allen Schriftstücken und Mitteilungen ihren Status als *pseudo foreign company* anzugeben. Statthaft?

Nein. Wie der *EuGH* unlängst entschieden hat, verstößt eine solche Offenlegungspflicht gegen die gemeinschaftsrechtliche Zweigniederlassungsrichtlinie (vgl. *EuGH* NJW 2003, 3331 – Inspire Art). Danach sind die marktbezogenen Publizitätspflichten in Art. 2 der Elften Richtlinie erschöpfend geregelt. Darüber hinaus hat der Gerichtshof auch anderen Schutzmaßnahmen durch die Niederlassungsfreiheit der Art. 43 und 48 EG enge Grenzen gezogen (ausführlich *Bayer*, BB 2003, 2357; *Zimmer*, NJW 2003, 3585).

2. Publizitätswirkungen des Handelsregisters

a) Überblick

98. Welchen Zweck verfolgt § 15 HGB im Gesamtsystem des Handelsregisterrechts?

§ 15 HGB handelt von der **materiellen Publizität des Handelsregisters:** Er regelt im einzelnen, welche zivilrechtliche Relevanz dem Registerinhalt und der Registerbekanntmachung für und gegen Dritte zukommt, und dient damit der Sicherheit und Leichtigkeit des Rechtsverkehrs.

99. Welche unterschiedlichen Rechtswirkungen können Eintragungen und Nichteintragungen, erfolgte und unterlassene Bekanntmachungen im Handelsregister gemäß § 15 Abs. 1–3 HGB auslösen?

§ 15 HGB sieht eine dreifach gestaffelte Publizitätswirkung vor:

a) **§ 15 Abs. 1 HGB** schützt das **Vertrauen auf das „Schweigen" des Handelsregisters:** Gutgläubige Dritte brauchen nicht mit Rechtstatsachen auf dem Gebiet des Handelsrechts rechnen, die trotz Eintragungspflicht nicht eingetragen und bekannt gemacht worden sind (**negative Publizität**).

b) **§ 15 Abs. 2 HGB** gibt dem Eintragungspflichtigen ein **Mittel zur Zerstörung des Rechtsscheins** in die Hand: Richtig eingetragene und bekannt gemachte Tatsachen müssen Dritte grundsätzlich gegen sich gelten lassen.

c) **§ 15 Abs. 3 HGB** schützt das **Vertrauen auf das „Reden" des Handelsregisters:** Gutgläubige Dritte können sich trotz unrichtiger Bekanntmachung auf die bekannt gemachte Tatsache berufen (**positive Publizität**). Diese Vorschrift geht zurück auf die gemeinschaftsrechtliche Publizitätsrichtlinie, die im Jahre 1969 in nationales Recht umgesetzt wurde. Sie wird noch heute durch zwei ungeschriebene „Ergänzungssätze" flankiert, die bereits zuvor in

b) Negative Publizität (§ 15 Abs. 1 HGB)

100. Geben Sie einen Überblick über Tatbestandsvoraussetzungen und Rechtsfolgen des § 15 Abs. 1 HGB!

a) Der **Tatbestand** des § 15 Abs. 1 HGB hat folgende Voraussetzungen:
(1) Es muß eine **eintragungspflichtige Tatsache** vorliegen, z. B. nach § 29 HGB (Anmeldung der Firma), § 31 HGB (Änderung der Firma oder ihrer Inhaber), § 53 Abs. 1 und 3 HGB (Erteilung und Erlöschen der Prokura), § 106 Abs. 1 HGB (Anmeldung einer OHG), § 107 HGB (Änderung der Firma oder der Vertretungsverhältnisse, Eintritt neuer Gesellschafter) oder § 143 Abs. 1 und 2 HGB (Auflösung der OHG, Ausscheiden von Gesellschaftern).
(2) Die eintragungspflichtige Tatsache darf **nicht eingetragen und bekannt gemacht** worden sein (zum Sonderproblem fehlender Voreintragung (Frage 106).
(3) Der Dritte darf **keine positive Kenntnis** von der Tatsache haben. Fahrlässige Unkenntnis schadet nicht. Allerdings wird dem Dritten die Kenntnis eines Vertreters nach § 166 Abs. 1 BGB zugerechnet.
(4) Schließlich gilt § 15 Abs. 1 HGB nur im **Geschäfts- und Prozeßverkehr**, nicht dagegen im reinen „Unrechtsverkehr" (näher Frage 104).
b) Als **Rechtsfolge** sieht § 15 Abs. 1 HGB vor, daß dem Dritten die verschwiegene Tatsache nicht entgegengehalten werden kann. Er kann allerdings auf den Schutz der Vorschrift verzichten und sich statt dessen auf die wirkliche Rechtslage berufen, wenn ihm dies günstiger erscheint (näher Frage 107).

II. Handelsregister

101. a) Der im Handelsregister eingetragene Kaufmann Konrad besitzt in der Hohe Straße einen Tuchladen. Schwindendes Käuferinteresse läßt den Umsatz sinken, so daß Konrad seinen Betrieb einstellt, ohne seine Firma im Handelsregister löschen zu lassen. Danach verbürgt er sich mündlich gegenüber dem Kaufmann Harms für einen Freund. Ist diese Bürgschaft wirksam?
b) Wie steht es, wenn Harms von der Geschäftsaufgabe wußte?
c) Was gilt, wenn Konrad durch den Umsatzrückgang Kleingewerbetreibender geworden wäre?

a) Ja. Zwar ist § 5 HGB mangels „betriebenem" Gewerbe (vgl. Frage 61b) nicht einschlägig. Doch kann Konrad die Betriebsaufgabe, eine nach § 31 Abs. 2 S. 1 HGB eintragungspflichtige Tatsache, gemäß **§ 15 Abs. 1 HGB** gutgläubigen Dritten nicht entgegenhalten, solange sie nicht im Handelsregister eingetragen und bekannt gemacht worden ist. Er ist mithin auch aus einer mündlichen Bürgschaftserklärung (vgl. § 350 HGB) verpflichtet.
b) **Positive Kenntnis** des Harms, für die Konrad beweispflichtig ist, **läßt den Schutz des § 15 Abs. 1 HGB entfallen,** so daß die Bürgschaft unwirksam wäre (§§ 766, 125 BGB). Dagegen ist ein Kennenmüssen unschädlich, weil der Geschäftsgegner nicht zu Nachforschungen verpflichtet sein soll.
c) Dann würde Konrad richtigerweise gemäß § 5 HGB, nach anderer Auffassung sogar schon gemäß § 2 HGB als Kaufmann behandelt (näher Frage 62), und zwar unabhängig von der Kenntnis seines Vertragspartners. Auf § 15 Abs. 1 HGB käme es nicht mehr an.

102. Salbach ist Gesellschafter einer offenen Handelsgesellschaft. Zum 1. März scheidet er aus Altersgründen aus. Sein Ausscheiden wird zwar zur Eintragung in das Handelsregister angemeldet; die Eintragung und Bekanntmachung unterbleiben jedoch, weil der Registerrichter die Akte verlegt hat. Im Mai verkauft die OHG

a) Nein. Mangels Eintragung in das Handelsregister kann Salbach sein Ausscheiden aus der Handelsgesellschaft, eine nach § 143 Abs. 2 S. 1 HGB eintragungspflichtige Tatsache, dem gutgläubigen Käufer gemäß § 15 Abs. 1 HGB nicht entgegenhalten. Er haftet wie die Gesellschafter der OHG gemäß § 128 S. 1 HGB für die Rückzahlung des Kaufpreises. Salbach kann sich nicht darauf berufen, daß Eintragung und Bekanntmachung nur infolge richterlicher Versäumnisse unterblieben sind. Die Rechtsfolgen des **§ 15 Abs. 1**

einen Posten Klappräder; der Käufer verlangt auch von Salbach Rückzahlung des Kaufpreises wegen eines nicht behebbaren Konstruktionsfehlers. Salbach weigert sich unter Hinweis auf sein Ausscheiden aus der OHG.
a) Zu recht?
b) Würde sich an der Beurteilung des Falles etwas ändern, wenn sich Salbach seit einiger Zeit im Zustand geistiger Umnachtung befunden hätte?

HGB treten unabhängig davon ein, ob das Unterbleiben der Eintragung von Salbach verschuldet oder auch nur verursacht worden ist (**reines Rechtsscheinsprinzip**). Salbach hätte sich also über die Eintragung und Bekanntmachung seines Ausscheidens aus der OHG im Handelsregister und in den Publikationsorganen des Registerrechts vergewissern müssen. Nunmehr verbleiben ihm allein Amtshaftungsansprüche nach Art. 34 GG, § 839 BGB, die durch das Spruchrichterprivileg des § 839 Abs. 2 BGB nicht ausgeschlossen sind.

b) Nein. Da § 15 Abs. 1 HGB weder Verschulden noch Verursachung des Eintragungspflichtigen voraussetzt, sondern im Interesse des Verkehrsschutzes allein vom Fehlen einer Eintragung und Bekanntmachung eintragungspflichtiger Tatsachen ausgeht, wendet die ganz herrschende Meinung **§ 15 Abs. 1 HGB** auch zu Lasten **Geschäftsunfähiger oder Minderjähriger** an (vgl. *BGHZ* 115, 78, 80). Salbach könnte also selbst unter diesen Umständen in Anspruch genommen werden.

103. Als Salbach in Anspruch genommen wird, beruft er sich darauf, daß der Käufer vor Vertragsschluß nie das Handelsregister eingesehen und deshalb nicht gewußt habe, daß auch er Gesellschafter der OHG gewesen sei. Seine Eintragung im Handelsregister könne somit für den Kaufentschluß nicht ursächlich

Nein. Salbach kann sein Ausscheiden aus der OHG dem Käufer nicht entgegenhalten. § 15 Abs. 1 HGB schützt gutgläubige Dritte unabhängig davon, ob sie in das Handelsregister Einsicht genommen haben oder tatsächlich auf dieses vertraut haben (vgl. *BGHZ* 65, 311). Ein typisiertes oder abstraktes Vertrauen genügt. Für die Rechtswirkungen des **§ 15 Abs. 1 HGB** ist demzufolge **keine Kausalität** zwischen dem Fehlen einer Eintragung oder Bekanntmachung und dem Verhal-

II. Handelsregister

geworden sein. Wird dieser Einwand Erfolg haben?

ten des gutgläubigen Dritten erforderlich. Ebensowenig läßt die herrschende Lehre einen Gegenbeweis zu (vgl. *Baumbach/ Hopt*, § 15 HGB Rn. 9; abw. *Canaris*, § 5 Rn. 17).

104. Nach Salbachs – nicht eingetragenem – Ausscheiden aus der OHG verletzt der Gesellschafter Krumbach aus Versehen einen Dritten bei einer Geschäftsfahrt mit dem neuen Firmenfahrzeug. Der Verletzte geht zum Anwalt, und dieser rät ihm nach einem Blick ins Handelsregister, den Gesellschafter Salbach auf Zahlung von Schadensersatz und Schmerzensgeld zu verklagen. Zu recht?

Nein. Zwar würde Salbach – wäre er noch Gesellschafter – dem Verletzten aus den §§ 823, 253 Abs. 2 BGB haften, da die §§ 128 HGB, 31 BGB für Verbindlichkeiten jedes Rechtsgrundes gelten. Seit *RGZ* 93, 238 ist es jedoch unbestritten, daß die Anwendung des **§ 15 Abs. 1 HGB auf den Geschäfts- und Prozeßverkehr beschränkt** ist. Auch wenn § 15 Abs. 1 HGB, wie erörtert, keine Kausalität zwischen der fehlenden Eintragung und dem Verhalten des Normadressaten voraussetzt, so ist er doch dann unanwendbar, wenn typischerweise kein Vertrauen in Anspruch genommen werden kann, weil die Ansprüche nicht auf einem willentlichen Entschluß des Normadressaten beruhen, sondern ohne dessen Zutun kraft Gesetzes entstanden sind: Man läßt sich nicht im Vertrauen auf das Handelsregister überfahren. Eine dogmatische Stütze hierfür bietet § 15 Abs. 4 HGB, der die Begrenzung auf den Geschäftsverkehr ausdrücklich erwähnt.

105. a) Meier ist Geschäftsführer der Ziegelstein-GmbH. Außerdienstlich ist er seit geraumer Zeit dem Alkohol verfallen. Im Mai 2003 bestellt er bei einem Lieferanten Quarzsand im Wert von 100 000 Euro. Noch vor Lieferung stellt

a) Nach Auffassung des *BGH* nein (vgl. *BGHZ* 115, 78), doch zeigt sich dies erst nach drei Begründungsschritten: (1) Zunächst endet Meiers Organstellung mit dem nachträglichen Eintritt seiner Geschäftsunfähigkeit, weil nach § 6 Abs. 2 S. 1 GmbHG nur eine unbeschränkt geschäftsfähige Person Geschäftsführer sein kann. (2) Weiterhin kann sich der Liefe-

sich heraus, daß Meier zum Zeitpunkt des Vertragsschlusses infolge des langjährigen Alkoholgenusses unerkannt geschäftsunfähig war. Die Ziegelstein-GmbH verweigert daraufhin die Abnahme des bestellten Sandes und die Zahlung des Kaufpreises. Mit Recht?

b) Wie wäre es, wenn Meier schon im Zeitpunkt der Bestellung zum Geschäftsführer alkoholbedingt geschäftsunfähig war?

rant **nicht auf § 15 Abs. 1 HGB** berufen: Unter die Publizität des Handelsregisters fallen zwar Beginn und Ende der Organstellung und damit auch die Vertretungsbefugnis (vgl. § 39 Abs. 1 GmbHG), nicht aber die **Geschäftsfähigkeit des Geschäftsführers**. (3) Dennoch verdient der Geschäftsverkehr bei einem nachträglichen Verlust der Amtsfähigkeit eines Organes Schutz: Nicht er, sondern die **GmbH hat das Risiko der Geschäftsunfähigkeit ihres Geschäftsführers** zu tragen; sie steht ihm naturgemäß näher und verfügt durch ihre Mitgesellschafter und -geschäftsführer über größere Kontrollmöglichkeiten. Dogmatisch begründen läßt sich die Wirksamkeit der abgegebenen Willenserklärung entweder durch eine teleologische Reduktion des § 105 BGB bei „Organhandlungen", besser aber unter **Heranziehung allgemeiner Rechtsscheinsgrundsätze**: Mit der Bestellung des geschäftsunfähigen Meier zum Geschäftsführer hat die Ziegelstein-GmbH den Rechtsschein veranlaßt, Meier könne sie wirksam vertreten. Zurechenbar ist dieser Rechtsschein jedenfalls dann, wenn sich im täglichen Verkehr für die GmbH, insbesondere für Mitgeschäftsführer, Anhaltspunkte für eine mögliche Geschäftsunfähigkeit eines Geschäftsführers ergeben.

b) Der Fall einer ursprünglichen, bereits vor Bestellung zum Geschäftsführer bestehenden Geschäftsunfähigkeit kann im Ergebnis nicht anders behandelt werden. Auch hier hat die Ziegelstein-GmbH einen bestimmten Rechtsschein veranlaßt, der ihr unter den oben angeführten Voraussetzungen zurechenbar ist. Freilich wirkt der erzeugte Rechtsschein auch in

106. Die Rainer Gaul OHG, Augsburg, erteilt ihrem Angestellten Pferdmenges Prokura. Wenig später wird Pferdmenges entlassen, weil er Waren auf eigene Rechnung verkauft hat. Da die Prokuraerteilung selbst noch nicht zur Eintragung ins Handelsregister angemeldet worden war, veranlaßt die OHG auch keinen Vermerk über deren Widerruf. Pferdmenges ist ob seiner Entlassung erzürnt und sinnt auf Rache: Er gibt sich gegenüber dem Autohändler Arglos als Prokurist der Gaul OHG aus, kauft in deren Namen einen Porsche und verschwindet auf Nimmerwiedersehen. Kann Arglos von der OHG Kaufpreiszahlung verlangen?

diesem Fall lediglich gegen die vertretene Gesellschaft, nicht jedoch zu Lasten des Geschäftsunfähigen.

Der Fall führt zu einer *cause célèbre* der Handelsregisterpublizität: dem **Vertrauensschutz Dritter bei fehlender Voreintragung** (sog. sekundäre Unrichtigkeit). Gemäß § 52 Abs. 1 HGB ist Pferdmenges die Prokura wirksam entzogen worden. Unter den Voraussetzungen des § 15 Abs. 1 HGB kann dem Arglos das Erlöschen der Prokura aber nicht entgegengehalten werden, da es sich hierbei nach § 53 Abs. 3 HGB um eine eintragungspflichtige Tatsache handelt. Ob sich daran etwas ändert, weil die gemäß § 53 Abs. 1 HGB ebenfalls eintragungspflichtige Prokuraerteilung nicht eingetragen war, ist umstritten. Eine ältere Lehrmeinung will § 15 Abs. 1 HGB insoweit nicht angewendet wissen, weil es mangels Voreintragung an einem erzeugten Rechtsschein fehle (grundlegend *A. Hueck,* AcP 118 [1920] 350 ff.). Rechtsprechung und herrschende Lehre entscheiden gegenteilig: Der Geschäftsverkehr könne auch ohne Voreintragung von der Prokuraerteilung Kenntnis erlangt haben, so daß eine Gegeneintragung unerläßlich sei (vgl. *RGZ* 127, 98, 99; *BGHZ* 55, 267, 272; 116, 37, 44). Eine Ausnahme soll nur gelten, wenn die voreintragungspflichtige Tatsache ein Internum geblieben und ein schutzwürdiges Vertrauen Dritter schlechthin ausgeschlossen sei (vgl. *Canaris,* § 5 Rn. 2). Folgt man der herrschenden Meinung, war das Erlöschen der Prokura vorliegend eintragungspflichtig (Wortlaut: „Die dem Pferdmenges erteilte, bisher nicht eingetragene

Prokura ist erloschen."), und die Gaul OHG muß unter den weiteren Voraussetzungen des § 15 Abs. 1 HGB zahlen.

107. Angenommen, Arglos hat nach Vertragsschluß, aber noch vor Auslieferung des Porsche Kenntnis von der Entlassung des Pferdmenges erlangt. Unter Hinweis auf die erloschene Prokura beruft er sich nun auf die Unwirksamkeit des Kaufvertrages mit der Gaul OHG, weil ihm inzwischen ein besseres Angebot für den Porsche vorliegt. Kann er das?

Ja (vgl. *BGHZ* 55, 267, 273). Die ganz herrschende Meinung gewährt ihm ein **Wahlrecht**: Arglos kann auf den Vertrauensschutz des § 15 Abs. 1 HGB verzichten und den Pferdmenges der materiellen Rechtslage entsprechend als Vertreter ohne Vertretungsmacht gemäß § 179 BGB behandeln. Davon zu sondern ist die weitere Frage, ob zugunsten des Dritten auch eine Kombination von Elementen der wahren und der scheinbaren Rechtslage möglich ist (vgl. sogleich Frage 108).

108. Die Brüder Arthur, Henry und Glenn Miller betreiben unter der im Handelsregister eingetragenen „Gebrüder Miller OHG" einen Buchhandel; sie sind gemeinsam vertretungsberechtigt. Als Glenn entdeckt, daß ihm Jazz mehr liegt, scheidet er aus der OHG aus, ohne daß dies im Handelsregister vermerkt wird. Glenn wird später von einem Gläubiger der OHG, dem Glenns Ausscheiden beim Abschluß eines Kaufvertrages unbekannt war, wegen ausbleibender Kaufpreiszahlungen in Anspruch genommen. Glenn wendet ein, daß er – auch wenn er

Angesprochen ist hier die **Frage nach einer teilweisen Ausübung des Wahlrechts** im Rahmen des § 15 Abs. 1 HGB. Rechtsprechung und ein Teil der Lehre gewähren dem Gläubiger der OHG ein **Meistbegünstigungsrecht**: Er kann sich hinsichtlich der fehlenden Gesellschafterstellung Glenns auf § 15 Abs. 1 HGB und hinsichtlich der Vertretungsmacht der verbliebenen Gesellschafter auf die wahre Rechtslage stützen (vgl. *BGHZ* 65, 309, 310 f.; *Baumbach/Hopt*, § 15 HGB Rn. 6). Eine verbreitete Gegenauffassung lehnt eine solche „**Rosinentheorie**" ab. Ihr zufolge kann der Handelsregisterinhalt nur in seiner Gesamtheit gewürdigt werden: Dem OHG-Gläubiger, der sich hinsichtlich des Ausscheidens des Glenn auf § 15 Abs. 1 HGB beruft, könne bei Einsicht in das Handelsregister dessen sonstiger Inhalt einschließlich der Gesamtvertretung

II. Handelsregister

noch Gesellschafter gewesen wäre – nur mit seinen Brüdern gemeinsam den Kaufvertrag hätte schließen können. Wird er damit Erfolg haben?

(§ 125 Abs. 2 S. 1 HGB) nicht verborgen geblieben sein (vgl. MüKo/*Lieb,* § 15 HGB Rn. 37). Hiergegen spricht allerdings, daß der Geschäftsverkehr auch ohne Einsichtnahme auf das Schweigen des Handelsregisters vertrauen darf (vgl. Frage 103).

109. Edel betreibt ein gutgehendes Juweliergeschäft, ohne im Handelsregister eingetragen zu sein. Er nimmt den Kaufmann Stein, dem er wertvolle Schmuckstücke verkauft hat, gemäß § 353 HGB auf Fälligkeitszinsen in Anspruch. Dieser beruft sich gemäß § 15 Abs. 1 HGB auf Edels fehlenden Registereintrag. Mit Erfolg?

Ja. Zwar will eine vereinzelte Schrifttumsauffassung § 15 Abs. 1 HGB nicht auf sog. **Primärtatsachen** (z. B. Kaufmannseigenschaft, Prokuraerteilung oder Gesellschafterbeitritt), sondern nur auf sog. **Sekundärtatsachen** (z. B. Löschungsantrag nach § 2 HGB, Widerruf der Prokura oder Ausscheiden eines Gesellschafters) angewendet wissen (vgl. MüKo/*Lieb,* § 15 HGB Rn. 18). Die herrschende Meinung vermißt für diese Differenzierung indes einen gesetzlichen Anhalt und bringt § 15 Abs. 1 HGB in beiden Fällen unterschiedslos zur Anwendung (vgl. *Koller/Roth/Morck,* § 15 HGB Rn. 5). Stein kann sich demnach unter den weiteren Voraussetzungen des § 15 Abs. 1 HGB auf die Nichteintragung der Kaufmannseigenschaft Edels berufen.

c) Wirkung eingetragener und bekannt gemachter Tatsachen (§ 15 Abs. 2 HGB)

110. Geben Sie einen Überblick über die Tatbestandsvoraussetzungen des § 15 Abs. 2 HGB!

(1) Nach herrschender Meinung bezieht sich § 15 Abs. 2 HGB nur auf **eintragungspflichtige Tatsachen**. Das ergibt sich aus seinem Wortlaut („die Tatsache") und dem Regelungszusammenhang mit § 15 Abs. 1 HGB (vgl. *Baumbach/Hopt,* § 15 Rn. 13; abw. *Brox,* Rn. 119–120: auch eintragungsfähige Tatsachen).

(2) Die richtige Tatsache muß **eingetragen und bekannt gemacht** worden sein.
(3) Dem Dritten steht bei unverschuldeter Unkenntnis eine **Schonfrist** von 15 Tagen nach Bekanntmachung zu. Gemäß § 15 Abs. 2 S. 2 HGB schadet ihm allerdings schon fahrlässige Unkenntnis (näher Frage 112).
(4) Es liegt **kein besonderer Vertrauenstatbestand** vor, der gegenüber dem allgemeinen Registerinhalt vorrangig ist (näher Fragen 113–115).

111. Kaufmann Krüger entzieht seinem Prokuristen Prantl am 1. Mai die Prokura und meldet dies am 2. Mai zum Handelsregister an, wo das Erlöschen der Prokura am 5. Mai eingetragen und am 8. Mai bekannt gemacht wird.
Landwirt Lehmann schuldet Krüger 1200 Euro und zahlt zur Tilgung dieser Schuld jeweils Teilbeträge von 300 Euro, die der ehemalige Prokurist Prantl entgegennimmt und zwar:
a) am 2. Mai,
b) am 6. Mai,
c) am 9. Mai,
d) am 30. Mai.
Muß Krüger diese Zahlungen gegen sich gelten lassen, oder muß Lehmann nochmals zahlen?

a) Krüger kann Lehmann den Widerruf der Prokura vor dessen Handelsregistereintragung gemäß § 15 Abs. 1 HGB nur entgegenhalten, wenn ihm der Beweis gelingt, daß Lehmann der Widerruf vor der Zahlung vom 2. Mai bekannt war. Andernfalls kann er keine – nochmalige – Zahlung des ersten Teilbetrages an sich verlangen.
b) Dasselbe gilt für die Zahlung vom 6. Mai. Der Schutz gutgläubiger Dritter durch § 15 Abs. 1 HGB entfällt nicht bereits mit der Eintragung, sondern erst mit der Bekanntmachung der einzutragenden Tatsache.
c) Nach Eintragung und Bekanntmachung muß Lehmann den Widerruf der Prokura gem. **§ 15 Abs. 2 S. 1 HGB** gegen sich gelten lassen, so daß er den Teilbetrag vom 9. Mai nochmals zu erbringen hat, es sei denn, Lehmann kann beweisen, daß er den Widerruf weder kannte noch kennen mußte. Bereits Unkenntnis, die auf leichter Fahrlässigkeit (§ 122 Abs. 2 BGB) beruht, schadet (näher Frage 112).
d) Die Zahlung vom 30. Mai wird Lehman in jedem Fall nochmals erbringen

II. Handelsregister 63

müssen; die **Entlastungsmöglichkeit des § 15 Abs. 2 S. 2 HGB** besteht nämlich nur bei Rechtshandlungen, die innerhalb von 15 Tagen nach Bekanntmachung erfolgten. Danach gilt eine unwiderlegliche Vermutung dafür, daß Lehmann den Widerruf der Prokura kannte oder kennen mußte.

112. Erläutern Sie Funktion und Auslegung des § 15 Abs. 2 S. 2 HGB!

§ 15 Abs. 2 S. 2 HGB verlängert die Rechtsscheinhaftung des Abs. 1 und beläßt dem Dritten binnen einer kurzen **Schonfrist** von 15 Tagen nach Eintragung und Bekanntmachung den Einwand unverschuldeter Unkenntnis. Die h. M. **legt** die Vorschrift **eng aus:** Sie erwartet von Kaufleuten in aller Regel (idyllischer Ausnahmefall: eingeschneites Bergdorf), daß sie die Veröffentlichungen des Registergerichts kennen (vgl. *BGH* NJW 1972, 1419; BB 1976, 1480; *Baumbach/Hopt,* § 15 HGB Rn. 14). Andere wollen darauf abstellen, ob eine Einsichtnahme in das Handelsregister vor Abschluß des betreffenden Geschäfts angezeigt war (vgl. *Canaris,* § 5 Rn. 32). Hiergegen sprechen indes der Ausnahmecharakter und der gemeinschaftsrechtliche Hintergrund der Vorschrift, die beide auf eine restriktive Lesart drängen.

113. Hesse ist Prokurist der Salbach OHG und gemäß § 49 Abs. 2 HGB auch zur Veräußerung von Grundstücken ermächtigt (näher Frage 240). Er tritt mit 65 Jahren in den Ruhestand. Das Erlöschen der Prokura

Der Fall veranschaulicht das **Verhältnis von § 15 Abs. 2 HGB zur allgemeinen Rechtsscheinhaftung.** Geht man nur von § 15 Abs. 2 HGB aus, so hat die Salbach-OHG nichts zu befürchten: Der Wegfall der Prokura ist richtig eingetragen und bekannt gemacht. Dabei gerät allerdings aus dem Blick, daß Hesse noch eine

wird angemeldet, eingetragen und publiziert. Hesse hat noch eine Vollmachtsurkunde in Händen, die ihn zum Verkauf eines Firmengrundstücks berechtigt. Kann er über dieses Grundstück wirksam zu Lasten der OHG verfügen?

Vollmachtsurkunde in den Händen hält, die ihrerseits gemäß § 172 BGB einen Rechtsschein begründet. Nach heute wohl einhelliger Auffassung kann ein solcher **besonderer Vertrauenstatbestand** im Einzelfall stärker sein als § 15 Abs. 2 HGB (vgl. *K. Schmidt*, § 14 I 2, S. 386 ff.). Dies ergibt sich aus einer teleologischen Reduktion der Vorschrift, die entgegen ihrem zu weit gefaßten Wortlaut nur den registerrechtlichen Vertrauensschutz beseitigt. Mit Hilfe der Vollmachtsurkunde kann Hesse also nach wie vor über das Firmengrundstück verfügen, soweit kein Fall des § 173 BGB vorliegt.

114. Nobis ist Geschäftsführer der im Handelsregister eingetragenen Nobis-Hardware-GmbH. Er bestellt bei Maus einen größeren Posten Festplatten. Die Bestellung unterzeichnet er mit „Nobis-Hardware". Nach Lieferung, aber noch vor Bezahlung der Festplatten wird die GmbH insolvent. Darauf nimmt Maus den Nobis persönlich in Anspruch. Dieser verweist lapidar auf § 15 Abs. 2 HGB. Findet er damit Gehör?

Ein vertraglicher Anspruch des Maus gegen Nobis scheidet aus. Nach den Regeln über die unternehmensbezogenen Geschäfte (vgl. Frage 229) ist nicht Nobis persönlich, sondern die GmbH Vertragspartner geworden. Damit haftet dem Maus gemäß § 13 Abs. 2 GmbHG an sich nur das Gesellschaftsvermögen. Möglicherweise ist ihm Nobis aber **nach Rechtsscheinsgrundsätzen** verantwortlich: Erweckt der Vertreter eines Unternehmens im Geschäftsverkehr den Eindruck unbeschränkter persönlicher Haftung, so muß er sich gutgläubigen Vertragspartnern gegenüber daran festhalten lassen. Hier hat Nobis entgegen § 4 GmbHG den Zusatz „Gesellschaft mit beschränkter Haftung" weggelassen. Dieser Verstoß gegen eine erhöhte gesetzliche Publizitätsanforderung kann nicht unter Berufung auf § 15 Abs. 2 HGB beiseite geschoben werden: **§ 4 Abs. 2 GmbHG** beansprucht insoweit als **speziellerer Vertrauenstatbestand gegenüber** dem

II. Handelsregister

115. Koch steht seit 1995 in ständiger Geschäftsbeziehung zu Beitz, der unter der Firma „Berthold Beitz Großhandel in Heiz- und Kühlgeräten" auftritt. Um seine Haftung zu beschränken, brachte Beitz das Unternehmen im Jahre 2002 in eine GmbH & Co. KG ein und wurde selbst Kommanditist sowie geschäftsführender Gesellschafter der Komplementär-GmbH. Die Veränderungen wurden unverzüglich eingetragen und bekannt gemacht, doch verwendete Beitz aus Bequemlichkeit die alten Briefköpfe weiter. Als im Juni 2003 das Insolvenzverfahren über das Vermögen der GmbH & Co. KG eröffnet wurde, erfuhr Koch erstmals, daß Beitz kein Einzelkaufmann mehr war. Kann er ihn aus einer noch unbeglichenen Rechnung vom Jahresbeginn persönlich in Anspruch nehmen?

Registerinhalt Vorrang (vgl. *BGHZ* 64, 11, 17; *BGH* NJW 1990, 2678, 2679). Nobis haftet Maus mithin nach den Grundsätzen der allgemeinen Rechtsscheinshaftung.

Wieder geht es um die Frage, ob Raum für einen **besonderen Vertrauensschutz gegen den Registerinhalt** ist. Die Rechtsprechung hat dies in einer Reihe ähnlicher Fälle stets bejaht: Wer im Laufe einer längeren Geschäftsbeziehung seine Haftung beschränke, sei verpflichtet, den Geschäftspartner, der auf den Fortbestand der ursprünglichen Haftung vertraue, auf diese Veränderung besonders hinzuweisen; die bekannt gemachte Handelsregistereintragung genüge dazu nicht (vgl. *BGH* NJW 1972, 1418; WM 1976, 1084; WM 1977, 1405). Das verdient im Ergebnis Zustimmung, doch ist der dafür angeführte Einwand des Rechtsmißbrauchs (§ 242 BGB) unbehelflich. Richtigerweise folgt dies aus allgemeinen Rechtsscheinserwägungen, hier aus der **firmenrechtlichen Vertrauenshaftung des § 19 Abs. 2 HGB, die stärker ist als § 15 Abs. 2 HGB.**

d) Positive Publizität (§ 15 Abs. 3 HGB)

116. Geben Sie einen stichwortartigen Überblick über die Tatbestandsvoraussetzungen des § 15 Abs. 3 HGB!

(1) Vorliegen einer **eintragungspflichtigen Tatsache.**
(2) **Unrichtige Bekanntmachung.** Gemeint ist nicht eine Diskrepanz zwischen Bekanntmachung und Eintragung, sondern zwischen Bekanntmachung und wahrer Rechtslage.
(3) **Zurechenbare Veranlassung** der Bekanntmachung (näher Frage 118).
(4) **Unkenntnis** des Dritten von der Unrichtigkeit der Bekanntmachung.
(5) Anspruch im Zusammenhang mit dem **Geschäfts- oder Prozeßverkehr.**

117. Die Similis-GmbH meldet Hans Meier gemäß § 39 Abs. 1 GmbHG als ihren neuen Geschäftsführer zum Handelsregister an. Durch ein Versehen des Registergerichtes bzw. des Publikationsorgans wird aber
a) Herr Hansmeier als Geschäftsführer eingetragen und bekannt gemacht,
b) zwar Hans Meier eingetragen, aber Herr Hansmeier als Geschäftsführer bekannt gemacht,
c) weder Hans Meier noch Herr Hansmeier eingetragen, aber Herr Hansmeier bekannt gemacht.
Der findige Hansmeier nimmt im Namen der Similis-GmbH einen Kredit auf.

Die drei Fälle sind gleich zu behandeln, da § 15 Abs. 3 HGB lediglich die **Unrichtigkeit der Bekanntmachung** voraussetzt – unabhängig davon, ob die Eintragung ebenfalls unrichtig (Fall a) oder richtig ist (Fall b) oder ganz fehlt (Fall c). Weiter ist es im Rahmen der „positiven" Publizität ohne Belang, ob die Similis-GmbH die Unrichtigkeit der Bekanntmachung verschuldet hat. Es genügt, daß sie die Anmeldung selbst vorgenommen hat und damit der Gefahrenquelle näher steht als ein gutgläubiger Dritter. Außerdem konnte sie die Bekanntmachung in dem Publikationsorgan überprüfen und einem Mißbrauch durch einen sofortigen Berichtigungsantrag zuvorkommen. Im Interesse des schutzwürdigen Handelsverkehrs erscheint es deshalb richtig, der Similis-GmbH das Risiko einer unrichtigen Verlautbarung ihrer Anmeldung aufzuerlegen.

Muß die Similis-GmbH den Kredit zurückzahlen? Sind die drei Fälle unterschiedlich zu behandeln?

118. Die Anton Hirsch, Herstellung und Vertrieb von Gartenzwergen, KG will den vermögenden Junggesellen Sachs als ihren Gesellschafter vorweisen können, um Bankkredite zu erhalten. Durch Vorlage gefälschter Urkunden erreicht sie, daß die Mitgliedschaft des Sachs in das Handelsregister eingetragen und bekannt gemacht wird. Erst als Sachs von einem Kreditinstitut in Anspruch genommen wird, erfährt er von seiner Gesellschaftereigenschaft. Ist er zur Rückzahlung von Krediten verpflichtet?

Ein Anspruch gegen Sachs nach § 488 BGB i.V.m. § 128 HGB könnte sich, da er kein OHG-Gesellschafter ist, nur über § 15 Abs. 3 HGB ergeben. Seine tatsächliche Aufnahme in die OHG wäre gemäß § 107 HGB eintragungspflichtig. Sie ist unrichtig bekannt gemacht worden, so daß die Voraussetzungen des **§ 15 Abs. 3 HGB** an sich vorliegen. Allerdings soll die Vorschrift nach überwiegender Meinung nur zu Lasten desjenigen wirken, der die unrichtige Verlautbarung, wenn auch durch einen richtigen Eintragungsantrag, zurechenbar veranlaßt hat (sog. **Veranlassungsprinzip**; vgl. etwa *Canaris*, § 5 Rn. 52). Die Gegenauffassung hält am Gesetzeswortlaut fest, sieht in § 15 Abs. 3 HGB eine reine Rechtsscheinhaftung verankert und verweist den Betroffenen auf Staatshaftungsansprüche gegen den Registerrichter (vgl. z.B. *Brox*, Rn. 132). Bessere Gründe sprechen für die herrschende Auffassung. Ein vollkommen Unbeteiligter ist nicht weniger schutzwürdig als der gutgläubige Geschäftsverkehr im übrigen. Er erhält keine Eintragungsmitteilung des Registergerichts (vgl. §§ 9 Abs. 2 HGB, 130 Abs. 2 FGG) und hat – zumal als Privatmann – keine Veranlassung, Bekanntmachungen der Registergerichte zu verfolgen. Auch der Wortlaut des § 15 Abs. 3 HGB steht nicht entgegen: Ein Unbeteiligter gehört nicht zum Kreise derjenigen, „in dessen Angelegenheiten die Tatsache einzutragen war".

119. Professor Pein fordert den Ratlos in der mündlichen Prüfung auf, die Tatbestandsstruktur des § 15 Abs. 1 und 3 HGB in verschiedener Hinsicht zu vergleichen:
a) Setzt § 15 Abs. 3 HGB voraus, daß derjenige, der sich auf die unrichtige Bekanntmachung beruft, diese überhaupt gelesen hat?
b) Wirkt § 15 Abs. 3 HGB auch zu Lasten des Geschäftsunfähigen?
c) Kann sich der gutgläubige Dritte im Rahmen des § 15 Abs. 3 HGB auch auf die für ihn günstige wahre Rechtslage berufen?
d) Gilt § 15 Abs. 3 HGB auch im sog. Unrechtsverkehr?

a) Nein. Wie § 15 Abs. 1 HGB setzt auch **Abs. 3 keine Kausalität** zwischen Bekanntmachung und Verhalten des Dritten voraus.
b) Nein. Anders als § 15 Abs. 1 HGB, der ein reines Rechtsscheinsprinzip verwirklicht, verlangt **Abs. 3** als Ausprägung des Veranlassungsprinzips ein **Zurechenbarkeitserfordernis**, an dem es bei Geschäftsunfähigen und beschränkt Geschäftsfähigen fehlt.
c) Ja. Wie bei § 15 Abs. 1 HGB hat der Dritte ein **Wahlrecht**, ob er sich auf **Abs. 3** beruft oder es bei der wahren Rechtslage belassen will (vgl. *BGH* WM 1990, 638).
d) Nein. Wie bei § 15 Abs. 1 HGB erstreckt sich der Anwendungsbereich des **Abs. 3 nur** auf den **Geschäfts- und Prozeßverkehr**.

120. a) Wie lauten die beiden allgemeinen Rechtsscheinsgrundsätze, auf die sich schon vor Einführung des § 15 Abs. 3 HGB eine eingeschränkte positive Publizität von Handelsregistereintragungen stützen ließ?
b) Haben Sie heute noch einen Anwendungsbereich?

a) Die **beiden gewohnheitsrechtlichen Rechtssätze** lauten: (1) Wer eine unrichtige Erklärung zum Handelsregister abgibt, kann an dieser von einem gutgläubigen Dritten festgehalten werden; (2) wer eine unrichtige Eintragung im Handelsregister schuldhaft nicht beseitigt, kann an dieser von einem gutgläubigen Dritten festgehalten werden.
b) Ja. Sie gelten als ungeschriebene Ergänzungssätze, **wo § 15 Abs. 3 HGB nicht eingreift**. Das ist insbesondere der Fall, wenn nicht die Bekanntmachung, sondern nur die Eintragung im Handelsregister falsch ist (vgl. Frage 121).

121. Die Similis-GmbH meldet Hans Meier als ihren Geschäftsführer zum Handelsregister an. Infolge eines Versehens wird Herr Hansmeier als Geschäftsführer eingetragen. Bei der Weitergabe an das Publikationsorgan wird der Fehler jedoch korrigiert und Hans Meier als Geschäftsführer bekannt gemacht. Herr Hansmeier nimmt im Namen der Similis-GmbH bei einem Kreditinstitut einen größeren Kredit auf; als vorsichtiges Unternehmen hatte die Bank sich zuvor im Handelsregister von der Geschäftsführereigenschaft des Hansmeier überzeugt. Ist die Similis-GmbH zur Rückzahlung verpflichtet?

Für die Anwendung des § 15 Abs. 3 HGB ist Voraussetzung, daß eine einzutragende Tatsache unrichtig bekannt gemacht ist (vgl. Frage 117). Da in diesem Fall jedoch Hans Meier zutreffend als Geschäftsführer bekannt gemacht wurde und **nur die Eintragung fehlerhaft ist**, kann das Kreditinstitut sich nicht auf § 15 Abs. 3 HGB berufen. Für eine analoge Anwendung der Vorschrift bei reinen Eintragungsfehlern fehlt nach h. M. eine Regelungslücke. Eine Rückzahlungsverpflichtung der Similis-GmbH könnte sich aber aufgrund der **gewohnheitsrechtlich anerkannten Rechtsscheinsgrundsätze** ergeben: Da der anmeldenden Similis-GmbH gemäß § 130 Abs. 2 FGG die Eintragung mitgeteilt wird, haftet sie, wenn sie es schuldhaft versäumt hat, die Eintragung des Hansmeier sofort berichtigen zu lassen.

Beachte: Anders als im Rahmen des § 15 Abs. 3 HGB (vgl. Frage 119a) ist im Einzugsbereich der ungeschriebenen Rechtsscheinsgrundsätze **konkrete Kausalität** zwischen der unrichtigen Eintragung und der Vertrauensdisposition des gutgläubigen Dritten erforderlich.

III. Handelsfirma

1. Überblick

122. a) Was versteht das Handelsgesetzbuch unter der „Firma"?
b) Entspricht diese Definition auch dem allgemeinen Sprachgebrauch?

a) Die **Firma eines Kaufmanns** ist gemäß § 17 Abs. 1 HGB der **Name,** unter dem er seine Geschäfte betreibt und die Unterschrift abgibt. Sie dient – wie jeder Name – der Identifizierung einer Person, hier: des Unternehmensträgers.

c) Woher stammen Begriff und Ursprung der Firmenpublizität?

b) Nein. Der allgemeine Sprachgebrauch und (leider) auch das Gesetz weichen von dieser Definition beträchtlich ab. In Kaufmannskreisen ist es üblich, mit der Firma das Unternehmen zu verbinden („Ruf unserer Firma"). Das Gesetz selbst spricht in § 2 HGB von der „Firma des Unternehmens" und sieht in den §§ 25, 28 HGB die Firma möglicherweise als Träger der im Handelsgeschäft begründeten Rechte und Pflichten an (vgl. Frage 167).
c) Beides entwickelte sich aus der mittelalterlichen Übung, bei schriftlichem Abschluß von Handelsgeschäften anstelle der Unterschrift sämtlicher Gesellschafter eine kürzere Bezeichnung der Gesellschaft zu verwenden. Am frühesten setzte diese Entwicklung in den Handelsstädten Italiens ein; ‚firma' ist noch heute das italienische Wort für Unterschrift.

123. a) Worin liegt die wirtschaftliche Bedeutung einer eingeführten Firma?
b) Wie läßt sich die Rechtsnatur der Firma charakterisieren?

a) Der Firmenname ist zumeist der **wichtigste Werbeträger des Unternehmens.** Er fördert nach innen die Schaffung einer einheitlichen und prägnanten Unternehmenspersönlichkeit *(corporate identity)* und dient nach außen nicht selten zur Markenbezeichnung *(corporate branding).*
b) Nach heute herrschender Auffassung hat die **Firma** eine **Doppelnatur:** Sie vereinigt persönlichkeitsrechtliche und immaterialgüterrechtliche Züge (vgl. *K. Schmidt,* § 12 I 3 a, S. 397; noch weitergehend *Fezer,* ZHR 161 (1997) 55: reines Immaterialgüterrecht). Überwunden ist damit eine ältere, allein auf das Namenspersönlichkeitsrecht abstellende Lehre (vgl. *RGZ* 158, 226, 230). Praktische Bedeutung erlangt die dogmatische Einordnung vor allem bei der Frage, ob die

III. Handelsfirma

Firma als Vermögenswert zur Insolvenzmasse des Unternehmensträgers gezogen werden kann (vgl. Frage 161).

124. Das Handelsrechtsreformgesetz von 1998 hat das Firmenrecht grundsätzlich modernisiert. Erläutern Sie kurz die Stoßrichtung der Reform im deutschen und europäischen Zusammenhang!

Im Zentrum der Reform stand eine weitgehende **Liberalisierung des Firmenrechts**, die mit einer Vereinheitlichung vormals verstreuter Einzelbestimmungen einherging: Es herrscht jetzt der **Grundsatz namensrechtlicher Gestaltungsfreiheit**, mit dem das deutsche Recht wieder Anschluß an die Entwicklung in unseren Nachbarländern gefunden hat (rechtsvergleichend *Möller*, EWS 1993, 22).

125. Welche beiden großen Fragenkreise lassen sich im Recht der Handelsfirma sachlich und systematisch unterscheiden?

Es sind dies das **Firmennamensrecht**, das die namensrechtlichen Grundanforderungen einer kaufmännischen Firma regelt, und das **Firmenordnungsrecht**, das zum Schutze des Rechtsverkehrs weitere Anforderungen an die Firmenbildung und Firmenfortführung aufstellt (vgl. *Canaris*, § 11 Rn. 1).

2. Bildung der Firma

a) Arten der Firma

126. Schnell möchte einen einzelkaufmännischen Fahrrad-Kurierdienst gründen. Er erwägt folgende Firmennamen und bittet Sie um Auskunft über Art und Statthaftigkeit der Firmenbildung:
a) „Schnell e. Kfm.",

a) Bei dem ersten Vorschlag handelt es sich um eine **Personenfirma**, die auch nach dem Handelsrechtsreformgesetz den Familiennamen des Kaufmanns enthalten muß. Zwingend ist ferner für alle Einzelkaufleute der **Zusatz „eingetragener Kaufmann"** oder eine allgemein verständliche Abkürzung dieser Bezeichnung **(§ 19 Abs. 1 Nr. 1 HGB)**.

b) „Expreß-Fahrrad-Kurier e. Kfm.",
c) „Der gelbe Blitz e. Kfm.".

b) Der zweite Vorschlag zielt auf eine **Sachfirma,** die dem Gegenstand des Unternehmens entnommen ist und seit dem Handelsrechtsreformgesetz auch Einzelkaufleuten offen steht.

c) Mit dem dritten Vorschlag ist eine **Fantasiefirma** angesprochen, die heute ebenso wie die Sachfirma von jedem Kaufmann – in den Grenzen des Irreführungsverbots – frei gebildet werden kann.

127. Sind Ihnen noch weitere Einteilungen der Firma bekannt?

a) Ein wichtiges Gegensatzpaar sondert **ursprüngliche** von **abgeleiteten Firmen,** was vor allem im Rahmen der Firmenbeständigkeit von Belang ist (vgl. Frage 155).

b) Darüber hinaus lassen sich noch **einfache** (Beispiel: Burkhard Binneweiß e. K.) und **zusammengesetzte Firmen** (Beispiel: Burkhard Binneweiß, Buchbinder, e. K.) unterscheiden.

c) Schließlich ist im Rahmen der Firmenbildung auch eine **Mischfirma** statthaft, die Elemente der Personen-, Sach- und Fantasiefirma miteinander kombiniert.

b) Abgrenzungen

128. Kerner betreibt als Kleingewerbetreibender eine Gastwirtschaft gegenüber dem Landgericht mit der Bezeichnung „Zur letzten Instanz". Darf er das?

Ja. **Kleingewerbetreibende** dürfen zwar keine Firma i. S. des HGB führen. Sie haben aber wie Freiberufler und unternehmenstragende BGB-Gesellschaften das Recht auf eine **Geschäftsbezeichnung,** deren Schutz sich allein nach den §§ 12, 823 Abs. 1 BGB richtet.

129. Baumann will ein kleingewerbliches Geschäft für Sportschuhe eröffnen und als „Dieter Baumann

Wohl ja. Vor dem Handelsrechtsreformgesetz entsprach es gefestigter Rechtsüberzeugung, daß Nicht- und Minderkaufleute keine firmenähnliche Geschäftsbezeich-

III. Handelsfirma 73

Sportschuhe" firmieren. Statthaft?

nung führen dürfen. Demgemäß wurde angenommen, daß Verbindungen von Geschäftsbezeichnung und Name des Inhabers unzulässig seien (vgl. *OLG Hamm* BB 1990, 1154). Nach der Liberalisierung des Firmenrechts wird ein solches Verbot **firmenähnlicher Geschäftsbezeichnungen** indes mit Recht überwiegend abgelehnt: Heute erfolgt die **Abgrenzung** zwischen kaufmännischer Firma und nichtkaufmännischer Geschäftsbezeichnung in erster Linie **durch den Rechtsformsatz** „eingetragener Kaufmann", so daß eine Irreführung des Geschäftsverkehrs nicht zu besorgen ist (vgl. *Baumbach/Hopt*, § 17 HGB Rn. 15).

130. a) Wie unterscheiden sich Firma und Marke?
b) Was kann als Marke geschützt werden?
c) Wie entsteht der Markenschutz und welche rechtliche Ausformung hat er erfahren?

a) Die **Marke** kennzeichnet das **Produkt** des Unternehmens, die **Firma** den **Unternehmensträger**. Allerdings kann der Markenname aus der Firma abgeleitet werden (z.B. Wella-AG, Wella-Haarshampoo).
b) Als **Marken** schützbar sind gemäß § 3 Abs. 1 MarkenG alle Zeichen, insbesondere Buchstaben, Zahlen u.a., die geeignet sind, Waren oder Dienstleistungen eines Unternehmens von denen anderer Unternehmen zu unterscheiden.
c) Der **Markenschutz** entsteht nach § 4 MarkenG durch Eintragung in ein vom Patentamt geführtes Register (Nr. 1), durch Benutzung im geschäftlichen Verkehr, soweit das Zeichen hierdurch Verkehrsgeltung als Marke erlangt hat (Nr. 2), oder durch eine notorische Bekanntheit der Marke i.S. von Art. 6bis der Pariser Verbandsübereinkunft zum Schutz des gewerblichen Eigentums (Nr. 3). Er gewährt dem Inhaber gemäß

§ 14 Abs. 1 MarkenG ein **ausschließliches Recht**, das durch Schadensersatz- und Unterlassungsansprüche (§ 14 Abs. 5 und 6 MarkenG) gegen Verletzungen geschützt ist.

c) Kennzeichnungseignung

131. Nach § 18 Abs. 1 HGB muß die Firma zur Kennzeichnung des Kaufmanns geeignet sein. Was bedeutet das?

In der **Kennzeichnungseignung** kommt die Namensfunktion der Firma zum Ausdruck: Es geht um die **abstrakte Namenstauglichkeit** einer geschäftlichen Bezeichnung, wobei die Grenze zum ebenfalls in § 18 Abs. 1 HGB angeführten Erfordernis der Unterscheidungskraft (vgl. Frage 134) fließend ist.

132. a) Dietrich betreibt einen Schlüsseldienst, den er unter der Firma „1A Schlüsseldienst e. K." ins Handelsregister eintragen lassen will, um im Telefonbuch an vorderster Stelle aufzutauchen. Das Registergericht lehnt die Eintragung unter Hinweis auf die fehlende Kennzeichnungseignung dieser Bezeichnung ab. Zu recht?
b) Wie wäre es, wenn Dietrich unter „AAAAAAA Schlüsseldienst e. K." firmieren wollte?

a) Nein. Ob bloßen **Buchstaben- oder Zahlenfolgen** Kennzeichnungseignung zukommt, ist allerdings umstritten. Mit Blick auf die Zulassung reiner Fantasienamen und den Umstand, daß sich der Verkehr an die Verwendung von Abkürzungen als Unternehmensbezeichnungen gewöhnt hat („VW", „SAP", „4711"), wird man sie aber grundsätzlich bejahen können. Voraussetzung ist indes ein **Mindestmaß an Sinngehalt oder Einprägsamkeit**. Das dürfte hier vorliegen, weil der Verkehr mit dem Ausdruck „1A Schlüsseldienst" einen Hinweis auf gute Qualität verbindet und dieses Kürzel – zumal in Verbindung mit dem Unternehmensgegenstand – durchaus auch einprägsam ist.
b) Anders als im Fall a) kommt der Buchstabenfolge „AAAAAAA" weder ein Sinngehalt zu, noch ist sie hinreichend einprägsam, um dem Verkehr zu erlauben, gerade das Unternehmen des Diet-

III. Handelsfirma 75

rich mit dieser Bezeichnung in Verbindung zu bringen (vgl. *OLG Celle* DB 1999, 40). Daran ändert auch die Verbindung mit dem allgemeinen Gattungsbegriff „Schlüsseldienst" nichts. Das Registergericht wird die Kennzeichnungseignung daher verneinen, ohne daß es dazu eines Rückgriffs auf das Verbot des Rechtsmißbrauchs bedarf (so aber, wenn auch nur als zusätzliche Begründung, *Canaris*, § 10 Rn. 16).

133. a) Gisela Glücklich möchte ihrer einzelkaufmännischen Partnervermittlung durch eine auffallende Firmierung zum geschäftlichen Erfolg verhelfen und denkt an ein Bild aus zwei ineinander verschlungenen Herzen mit dem Zusatz „e. K.". Zulässig?
b) Kann sie statt dessen unter „Flirt@Gisela" firmieren?

a) Nein. Nach ganz überwiegender Auffassung darf die **Firma nicht** aus **Bildzeichen** bestehen, weil ihre Namensfunktion nur durch eine wörtliche und damit aussprechbare Bezeichnung erfüllt werden kann (vgl. *KG* JW 1930, 1742: schleswig-holsteinisches Wappen; *BGHZ* 14, 155, 159: stilisierte Blume). Daran hält die Rechtsprechung auch nach der Liberalisierung des Firmenrechts fest (vgl. *KG* NJW-RR 2001, 173).
b) Nach Auffassung der firmenrechtlichen Spruchpraxis nein (vgl. *BayObLG* ZIP 2001, 960). Zur Begründung wird ausgeführt, das @-Zeichen habe keine sprachliche, sondern nur eine bildliche Funktion. Großzügiger zeigt sich insoweit das Patentrecht, das das Zeichen @ als allgemeinen bildlichen Hinweis auf das Internet akzeptiert (vgl. *BPatG*, CR 2000, 841, 842).

d) Unterscheidungskraft

134. a) Was versteht man unter Unterscheidungskraft i. S. d. § 18 Abs. 1 HGB?

a) **Unterscheidungskraft** bezeichnet die – abstrakte – Eignung einer Firma, sich von anderen Unternehmen abzuheben und

b) Aus welchem benachbarten Rechtsgebiet hat das Firmenrecht den Begriff der Unterscheidungskraft übernommen?
c) Worin besteht der Unterschied zwischen dem Erfordernis der Unterscheidungskraft gemäß § 18 Abs. 1 HGB und jenem der Firmenunterscheidbarkeit i. S. von § 30 Abs. 1 HGB?

damit ihre **Individualisierungsfunktion** wahrzunehmen.
b) Das Erfordernis der Unterscheidungskraft **entstammt** dem **Recht zum Schutz geschäftlicher Bezeichnungen** (§§ 5, 15 MarkenG, vor 1995: § 16 UWG) **und Marken** (§§ 3, 14 MarkenG, vor 1995: WZG). Die dort erarbeiteten Leitlinien lassen sich auch im Firmenrecht heranziehen.
c) **§ 18 Abs. 1 HGB** gewährleistet die *abstrakte* Unterscheidungskraft einer Firma, **§ 30 Abs. 1 HGB** die *konkrete* Unterscheidbarkeit gegenüber anderen ortsansässigen Firmen (vgl. auch Frage 151).

135. Karl Schmidt eröffnet unter seinem Namen eine Schlosserei. Firmenrechtliche Zulässigkeit?

Bei **Allerweltsnamen** sind verschiedentlich Zweifel an ihrer Unterscheidungskraft laut geworden. Richtigerweise erfüllen sie aber jedenfalls dann ihre Individualisierungsfunktion, wenn Vor- und Zuname verwendet werden. Etwaigen Verwechselungen mit Geichnamigen vorzubeugen, ist eine Aufgabe des § 30 HGB (vgl. Frage 151).

136. Glotze betreibt einen Videoverleih unter der Bezeichnung „Videorent e. K". Statthaft?

Nein (vgl. *BGH* NJW 1987, 438). **Gattungsbezeichnungen,** die sich in beschreibenden Angaben des Unternehmensgegenstandes erschöpfen und nicht auf ein konkretes Unternehmen hinweisen, fehlt in aller Regel die Unterscheidungskraft (ebenso *BGH* NJW-RR 1996, 230: „Cotton-Line"). Dem **Freihaltebedürfnis** der Allgemeinheit gebührt insoweit der Vorrang, entstünde doch andernfalls ein dem freien Wettbewerb zuwiderlaufendes Kennzeichnungsmonopol. **Anders** kann es **nur** ausnahmsweise liegen, **wenn** die Gattungsbezeichnung

Verkehrsgeltung erlangt hat (vgl. *BGHZ* 11, 217: Kaufstätten für Alle, KfA) oder in einem abweichenden Sinn gebraucht wird (vgl. *BGHZ* 21, 85, 89: „Der Spiegel").

e) Firmenbildung bei Handelsgesellschaften

137. Wie werden die Firmen folgender Handelsgesellschaften gebildet:
a) der OHG und KG?
b) der GmbH & Co KG?
c) der GmbH und AG?

a) Anders als nach § 19 HGB a. F. sind **OHG und KG nicht mehr zwingend** auf eine **Personenfirma** festgelegt. Vielmehr muß ihre Firma nur den allgemeinen Voraussetzungen genügen, also: (1) zur Kennzeichnung eines Kaufmanns geeignet sein, (2) Unterscheidungskraft besitzen und (3) einen **korrekten Rechtsformzusatz** enthalten (**§ 19 Abs. 1 Nr. 2 und 3 HGB**).

b) Wenn in einer **GmbH & Co. KG** – wie regelmäßig – keine natürliche Person persönlich haftet, muß dies nach **§ 19 Abs. 2 HGB** in der Firma kenntlich gemacht werden. Andernfalls droht eine firmenrechtliche Rechtsscheinhaftung (vgl. Frage 115).

c) Auch bei **GmbH und AG** vollzieht sich die Firmenbildung nach allgemeinen Regeln. Die vormaligen Einschränkungen, daß eine Sachfirma dem Unternehmensgegenstand entnommen werden muß, sind durch das Handelsrechtsreformgesetz entfallen: **§§ 4 GmbHG, 4 AktG** verlangen seitdem allein die Aufnahme eines **korrekten Rechtsformzusatzes** in die Firma.

138. Müller und Meier melden ihre Gesellschaft unter der Firma „Frischruth Im-

Das ist noch wenig geklärt. Verschiedentlich wird die **Firmierung mit dem Namen unternehmensfremder Personen**

mobilien GmbH" zur Eintragung an. Das Registergericht lehnt das ab, weil es keinen Gesellschafter mit dem Eigennamen Frischruth gebe. Mit Recht?

nach der Handelsrechtsreform als statthaft angesehen, weil der Gesetzgeber § 4 Abs. 1 S. 2 a.F. GmbHG, der die Aufnahme von Nichtgesellschaftern in die GmbH-Firma unterband, ersatzlos gestrichen hat (vgl. *Lutter/Hommelhoff*, GmbH-Gesetz, 15. Aufl. 2000, § 4 Rn. 27). Die besseren Gründe sprechen indessen auch nach der Liberalisierung des Firmenrechts für den gegenteiligen Standpunkt: Eine solche Firmierung kann im Verkehr den **irreführenden Eindruck** hervorrufen, daß der Namensgeber an der GmbH beteiligt sei, und **verstößt deshalb gegen § 18 Abs. 2 HGB** (vgl. *Canaris*, § 11 Rn. 4–6).

139. Liebling und Kreuzberg haben sich zur gemeinsamen Berufsausübung in einer Aktiengesellschaft unter der Bezeichnung „PRO-VIDENTIA Rechtsanwalts AG" zusammengeschlossen. Das Registergericht hält den Firmennamen nicht für eintragungsfähig. Mit Recht?

Nein (vgl. *BayObLG* ZIP 2000, 835). Nach der Liberalisierung des Firmenrechts können auch **Aktiengesellschaften** eine **Fantasiefirma** wählen. Gleiches gilt für einen Fantasiezusatz zu einer Sachfirma. Entgegenstehendes ergibt sich auch nicht aus § 59k BRAO, wonach die Firma einer Rechtsanwalts-GmbH den Namen wenigstens eines Gesellschafters enthalten muß, weil eine entsprechende Regelung für die Rechtsanwalts-AG gerade fehlt und eine analoge Anwendung ausscheidet.

f) Untersagte Firmenbildungen

140. Buhse hat einen Versandhandel für Damenunterwäsche unter der Firma „Schlüpferstürmer" zur Eintragung in das Handelsregister angemeldet. Das Registergericht verweigert die

Ja (vgl. *BGH* GRUR 1995, 592, 594f.). Zwar hat das **Verbot sittenwidriger Firmierung** im HGB keine ausdrückliche Erwähnung gefunden. Doch sind entsprechende Eintragungshindernisse in den §§ 8 Abs. 2 Nr. 5 MarkenG, 2 Nr. 1 PatG, 2 Nr. 1 GebrMG, 7 Abs. 2 GeschMG ge-

III. Handelsfirma

Eintragung, weil die Firma gegen die guten Sitten verstoße. Zu recht?

141. Blaut und Schoppe melden ihr Umzugsunternehmen unter der Firma „Blaut und Partner GmbH" zur Eintragung in das Handelsregister an. Statthaft?

regelt, auf die sich eine Gesamtanalogie stützen läßt.

Nein (vgl. *BGHZ* 135, 257). Allen Gesellschaften mit einer anderen Rechtsform als der Partnerschaft, die nach Inkrafttreten des Partnerschaftsgesellschaftsgesetzes gegründet werden, ist die **Bezeichnung „und Partner"** verwehrt: Nach dem Willen des Gesetzgebers „**reserviert**" § 11 S. 1 PartGG diesen Zusatz **für Partnerschaftsgesellschaften**. Das gilt auch für die Zusätze „+ Partner" oder „& Partner".

142. Rechtsanwalt Rüster gründet mit Steuerberater Stark eine Gesellschaft bürgerlichen Rechts, die im Geschäftsverkehr als „Rüster und Stark GbR m. b. H. firmiert. Das zuständige Amtsgericht fordert sie unter Androhung eines Zwangsgeldes auf, diese Geschäftsbezeichnung zu unterlassen. Zu recht?

Ja (vgl. *BayObLG* NJW 1999, 297, 298). Eine Androhungsverfügung nach § 37 Abs. 1 HGB ist nach h. M. auch gegenüber Freiberuflern möglich, die als Nichtkaufleute keine Firma, sondern lediglich eine Geschäftsbezeichnung führen (vgl. Frage 128). Die hier gewählte Bezeichnung verstößt gegen das Irreführungsverbot des § 18 Abs. 2 S. 1 HGB, weil sie bei einem durchschnittlichen Leser oder Hörer den Eindruck erweckt, es liege eine GmbH vor, der nach § 4 GmbHG der Zusatz „mbH" vorbehalten ist.

Beachte: Nach *BGHZ* 142, 315 können die BGB-Gesellschafter ihre persönliche Haftung nicht einseitig durch die Bezeichnung „GbR m. b. H." ausschließen.

3. Grundsätze des Firmenordnungsrechts

a) Firmenwahrheit

143. Welches ist der Grundpfeiler der Firmenwahrheit im HGB?

Das **Irreführungsverbot des § 18 Abs. 2 HGB**, das für Einzelkaufleute und Handelsgesellschaften gleichermaßen gilt.

144. § 18 Abs. 2 HGB schränkt das weiträumig angelegte Irreführungsverbot gleichwohl in zweierlei Richtung ein. Wovon ist die Rede?

a) Einmal erstreckt sich das Irreführungsverbot nur auf **Angaben über geschäftliche Verhältnisse**. Ausgegrenzt werden damit rein private Umstände.

b) Zum anderen hat der Reformgesetzgeber eine **Wesentlichkeitsschwelle** eingeführt: Unschädlich sind nunmehr Angaben, die von geringer wettbewerblicher Relevanz oder für die wirtschaftliche Entscheidung der angesprochenen Verkehrskreise nur von nebensächlicher Bedeutung sind (dazu zugleich Frage 145).

145. Sven Svenson eröffnet unter der Firma „Svensons skandinavisches Möbelparadies" ein Geschäft, in dem überwiegend in Deutschland hergestellte Möbel skandinavischen Stils angeboten werden. Nach einer repräsentativen Umfrage gehen 20% der Möbelkäufer aufgrund der Firmenbezeichnung davon aus, daß Svenson Originalmöbel aus Skandinavien vertreibt. Darf das Registergericht die Eintragung der Firma verweigern?

a) Nein. Nach der **Neufassung des § 18 Abs. 2 S. 1 HGB** erstreckt sich das Irreführungsverbot nur noch auf Firmenangaben, die für die beteiligten Verkehrskreise „wesentlich", d. h. von einigem Gewicht sind. Damit ist das **Handelsrechtsreformgesetz** bewußt (vgl. BT-Drs. 13/8444, S. 38) **von** dem deutlich **weiterreichenden Irreführungsbegriff des § 3 UWG** abgerückt, für den schon Irreführungsquoten von 10 bis 5% ausreichen (vgl. *Baumbach/Hefermehl*, Wettbewerbsrecht, 23. Aufl. 2003, § 3 UWG Rn. 27, dort auch zum abweichenden Verbraucherleitbild des *EuGH*, vgl. etwa Slg. 1998, I-4657 Rn. 31 – Gut Springenheide). Ergänzt wird der strengere Sachmaßstab durch eine verfahrensrechtliche Erschwernis: Gemäß **§ 18 Abs. 2 S. 2 HGB** wird die **Irreführungseignung** im Verfahren **vor dem Registergericht** nur noch berücksichtigt, wenn sie **ersichtlich** ist. Vorliegend scheitert ein Verstoß gegen das Irreführungsverbot schon an der geringen wettbewerblichen Relevanz der Firmenbezeichnung für die Kaufentscheidung der angesprochenen Verkehrskreise.

Beachte: Wie unter § 13a UWG, kommt es nunmehr auch im Rahmen des § 18 Abs. 2 HGB auf die objektivierte Sicht eines Durchschnittsangehörigen des betroffenen Personenkreises an (vgl. *Baumbach/Hopt*, § 18 HGB Rn. 13).

146. Peter Pech hat seinen Vertrieb für EDV- und Druckereizubehörgeräte unter der Firma „Print Supplies Brokers International" zur Eintragung ins Handelsregister angemeldet. Das Registergericht lehnt die Eintragung gleich aus mehreren Gründen ab:
a) Die Bezeichnung „Print Supplies" sei als Fremdwort unverständlich;
b) der Begriff „Broker" werde ausschließlich mit der Tätigkeit eines Börsen- oder Effektenmaklers gleichgesetzt und sei daher geeignet, die angesprochenen Verkehrskreis irrezuführen;
c) die Bezeichnung „International" sei Unternehmen

Ja (vgl. *LG Darmstadt* GmbHR 1999, 482).
a) Der Firmenbestandteil „Print Supplies" weist auf den Unternehmensgegenstand hin und ist auch als fremdsprachige Bezeichnung nicht zu beanstanden.
b) Der Begriff „Broker" ist jedenfalls dann nicht mehr irreführend, wenn ihm – wie hier – die Beschreibung des Unternehmensgegenstandes vorausgeht.
c) Der **Firmenzusatz „International"** verlangt nach heutiger Auffassung nicht, daß das Unternehmen im Ausland durch Filialen, Niederlassungen oder verbundene Unternehmen präsent ist (vgl. bereits *BGH* NJW 1994, 196, 197: „Euroconsult"). **Ausreichend ist, daß überhaupt grenzüberschreitende Geschäftstätigkeiten** entfaltet werden (vgl. *LG Stuttgart* BB 2000, 1213).

von internationaler Bedeutung vorbehalten. Hat Pech mit einer Beschwerde Glück?

147. Dr. Ulrich Best, der den juristischen Doktortitel erworben hatte, kehrt der Rechtswissenschaft den Rücken und gründet in Kiel ein Einzelhandelsgeschäft, in dem er Sanitätsbedarf und medizinische Apparate vertreibt. Er führt die eingetragene Firma „Sanitätsbedarf Dr. Ulrich Best e. K.". Ein Konkurrenzunternehmen in Kiel klagt nach § 37 Abs. 2 S. 1 HGB gegen Dr. Best mit dem Antrag, ihm das Führen des Doktortitels ohne Fakultätsbezeichnung für seinen Betrieb zu verbieten. In der augenblicklichen Form erwecke die Firma den Anschein, als ob Best Dr. med. sei oder wenigstens kraft seines Studiums besondere Fachkenntnisse auf dem Gebiet seines Unternehmens besitze. Wie ist zu entscheiden?

Der Kaufmann, der den **Doktortitel führt,** darf grundsätzlich seinem Namen auch in der Firma den „Dr." **mit oder ohne Fakultätszusatz** beifügen. Ohne Fakultätsbezeichnung kann er allerdings gemäß § 18 Abs. 2 S. 1 HGB nur firmieren, wenn dies nicht geeignet ist, das Publikum zu täuschen. Falls ein Dr. jur. Arzneimittel herstellt und vertreibt, er sich dabei aber lediglich des Doktortitels ohne Zusatzes bedient, so wäre dies unzulässig, weil der Anschein erweckt werden kann, der Firmeninhaber sei ein Dr. med. oder ein Akademiker, der auf dem fraglichen Gebiet besondere Fähigkeiten und chemische Kenntnisse besitze. Wenn aber der Geschäftsbetrieb lediglich im Handel mit Sanitätswaren und anderen ärztlichen Apparaturen besteht, bei denen es sich zumeist um Markenartikel handelt, ist das nicht zur Täuschung geeignet, weil das Publikum weder für den Handel mit den betreffenden Geräten noch für deren Reparatur eine besondere wissenschaftliche Befähigung voraussetzt.

148. Hans Barhaupt will einen Haarpflegesalon eröffnen. Um ungünstigen Assoziationen aus dem Wege zu gehen, bittet er seine Bekannte Eulalia Schwanen-

Nein. Eine solche Firmenbezeichnung verstößt gegen das **Irreführungsverbot des § 18 Abs. 2 HGB** (vgl. für Nichtgesellschafter bereits Frage 138). Das gilt auch dann, wenn der Namensträger privatrechtlich in die Verwendung seines

III. Handelsfirma 83

hals um ihren Namen. Sie ist einverstanden. Kann Barhaupt ihren Namen für sein Geschäft eintragen lassen?

Namens einwilligt, weil das Verbot der Irreführung **im öffentlichen Interesse** liegt (ebenso zur Firmenunterscheidbarkeit nach § 30 Abs. 1 HGB Frage 152). Das Registergericht darf die Firma „Eulalia Schwanenhals" demnach nicht ins Handelsregister eintragen und muß ihre Führung gemäß § 37 Abs. 1 HGB unterbinden.

Beachte: Eine Irreführungsgefahr entfällt (nur) dann, wenn es um die Namen längst verstorbener Persönlichkeiten (z. B. „Goethe Buchhandlung e. K.") geht oder der Firma als Fantasiebezeichnung ersichtlich jeder reale Namensbezug fehlt (z. B. „Friseursalon Aphrodite e. K.").

b) Firmeneinheit

149. Die „Hans Kling OHG, Stahlwerke" stellt in Solingen Stahlwaren her. Im Jahre 2001 erwirbt sie ein Eisenwarenunternehmen mit dem Recht, die Firma „Anton Schneider, Unionswerk" fortzuführen. Beide Unternehmen werden aus Rationalisierungsgründen vereinigt. Da sie aber seit vielen Jahren einen eigenen Kundenstamm und getrennte Vertriebsgebiete haben, möchte die „Hans Kling OHG" die jeweiligen Firmen beibehalten und nebeneinander fortführen. Auf Antrag der Industrie- und Handelskammer Wuppertal fordert das Amtsgericht,

Ja (vgl. *BGHZ* 67, 166). Zwar fehlt im HGB eine eindeutige Regelung über die doppelte Firmenführung, doch leitet die h. M. aus dem Grundsatz der Firmenwahrheit das **Prinzip der Firmeneinheit** her. Danach dürfen **Handelsgesellschaften** (OHG, KG, AG, KGaA, GmbH), selbst wenn sie klar getrennt mehrere Handelsgeschäfte betreiben, stets nur eine einzige Firma führen. Die gängige Begründung geht dahin, daß eine Gesellschaft – gleich einer natürlichen Person – nur einen einzigen Namen haben könne. Überzeugender ist es, statt dessen auf etwaige Unklarheiten hinsichtlich der Haftungsverhältnisse abzustellen, die durch eine doppelte Firmenführung hervorgerufen werden: So kann vorliegend der falsche Eindruck entstehen, mit der Hans Kling OHG und der Firma Anton Schneider Unionswerk stünden zwei un-

daß fortan nicht beide Firmen verwendet werden dürfen. Zu recht?

terschiedliche Haftungsträger zur Verfügung; außerdem werden OHG-Gläubiger womöglich abgehalten, von einer erkennbaren Schieflage des Unionswerks auf eine Krise der OHG zu schließen und entsprechende Sicherungsmaßnahmen zu ergreifen. Die Werbekraft der übernommenen Firma (§ 33 HGB) kann in der Regel durch Kennzeichnungen anderer Art, etwa durch die Geschäftsbezeichnung „Unionswerk" für das übernommene Unternehmen, hinreichend genutzt werden (s. aber *BGH* NJW 1991, 2023, 2024).

150. Wäre im vorangegangenen Fall anders zu entscheiden, wenn der Inhaber des Unternehmens Hans Kling mit der Firma „Hans Kling Stahlwerke" gewesen wäre?

Möglicherweise. Im Gegensatz zu den Handelsgesellschaften ist die Firma des **Einzelkaufmanns** nicht von vornherein dessen einziger Name. Ihm wird deshalb die Möglichkeit eingeräumt, sich **weiterer Firmen** zu bedienen, **wenn** diese jeweils **organisatorisch getrennten Unternehmen zugeordnet** sind. Bedenken hinsichtlich der Klarheit der Haftungsverhältnisse treten demgegenüber zurück: Der Einzelkaufmann kann außerhalb seines geschäftlichen Bereichs beliebige Schulden machen, so daß die Kontrollkosten der Gläubiger durch die doppelte Firmenführung kaum steigen (näher zum *principal-agent*-Problem bei Finanzierungsverträgen *Franke/Hax,* Finanzwirtschaft des Unternehmens, 4. Aufl. 1999, S. 409 ff.). Verbindet der Einzelkaufmann das erworbene Unternehmen allerdings mit seinem eigenen zu einem organisatorisch, buchführungs- und bilanzierungsmäßig einheitlichen Unternehmen, so muß auch er sich für eine der beiden Firmen entscheiden (vgl. *BGH* NJW 1991, 2023). Das Recht einer doppelten Firmenführung hängt somit davon ab, ob Hans Kling die beiden Unternehmen vereint oder getrennt fortführt.

c) Firmenunterscheidbarkeit

151. Johann Maria Farina will beim Amtsgericht Köln für sein Kosmetikgeschäft die Firma „Johann Maria Farina e. K." zur Eintragung in das Handelsregister anmelden. Da die von ihm gewählte Firma der Regelung des § 18 Abs. 1 HGB entspricht, glaubt er, der Registerrichter sei zur Eintragung verpflichtet.
a) Trifft dies zu, wenn in Köln bereits ein anderer Kaufmann unter „Johann Maria Farina e.K." firmiert?
b) Welche rechtlichen Möglichkeiten stehen dem Inhaber der alten Firma vorliegend zu Gebote?

Nein (vgl. *BGHZ* 14, 155). Nach § 30 **Abs. 1 HGB** muß sich jede neue Firma von allen an demselben Ort oder derselben Gemeinde bereits bestehenden und in das Handelsregister eingetragenen Firmen deutlich unterscheiden. Um diesem **Grundsatz der Firmenausschließlichkeit** Rechnung zu tragen, ist Farina gehalten, einen unterscheidungskräftigen Zusatz in seine Firma aufzunehmen (z. B. „Johann Maria Farina e. K. – gegenüber dem Jülichplatz"). Es handelt sich um den seltenen Fall, daß ein sonst fakultativer Zusatz beim Einzelkaufmann obligatorisch wird.
b) Er kann die Löschung der Firma nach §§ 140 ff. i. V. m. 132 ff. FGG anregen, gemäß § 37 Abs. 2 HGB selbst Unterlassungsklage erheben und zudem Ansprüche aus §§ 12, 823 Abs. 1 und 2 BGB, sowie aus § 5 Abs. 2 S. 1 i. V. m. § 15 Abs. 4 und 5 MarkenG geltend machen.

152. Angenommen, Johann Maria Farina der Ältere willigt gegen eine finanzielle „Anerkennung" in die nochmalige Verwendung der Firma ein. Ist damit der Weg frei für eine Handelsregistereintragung?

Nein (vgl. *BGHZ* 46, 7, 11). **§ 30 HGB** bezweckt den Schutz des Publikums und ist als Vorschrift **im öffentlichen Interesse** auch mit Zustimmung des Inhabers der älteren Firma **nicht verzichtbar.** Allerdings kann Johann Maria Farina der Ältere seine Ansprüche aus § 37 Abs. 2 HGB verlieren.

153. Eugen Decker betreibt in Mayen unter der Einzel-

Nein (vgl. *BGH* NJW 1993, 2236). Elisabeth hat mit der Wahl der Fir-

firma „Eugen Decker Holzindustrie e. K." einen florierenden Holzhandel. Seine mit ihm verfeindete Nichte Elisabeth neidet ihm den Erfolg und gründet am selben Ort einen Holzstoffhandel unter dem Namen „Elisabeth Decker Holz GmbH". Eugen tobt und verweist auf das Prioritätsprinzip des § 30 Abs. 1 HGB. Wird er damit durchdringen?

ma „Elisabeth Decker Holz GmbH" den Anforderungen des § 30 Abs. 1 HGB genügt. Für eine **deutliche Unterscheidbarkeit** lassen Rechtsprechung und Lehre bei Personenfirmen in aller Regel die **Verwendung des Vornamens** ausreichen. Eine Stütze hierfür findet sich in § 30 Abs. 2 HGB, der einen unterscheidungskräftigen Zusatz nur bei voller Gleichnamigkeit von Vor- und Familiennamen verlangt.

154. a) Seit längerer Zeit ist in Köln die „CTB City-Credit-Bank GmbH" im Handelsregister eingetragen, die auch über den Kölner Raum hinaus in ganz Nordrhein-Westfalen einen hohen Bekanntheitsgrad und guten Ruf hat. In Bonn wird eine „City-Credit-Vermittlungsbank GmbH" zur Eintragung ins Handelsregister angemeldet. Wird die Eintragung dieser Firma in das Handelsregister erfolgen?
b) Kann die „CTB City-Credit-Bank GmbH" gegen die Verwendung dieser Firma vorgehen?

a) Ja. Da die „City-Credit-Vermittlungsbank GmbH" nicht an demselben Ort wie die „CTB City-Credit-Bank GmbH" in das Handelsregister eingetragen werden soll und der Grundsatz der Firmenausschließlichkeit i. S. d. § 30 Abs. 1 HGB deshalb nicht verletzt wird, kann das Registergericht die Eintragung nicht ablehnen. Über die Regelung des § 30 HGB hinaus hat das Registergericht nicht von Amts wegen zu prüfen, ob der Gebrauch einer Firma ggf. einen Wettbewerbsverstoß gemäß **§§ 5, 15 MarkenG** darstellt.
b) Ja. Die „CTB City-Credit-Bank GmbH" kann sich auf §§ 5 Abs. 2 S. 1 i. V. m. § 15 Abs. 4, 5 MarkenG berufen, der zwischen Wettbewerbern den Namen, die Firma oder besondere Bezeichnungen eines Erwerbsgeschäftes vor **Verwechselungsgefahren** schützt. Diese Regelung ist dabei nicht wie § 30 HGB auf den räumlichen Bereich desselben Ortes beschränkt; sie erstreckt sich vielmehr auf das gesamte Gebiet, in dem die ältere Firma Verkehrsgeltung besitzt und tatsächlich unterscheidungskräftig ist. Der

Umstand, daß die beiden Firmen in ihrem Wortlaut nicht völlig identisch sind, schließt eine Verwechselungsgefahr nach §§ 5, 15 MarkenG nicht aus, da das Publikum sich regelmäßig an dem Firmenbestandteil „City-Credit" orientieren wird. Ein Unterlassungsbegehren der CTB City-Credit-Bank GmbH wird demnach Erfolg haben.

Beachte: Die registerrechtlichen Anforderungen an die Unterscheidbarkeit sind weniger streng als die materiellen, wettbewerbsrechtlichen Maßstäbe (vgl. *Baumbach/Hopt*, § 30 HGB Rn. 4).

d) Firmenbeständigkeit

155. a) Was versteht man unter dem Grundsatz der Firmenbeständigkeit?
b) Welche gesetzlichen Ausprägungen hat er erfahren?
c) Wie läßt er sich rechtfertigen und mit welchem anderen firmenrechtlichen Grundsatz konkurriert er?

a) Der **Grundsatz der Firmenbeständigkeit** besagt, daß die bisherige Firma trotz Veränderungen des Unternehmensträgers oder seines Namens in bestimmten Fällen unverändert fortgeführt werden darf.
b) Eine **Firmenfortführung** ist in **drei Fällen** gestattet: (1) bei Namensänderung, **§ 21 HGB**, (2) bei Erwerb eines Handelsgeschäftes unter Lebenden oder von Todes wegen, **§ 22 HGB** und (3) bei Änderungen im Gesellschafterbestand, **§ 24 HGB**.
c) Der Grundsatz der Firmenbeständigkeit soll den *good will* eines Unternehmens, der einen wesentlichen wirtschaftlichen Wert verkörpert und eng mit der Firma verbunden ist, erhalten helfen (vgl. *RGZ* 152, 365, 368). Er tritt in ein **Spannungsverhältnis zum Grundsatz der Firmenwahrheit,** wobei die Akzente im Schrifttum unterschiedlich gesetzt werden: Die herkömmliche Ansicht sieht die Firmenwahrheit als Regel und die Firmenbeständigkeit als Ausnahme an (vgl.

Baumbach/Hopt, § 22 HGB Rn. 1); die Gegenansicht urteilt umgekehrt (vgl. *K. Schmidt*, § 12 III 2, S. 366).

156. a) Immobilienmakler Ihrig veräußert sein Unternehmen an Neumann, der die gut eingeführte Firma „Ihrig Immobilien e. K." behalten will. Darf er das?
b) Ändert sich die Beurteilung, wenn Ihrig als stolzer Inhaber eines juristischen Doktortitels unter „Dr. Ihrig Immobilien e. K." firmierte?

a) Gemäß **§ 22 Abs. 1 HGB** ist die Firmenfortführung mit ausdrücklicher (lies: unzweideutiger) **Einwilligung des bisherigen Inhabers** erlaubt. Gestattet, aber nach dem eindeutigen Gesetzeswortlaut nicht erforderlich ist ein Nachfolgezusatz (z. B. „Ihrig Immobilien, Inhaber Neumann e. K.").
b) Ja (vgl. *BGHZ* 53, 67; *BGH* NJW 1993, 1148, 1150). Führt ein nicht promovierter Kaufmann eine Doktorfirma fort, so hat er die Irreführung durch einen Nachfolgezusatz zu beseitigen (z. B. „Dr. Ihrig Immobilien Nachfolger e. K."). Der Grundsatz der Firmenbeständigkeit stößt hier an die Grenze des firmenrechtlichen Irreführungsverbots (vgl. auch Frage 147).

157. Braun ist namensgebender Komplementär der Werner Braun Maschinenbau KG. Als er aus Altersgründen aus der Gesellschaft ausscheidet, nimmt diese eine neu gegründete GmbH als Komplementärin auf und führt die Geschäfte unter der alten Firma fort. Bedenken?

Nicht unbedingt. Die Firmenfortführung ist gemäß **§ 24 Abs. 1 HGB** unter einer doppelten Voraussetzung statthaft: Erstens ist durch einen Rechtsformzusatz offenzulegen, daß keine natürliche Person mehr persönlich haftet (§ 19 Abs. 2 HGB), zweitens muß Braun der Firmenfortführung zustimmen (§ 24 Abs. 2 HGB).

158. Angenommen, Braun ist im Streit mit seinen Mitgesellschaftern aus der „Werner Braun Maschinenbau GmbH" ausgeschieden. Kann Braun verhindern,

Nein. Zwar scheint **§ 24 Abs. 2 HGB** dem Braun ein Vetorecht zu geben, doch gilt das **Einwilligungserfordernis** nach heute einhelliger Auffassung **nicht bei der GmbH** (vgl. *BGHZ* 58, 322; 85, 221). Begründet wurde dies früher mit dem Argument, daß

III. Handelsfirma

daß die GmbH unter der bisherigen Firma fortgeführt wird?

bei Kapitalgesellschaften anders als bei Personengesellschaften keine rechtliche Notwendigkeit bestand, den Namen eines Gesellschafters in die Firma aufzunehmen. Nach der Handelsrechtsreform von 1998 ist die unterschiedliche Behandlung namensgebender OHG- und GmbH-Gesellschafter nur noch typisierend haltbar (so auch *Baumbach/Hopt*, § 24 HGB Rn. 12). Methodologisch handelt es sich um eine **teleologische Reduktion**.

159. a) Hase und Igel veräußern ihre unter der Firma „Hase und Igel OHG" betriebene Tierhandlung an Vogel, der das Geschäft unter der alten Firma fortführen möchte. Statthaft?
b) Wie ist es, wenn Igel aus der OHG ausscheidet und Hase das Handelsgeschäft allein fortführt?

a) Nein. Bei einer **Übertragung** des Handelsgeschäfts **von** einer **Personengesellschaft auf** einen **Einzelkaufmann** ist der irreführende Gesellschaftsformzusatz zu streichen (vgl. *BGH* NJW 1985, 736, 737). Die Täuschungsgefahr läßt sich allerdings durch einen **Nachfolgevermerk** beseitigen (z.B. „Hase und Igel OHG, Inhaber Vogel e.K."; vgl. *OLG Hamm* NJW-RR 1999, 1709).
b) Auch dann muß der irreführende Rechtsformzusatz durch einen Nachfolgevermerk neutralisiert werden. Allerdings wendet die Rechtsprechung bei einem **Ausscheiden** eines Gesellschafters **aus einer zweigliedrigen Gesellschaft** nicht § 22 Abs. 1 HGB, sondern **§ 24 Abs. 2 HGB** an (vgl. *BGH* NJW 1989, 1798). Das Recht zur Firmenfortführung hängt damit nur dann von der Einwilligung des Ausscheidenden ab, wenn – wie hier – gerade sein Name in der Firma enthalten ist.

160. Student Streb liest in der Zeitung: „GmbH-Mantel günstig zu verkaufen". Er schlägt § 23 HGB auf

Nein. **§ 23 HGB** wendet sich **gegen Leerübertragungen von Firmen**, die das Publikum darüber täuschen, wer hinter der Firma steht. Diese Irreführungsgefahr

und wundert sich ob solcher verbotener Geschäfte. Wundern Sie sich auch?

fehlt bei einer Mantelverwertung, bei der Anteilserwerber aus Kosten- und Zeitgründen „leere GmbH-Mäntel" kaufen.

Beachte: Gesellschaftsrechtlich sind offene Vorratsgründungen zulässig, wenn als Unternehmensgegenstand „Verwaltung des eigenen Vermögens" angegeben wird (vgl. *BGHZ* 117, 323).

161. a) Über das Vermögen des Einzelkaufmanns Alfons Obermayer ist das Insolvenzverfahren eröffnet worden. Der Insolvenzverwalter möchte das unter der Firma „Alfons Obermayer Möbelhandel e. K." betriebene Geschäft an den zahlungskräftigen Rohde veräußern, der jedoch großen Wert auf das Recht der Firmenfortführung legt. Obermayer widerspricht vehement. Kann der Insolvenzverwalter die Fortführung der Firma dennoch gestatten?
b) Was gilt in der Insolvenz der Möbelfirma „Alfons Obermayer GmbH"?

a) Das ist streitig. **Vor der Handelsrechtsreform** hatte die Rechtsprechung bei Einzelkaufleuten und Personengesellschaften die **Zustimmung des Namensträgers** verlangt (vgl. *BGHZ* 32, 103, 110f.). Dafür sprachen die persönlichkeitsrechtliche Prägung der Firma (vgl. Frage 123b) und die in §§ 18, 19 HGB a. F. verankerte Rechtspflicht, den eigenen Namen für die Firmenbildung zu verwenden. Nach der Liberalisierung des Firmenrechts können alle Kaufleute frei zwischen Personen- Sach- und Fantasiefirmen wählen. Eine **vordringende Meinung verneint** deshalb ein **Zustimmungserfordernis** des Namensträgers, weil er die Kommerzialisierung seines Namens durch die freiwillige Firmenwahl gebilligt habe (vgl. *K. Schmidt,* § 12 I 3 c, S. 351). Die **Gegenansicht** stützt sich auf § 24 Abs. 2 HGB und will die Fälle des freiwilligen und erzwungenen Ausscheidens gleichbehandeln (vgl. Gemeinschaftskomm/*Nickel,* § 22 HGB Rn. 24 a).
b) Hier hatte die h. M. schon früher ein Zustimmungserfordernis des Namensträgers abgelehnt (vgl. *BGHZ* 85, 221, 224). Dies gilt erst recht nach der Handelsrechtsreform von 1998.

4. Firmenschutz

162. Nach welchen Regelungen kann
a) das Registergericht,
b) der Firmeninhaber,
c) ein Wettbewerber gegen einen unzulässigen Firmengebrauch einschreiten?

a) Das **Registergericht** kann nach § 37 Abs. 1 HGB von Amts wegen gegen den unzulässigen Gebrauch einer Firma oder firmenähnlicher Bezeichnungen vorgehen. Die Unzulässigkeit ist dabei allein aufgrund firmenrechtlicher Vorschriften zu bestimmen.

b) Der **Firmeninhaber** kann nach § 37 Abs. 2 HGB, aber auch nach den allgemeinen Regelungen der §§ 12, 823 Abs. 1, 823 Abs. 2 BGB i. V. m. §§ 12 BGB, 37 Abs. 2 HGB vorgehen. Erfüllt die Firma die Voraussetzungen des § 5 MarkenG, so kommt zudem ein Vorgehen nach § 15 MarkenG in Betracht. Ist der Firmengebrauch irreführend oder in anderer Weise sittenwidrig, so kann ein Unterlassungsanspruch auch auf §§ 1, 3 UWG gestützt werden.

c) Während Ansprüche aus §§ 12, 823 Abs. 1, § 823 Abs. 2 i. V. m. § 12 BGB und §§ 5, 15 MarkenG nur dem Firmen- bzw. Markeninhaber zustehen, kann der Unterlassungsanspruch nach §§ 1, 3 UWG auch von **Wettbewerbern** geltend gemacht werden. Dies gilt auch für den Anspruch aus § 37 Abs. 2 HGB und den aus § 823 Abs. 2 BGB i. V. m. § 37 Abs. 2 HGB. „In seinen Rechten verletzt" i. S. dieser Norm ist nach h. M. nicht nur der Firmeninhaber, sondern jeder, der unmittelbar in einem rechtlichen Interesse wirtschaftlicher Art verletzt ist, also insbesondere auch ein Wettbewerber, der durch den unzulässigen Firmengebrauch wirtschaftliche Einbußen erleidet (vgl. *BGHZ* 53, 70).

163. Scherzartikelhersteller Lustig bringt einen Aufkleber heraus, auf dem über dem Aufdruck ‚Lusthansa' zwei stilisierte Kraniche in Paarungshaltung zu sehen sind. Der Aufkleber entspricht in Bild-, Schrift- und Farbgestaltung dem Logo der Fluggesellschaft Deutsche Lufthansa AG. Das Bildlogo ist eine eingetragene Marke der Lufthansa. Die Lufthansa fühlt sich in ihren Namens-, Firmen- und Markenrechten verletzt und verlangt von Lustig Unterlassung. Zu recht?

Nur zum Teil (vgl. *OLG Frankfurt* NJW 1982, 648).

a) Namens- oder firmenrechtliche Ansprüche aus §§ 12, 823 Abs. 1, 823 Abs. 2 i. V. m. § 12 BGB oder § 37 Abs. 2 HGB scheitern hinsichtlich des Bildlogos bereits daran, daß diesem die Namensfunktion fehlt (vgl. Frage 133). Aber auch in bezug auf die Verwendung des Begriffs „Lusthansa" scheiden namens- oder firmenrechtliche Ansprüche aus. Ein Fall der **Namens- oder Firmenanmaßung** läge nämlich nur dann vor, wenn die Bezeichnung von Lustig benutzt würde, um sich, sein Unternehmen oder seine Produkte namens- oder firmenmäßig zu bezeichnen. Dies ist hier **nicht** der Fall.

b) Dagegen kann die Lufthansa einen **Unterlassungsanspruch** hinsichtlich der Verwendung des Logos aus §§ **4, 14 MarkenG** und hinsichtlich der Bezeichnung „Lusthansa" aus §§ **5, 15 MarkenG** geltend machen. Das Markengesetz geht in diesen Regelungen über den früher durch §§ 16 UWG, 25 WZG gewährten Schutz hinaus. Unter den Voraussetzungen der §§ **14 Abs. 2 Nr. 3, 15 Abs. 3 MarkenG** sind Marken nicht nur gegen Benutzung für ähnliche Waren oder Dienstleistungen geschützt, sondern gegen jede Benutzung eines identischen oder – wie hier – ähnlichen Zeichens oder Begriffs im geschäftlichen Verkehr, durch die Unterscheidungskraft oder Wertschätzung einer im Inland bekannten Marke oder Bezeichnung ungerechtfertigt in unlauterer Weise ausgenutzt oder beeinträchtigt wird. Eine solche **sittenwidrige Rufausbeutung** liegt hier vor, weil im Verkehr der dem Ansehen des Markeninhabers und

III. Handelsfirma

seiner Marke abträgliche Eindruck entstehen kann, es handele sich um eine geschmacklose, jedenfalls aber unpassende Werbung der Lufthansa.

Anmerkung: Das *OLG Frankfurt* verneinte im Lufthansa-Fall eine Verletzung der §§ 16 UWG, 25 WZG sowie einen Eingriff in den eingerichteten und ausgeübten Gewerbebetrieb der Lufthansa i. S. von § 823 Abs. 1 BGB. Demgegenüber bejahte der *BGH* im Mars-Kondom-Fall (NJW 1994, 1954) auch einen Unterlassungsanspruch aus § 1 UWG, weil zwischen dem Inhaber einer angesehenen Marke und demjenigen, der sie unerlaubt zur markenmäßigen Anbringung auf Scherzartikel verwendet, im Hinblick auf eine etwaige Lizenzvergabe ein Wettbewerbsverhältnis bestehe.

164. Bertram Blitz betreibt eine Online-Agentur und bietet Dienstleistungen im Bereich des Internet an. Er ist als Einzelkaufmann mit der Firma „Bertram Blitz e. K." im Handelsregister eingetragen. Seit 1995 ist er mit der Domain-Adresse „krupp.de" im Internet registriert. Wer diese Adresse anwählt, gelangt auf eine Seite, die das Leistungsangebot von Bertram Blitz beschreibt. Als die Krupp AG hiervon erfährt, verlangt sie von Blitz Unterlassung. Zu recht?

Ja (vgl. *OLG Hamm* NJW-RR 1998, 909). Das Gericht leitet einen Unterlassungsanspruch bereits aus **§ 12 BGB** ab, der auch Firmen von Kapitalgesellschaften gegen unbefugten Gebrauch schützt. Blitz verletzt das Interesse der Krupp AG an der ungestörten Führung ihres Namens, indem er für sich und seinen Geschäftsbetrieb die **Domain-Adresse** „krupp.de" registrieren ließ und seitdem als seine Domain-Adresse nutzt. Selbst wenn – wie hier – angesichts der unterschiedlichen Geschäftsbereiche keine Verwechselungsgefahr besteht, wird der bekannte Name der Krupp AG durch die Verwendung seitens Blitz jedenfalls verwässert. Ein Unterlassungsanspruch ist auch aus **§ 37 Abs. 2 HGB** sowie aus **§§ 5, 15 MarkenG** begründet.

165. Die Hunzinger AG betreibt eine Futtermühle

a) Ein Unterlassungsanspruch unter dem Gesichtspunkt der **Verwechselungsge-**

und stellt vor allem Tierfutter her. Sie hat u.a. Hunde- und Katzenfutter im Sortiment, das sie als „Mac Dog" und „Mac Cat" bezeichnet. Durch diese Bezeichnungen sieht die McDonald's AG, Inhaberin zahlreicher Marken mit dem Wortbestandteil „Mc" oder „Mac" den Ruf ihrer bekannten Marken beeinträchtigt. Hat sie einen Unterlassungsanspruch?

fahr nach § 15 Abs. 2 MarkenG scheidet vorliegend aus, weil sich die Zeichenähnlichkeit auf die Verwendung des Zusatzes „Mac" beschränkt und beide Unternehmen zu verschiedenen Branchen gehören (vgl. *OLG München* MDR 1996, 66).
b) Aussichtsreicher ist ein Unterlassungsbegehren nach § 15 Abs. 3 MarkenG. Der dort verbriefte Schutz bekannter Geschäftsbezeichnungen gegenüber einer **Rufschädigung** kommt McDonald's hier zugute, weil bei den Verbrauchern durch die Bezeichnungen „Mac Dog" und „Mac Cat" für Hunde- und Katzenfutter auf Fleischbasis abträgliche Assoziationen zu den Fast-Food-Produkten von McDonald's geweckt werden (vgl. *BGHZ* 138, 349, 358).
c) Für eine gleichzeitige Anwendung der **§§ 1 UWG, 823 Abs. 1 BGB** bleibt **neben den markenrechtlichen Spezialvorschriften** zum Schutz bekannter Kennzeichen **kein Raum** mehr (vgl. *BGHZ* 138, 349).
d) Ebenso verhält es sich nach neuerer Ansicht mit dem zivilrechtlichen Namensschutz aus **§ 12 BGB** (vgl. *BGH* NJW 1998, 2045, 2046).

166. Zaster betreibt in verschiedenen Städten die gewerbliche Kurzzeitvermietung von Wohnraum. Er tritt im Internet unter der Adresse „www.mitwohnzentrale.de" auf. Sein Konkurrent Knauser klagt auf Unterlassung. Mit Erfolg?

a) Ansprüche aus §§ 15 MarkenG, 12 BGB scheiden aus, weil die Bezeichnung „Mitwohnzentrale" mangels Unterscheidungskraft weder als Geschäftsbezeichnung noch als Name geschützt ist.
b) Man könnte aber an einen Wettbewerbsverstoß nach § 1 UWG denken, weil Zaster die Kundenströme durch die faktische Monopolisierung des Gattungsbegriffs „Mitwohnzentrale" auf seine Homepage lenkt. Der *Bundesgerichtshof*

hielt dem allerdings entgegen, daß **Gattungsbegriffe** und Branchenbezeichnungen sehr wohl **als Internetadressen zulässig** seien, weil der Anbieter damit lediglich einen sich bietenden Vorteil nutze (vgl. *BGHZ* 148, 1, 6–10). **Anders** liege es **nur, wenn** die Bezeichnung **irreführend** sei, also etwa der Eindruck erweckt werde, unter ihr finde sich das Angebot sämtlicher Mitwohnzentralen. Dann könnte dem Zaster beispielsweise aufgegeben werden, auf seiner Internetseite in Zukunft darauf hinzuweisen, daß es noch andere Mitwohnzentralen gebe.

IV. Haftung des Erwerbers eines kaufmännischen Unternehmens

1. Überblick

167. Was ist das gemeinsame Thema der §§ 25–28 HGB?

Die außerordentlich klausurträchtigen Vorschriften beruhen auf der Rechtserkenntnis, daß das **kaufmännische Unternehmen kein Rechtssubjekt** ist; als Rechtsträger anzusehen ist vielmehr allein der Kaufmann, der das Unternehmen im eigenen Namen betreibt. Davon **weichen die Erwartungen des Geschäftsverkehrs** vielfach **ab:** Er blickt in der Hauptsache auf das kaufmännische Unternehmen und dessen Firma, weniger auf den jeweiligen Inhaber. Die **§§ 25–28 HGB tragen** diesem **unrichtigen Eindruck teilweise Rechnung,** indem sei bei einem Inhaberwechsel unter bestimmten Voraussetzungen einen Übergang der Altforderungen und Altverbindlichkeiten auf den neuen Inhaber vorsehen.

168. Erläutern Sie in Stichworten, welche besonderen Fallgestaltungen den einzelnen Vorschriften vor Augen stehen!

a) § 25 HGB handelt von der Haftung des Übernehmers und der Stellung der Altschuldner beim Erwerb eines Handelsgeschäfts unter Lebenden.
b) § 27 HGB handelt von der Haftung des Erben bei Fortführung eines zum Nachlaß gehörenden Handelsgeschäfts.
c) § 28 HGB handelt von der Haftung bei Eintritt in das Geschäft eines Einzelkaufmanns.

2. Haftung beim Erwerb eines Handelsgeschäfts unter Lebenden

a) Allgemeines

169. Student Ratlos hat sich im Labyrinth der juristischen Theorien zu § 25 Abs. 1 HGB verlaufen. Können Sie ihm helfen? Gehen Sie dabei zugleich auf allfällige Einwände gegen die verschiedenen Theorien ein!

a) Zur rechtsdogmatischen Einordnung und materialen Rechtfertigung des § 25 Abs. 1 HGB werden eine Vielzahl von Theorien vertreten. Die wichtigsten sind:
(1) die **Erklärungstheorie**: Sie sieht in der Firmenfortführung eine Willenserklärung des Erwerbers, für die Altschulden kumulativ einzustehen. Eine solche Deutung läuft auf eine bloße Willensfiktion hinaus.
(2) die **Rechtsscheinstheorie**: Sie ordnet § 25 Abs. 1 HGB als Ausprägung der allgemeinen Rechtsscheinslehre ein. Dagegen spricht, daß die Einstandspflicht des Erwerbers auch bei einem Nachfolgevermerk besteht.
(3) die **Haftungsfondstheorie**: Sie beruht auf dem Gedanken der Zugehörigkeit von Aktiva und Passiva, wie er § 419 BGB a. F. zugrunde lag. Ihr ist entgegenzuhalten, daß sie die Möglichkeit eines Haftungsausschlusses gemäß § 25 Abs. 2 HGB nicht schlüssig erklären kann.
(4) die **Kontinuitätstheorie**: Sie geht davon aus, daß die zum Unternehmen ge-

hörenden Verbindlichkeiten und Rechtsverhältnisse bei einem Wechsel des Unternehmensträgers mit übergehen. Ihr steht entgegen, daß § 25 Abs. 1 HGB *de lege lata* auf die Beibehaltung der Firma und nicht nur auf die Fortführung des Unternehmens abstellt.

170. Welcher Wegweiser bietet sich angesichts solcher Theorienvielfalt für den rechtspraktischen Umgang mit § 25 Abs. 1 HGB an?

Am besten verfährt man mit einer Rückbesinnung auf Wortlaut und Entstehungsgeschichte der Vorschrift (vgl. Denkschrift, S. 18). Danach dient § 25 Abs. 1 S. 1 HGB dem **Schutz der Haftungserwartung des Verkehrs:** Er verleiht der irrigen Verkehrsauffassung, die alle im Betrieb des Handelsgeschäfts begründeten Rechte und Pflichten allein der „Firma" zuordnet, in Teilbereichen gesetzliche Dignität und schützt damit den guten Glauben an eine falsche Rechtsansicht.

171. a) Welche Rechtsfolge löst § 25 Abs. 1 S. 1 HGB aus?
b) Ist der frühere Inhaber damit aller Sorgen (= Schulden) ledig?

a) **Nach § 25 Abs. 1 HGB haftet der Erwerber unbeschränkt** mit seinem **ganzen Vermögen**, nicht etwa bloß mit dem übernommenen Unternehmen. Die Haftung erstreckt sich auf „alle im Betrieb des Geschäfts begründeten Verbindlichkeiten des früheren Inhabers", also gleichermaßen auf rechtsgeschäftliche und gesetzliche Schulden, für deren Betriebszugehörigkeit jeweils die Vermutung des § 344 HGB gilt.
b) Nein. Nach ganz herrschender Auffassung liegt ein **gesetzlicher Schuldbeitritt** vor. Der frühere Inhaber haftet also neben dem neuen Inhaber fort, wobei ihm allerdings die zeitliche Beschränkung des § 26 HGB zugute kommt.

172. a) Kennen Sie andere Vorschriften, die eine gesetzliche Erwerberhaftung für Altschulden anordnen? b) In welchem Verhältnis stehen sie zu § 25 HGB?

a) Das **Steuerrecht** läßt den Betriebsübernehmer gemäß **§ 75 AO** für rückständige Steuerpflichten haften, die auf dem Betrieb des Unternehmens gründen. Im **Arbeitsrecht** schreibt **§ 613a BGB** vor, daß der Betriebsübernehmer in die Rechte und Pflichten der bestehenden Arbeitsverhältnisse eintritt.

b) Sie sind als *leges speciales* anzusehen, die § 25 HGB verdrängen. Das zeigt sich vor allem darin, daß weder die steuerrechtliche Haftung noch die Übernahme von Arbeitsverhältnissen durch einen Eintrag ins Handelsregister ausgeschlossen werden kann (vgl. demgegenüber § 25 Abs. 2 HGB).

b) Haftungsvoraussetzungen (§ 25 Abs. 1 S. 1 HGB)

173. Zählen Sie die einzelnen Tatbestandsvoraussetzungen des § 25 Abs. 1 HGB auf!

§ 25 Abs. 1 S. 1 HGB verlangt viererlei: (1) Ein Handelsgeschäft (= Kaufmannseigenschaft des früheren Inhabers), (2) dessen Erwerb unter Lebenden, (3) die Geschäftsfortführung (4) unter Beibehaltung der bisherigen Firma.

Beachte: Geschäfts- und Firmenfortführung sind zwei verschiedene Voraussetzungen.

174. Beckmann übernimmt das Schuhgeschäft des Frank und führt es unter der bisherigen Firma „Rheinkreuz Schuhgeschäft, Ludwig Frank" weiter. Als er von einem Geschäftsgläubiger wegen einer Forderung aus der Zeit vor der Geschäftsübernahme in Anspruch genommen wird,

a) Nein. Im Interesse der Rechtssicherheit für die Gläubiger stellt **§ 25 Abs. 1 S. 1 HGB** bei dem Erwerb eines Handelsgeschäftes **allein** auf die **tatsächliche Fortführung des Geschäftes** unter der bisherigen Firma ab und greift auch dann ein, wenn der Übernahmevertrag schwebend unwirksam oder nichtig ist (vgl. *BGHZ* 18, 248, 250; NJW 1984, 1187). Die Tatsache der Übernahme läßt sich nicht rückgängig machen.

IV. Haftung des Erwerbers

stellt sich im Prozeß folgendes heraus:
a) Es fehlt bis heute an einem wirksamen Übernahmevertrag, da hinsichtlich einiger wesentlicher Punkte keine Einigung erzielt worden ist.
b) Beckmann führt die alte Firma zu Unrecht, da Frank in die Fortführung der Firma nicht eingewilligt hat.
c) Von der streitigen Forderung ist bei der Geschäftsübernahme weder Frank noch Beckmann irgend etwas bekannt gewesen. In den Handelsbüchern ist die Forderung nicht ausgewiesen.
Sind diese Einwände erheblich?

b) Nein. Im Rahmen des § 25 Abs. 1 S. 1 HGB kommt es nicht darauf an, daß der Veräußerer der Firmenfortführung zugestimmt hat. Es liegt ein Fall der **gesetzlichen kumulativen Schuldübernahme** vor (vgl. Frage 171 b). Man könnte erwägen, ob bei unrechtmäßiger Firmenfortführung der Übernehmer nach den Grundsätzen des Rechtsscheines zu behandeln ist, also nur gutgläubigen Dritten gegenüber haftet, oder ob er allen Dritten, unabhängig von deren Kenntnis einstehen muß. Der Sinn des § 25 Abs. 1 HGB – größtmöglicher Gläubigerschutz – spricht für die zweite Auffassung.
c) Nein. Für die Haftung des Erwerbers **kommt** es **nicht darauf an, ob** ihm die **Verbindlichkeit bekannt** war, oder ob er sich darüber anhand der Bücher orientieren konnte. Diese Tatsachen können nur im Innenverhältnis zwischen Veräußerer und Erwerber von Bedeutung sein, nämlich bei der Frage, wer derartige versteckte Verbindlichkeiten nach dem Übernahmevertrag tragen soll.

175. Schlachtermeister Hilgers hat für einen größeren Betrag Wurstwaren an das kleingewerbliche „Strandhotel Imperator" geliefert. Kann er von Neumann Zahlung verlangen, der das Hotel nachträglich von Alt übernommen und unter derselben Firma fortgeführt hat?

Nein (vgl. *OLG Brandenburg* NJW-RR 1999, 395). Nach h.M. setzt die Übernahmehaftung des § 25 Abs. 1 HGB voraus, daß der Veräußerer Kaufmann war und eine Handelsfirma führte; die **Fortführung einer Geschäfts- oder Etablissementbezeichnung genügt nicht**. Nach anderer Ansicht (*K. Schmidt*, § 8 II 1 a, S. 240) findet § 25 Abs. 1 HGB auf solche Fälle analoge Anwendung.

176. Die Brüder Fritz und Franz Beckmann pachten

Ja.
a) Ein **Erwerb** i.S.d. § 25 Abs. 1 S. 1

von Frank dessen Schuhgeschäft, verkleinern die Verkaufsfläche von 300 auf 250 qm und ändern die bisherige Firma „Rheinkreuz Schuhfabrik, Ludwig Frank" in „Rheinkreuz Schuhfabrik L. Frank OHG" um. Können sie von Geschäftsgläubigern des Frank in Anspruch genommen werden?

HGB ist jede Unternehmensübertragung oder -überlassung, also nicht nur Kauf oder Schenkung, sondern **auch eine nur vorübergehende Nutzung als Pächter** (vgl. *BGH* NJW 1982, 1647) oder Nießbraucher; vgl. § 22 Abs. 2 HGB.
b) Für die **Geschäftsfortführung** genügt die **Weiterführung** des Handelsgeschäfts **in seinem wesentlichen Kern** (vgl. *BGHZ* 18, 250; NJW 1992, 911), so daß jedenfalls kleinere Veränderungen – wie hier – unschädlich sind. Allein die Beibehaltung der Fax- oder Telefonnummern genügt dagegen nicht (vgl. *OLG Hamm* NJW-RR 1995, 735).
c) Auch bei der **Firmenfortführung** spielen kleinere Abweichungen – wie hier – keine Rolle, sofern der **prägende Teil der alten Firma** in der neuen **beibehalten** wird (vgl. *BGH* NJW 1992, 911). Ohne Belang ist ferner, ob die verwendete Bezeichnung eine nach § 17 ff. HGB zulässige Firma ist (vgl. *BGHZ* 146, 374).

177. Schwarz liefert Waren im Wert von 4000 Euro an die „Druckerei Otto Press". Deren Inhaber ist der Kaufmann Meier als Pächter. Als dieser mit der Pachtzinszahlung in Verzug kommt, kündigt der Verpächter, der Erbe von Otto Press, den Pachtvertrag und verpachtet das Unternehmen, ohne es zuvor selbst weiterzuführen, an Sorglos. Sorglos führt das Unternehmen unter der Firma „Druckerei Otto Press –

Ja (vgl. *BGH* NJW 1984, 1186). Bedenken an einer Inanspruchnahme des Sorglos könnten allenfalls deshalb bestehen, weil er nicht für Verbindlichkeiten des Veräußerers, sondern für solche des Vorpächters Meier einstehen soll, mit dem er selbst in keinerlei Rechtsbeziehungen steht. Das Gesetz verknüpft die **Haftung** jedoch ausschließlich mit dem Handelsgeschäft und läßt sie über den Wechsel des Unternehmensträgers hinaus **zu Lasten des späteren Zweitpächters** ohne weiteres fortdauern, wenn das Geschäft in seinem wesentlichen Bestand erhalten und die Kontinuität des Unternehmens nach außen hin durch die Fortführung der bis-

Inhaber F. Sorglos" fort. Unter dieser Firma wird Sorglos von Schwarz auf Zahlung der rückständigen 4000 Euro in Anspruch genommen. Zu recht?

herigen Firma gewahrt bleibt. Hiermit wäre es unvereinbar, für den Fortbestand der Haftung danach zu unterscheiden, ob sich die Aufeinanderfolge der haftenden Unternehmensträger rechtsgeschäftlich oder nur tatsächlich, unmittelbar oder nur mittelbar über einen Zwischenerwerber, vollzieht.

Beachte: Um seine Haftung auszuschließen, muß der Zweitpächter entweder mit dem Erstpächter nach § 25 Abs. 2 HGB einen Haftungsausschluß vereinbaren und diesen in das Handelsregister eintragen und bekannt machen lassen, oder der Erstpächter muß den Haftungsübergang mit seinen Gläubigern im voraus ausschließen.

178. Über das Vermögen des von Frank betriebenen Unternehmens ist das Insolvenzverfahren eröffnet worden. Beckmann kauft die Fabrik vom Insolvenzverwalter und führt sie unter der alten Firma fort.
a) Haftet er nach § 25 Abs. 1 HGB den Insolvenzgläubigern?
b) Wie steht es beim Erwerb vom überschuldeten Veräußerer außerhalb des Insolvenzverfahrens oder bei Sanierungsmaßnahmen gemäß §§ 21 ff. InsO?

a) Nein (vgl. *BGH* NJW 1988, 1912; *BGHZ* 104, 151, 154). Beim **Erwerb vom Insolvenzverwalter** bleibt **§ 25 Abs. 1 S. 1 HGB unangewendet**. Die h. M. begründet dies mit der andernfalls drohenden Unveräußerlichkeit des Unternehmens, übersieht hierbei aber die Möglichkeit des § 25 Abs. 2 HGB. Zutreffend ist es, darauf abzustellen, daß der Erlös den Insolvenzgläubigern zugute kommt, deren Forderungen im übrigen wertlos sind.
b) In beiden Fällen hat die Rechtsprechung eine teleologische Reduktion des § 25 Abs. 1 HGB verneint (vgl. *BGH* NJW 1992, 911; *BGHZ* 104, 151, 155), so daß der Erwerber auf den Selbstschutz nach § 25 Abs. 2 HGB verwiesen ist.

c) Haftungsausschluß (§ 25 Abs. 2 HGB)

179. In dem oben geschilderten Fall trägt Beckmann vor, er habe mit Frank aus-

Nein. Eine Vereinbarung über den Haftungsausschluß ist nur unter den **formalisierten Voraussetzungen des § 25 Abs. 2**

drücklich vereinbart, daß die Passiva des Unternehmens nicht übergehen, sondern Frank für die alten Schulden selbst aufkommen solle; dies habe auch in verschiedenen Tageszeitungen gestanden. Überdies sei der Haftungsausschluß einen Monat nach der Geschäftsübernahme ins Handelsregister eingetragen worden. Findet er mit diesen Einwänden Gehör?

HGB wirksam; es sind also erforderlich: ausdrückliche Mitteilung an den Gläubiger oder handelsregisterliche Eintragung plus Bekanntmachung gemäß § 10 Abs. 1 HGB bei oder unverzüglich nach Geschäftsübernahme. Zeitungsveröffentlichungen genügen ebensowenig wie eine spätere Eintragung ins Handelsregister. Auch eine Kenntnis vom Haftungsausschluß, die nicht im Verfahren nach § 25 Abs. 2 HGB erlangt wurde, schadet nicht; § 15 Abs. 2 HGB kann keine Anwendung finden, da es sich bei der Vereinbarung nach § 25 Abs. 2 HGB nicht um eine eintragungspflichtige, sondern nur um eine eintragungsfähige Tatsache handelt (vgl. Frage 79b zur Parallelvorschrift des § 28 Abs. 2 HGB).

180. Wie ist die Rechtslage, wenn Beckmann mit Frank folgende Vereinbarungen trifft und ins Handelsregister eintragen läßt:
a) daß er die Geschäftsverbindlichkeiten des Frank bis zu einer Höhe von 50% der jeweiligen Forderungen der Gläubiger übernimmt;
b) daß er die Verbindlichkeiten insgesamt bis zu einem Höchstbetrag von 100 000 Euro übernimmt?

a) Im Rahmen des § 25 Abs. 2 HGB **kann** die **Haftung** durchaus nur für einzelne Forderungen ausgeschlossen oder **auf einen bestimmten Prozentsatz der jeweiligen Forderungen beschränkt werden**, sofern dies aus den Registerakten klar ersichtlich ist.
b) Die Angabe eines **globalen Höchstbetrages** entfaltet dagegen **keine haftungsausschließende Wirkung**, weil für die Gläubiger nicht voraussehbar ist, ob und wieweit ihre Forderungen hiervon betroffen sind (vgl. *RGZ* 152, 78).

d) Nachhaftungsbegrenzung für frühere Geschäftsinhaber (§ 26 HGB)

181. Kränklich überträgt aus Gesundheitsgründen

Gemäß **§ 26 Abs. 1 S. 1 HGB** haftet Kränklich nur für jene Verbindlichkeiten,

IV. Haftung des Erwerbers

seinen einzelkaufmännisch betriebenen Getränkehandel an Neumann. Dieser führt das Handelsgeschäft unter der bisherigen Firma fort. Zwei Jahre vor der Veräußerung hatte Kränklich mit der Kaiser-Brauerei für die nächsten 15 Jahre einen unkündbaren Bierlieferungsvertrag abgeschlossen, wobei die Verbindlichkeiten des Kränklich jeweils zum Quartalsende fällig werden sollten. Kränklich fragt sich nunmehr, wie lange er für Verbindlichkeiten aus diesem Vertrag von der Brauerei in Anspruch genommen werden kann. Können Sie ihm helfen?

die vor Ablauf von fünf Jahren fällig und von der Kaiserbrauerei gerichtlich geltend gemacht werden. Mit dieser im Jahre 1994 neu eingeführten Regelung soll dem **Enthaftungsinteresse des Unternehmensveräußerers** Rechnung getragen werden, das vor allem (aber nicht nur) **bei Dauerschuldverhältnissen** augenfällig ist. Für die Kaiser-Brauerei ist Kränklichs Enthaftung nicht unbillig, setzt § 26 HGB doch voraus, daß der Erwerber des Handelsgeschäfts (hier: Neumann) aufgrund der Geschäfts- und Firmenfortführung nach § 25 Abs. 1 HGB für die früheren Geschäftsverbindlichkeiten haftet.

Beachte: Bei § 26 HGB handelt es sich nicht um eine Verjährungs-, sondern um eine Ausschlußfrist.

182. Kennen Sie eine ähnliche Nachhaftungsbegrenzung aus benachbarten Rechtsgebieten?

Gleichsinnige Bestimmungen finden sich im Gesellschaftsrecht für die ausgeschiedenen Gesellschafter in §§ 160 **Abs. 1 HGB, 736 Abs. 2 BGB** sowie bei einer Verschmelzung einer Personengesellschaft auf eine Kapitalgesellschaft gemäß §§ 45 ff. UmwG. Sie lassen sich auf einen **übergreifenden Grundsatz** zurückführen und sind einheitlich auszulegen.

e) Forderungsübergang auf den Erwerber (§ 25 Abs. 1 S. 2 HGB)

183. Alt überträgt sein Unternehmen mit allen Forderungen auf Neu. Nur eine Darlehensforderung gegen-

a) Ja. Gemäß **§ 25 Abs. 1 S. 2 HGB** gilt die Darlehensforderung als auf den Erwerber übergegangen, so daß Dahlmann mit befreiender Wirkung an Neu leisten

über Dahlmann behält er sich zurück. Neu führt die Firma mit Zustimmung des Alt fort. Die Übertragung des Geschäfts wird im Handelsregister eingetragen und bekannt gemacht, nicht aber die Ausnahmeregelung hinsichtlich der Forderung gegenüber Dahlmann.
a) Nach der Veräußerung des Unternehmens zahlt Dahlmann den Geschäftskredit an Neu zurück. Mit befreiender Wirkung?
b) Wie ist es, wenn Dahlmann an Alt zahlt?

konnte. Eine **abweichende Vereinbarung** ist **Dritten gegenüber nur wirksam, wenn** sie gemäß **§ 25 Abs. 2 HGB** in das Handelsregister eingetragen und bekannt gemacht oder von dem Erwerber oder Veräußerer dem Dritten mitgeteilt worden ist.
b) Auch dann tritt nach h. M. Befreiungswirkung ein, weil Alt der wahre Forderungsgläubiger ist und **§ 25 Abs. 1 S. 2 HGB** als **reine Schuldnerschutznorm** verstanden wird (vgl. *Canaris,* § 7 Rn. 74). Einer Gegenauffassung zufolge enthält die Vorschrift dagegen eine gesetzlich vertypte Abtretung, die unwiderleglich vermutet wird (vgl. *K. Schmidt,* § 8 I 4 b aa, S. 226 ff.; s. auch *BGH* NJW-RR 1992, 866).

184. Im vorangegangenen Fall befindet sich unter den mitabgetretenen Forderungen auch eine Kaufpreisforderung gegen Kaudewitz.
a) Kaudewitz zahlt an Neu. Befreiungswirkung?
b) Wie ist es, wenn Kaudewitz an Alt zahlt?

a) Ja. Hier ist Neu schon nach allgemeinen Regeln Forderungsgläubiger geworden, so daß es auf § 25 Abs. 1 S. 2 HGB gar nicht ankommt.
b) An sich kann sich ein Schuldner, der von der Abtretung nichts erfahren hat, gemäß **§ 407 BGB** auch durch Zahlung an den bisherigen Gläubiger befreien. Die vormals h. L. hielt dem jedoch **§ 15 Abs. 2 S. 1 HGB** entgegen, wenn die Firmenübertragung – wie hier – gemäß § 31 HGB ins Handelsregister eingetragen und bekannt gemacht wurde (vgl. *Staub/ Hüffer,* § 25 HGB Rn. 71). Nach nunmehr überwiegender Auffassung bleibt § 407 BGB jedoch anwendbar, weil die Abtretung selbst keine eintragungspflichtige Tatsache darstellt und eine **Verkürzung des Schuldnerschutzes** sachlich **nicht gerechtfertigt** ist (vgl. *Baumbach/ Hopt,* § 25 HGB, Rn. 21).

185. Angenommen, Alt hat in die Firmenfortführung durch Neu nicht eingewilligt.
a) Was folgt daraus für Dahlmann, wenn er an Neu zahlt?
b) Wie steht es, wenn Kaudewitz an Alt leistet?

a) Bei einer **unrechtmäßigen Firmenfortführung** durch den Erwerber ist **§ 25 Abs. 1 S. 2 HGB** nicht **anwendbar**, so daß Dahlmann nicht mit schuldbefreiender Wirkung geleistet hat.
b) Falls Kaudewitz von der Abtretung keine Kenntnis hatte, kommt ihm weiterhin die **Schuldnerschutzvorschrift** des **§ 407 BGB** zugute. Er muß nicht nochmals zahlen.

f) Haftung des Erwerbers aus besonderem Verpflichtungsgrund
(§ 25 Abs. 3 HGB)

186. Beckmann führt die Schuhfabrik des Frank unter einer neuen Firma fort. Scheidet damit eine Haftung für Altverbindlichkeiten des Frank aus?

a) Grundsätzlich ja. Wird die Firma nicht fortgeführt, so haftet der Erwerber eines Handelsgeschäfts für die früheren Geschäftsverbindlichkeiten gemäß **§ 25 Abs. 3 HGB** nur, wenn ein **besonderer Verpflichtungsgrund** vorliegt.
b) Als ein selbständiger Verpflichtungsgrund i.S. des § 25 Abs. 3 HGB kommt zunächst die **vertragliche Schuldübernahme** in Betracht, die entweder als Schuldbeitritt oder seltener als befreiende Schuldübernahme (§§ 414, 415 BGB) ausgestaltet sein kann. Darüber hinaus nennt das Gesetz die noch seltenere **Bekanntmachung der Haftungsübernahme in handelsüblicher Form** durch den Erwerber, die dogmatisch eine einseitige, nicht annahmebedürftige Verpflichtungserklärung darstellt. Weitaus größere Bedeutung kommt demgegenüber den **gesetzlichen Verpflichtungsgründen** aus § 613a BGB oder § 75 AO zu (vgl. Frage 172).

3. Haftung des Erben eines Handelsgeschäfts

a) Allgemeines

187. Worin liegt die *ratio legis* des § 27 HGB?

Den Gesetzesmaterialien zufolge sind für § 27 HGB dieselben Erwägungen maßgeblich wie für § 25 HGB: Die Vorschrift nimmt demnach **Rücksicht auf die Verkehrserwartung,** daß der jeweilige Geschäftsinhaber bei Fortführung des Handelsgeschäfts und der Firma für die Unternehmensschulden haftet (h. M., vgl. Frage 170).

188. Student Ratlos, der geradewegs aus einer Erbrechtsvorlesung kommt, hält § 27 HGB für „überflüssig", da der Erbe doch ohnehin hafte. Stimmt das?

Nicht ganz. Richtig ist allerdings, daß der Erbe nach §§ 1922, 1967 BGB grundsätzlich unbeschränkt für die Nachlaßverbindlichkeiten haftet. Allerdings kann er diese Einstandspflicht nach Maßgabe der §§ 1975 ff., 1990 BGB auf den Nachlaß beschränken. Im **Verlust dieser bürgerlich-rechtlichen Möglichkeit zur Haftungsbeschränkung** liegt die **Hauptbedeutung des § 27 Abs. 1 HGB,** der mithin eine eigenständige handelsrechtliche Erbenhaftung vorsieht.

b) Haftungsvoraussetzungen

189. Witsch ist Eigentümer des Buchladens „Bücherecke, Inhaber Paul Witsch e. K.". Als er stirbt, stellt Ferdinand Witsch, sein Sohn und Alleinerbe, fest, daß der Laden hochverschuldet ist. Trifft ihn die

a) Nein. Die **handelsrechtliche Erbenhaftung** verlangt eine **Fortführung des Geschäfts.**

b) Nein. § 27 Abs. 1 HGB **setzt** nach h. M. auch eine **Firmenfortführung voraus.** Das ergibt sich sowohl aus dem Gesetzeszweck als auch aus der Verweisung auf § 25 HGB, die eine Rechtsgrundver-

strenge handelsrechtliche Erbenhaftung des § 27 Abs. 1 HGB, wenn er
a) das Geschäft sofort schließt,
b) das Geschäft unter der Firma „Bookshop e. K." fortführt,
c) das Geschäft an einen Dritten veräußert,
d) das Geschäft zunächst unter der alten Bezeichnung fortführt und die Firma erst nach zwei Monaten in „Bookshop e. K." ändert?

weisung, keine bloße Rechtsfolgenverweisung darstellt.

c) Nein. Richtigerweise ist auch eine **Veräußerung des Geschäfts** mitsamt der Firma als **Einstellung i. S. d. § 27 Absatz 1 HGB** anzusehen (vgl. *Roth/Koller/Morck,* § 27 HGB Rn. 9). Die Gegenansicht stellt darauf ab, daß sich der Erbe auf diese Weise den wirtschaftlichen Wert der Firma zunutze mache (vgl. *RGZ* 56, 196, 199). Sie verkennt indes, daß der Erbe in diesem Fall nicht nach außen als Firmeninhaber in Erscheinung tritt und damit auch keine Haftungserwartung hervorruft. Außerdem liegt die andernfalls unausweichliche Unternehmenszerschlagung angesichts regelmäßig geringerer Liquidationserlöse (vgl. dazu Frage 222a) nicht im Interesse der Unternehmensgläubiger. Endlich ist die hier befürwortete Auslegung auch mit dem Gesetzeswortlaut ohne weiteres in Einklang zu bringen, stellt der Erbe mit einer Veräußerung doch *seine* Tätigkeit ein.

d) Nein. Für einen **Haftungsausschluß** spricht der in **§ 27 Abs. 2 HGB** angelegte Gedanke, dem Erben eine **Bedenkzeit von drei Monaten** zu gewähren (vgl. *Canaris,* § 7 Rn. 110). Eine früher vorherrschende und heute noch verbreitet vertretene Gegenauffassung lehnt eine solche Analogie freilich ab und verweist auf den Wortlaut des § 27 Abs. 1 HGB, der verlangt, daß die Geschäfts- und nicht bloß die Firmenfortführung eingestellt wird (vgl. *Baumbach/Hopt,* § 27 HGB Rn. 5).

190. Angenommen, Witsch senior hat nur einen klein-

Nein. § 27 HGB gilt nur für die Fortführung eines Handelsgeschäfts und **setzt**

gewerblichen Buchladen betreiben. Schwebt über Witsch junior bei einer unveränderten Geschäfts- und Firmenfortführung das Damoklesschwert des § 27 Abs. 1 HGB?

daher – wie § 25 HGB (vgl. Frage 175) – die **Kaufmannseigenschaft des früheren Inhabers** und Erblassers **voraus.** Eine analoge Anwendung auf die Inhaber kleingewerblicher oder freiberuflicher Unternehmen scheidet nach h. M. aus, weil es in diesen Fällen an einer Möglichkeit zur registerrechtlichen Haftungsbeschränkung entsprechend § 25 Abs. 2 HGB (dazu Frage 193) fehlt und der Erbe mit keiner eigenständigen handelsrechtlichen Erbenhaftung zu rechnen braucht.

191. Angenommen, Witsch senior hat den Buchladen als Komplementär der Witsch KG geleitet, und Witsch junior, vormals einziger Kommanditist, führt die Geschäfte alleine fort. Greift dann § 27 HGB ein?

Ja (vgl. *BGHZ* 113, 132, 134f.). In diesem Fall wird die Gesellschaft *ipso iure* beendet und Witsch junior wird zum Alleininhaber des Unternehmens. Zwar ist § 27 HGB nicht unmittelbar einschlägig, weil Witsch junior kein Handelsgeschäft, sondern nur einen Gesellschaftsanteil erbt, doch bietet sich eine **entsprechende Anwendung** der Vorschrift an, die besser paßt als § 139 HGB.

c) *Haftungsausschluß*

192. Welche gesetzliche Möglichkeit zur Haftungsbeschränkung bietet sich Witsch junior, wenn er erst nach zwei Monaten feststellt, daß der Buchladen hochverschuldet ist?

Er muß gemäß **§ 27 Abs. 2 HGB** die **Fortführung des Geschäfts** vor Ablauf von drei Monaten nach Kenntniserlangung vom Anfall der Erbschaft **einstellen.** Wie oben dargelegt (vgl. Frage 189d), reicht hierfür nach richtiger Auffassung auch eine nachträgliche Firmenänderung oder Firmenveräußerung aus.

193. Steht Witsch junior auch der Weg einer Haftungsbeschränkung ent-

Das ist umstritten, aber mit der h. M. zu bejahen (vgl. *Oetker,* § 4 E 2d, S. 97f.). Rückhalt findet diese Auffassung im Ge-

sprechend § 25 Abs. 2 HGB offen?

setzeswortlaut, der schlechthin auf § 25 HGB verweist („Vorschriften des § 25"), der erstrebenswerten Gleichbehandlung von Erben und rechtsgeschäftlichem Erwerber und der Zerstörung der Haftungserwartung des Verkehrs durch einen Registereintrag. Erforderlich ist eine **einseitige Erklärung des Erben und** deren **Verlautbarung entsprechend § 25 Abs. 2 HGB**, die unverzüglich erfolgen muß; die Dreimonatsfrist des § 27 Abs. 2 HGB findet keine Anwendung.

4. Haftung bei Eintritt in das Geschäft eines Einzelkaufmanns

194. a) Schwarz, der unter der Firma „Preiswert Print e. K." eine große Druckerei betreibt, schließt mit Weiß einen Gesellschaftsvertrag, mit dem beide die „Schwarz & Weiß OHG" gründen. Schwarz bringt sein Handelsgeschäft als Einlage ein, Weiß schießt 50 000 Euro als Bareinlage zu. Wenige Wochen nach Invollzugsetzung der Gesellschaft nimmt ein Geschäftsgläubiger des Schwarz die OHG wegen einer noch unbeglichenen Papierlieferung in Anspruch. Muß die OHG zahlen?
b) Kann sich der Gläubiger auch an Schwarz persönlich halten?
c) Steht ihm auch Weiß als Schuldner zur Verfügung?

a) Ja. Sie haftet nach **§ 28 Abs. 1 S. 1 HGB** i. V. m. § 433 Abs. 2 BGB: Schwarz betrieb als Einzelkaufmann ein Handelsgeschäft, in das Weiß als persönlich haftender Gesellschafter eingetreten ist. Genau besehen handelt es sich allerdings nicht um einen **„Eintritt" in ein einzelkaufmännisches Unternehmen**, wie der irreführende Gesetzeswortlaut Glauben macht, sondern um die Neugründung einer Gesellschaft unter Einbringung des einzelkaufmännischen Handelsgeschäfts als Sacheinlage.
b) Ja, und zwar gleich in doppelter Weise: Einmal haftet Schwarz als früherer Alleininhaber für die vor Gesellschaftsgründung entstandenen Verbindlichkeiten unverändert fort; zum andern muß er für die Schuld der OHG aus § 28 Abs. 1 S. 1 HGB i. V. m. § 433 Abs. 2 BGB gemäß § 128 S. 1 HGB einstehen.
c) Ja. Weiß haftet ihm ebenfalls nach § 128 S. 1 HGB als OHG-Gesellschafter.

195. Schwarz hat die Druckerei vor Gründung der OHG mit Weiß in Gewerberäumen betrieben, die er von Grau gemietet hat. Die OHG setzt den Geschäftsbetrieb in diesen Räumen fort. Als die Mietzinszahlungen ausbleiben, kündigt Grau das Mietverhältnis im September 2003 fristlos. Die Gewerberäume werden aber erst im Dezember 2003 auf Grund eines rechtskräftigen Räumungsurteils zurückgegeben. Für die Zwischenzeit verlangt Grau von Weiß eine Nutzungsentschädigung. Dringt er damit durch? (Ansprüche aus §§ 987 ff., 812 ff. BGB i. V. m. § 128 S. 1 HGB bleiben außer Betracht).

Nach Auffassung des *BGH* nein (vgl. *BGH* NJW 2001, 2252). Im einzelnen sind verschiedene Anspruchsgrundlagen auseinanderzuhalten:
(1) Eine Haftung des Weiß gemäß § 535 Abs. 2 BGB i. V. m. §§ 28 Abs. 1 S. 1, 128 S. 1 HGB scheidet aus: Zum einen verlangt Grau keinen Mietzins, sondern Nutzungsentschädigung; zum anderen begehrt er Zahlung für die Zeit nach Kündigung des Mietvertrags.
(2) Zu denken ist aber an eine Haftung des Weiß gemäß § 546 a Abs. 1 S. 1 BGB i. V. m. § 128 S. 1 HGB. Dann müßte die OHG anstelle von Schwarz Vertragspartnerin des Grau und damit auch Schuldnerin des § 546 a BGB, eines vertraglichen Anspruchs eigener Art, geworden sein. Nach h. M. führt der Eintritt von Gesellschaftern in den Betrieb eines Einzelkaufmanns aber **nicht** dazu, daß die neugegründete Personengesellschaft **kraft Gesetzes Vertragspartei** eines von diesem abgeschlossenen Mietverhältnisses wird (vgl. *BGH* NJW 2001, 2252; *Baumbach/Hopt,* § 28 HGB Rn. 5). Zu einem solchen Vertragsübergang soll es vielmehr der Mitwirkung des Vermieters bedürfen, weil andernfalls die Regelung des § 540 Abs. 1 BGB unterlaufen würde, wonach der Mieter ohne Erlaubnis des Vermieters nicht berechtigt ist, an einen Dritten unterzuvermieten. Eine Mindermeinung will dagegen aus § 28 HGB generell einen Vertragsübergang kraft Gesetzes herleiten (vgl. *K. Schmidt,* § 8 I 4 c bb, S. 231 ff.). Die Lösung der h. M. sei vorliegend insbesondere deshalb abzulehnen, weil sie einen Anspruch des Vermieters mit dem Argument seiner eigenen Schutzbedürftigkeit ablehne.

(3) Endlich könnte man eine Altschuldenhaftung aus § 546a Abs. 1 S. 1 BGB i.V.m. §§ 28 Abs. 1 S. 1, 128 S. 1 HGB in Betracht ziehen. Insoweit ist zwar anerkannt, daß die neugegründete Gesellschaft nicht nur für Verbindlichkeiten haftet, die im Zeitpunkt des Geschäftsübergangs bereits voll wirksam waren, sondern auch für solche, deren Rechtsgrund schon vor Geschäftsübernahme entstanden ist. Dazu gehört allerdings nicht der Anspruch auf Nutzungsentschädigung gemäß § 546a BGB: Er entsteht nur, wenn der Mieter die Mietsache nach Beendigung des Mietverhältnisses vertragswidrig nicht zurückgibt.

Anmerkung: Der österreichische Reformgesetzgeber sieht in § 25 Abs. 1 S. 1 UBG (dazu Frage 12) bei einem Unternehmenserwerb unter Lebenden einen gesetzlichen Übergang unternehmensbezogener Vertragsverhältnisse vor, soweit sie nicht höchstpersönlicher Natur sind.

196. Schwarz, der unter der Geschäftsbezeichnung „Preiswert Print" eine kleine Druckerei betreibt, die nach Art und Umfang keinen in kaufmännischer Weise eingerichteten Geschäftsbetrieb erfordert, gründet mit Weiß die „Schwarz und Weiß GbR" und bringt sein Unternehmen in diese ein. Wenige Wochen später verlangt ein Geschäftsgläubiger des Schwarz Begleichung einer noch offenen Rechnung.

a) Das ist umstritten. Nach (noch) **h.M.** setzt **§ 28 HGB** voraus, daß der **frühere Geschäftsinhaber** (nicht notwendig auch der hinzukommende) schon **Kaufmann** war (vgl. *BGHZ* 31, 397; *OLG Düsseldorf* ZIP 2002, 616, 619; *Baumbach/Hopt*, § 28 HGB Rn. 2). Daran fehlt es beim Kleingewerbetreibenden Schwarz mangels Ausübung der Eintragungsoption. Gegen eine analoge Anwendung des § 28 Abs. 1 HGB auf die GbR wird vorgebracht, daß sie nicht registerfähig sei und damit keine Möglichkeit eines Haftungsausschlusses gemäß § 28 Abs. 2 HGB bestehe. Eine Gegenansicht sieht die Kaufmannseigenschaft des früheren Geschäftsinhabers als

a) Hat der Gläubiger einen Anspruch gegen die GbR?
b) Kann er von Schwarz Zahlung verlangen?
c) Haftet ihm Weiß?

entbehrlich an und wendet § 28 HGB entsprechend an, wenn keine OHG bzw. KG, sondern eine GbR entsteht (vgl. *K. Schmidt*, § 8 III 1 a bb, S. 258). Sie stützt sich maßgeblich auf den Gedanken der Unternehmenskontinuität. Zusätzlichen Rückhalt erfährt diese Rechtsauffassung neuerdings dadurch, daß die Rechtsprechung § 130 HGB analog auf den Neugesellschafter einer GbR anwendet (vgl. *BGH* NJW 2003, 1803): Hinsichtlich der Haftung eines Neugesellschafters könne es keinen Unterschied machen, ob er in eine bestehende GbR eintrete oder mit einem Kleingewerbetreibenden eine GbR gründe (vgl. *Arnold/Dötsch*, DStR 2003, 1398, 1403).
b) Ja. Zwar haftet Schwarz mangels Gesellschaftsschuld nicht als BGB-Gesellschafter nach § 28 Abs. 1 HGB i. V. m. § 128 S. 1 HGB analog. Als früherer Geschäftsinhaber muß er aber für die vor Gesellschaftsgründung entstandenen Verbindlichkeiten weiterhin einstehen.
c) Auf dem Boden der bisherigen Rechtsprechung nein. Für Weiß kommt eine persönliche Haftung nur über § 128 S. 1 HGB in Betracht. Eine solche scheidet jedoch aus, weil die GbR nicht analog § 28 Abs. 1 HGB für die Verbindlichkeiten des Schwarz haftet.

197. a) Atze betreibt das gutgehende Sonnenstudio „Sun + Fun". Um Modernisierungen durchzuführen, nimmt er bei Zacher einen Kredit in Höhe von 200 000 Euro auf. Später bringt er sein einzelkaufmännisches

a) Nein. Wird ein Einzelunternehmen in eine **neu gegründete GmbH** eingebracht, so findet **§ 28 HGB** nach seinem eindeutigen Wortlaut **keine Anwendung** (vgl. *BGHZ* 143, 314, 318; *Koller/Roth/Morck*, § 28 HGB Rn. 9). Auch eine entsprechende Anwendung im Wege richterlicher Rechtsfortbildung (da-

IV. Haftung des Erwerbers

Unternehmen in eine von ihm zusammen mit Murat gegründete „Sun + Fun GmbH" ein, die ordnungsgemäß in das Handelsregister eingetragen wird. Kann sich Zacher wegen der Darlehensrückzahlung an die GmbH halten?

b) Ändert sich die Rechtslage, wenn die „Sun und Fun GmbH" zwar schon errichtet, aber noch nicht in das Handelsregister eingetragen ist?

c) Kann Zacher sich an Murat als Gründergesellschafter halten, wenn Atze und Murat die Eintragungsabsicht aufgeben, das Sonnenstudio aber unter dem Namen „Atze und Murat Bräunungsstudio" weiterführen?

für *Staub/Hüffer*, § 28 HGB Rn. 30) kommt nicht in Betracht, weil der Gesetzgeber für juristische Personen im Rahmen des § 28 HGB bewußt keine Haftungsanordnungen getroffen und eine sich daraus womöglich ergebende Gläubigerbenachteiligung billigend in Kauf genommen hat (vgl. *BGHZ* 143, 314, 318).

b) Nein. Die in diesem Zeitraum bestehende Vor-GmbH ist weder eine Personengesellschaft noch eine juristische Person, sondern eine Personenvereinigung eigener Art, die aber bis auf die noch fehlende Rechtsfähigkeit bereits der künftigen GmbH als deren Vorstufe entspricht. Auf sie sind die Vorschriften des GmbH-Rechts anzuwenden, soweit diese nicht gerade die Rechtsfähigkeit voraussetzen. Es spricht deshalb nichts dafür, die Vorgesellschaft in den Fällen des § 28 HGB anders zu behandeln als die später eingetragene GmbH (vgl. *BGHZ* 143, 314, 319; *Baumbach/Hopt*, § 28 HGB Rn. 2).

c) Nein, doch zeigt sich das erst nach zwei Begründungsschritten: (1) Geben die Gesellschafter einer Vor-GmbH ihre Eintragungsabsicht auf, so liegt eine sog. **unechte Vorgesellschaft** vor. Auf sie sind die Vorschriften anzuwenden, die für jene Gesellschaftsform gelten, in der das Geschäft tatsächlich betrieben wird, hier also das Recht der offenen Handelsgesellschaft. (2) Fraglich bleibt freilich, ob sich die **rückwirkende Geltung** des Personengesellschaftsrechts auch auf **§ 28 HGB** bezieht. Der *BGH* hat dies in einer jüngeren Entscheidung **abgelehnt**, weil die Gesellschafter andernfalls die

Möglichkeit verlören, eine Haftungsbeschränkung nach § 28 Abs. 2 HGB herbeizuführen (vgl. *BGHZ* 143, 314, 320).

Beachte: Murat haftet auch nicht als Gesellschafter der „Atze und Murat Bräunungsstudio OHG" gemäß §§ 25 Abs. 1 S. 1, 128 S. 1 HGB, weil es insoweit jedenfalls an der Firmenfortführung fehlt.

V. Anderes Unternehmens(außen)recht

1. Unternehmensbegriff

198. a) Was versteht man in der Betriebswirtschaftslehre unter dem Begriff des Unternehmens?
b) Gibt es einen einheitlichen Rechtsbegriff des Unternehmens?
c) In welchen Rechtsgebieten außerhalb des Handelsrechts gewinnt die Definition des Unternehmens Bedeutung?

a) **Unternehmen** (häufig auch: Unternehmungen) bezeichnen dort die **Betriebe in marktwirtschaftlichen Systemen.** Für sie ist dreierlei konstitutiv (vgl. *Schierenbeck*, Grundzüge der Betriebswirtschaftslehre, 16. Auflage 2003, S. 24): Der Unternehmer bestimmt seinen Wirtschaftsplan selbst (**Autonomieprinzip**). Triebfeder seines Handelns ist das Bestreben, bei der Leistungsherstellung und -verwertung Gewinn zu erzielen (**erwerbswirtschaftliches Prinzip**). Das Eigentum an den Produktionsmitteln steht den Eigenkapitalgebern zu (**Prinzip des Privateigentums**).
b) Nein. Vielmehr entscheiden die verschiedenen Rechtsgebiete eigenständig darüber, zu welchem Zweck sie den Unternehmensbegriff einsetzen („**Relativität der Rechtsbegriffe**"). Das führt zu fachspezifisch unterschiedlichen, aber funktional richtigen Abgrenzungen.
c) Als Grundbaustein wird der Unternehmensbegriff seit langem im Kartell- und Konzernrecht, im Steuer- und Ar-

V. Anderes Unternehmens(außen)recht 115

beitsrecht sowie neuerdings auch im Bürgerlichen Recht verwendet (näher Fragen 13–14 mit den jeweiligen Definitionen).

199. Was versteht man im Handelsrecht unter einem
a) Unternehmen,
b) Unternehmensträger?

a) Das Handelsgesetzbuch enthält keine **Definition des Unternehmens,** obwohl es den Begriff in §§ 1 Abs. 2, 2 S. 1, 3 Abs. 2 HGB selbst verwendet. Nach einer im Schrifttum erarbeiteten, wenn auch nicht allseits geteilten Umschreibung handelt es sich um eine **organisierte Wirtschaftseinheit, mittels derer der Unternehmer am Markt auftritt** (vgl. *K. Schmidt,* § 4 I 2 a, S. 66). Rechtssubjektivität kommt ihm nach allgemeiner Auffassung aber nicht zu.

b) Der **Unternehmensträger** ist das Zuordnungssubjekt aller Rechte und Pflichten des Unternehmens. Als handelsrechtlicher Zentralbegriff gewährleistet er **eine zuverlässige Rechts- und Vermögenszuordnung** und schafft einen Ausgleich für die fehlende Rechtsfähigkeit des Unternehmens (vgl. *K. Schmidt,* § 4 IV 2, S. 81 ff.).

200. Wer ist tauglicher Unternehmensträger?

Als Unternehmensträger können natürliche Personen, juristische Personen und Gesamthandsgemeinschaften fungieren. Kopfzerbrechen bereitet allerdings zuweilen die Frage, wer im konkreten Fall Träger des Unternehmens ist. Sie wird gewöhnlich dahin gestellt, wer als Betreibender eines Handelsgewerbes i. S. des § 1 Abs. 1 HGB anzusehen ist (näher Fragen 48–49).

201. Worin unterscheiden sich der Unternehmensbegriff und derjenige des

Der Begriff des Handelsgewerbes hat einen engeren Zuschnitt. Von ihm ausgenommen bleiben die Angehörigen der

Handelsgewerbes i. S. der §§ 1 ff. HGB?	freien Berufe, weil sie kein Gewerbe betreiben, und die Kleingewerbetreibenden, die von der Eintragungsoption der §§ 2, 3 HGB keinen Gebrauch gemacht haben. Beide Personengruppen betreiben aber in aller Regel ein Unternehmen.
202. Freiberuflern bleiben die Rechtsformen der OHG und KG mangels Betreiben eines Gewerbes verschlossen. Welche Gesellschaftsformen stehen ihnen statt dessen zur Verfügung?	Freiberufler können sich in einer Gesellschaft bürgerlichen Rechts, einer Partnerschaftsgesellschaft oder – soweit Standesrecht nicht entgegensteht – einer GmbH oder AG zusammenschließen. Für eine grenzüberschreitende Kooperation bietet sich die Europäische Wirtschaftliche Interessenvereinigung (EWIV) an.
203. Sind Rechtsnormen des Handelsrechts, die an den Kaufmannsbegriff anknüpfen, im Hinblick auf den handelsrechtlichen Unternehmensbegriff einer Erweiterung zugänglich?	Durchaus, doch bedarf ihre **analoge Anwendung in jedem Einzelfall** einer **sorgfältigen Begründung**. Vorexerziert hat dies die Rechtsprechung für die ungeschriebenen Grundsätze zum kaufmännischen Bestätigungsschreiben, die auch auf einen Nichtkaufmann anwendbar sind, wenn dieser in ähnlicher Weise wie ein Kaufmann am Verkehr teilnimmt (näher Frage 456).

2. Unternehmensschutz (eingerichteter und ausgeübter Gewerbebetrieb)

204. Worin lag der historische Ausgangspunkt, von dem aus das *Reichsgericht* das Recht am eingerichteten und ausgeübten Gewerbebetrieb entwickelte?	**Ausgangspunkt** der Entwicklung waren Entscheidungen über eine **unrechtmäßige Berührung mit gewerblichen Ausschlußrechten**. Der gewerbliche Rechtsschutz traf keine Vorsorge gegen seinen Mißbrauch: Jemand berühmte sich, ein Patent oder Geschmacksmuster zu besitzen, und verbot dem Konkurrenzunternehmen, in bestimmter Weise tätig zu

V. Anderes Unternehmens(außen)recht 117

werden. Nachträglich stellte sich heraus, daß der gewerbliche Rechtsschutz entweder überhaupt nicht oder nicht in dem angegebenen Umfang bestand. Der zu Unrecht in seine Grenzen zurückgewiesene Unternehmer verlangte nun nach § 823 BGB Schadensersatz. Die Notwendigkeit, hier mit dem allgemeinen Deliktsrecht zu helfen, bestand vor 1909 vor allem deshalb, weil es an einem Gesetz gegen den unlauteren Wettbewerb fehlte. Abhilfe schaffte hier erstmals die berühmte **Krimmerläufer-Entscheidung des *Reichsgerichts* aus dem Jahre 1904** (*RGZ* 58, 24). Der *Bundesgerichtshof* führte diese Spruchpraxis fort (vgl. *BGHZ* 38, 200, 205; 71, 86).

205. In welcher Hinsicht hat der *Bundesgerichtshof* den Schutzbereich des Rechts am eingerichteten und ausgeübten Gewerbebetrieb über die reichsgerichtliche Spruchpraxis ausgeweitet?

a) Nach **der Rechtsprechung des *Reichsgerichts*** war eine Verletzung des eingerichteten und ausgeübten Gewerbebetriebs nur dann gegeben, wenn der Eingriff sich *unmittelbar* gegen den **Bestand des Gewerbebetriebs** richtete, wenn also entweder Betriebshandlungen tatsächlich verhindert wurden oder wenn seine rechtliche Zulässigkeit verneint oder seine Schließung oder Einschränkung verlangt wurde. Die Tatsache allein, daß der Ertrag geschmälert wurde und daß auf diese Weise ein Schaden am Unternehmensvermögen eintrat, genügte nicht (vgl. *RGZ* 79, 224, 226; 102, 223, 225).

b) Demgegenüber hat der *Bundesgerichtshof* die Grenzen des Unternehmensrechts seit einer grundlegenden Entscheidung aus dem Jahre 1951 (*BGHZ* 3, 270 – Constanze I) sehr erweitert. Danach wird der **Gewerbebetrieb** heute nicht bloß in seinem Bestand, sondern **in allen seinen**

Ausstrahlungen und Erscheinungsformen gegen mittelbare Störungen geschützt. Hierzu gehört der gesamte gewerbliche Tätigkeitskreis einschließlich des Kundenstamms und allem, was insgesamt den wirtschaftlichen Wert des konkreten Betriebs ausmacht.

206. Nennen Sie wichtige Fallgruppen, in denen die Praxis einen Eingriff in das Recht am eingerichteten und ausgeübten Gewerbebetrieb bejaht hat!

Besondere Bedeutung erlangt haben in der **Kasuistik des Unternehmensschutzes:** (1) unberechtigte geschäftsschädigende Äußerungen, (2) unberechtigte Schutzrechtsverwarnungen, (3) gezielte Eingriffe wie Demonstrationen, Blockaden oder rechtswidrige betriebsbezogene Streiks, (4) unberechtigte Schädigungen durch gerichtliche Verfahren oder Insolvenzanträge (vgl. die Einzelbelege bei *Baumbach/Hopt,* Einleitung vor § 1 HGB, Rn. 65–70).

207. a) Wie fügt sich das Recht am eingerichteten und ausgeübten Gewerbebetrieb in die deliktsrechtliche Dogmatik ein?
b) Worauf zielt die Grundsatzkritik an dieser Rechtsfigur, die bis heute nicht verstummt ist?

a) Rechtsprechung und h. L. sehen es als **sonstiges Recht i. S. des § 823 Abs. 1 BGB** an und stellen es im Wege der Rechtsfortbildung den dort genannten absoluten Rechten und Rechtsgütern an die Seite. Sachlich geht es um den **Integritätsschutz von Unternehmen.**
b) **Kritiker** wenden ein, dem Recht am eingerichteten und ausgeübten Gewerbebetrieb fehle eine **Ausschluß- und Zuweisungsfunktion** und es dürfe deshalb nicht den absoluten Rechten des § 823 Abs. 1 BGB gleichgestellt werden. Darüber habe sich die Spruchpraxis hinweggesetzt, indem sie eine Generalklausel zum Unternehmensschutz ausgearbeitet habe, obwohl der BGB-Gesetzgeber eine deliktsrechtliche Generalklausel nach französischem Vorbild bewußt nicht eingeführt habe (vgl. *Larenz/Canaris,* Lehr-

208. Die deutsche Ärzteschaft ruft zum Kampf gegen die Zigarettenwerbung auf. Sie weist darauf hin, daß ein nachprüfbarer Zusammenhang zwischen dem Zigarettenkonsum und der Erkrankung an Lungenkrebs besteht und daß die Zigarettenwerbung aus diesem Grund in den Vereinigten Staaten eingeschränkt wurde. Die Zigarettenindustrie sieht darin einen verbotenen Eingriff in ihr Unternehmensrecht. Sie klagt auf Schadensersatz und vor allem auf Unterlassung aller Behauptungen, die geeignet sind, ihre (gesundheitsschädliche) Reklame einzuschränken. Mit Recht?

buch des Schuldrechts, Bd. II, Halbbd. 2, 13. Aufl. 1994, § 81 II, S. 544 ff.). Die Rechtsprechung sucht dieser nicht ganz unberechtigten Kritik dadurch Rechnung zu tragen, daß sie den Deliktsschutz auf verschiedene Weise eingrenzt (dazu Fragen 208 und 209).

Zweifelhaft ist im vorliegenden Fall die **Rechtswidrigkeit des Eingriffs in das Recht am eingerichteten und ausgeübten Gewerbebetrieb**. Bei den „klassischen subjektiven Rechten" des § 823 Abs. 1 BGB indiziert die tatbestandsmäßige Verwirklichung die Rechtswidrigkeit. Dies nahm der *BGH* zunächst auch bei Eingriffen in den eingerichteten und ausgeübten Gewerbebetrieb an (vgl. *BGHZ* 3, 270, 280), doch zwang die generalklauselartige Weite dieses Rechts bald zu durchgreifenden Korrekturen. Seither **muß** die Rechtswidrigkeit bei Eingriffen in das Recht am eingerichteten und ausgeübten Gewerbebetrieb **positiv festgestellt werden** und kann sich erst aus der Art der Schädigung **aufgrund einer umfassenden Güterabwägung im Einzelfall** ergeben (vgl. *BGHZ* 45, 296, 307). Gemünzt auf unseren Fall, liegt ein Konflikt zwischen der Meinungsfreiheit auf der einen und der auf Gewinn ausgerichteten unternehmerischen Tätigkeit auf der anderen Seite vor, bei dem im Zweifel der Meinungsfreiheit der Vorzug gebührt. Es besteht geradezu eine Berufspflicht der Ärzteschaft, auf die mit gewissen Konsumgütern notwendig verbundenen Gesundheitsgefährdungen hinzuweisen. Erst wenn dem Bürger diese Informationen zur Verfügung gestellt werden, kann er in

	freier Entscheidung eine Gefährdung seiner Gesundheit in Kauf nehmen.
209. Welche beiden anderen Voraussetzungen grenzen den Schutzbereich des Rechts am eingerichteten und ausgeübten Gewerbebetrieb weiter ein?	a) Zum einen gewährt das Recht am eingerichteten und ausgeübten Gewerbebetrieb **nur subsidiären Rechtsschutz.** Es kann dann nicht herangezogen werden, wenn sich bestimmte Handlungen beispielsweise bereits als Eigentumsverletzung nach § 823 Abs. 1 BGB darstellen, wie die Beschädigung von Maschinen oder Warenvorräten. Gleiches gilt, wenn für einzelne, gegen das Unternehmen gerichtete Verhaltensweisen besondere gesetzliche Regelungen bestehen, die als Schutzgesetze i. S. des § 823 Abs. 2 BGB den Schutz des Unternehmens gewährleisten. Solche vorrangig zu beachtenden Vorschriften finden sich auch in der Generalklausel des § 1 UWG sowie in den §§ 21, 22 GWB. b) Zum anderen setzt der Schutz des § 823 Abs. 1 BGB voraus, daß der **Eingriff betriebsbezogen**, also gegen den Betrieb als solchen und nicht nur gegen vom Gewerbebetrieb ohne weiteres ablösbare Rechte oder Rechtsgüter gerichtet ist. An diesem **Unmittelbarkeitserfordernis** fehlt es in der Regel bei Entziehung unentbehrlichen Personals durch Körperverletzung (vgl. *BGHZ* 7, 30, 36).
210. Die Illustrierte Stern kritisiert unter der Überschrift „Brennt in der Hölle wirklich ein Feuer?" ironisch und aggressiv Lehre und Praxis der katholischen Kirche. So warf sie der Kirche Verfassungsmißbrauch	a) Der Zugriff auf das Recht am eingerichteten und ausgeübten Gewerbebetrieb steht offen, weil die Äußerungen im Echo der Zeit weder zu Wettbewerbszwecken erfolgten (keine Anwendbarkeit des UWG) noch als Tatsachenäußerungen anzusehen sind (keine Anwendbarkeit des § 824 BGB).

V. Anderes Unternehmens(außen)recht

vor und regte an, in Europa und in Amerika etwa das Höllenfeuer ausgehen zu lassen, während die Seelen der Afrikaner und Papuas weiter rösten müßten. Die in scharfer Form gehaltene Erwiderung der Zeitschrift Echo der Zeit bezichtigte den Stern des Dummenfangs und der Konfessionshetze; Stern unterwerfe sich dem Maßstab der Straße. Die Verleger des Stern fühlen sich rechtswidrig in ihrem Recht am eingerichteten und ausgeübten Gewerbebetrieb beeinträchtigt. Zu recht?

b) Weiterhin richtet sich die Erwiderung im Echo der Zeit unmittelbar gegen den Schutzbereich des Rechts am eingerichteten und ausgeübten Gewerbebetrieb, da durch den Artikel das Ansehen und der Ruf der Illustrierten Stern gefährdet wurden, was sich auch auf den Kundenkreis und die Absatzchancen auswirken konnte; das sind spezifische Bestandteile jedes Gewerbebetriebes.

c) Allerdings kann sich die **Rechtswidrigkeit** dieses Eingriffes erst aus einer **umfassenden Güter- und Pflichtenabwägung** ergeben. Besteht die Beeinträchtigung des Gewerbebetriebs in einer kritischen Meinungsäußerung, so ist im Rahmen der Güterabwägung, die insofern eine Einbruchstelle der Grundrechte in das Zivilrecht eröffnet, dem Recht auf freie Meinungsäußerung (Art. 5 Abs. 1 S. 1 Fall 1 GG) gebührende Beachtung zu schenken (vgl. *BVerfGE* 7, 198 – Lüth). Eine **Vermutung** spricht hierbei **für** die **Zulässigkeit der freien Rede im geistigen Meinungskampf.** Wer sich im Meinungskampf durch die konkrete Art und Weise sowie die Breitenwirkung seiner Auffassung besonders exponiert, muß eine stärkere Beeinträchtigung seiner wirtschaftlichen Interessen durch entsprechende Erwiderungen in Kauf nehmen. Der Stern, der ironisch und aggressiv die katholische Kirche angriff und damit auch ihre Mitglieder traf, muß es sich daher gefallen lassen, wenn Vertreter der Gegenseite mit gleicher Münze oder sogar um einige Grade schärfer zurückzahlen. Eine rechtswidrige Beeinträchtigung ist nicht gegeben (vgl. *BGHZ* 45, 296, 311).

211. Steht das Recht am eingerichteten und ausgeübten Gewerbebetrieb auch den Inhabern freiberuflicher Praxen zu Gebote?

Die Frage hat durch die Rechtsprechung noch keine endgültige Klärung erfahren. Die **h.L.** und instanzgerichtliche Entscheidungen (Belege bei Palandt/*Thomas*, Bürgerliches Gesetzbuch, 62. Aufl. 2003, § 823 BGB Rn. 21 a.E.) treten für eine **entsprechende Anwendung auf nicht gewerbliche Unternehmen** ein. Auch wenn Arzt- und Anwaltsberuf nach wie vor kein Gewerbe darstellen (vgl. Fragen 40, 42), sollen Praxis und Kanzlei doch Gewinn bringen, und die ausgeübten Tätigkeiten sind Erwerbsgrundlage zur Sicherung des Lebensunterhalts. Das Rechtsinstitut ist insoweit von seinen historisch zu erklärenden Einschränkungen zu befreien. Formal sollte angesichts der feststehenden Bedeutung allerdings an der alten Terminologie festgehalten werden.

3. Unternehmenskauf

212. Der bei der Ford AG als Kfz-Meister angestellte Jupp Zange hat im Lotto den Jackpot abgeräumt und will nun seinen lange gehegten Traum von einer selbständigen Existenz verwirklichen. Zange kauft den gutgehenden Kfz-Reparaturbetrieb des Detlef Schräubchen. Welche Rechtsnatur hat der Vertrag?

Beim **Unternehmenskauf** handelt es sich um einen „echten" **Kaufvertrag,** der den **Regeln der §§ 433 ff. BGB** folgt. Zwar sind diese Vorschriften auf den Kauf einzelner Sachen und Rechte zugeschnitten. Ein **Unternehmen** ist dagegen eine **Sach- und Rechtsgesamtheit:** Es setzt sich nicht nur aus Sachen, sondern auch aus Forderungen, sonstigen Rechten und Gütern wie Kundschaft, Mitarbeiterstamm, *good will*, Lieferantenbeziehung, Firma und Markenrechten zusammen. Nach den Vorstellungen des Rechtsverkehrs wird jedoch „das Geschäft" als Einheit veräußert, so daß die Geltung der §§ 433 ff. BGB für die schuldrechtliche Seite des Erwerbs dem wirtschaftlichen Tatbestand

V. Anderes Unternehmens(außen)recht

und einer den gesellschaftlichen Anschauungen angepaßten Betrachtungsweise entspricht. Der Schuldvertrag bedarf als solcher keiner Form; diese kann jedoch insbesondere über § 311 b Abs. 1 BGB an ihn herangetragen werden.

213. Kann Schräubchen sein Unternehmen *uno actu* an Zange übertragen?

Dinglich kann Schräubchen seine Kfz-Werkstatt nicht in einem einzelnen Vertrag übertragen. Die Übertragung des Unternehmens verlangt eine **Einzelübertragung der verschiedenen Geschäftsbestandteile:** Grundstücke nach §§ 873, 925 BGB, bewegliche Sachen nach §§ 929 ff. BGB; Forderungen und andere Rechte nach §§ 398, 413 BGB; Kundschaft durch Empfehlungsschreiben oder Übergabe der Kundenliste; Geschäftserfahrung und Geschäftsgeheimnisse durch Einweisung oder Mitteilung der Art, daß der Erwerber diese Erfahrungen nutzen kann.

214. Jurastudent Jürgen hört am ersten Tag seines Anwaltspraktikums, daß man beim Erwerb einer Gesellschaft zwischen Unternehmens- und Beteiligungskauf unterscheiden müsse. Weil er sich nicht sogleich eine Blöße geben will, bittet er Sie um Erläuterung.

a) Der **klassische Unternehmenskauf** *(asset deal)* ist Kauf des Unternehmens als einer rechtlichen Einheit und vollzieht sich durch Einzelübertragung aller Sachen, Rechte und sonstiger Vermögenswerte. Zurück bleibt die Hülle der Gesellschaft. Die einzelnen Vermögensgegenstände setzen sich in der Hand des neuen Rechtsträgers wieder zu dem Unternehmen zusammen.

b) Der **Beteiligungskauf** *(share deal)* ist demgegenüber ein **Rechtskauf** i. S. des § 453 Abs. 1 Alt. 1 BGB: Erworben werden die Gesellschaftsanteile der Zielgesellschaft. Infolgedessen bleibt die Zuordnung der aktiven und passiven Vermögenswerte auf die Gesellschaft als Unternehmensträger unverändert, und es wechselt lediglich die Inhaberschaft an den Mitgliedschaften. Eine Einzelübertragung der verschiedenen Vermögensgegenstände erweist sich deshalb als entbehrlich.

215. Dröge hat im Jahre 2003 von Achenbach eine Spedition im Wege des klassischen Unternehmenskaufs erworben. Schon nach kurzer Zeit zeigen sich zwei unliebsame Überraschungen:
a) Drei der zehn speditionseigenen Lastkraftwagen sind wegen schwerwiegender Sicherheitsmängel nicht mehr verkehrstüchtig. Nachforschungen ergeben, daß die Mängel bereits zum Zeitpunkt des Vertragsschlusses vorhanden waren.
b) In der Jahresbilanz für 2002 ist eine Steuerverbindlichkeit von 800 000 Euro versehentlich unberücksichtigt geblieben. Achenbachs Angaben, die Spedition habe im abgelaufenen Geschäftsjahr einen Gewinn von 500 000 Euro erzielt, erwiesen sich daher im nachhinein als unrichtig.
Empört fragt Dröge nach seinen Rechten gegenüber Achenbach.

Angesprochen ist der schwierige Fragenkreis der **Leistungsstörungen beim Unternehmenskauf,** der schon im alten Recht beträchtliches Kopfzerbrechen bereitete. Nach Inkrafttreten der Schuldrechtsreform läßt sich das Unternehmen als Sach- und Rechtsgesamtheit unter den Begriff des „sonstigen Gegenstandes" i. S. d. § 453 Abs. 1 Alt. 2 BGB subsumieren (Begr. RegE, BT-Drs. 14/6040, S. 242), so daß bei Sach- und Rechtsmängeln an sich das kaufrechtliche Gewährleistungsrecht eingreift (vgl. Palandt/*Putzo*, 63. Aufl. 2004, § 434 BGB Rn. 95). Im einzelnen bleiben freilich manche Abgrenzungs- und Auslegungsprobleme:
a) Hinsichtlich der drei defekten Lastkraftwagen stellt sich die Frage, ob **Qualitätsmängel an einzelnen unternehmenszugehörigen Sachen** zugleich einen Mangel des Unternehmens selbst begründen können. Das war im alten Recht anerkannt, soweit sie die wirtschaftliche Grundlage des Unternehmens erschüttern (vgl. *BGH* JR 1979, 107), und dürfte nach der Schuldrechtsreform nicht anders zu beurteilen sein (vgl. *Lange,* ZGS 2003, 300, 305). Eine solche wesentliche Beeinträchtigung, die auf das ganze Unternehmen durchschlägt, wird man hier annehmen können. Dröge stehen mithin Gewährleistungsrechte zu, weil die Spedition nicht die vertraglich vorausgesetzte

Beschaffenheit i. S. d. § 434 Abs. 1 BGB aufweist.

b) Hinsichtlich der übersehenen Steuerverbindlichkeit ist zu erörtern, ob auch **fahrlässig falsche Ertragsangaben oder versehentlich unrichtige Bilanzen als „Beschaffenheit" eines Unternehmens** einzuordnen sind. Der Reformgesetzgeber hat die Frage bewußt offen gelassen (vgl. Begr. RegE, BT-Drs. 14/6040, S. 213); im Schrifttum gehen die Meinungen auseinander:

(1) Nach einer Ansicht sind Umsatz- und Ertragsangaben nicht als Beschaffenheit eines Unternehmens anzusehen (vgl. *Huber,* AcP 202 (2002) 179, 227 ff.). Der Beschaffenheitsbegriff umfasse – wie bisher – nur die körperlichen Eigenschaften der Kaufsache sowie sonstige Umstände tatsächlicher, wirtschaftlicher oder rechtlicher Art, die ihr auf Dauer anhaften. Unrichtige Bilanz- oder Ertragsangaben zählten nicht dazu (so auch *Grigoleit/Herresthal,* JZ 2003, 118, 125). Achenbach haftet danach nicht aus den kaufrechtlichen Gewährleistungsvorschriften, aber womöglich gemäß §§ 280 Abs. 1, 241 Abs. 2, 311 Abs. 2 BGB wegen schuldhafter Verletzung einer vorvertraglichen Informationspflicht.

(2) Einer anderen Auffassung zufolge sind unternehmensspezifische Kennzahlen nunmehr als Beschaffenheit einzuordnen (vgl. *Wolf/Kaiser,* DB 2002, 411, 412). Im neuen Recht sei für Einschränkungen des Beschaffenheitsbegriffs kein Raum mehr; er erfasse auch unrichtige Angaben des Veräußerers über Umsatz, Ertrag, Höhe der Verbindlichkeiten, sowie eine unzutreffende Darstellung der Aktiva und Pas-

siva (ebenso *Häublein*, NJW 2003, 388, 390). An sich wäre daher der Weg für eine Sachmängelhaftung des Achenbach frei. Allerdings herrscht Streit darüber, ob bereits einjährige Ertragsangaben für die Annahme einer „Beschaffenheit" ausreichen oder ob dazu nicht eine mehrjährige Ertragsreihe erforderlich ist (dazu *Gaul*, ZHR 166 (2002), 35, 49). Folgt man der strengeren Auffassung, so kommen hier wiederum nur Ansprüche des Dröge aus *culpa in contrahendo* in Betracht.

216. a) Bendix hält 95% der Anteile an der Bio-AG, die ein erfolgreiches Magenmedikament herstellt. Das Medikament genießt Patentschutz und bildet die wesentliche Grundlage des Geschäftserfolgs. Später veräußert Bendix seine Anteile an Buddenbrook. Nach Zahlung des Kaufpreises in Höhe von 10 Mio. Euro und Übertragung der Aktien wird das Patent überraschend von einem Wettbewerber angefochten und für nichtig erklärt. Buddenbrook fragt nach seinen Rechten.
b) Ändert sich die Rechtslage, wenn Bendix dem Buddenbrook nur ein Aktienpaket von 30% veräußert hat?

a) Bendix und Buddenbrook haben einen Rechtskauf i. S. d. § 453 Abs. 1 Alt. 1 BGB getätigt. Auf ihn sind die Vorschriften über den Sachkauf entsprechend anzuwenden, so daß sowohl Sachmängel (§ 434 BGB) als auch Rechtsmängel (§ 435 BGB) der verkauften Anteile denkbar sind. Für Rechtsmängel ist hier nichts ersichtlich: Weder bestehen die Anteile nicht, noch sind sie mit fremden Rechten belastet. Zu erörtern bleibt, ob ein Sachmangel der verkauften Anteile aufgrund des nichtigen Patents vorliegt. Vorauszuschicken ist zunächst, daß die Nichtigerklärung des Patents die Bio-AG in ihrer wirtschaftlichen Grundlage erschüttert und somit einen Mangel der Gesellschaft als solche begründen kann (vgl. Frage 215 a). Das bedeutet jedoch nicht zwangsläufig, daß auch die von Buddenbrook erworbenen Gesellschaftsanteile mangelbehaftet sind. Entscheidend ist vielmehr, **ob ein Mangel des Unternehmens auf die erworbenen Mitgliedschaftsrechte „durchschlägt".** Vor Inkrafttreten der Schuldrechtsreform war dies nach h. M. nur der Fall, wenn nahezu sämtliche Gesellschaftsanteile verkauft wurden und somit bei wirtschaftlicher Betrachtung das Unternehmen als solches Gegenstand des Kaufvertrages war (vgl. etwa *BGHZ* 138, 195, 204). Heute sind die Auffassungen geteilt:

(1) Eine Lehrmeinung hält an der bisherigen Lesart fest (vgl. *Huber,* AcP 202 (2002) 179, 229): Ein Recht sei ein reines Gedankengebilde und könne keine Sachmängel i. S. d. § 434 BGB aufweisen. Beim Kauf von Unternehmensbeteiligungen komme eine Haftung für Mängel ihres sachlichen Substrats deshalb nur bei einem solchen Anteilserwerb in Betracht, der auf die Erlangung unternehmerischer Leitungsmacht gerichtet sei (so auch *Eidenmüller,* ZGS 2002, 290, 294). Dies ist bei einem Anteilserwerb von 95% gegeben, so daß Buddenbrook nach dieser Ansicht (Sach-)Mängelansprüche geltend machen kann.

(2) Andere befürworten eine Anwendung der §§ 434 ff. BGB unabhängig davon, ob ein *asset deal* oder ein *share deal* vorliegt (vgl. *Gronstedt/Jörgens,* ZIP 2002, 52, 55). Im Gegensatz zur früheren Rechtslage spiele die erworbene Beteiligungsquote keine Rolle mehr. Somit könnten nicht nur Sachen, sondern auch Rechte mit Sachmängeln behaftet sein (vgl. *Wolf/Kaiser,* DB 2002, 411, 417), jedenfalls dann, wenn dies der Parteivereinbarung entspreche (so *Triebel/Hölzle,* BB 2002, 521, 523 f.). Geht man vorliegend von einer – zumindest konkludenten – Vereinbarung bezüglich der Werthaltigkeit (auch) des Unternehmens aus, so stellt der Sachmangel des Unternehmens gleichzeitig einen Sachmangel der verkauften An-

teile dar. Dem Buddenbrook stehen also auch nach dieser Auffassung Gewährleistungsansprüche zu.
b) Hier wirken sich die unterschiedlichen Rechtsauffassungen auch im Ergebnis aus. Die Befürworter der Lösung (2) bejahen einen Sachmangel der Anteile und sprechen dem Buddenbrook kaufrechtliche Gewährleistungsansprüche zu. Demgegenüber verneinen die Vertreter der Lösung (1) einen Sachmangel und verweisen den Buddenbrook auf einen Anspruch wegen der Verletzung vorvertraglicher Informationspflichten, der jedoch mangels Verschulden des Bendix ausgeschlossen sein dürfte.

217. Rechtsreferendar Reiner absolviert seine Wahlstation in einer großen Anwaltskanzlei. Im Auftrag des Mandanten Ermenkeil, der die Ziegelbrennerei des Zinnowitz erwerben möchte, darf er an einer *due diligence*-Prüfung bei Zinnowitz teilnehmen.
a) Was versteht man unter einer solchen *due diligence*?
b) Welche Spielarten der *due diligence* gibt es?
c) Kann sich eine unsorgfältig durchgeführte *due diligence* nachteilig auf die Gewährleistungsrechte des späteren Erwerbers auswirken?

a) Im Unternehmenskaufrecht versteht man unter **due diligence** die **kaufvorbereitende Prüfung des Zielunternehmens:** Der Erwerber möchte nicht die „Katze im Sack" kaufen und ist über die allgemein zugänglichen Quellen hinaus an einer möglichst umfassenden Information über das Zielunternehmen interessiert.
b) Umfang und Gegenstände der *due diligence* sind so vielfältig wie die modernen Unternehmensstrukturen (eingehend der Sammelband von *Berens/Brauner/Strauch,* Due Diligence bei Unternehmensakquisitionen, 3. Aufl. 2002). Im Mittelpunkt steht die Durchleuchtung des Zielunternehmens in wirtschaftlicher, finanzieller, rechtlicher und steuerlicher Hinsicht. Als *commercial due diligence* bezeichnet man die Analyse des wirtschaftlichen Umfelds, der Marktposition und der Organisationsstruktur des Zielunternehmens. Gegenstand der *financial due diligence* ist die finanzielle Unternehmensanalyse, die re-

gelmäßig auf Grund der Jahresabschluß-
unterlagen der letzten drei bis fünf Jahre
erfolgt, aber auch die Planungsrechnung
einbezieht. Die *legal due diligence* er-
forscht die Gesellschaftsverhältnisse des
Zielunternehmens, seine Vermögensgegenstände und vertraglichen Beziehungen
zu Dritten. Die *tax due diligence* zielt auf
Erkennung steuerlicher Risiken, namentlich auf die Aufdeckung offener Steuer-
verbindlichkeiten und möglicher Steuer-
nachforderungen. Gehen von der Tätigkeit des Erwerbsobjekts besondere
Gefahren für die Umwelt aus, so empfiehlt sich zur Aufdeckung verborgener
Haftungsrisiken die Durchführung einer
environmental due diligence.
c) Zu denken ist an einen Gewährleistungsausschluß nach § 442 Abs. 1 BGB,
falls dem Erwerber ein Mangel bei Vertragsschluß bekannt (S. 1) oder infolge
grober Fahrlässigkeit unbekannt geblieben ist (S. 2). Ob eine unsachgemäß
durchgeführte *due diligence* den Vorwurf
grober Fahrlässigkeit zu begründen vermag, wird unterschiedlich beurteilt. Die
besseren Gründe sprechen gegen einen
Rechtsverlust (näher *Fleischer/Körber*, BB
2001, 841).

218. Im weiteren Verlauf
der Verhandlungen sollen
ein *letter of intent* und ein
*memorandum of under-
standing* unterzeichnet werden. Für Reiner ist das alles
Fachchinesisch. Können Sie
ihm helfen?

a) Bei dem sog. *letter of intent* handelt es
sich in der Regel um eine unverbindliche
Erklärung mit dem Ziel, beim Gegenüber
Vertrauen in die Ernstlichkeit der eigenen
Verhandlungsabsichten zu wecken. Eine
**Bindung in Bezug auf das Hauptge-
schäft** ist im Zweifel auch dann **nicht
gewollt,** wenn der *letter of intent* von
beiden Seiten unterzeichnet wird. Oft
liegt aber ein Rechtsbindungswille hin-

sichtlich der Vorfeldvereinbarungen vor, die mit dem *letter of intent* verknüpft werden, z.B. die Abrede, die anläßlich einer *due diligence* erlangten Informationen vertraulich zu behandeln.

b) In einem ***memorandum of understanding*** pflegen die Parteien Zwischenergebnisse der Verhandlungen einvernehmlich niederzulegen. Solche Niederschriften, die in deutscher Rechtsterminologie als **Punktation** bezeichnet werden, entfalten im Zweifel **keine rechtliche Bindungswirkung** (§ 154 Abs. 1 S. 2 BGB). Dabei handelt es sich aber nur um eine Auslegungsregel; die Parteien können auch eine Bindung wollen, was insbesondere nahe liegt, wenn sie mit der tatsächlichen Vertragsdurchführung beginnen (vgl. *BGH* NJW 1983, 1727).

Beachte: Die rechtliche Bedeutung der genannten Erklärungen ist stets durch Auslegung unter Berücksichtigung aller Umstände vom Empfängerhorizont aus zu ermitteln (§§ 133, 157 BGB). Die Bezeichnung als *letter of intent* oder *memorandum of understanding* bildet dabei nicht mehr als ein widerlegliches Indiz dafür, daß eine Bindung im Hinblick auf den Abschluß des Hauptvertrages nicht gewollt ist (näher *Semler*, in: Hölters (Hrsg.), Handbuch des Unternehmens- und Beteiligungskaufs, 5. Aufl. 2002, Teil VI Rn. 19–20).

219. Nach langwierigen Verhandlungen kommt es schließlich zum Abschluß eines Unternehmenskaufvertrages zwischen Ermenkeil und Zinnowitz.

a) In § 8 des Vertrages heißt es: „Der Verkäufer garan-

a) Welche Rechte dem Ermenkeil zustehen, hängt wesentlich von der **Einordnung der vertraglichen „Garantie"** ab. Drei Möglichkeiten kommen in Betracht: (1) Es könnte sich um eine bloße **Beschaffenheitsvereinbarung** handeln, also eine Ausformulierung dessen, was die Parteien als Beschaffenheit i.S.d. § 434

V. Anderes Unternehmens(außen)recht

tiert dem Käufer, daß das Betriebsgrundstück frei von Altlasten und schädigenden Bodenverunreinigungen ist. Sollte diese Garantie ganz oder teilweise unzutreffend sein, so kann der Käufer nach seiner Wahl die Herstellung des vertragsgemäßen Zustandes oder Schadensersatz in Geld verlangen." Später stellt sich eine erhebliche Grundstücksverunreinigung durch undichte Ölfässer heraus, die im Boden vergraben waren.

b) In § 9 des Vertrages findet sich darüber hinaus folgender Passus: „Der Höchstbetrag für Zahlungsansprüche aufgrund einer Verletzung der Garantiezusage beläuft sich auf 100 000 Euro." Die dem Ermenkeil behördlich aufgegebene Beseitigung der Bodenverunreinigung verursacht jedoch Kosten in Höhe von 150 000 Euro. Ermenkeil fragt nach seinen Rechten gegenüber Zinnowitz.

Abs. 1 S. 1 BGB ansehen. Als Rechtsfolge greifen dann die gesetzlichen Gewährleistungsrechte ein.

(2) Denkbar ist auch eine Beschaffenheitsgarantie gemäß § 443 Abs. 1 Alt. 1 BGB („**unselbständige**" Garantie). Mit ihr übernimmt der Verkäufer eine verschuldensunabhängige Einstandspflicht für die garantierte Beschaffenheit des Kaufgegenstandes.

(3) Schließlich könnte ein Garantievertrag i.S.d. § 311 Abs. 1 BGB vorliegen („**selbständige**" Garantie). Er begründet eine verschuldensunabhängige Einstandspflicht für den Eintritt oder das Ausbleiben eines bestimmten Erfolges, der über die Mangelfreiheit der Kaufsache hinausgeht.

Vorliegend sprechen sowohl der Wortlaut als auch die Anordnung einer eigenen Rechtsfolge gegen eine bloße Beschaffenheitsvereinbarung. Für eine unselbständige und gegen eine selbständige Garantie läßt sich anführen, daß die Altlastenfreiheit des Betriebsgrundstücks eine Beschaffenheit des Unternehmens darstellt. Ermenkeil kann folglich wahlweise die Herstellung des vertragsgemäßen Zustandes oder Schadensersatz in Geld verlangen.

b) Ob Zinnowitz die gesamten Beseitigungskosten in Höhe von 150 000 Euro ersetzen muß, beurteilt sich nach **§ 444 Alt. 2 BGB**. Danach kann sich der Verkäufer auf eine Vereinbarung, durch welche die Rechte des Käufers wegen eines Mangels ausgeschlossen oder beschränkt werden, dann nicht berufen, wenn er eine Garantie für die Beschaffenheit der Sache übernommen hat. Über die Reichweite dieser Vorschrift ist im Schrifttum heftiger Streit entbrannt: Nach einer Auffassung erfaßt § 444 BGB nur den Bereich der unselbständigen Garantie (vgl. *Seibt/Reiche*, DStR 2002, 1181); andere subsumieren unter ihn auch die selbständige Garantie (vgl. *Hermanns*, ZIP 2002, 696). Ungeachtet aller Meinungsverschiedenheiten herrscht aber hinsichtlich der Auswirkungen des § 444 Alt. 2 BGB auf individualvertragliche Haftungsfreizeichnungen weithin Einvernehmen: Sein **Sinn und Zweck** ist es allein, ein **widersprüchliches Verhalten zu verhindern,** welches dann anzunehmen ist, wenn eine zunächst übernommene Garantie nachträglich in überraschender oder intransparenter Weise ausgeschlossen oder beschränkt wird. Werden jedoch Umfang und Inhalt der Garantie von vornherein begrenzt, wird also gar kein Vertrauenstatbestand geschaffen, der später enttäuscht werden könnte, so steht § 444 Alt. 2 BGB der Wirksamkeit einer solchen Garantie nicht entgegen. Nur *soweit* der Verkäufer eine entsprechende Garantie abgegeben hat, ist ihm der Rückgriff auf die Haftungsbegrenzung verwehrt (näher Stellungnahme des *Bundesministeriums der Justiz*, ZGS 2003, 307). Nach alledem kann sich Zinnowitz vorliegend auf die Haftungsbegrenzung in § 9 des Vertrages berufen.

220. Der Vorstandsvorsitzende und Großaktionär Gierig der am Geregelten Markt notierten Ulmer Brauerei AG möchte außerbörslich Aktien von dem Kleinaktionär Arglos hin-

Hier handelt es sich um die **Ausnutzung von Insiderwissen im außerbörslichen Handel,** die richtigerweise unter **§ 14 Abs. 1 Nr. 1 WpHG** fällt (sog. *face-to-face*-Geschäft, vgl. *Assmann/Cramer*, WpHG, 3. Aufl. 2003, § 14 Rn. 28). Zivilrechtlich kommen in einem solchen Fall

zukaufen. Er versteht es, die Geschäftslage bei den Verhandlungen so düster darzustellen, daß Arglos seine Aktien zum Preis von 150 Euro abstößt. Nachträglich erfährt Arglos, daß es den Ingenieuren der Ulmer Brauerei AG gelungen war, ein neuartiges Verfahren zur Geschmacksverbesserung alkoholfreier Biere zu entwickeln, wodurch sich der Wert der einzelnen Aktie auf 315 Euro belief. Rechtslage?

Schadensersatzansprüche aus §§ 280 Abs. 1, 241 Abs. 2, 311 Abs. 2 BGB wegen der Verletzung einer vorvertraglichen Aufklärungspflicht in Betracht: Als Vorstandsvorsitzender verfügte Gierig über funktionsbedingtes Sonderwissen, das er nicht zu einem vorteilhaften Vertragsschluß ausnutzen durfte (vgl. *Fleischer,* AG 2000, 309 ff.). Gleichsinnig entscheiden die Gerichte in den Vereinigten Staaten (grundlegend *Strong v. Repide,* 213 U.S. 419 (1909)), Großbritannien (grundlegend *Percival v. Wright,* [1902] 2 Ch. 421) und Frankreich (grundlegend Cass. com., 27. 2. 1996, Bull. civ. IV, n° 65 – arrêt Vilgrain).

221. Wie gestaltet sich die Rechtslage, wenn Gierig im vorangegangenen Fall unter sonst gleichen Voraussetzungen Papiere an der Börse erwirbt?

Ob der **Verstoß gegen das Insiderhandelsverbot** des § 14 WpHG auch **zivilrechtliche Sanktionen** nach sich zieht, ist eine *cause célèbre* des in- und ausländischen Kapitalmarktrechts. Während das US-amerikanische Recht hier großzügig verfährt, zeigt sich die h. M. in Deutschland zurückhaltend, indem sie dem Insiderhandelsverbot einen individualschützenden Charakter i. S. d. § 823 Abs. 2 BGB abspricht (vgl. die Belege bei *Assmann/Cramer,* § 14 WpHG Rn. 107 ff.).

4. Unternehmensbewertung

222. Amerikanischen Studenten pflegt man die verschiedenen Methoden der Unternehmensbewertung anhand der Parabel vom alten Mann und dem

a) Das erste Kaufangebot spiegelt den **Liquidationswert** (auch: Zerschlagungswert) wider. Er ist der Wert, der sich bei einer Zerschlagung des Unternehmens und der Veräußerung seiner einzelnen Vermögensgegenstände erzielen läßt. In

Apfelbaum nahezubringen (vereinfacht und abgewandelt nach *Solomon/Schwartz/Bauman*, Corporations – Law and Policy, 2. ed. 1988, S. 96 ff.): Santiago, stolzer Eigentümer eines Apfelbaums, möchte sich aus dem Geschäftsleben zurückziehen. Er gibt eine Anzeige im Wall Street Journal auf: „Apfelbaum zu verkaufen!".

a) Der erste Kaufinteressent bietet 50 $, weil sich aus dem Stamm des Baumes Brennholz gewinnen und zu diesem Preise verkaufen lasse.

b) Der zweite Kaufinteressent hält 80 $ für angemessen, da man für diesen Preis einen gleichwertigen Apfelbaum erwerben könne.

c) Der dritte Kaufinteressent möchte 100 $ anlegen, weil Santiago den Apfelbaum in seinen Büchern mit diesem Wert angesetzt hat.

d) Der vierte Kaufinteressent bietet 300 $, weil die Apfelernte einen Reingewinn von 15 $ jährlich abwirft und der Apfelbaum voraussichtlich noch 20 weitere Jahre Früchte tragen wird.

Welche verschiedenen Bewertungsmethoden liegen den jeweiligen Angeboten zugrunde?

der Regel bildet er die Wertuntergrenze des Unternehmens.

b) Die zweite Offerte knüpft an den **Substanzwert** an. Im Gegensatz zum Liquidationswert als Verkaufs- oder Zerschlagungswert orientiert sich der Substanzwert an den Aufwendungen, die nötig wären, um ein gleiches Unternehmen „nachzubauen". Er stellt sich demnach als Rekonstruktions- oder Wiederbeschaffungswert aller im Unternehmen vorhandener Wirtschaftsgüter dar.

c) Der dritte Wertmaßstab ist der **Buchwert**. Man versteht darunter den Unterschiedsbetrag zwischen den Aktiven und Passiven der Bilanz. Er besagt wenig über den Unternehmenswert, weil infolge von Bilanzierungsverboten und Bilanzierungswahlrechten nicht alle wertbildenden Faktoren bilanziell berücksichtigt werden. Das gilt namentlich für den Firmenwert und die stillen Reserven (vgl. Frage 381).

d) Das vierte Berechnungsverfahren sucht den **Ertragswert** zu ermitteln. Das Ertragswertkalkül beruht auf der Überlegung, daß der Unternehmenswert nur durch den Zukunftserfolg bestimmt wird: Ein Unternehmen ist so viel wert, wie sich zukünftig aus ihm „herausholen" läßt. Allerdings hat der Kaufaspirant bei seinem Angebot von 300 $ außer acht gelassen, daß die zukünftigen Ertragsüberschüsse auf den Bewertungsstichtag abzuzinsen sind (näher sogleich Frage 223 b).

223. In der Betriebswirtschaftslehre hat sich in den vergangenen Jahrzehnten das Ertragswertverfahren breitflächig durchsetzen können. Skizzieren Sie kurz seine Vorgehensweise!

a) In einem ersten Schritt werden auf der Basis bereinigter Vergangenheitsergebnisse und unter Hinzuziehung von Planungsrechnungen des Unternehmens die **künftigen finanziellen Überschüsse geschätzt.**

b) Die solchermaßen ermittelten Überschüsse sind sodann **mit dem Kapitalisierungszinssatz auf den Bewertungsstichtag abzuzinsen.** Als Basiszinssatz dient dabei der landesübliche Zinssatz für eine risikofreie Kapitalmarktanlage. Er ist um einen Unternehmerrisikozuschlag zu erhöhen und um den Geldentwertungsabschlag zu vermindern (zu allen Einzelheiten WP-Handbuch 2002, 12. Aufl., Band II, S. 87–109).

Beachte: International findet verbreitet das *Discounted Cash Flow*-Verfahren Anwendung, das den Unternehmenswert durch Diskontierung des entziehbaren *cash flow* (dazu Frage 341) bestimmt. Beide Methoden – Ertragswert- und DCF-Verfahren – beruhen auf dem Kapitalwertkalkül und damit auf den gleichen konzeptionellen Grundlagen. Sie führen bei gleichen Bewertungsannahmen zu gleichen Unternehmenswerten.

224. a) In welchen Rechtsgebieten spielt die Unternehmensbewertung eine Rolle?
b) Ist eine der vorgestellten Methoden der Unternehmensbewertung rechtlich verbindlich?

a) Bedeutung gewinnt die Unternehmensbewertung vor allem im **Gesellschaftsrecht** beim freiwilligen oder erzwungenen Ausscheiden von Gesellschaftern, im **Familien- und Erbrecht** bei der Zugewinn- und Pflichtteilsberechnung, im **Insolvenzrecht** bei der Errichtung einer Überschuldungsbilanz und im **Bilanzrecht** bei der Erstellung der Jahresbilanz.

b) Die höchstrichterliche **Rechtsprechung** zeigt sich zögerlich, unter den verschiedenen Verfahren eines generell für juristisch richtig und alle anderen für juristisch falsch zu erklären. Sie behandelt die **Unternehmensbewertung** nicht als Rechtsfrage, sondern **legt sie in die Hände des** sachverständig beratenen **Tatrichters** (vgl. *BGHZ* 116, 359, 370f.). Das vermag nicht vollständig zu überzeugen: Richtigerweise sind die Bewertungsziele der Betriebswirtschaftslehre von der Rechtsordnung heteronom vorgegeben; nur über die zieladäquaten Bewertungsmethoden entscheidet sie aus eigenem Sachverstand (vgl. *Fleischer,* ZGR 1997, 368, 374–376).

225. a) Klein ist Minderheitsaktionär der Deutsch-Atlantischen Telegrafen-Gesellschaft (DAT-AG), die nach §§ 319ff. AktG in die Altana-AG eingegliedert wird. Als Barabfindung gemäß § 320b AktG bietet die Altana-AG den DAT-Aktionären 200 Euro pro Stück an. Muß sich Klein damit zufriedengeben, wenn die DAT-Aktien an der Börse weitaus höher gehandelt werden?
b) Nach dem Spruch des *Bundesverfassungsgerichts* will Klein wissen, ob für seine Abfindung der Börsenkurs am Bewertungsstichtag oder ein Durchschnittskurs maßgeblich sei.

Nein (vgl. *BVerfGE* 100, 289). In einem aufsehenerregenden Beschluß aus dem Jahre 1999 entschied das *Bundesverfassungsgericht,* daß es **mit Art. 14 Abs. 1 GG unvereinbar** sei, bei der Bestimmung der Abfindung oder des Ausgleichs für außenstehende oder ausgeschiedene Aktionäre nach §§ 304, 305, 320b AktG **den Börsenkurs der Aktien außer Betracht zu lassen.** Die außenstehenden Aktionäre hätten nämlich Anspruch auf eine „volle" Entschädigung, die den „wahren" Wert ihrer Unternehmensbeteiligung widerspiegele. Dieser (Verkehrs-)Wert sei in der Regel mit dem Börsenkurs der Aktie identisch (ausführlich dazu *Piltz,* ZGR 2001, 185ff.).
b) Ausweislich des Beschlusses des *Bundesverfassungsgerichts* läßt Art. 14 Abs. 1 GG den Rückgriff auf einen Durchschnittskurs zu (vgl. *BVerfGE* 100, 289, 309f.). In Konkretisierung dieser Grundsätze hat der **Bundesgerichtshof** entschieden, daß bei der Festsetzung der angemessenen Barabfindung ein **Referenzkurs** zugrunde zu legen sei, der – unter Aus-

schluß außergewöhnlicher Tagesausschläge oder kurzfristiger sich nicht verfestigender sprunghafter Entwicklungen – **aus dem Mittel der Börsenkurse der letzten drei Monate vor dem Stichtag** gebildet werde (vgl. *BGHZ* 147, 108, 109). Damit soll der mit dem Stichtagsprinzip verbundenen Gefahr begegnet werden, daß Marktteilnehmer den Börsenkurs in ihrem Interesse beeinflussen und manipulieren.

VI. Handelsrechtliche Stellvertretung

1. Überblick

226. Der Inhaber eines Handelsgeschäfts bedient sich im Geschäftsverkehr häufig eines Vertreters. Welche handelsrechtlichen Vollmachten stellt das HGB ihm dafür zur Verfügung?

Das Handelsgesetzbuch kennt **drei Sonderfiguren:** (1) die in den §§ 48–53 HGB näher ausgeformte **Prokura,** (2) die in §§ 54, 55, 57, 58 HGB im einzelnen geregelte **Handlungsvollmacht,** (3) die in § 56 HGB angesprochene **Vertretungsmacht der Ladenangestellten,** die nach h. L. als Rechtsscheinshaftung einzuordnen ist (dazu *Canaris,* § 16 Rn. 5).

227. a) Worin liegen die Berührungspunkte der handelsrechtlichen Stellvertretung mit dem bürgerlichen Stellvertretungsrecht?
b) Welche Besonderheiten weisen die handelsrechtlichen Stellvertretungsregeln auf?

a) Die **§§ 48 ff. HGB** sind mit den **§§ 164 ff. BGB eng verzahnt** und bauen auf ihnen auf: Handelsrechtliche Stellvertretung lebt weitgehend aus dem bürgerlichen Stellvertretungsrecht. Umgekehrt zeigt sich nirgends deutlicher die Pionierfunktion des Handelsrechts für das allgemeine Zivilrecht: Die Rechtsfiguren der Duldungs- und Anscheinsvollmacht und die Spezialregeln zum Mißbrauch der Vertretungsmacht sind zuerst im Handelsrecht ausgearbeitet und erprobt worden, bevor sie in das allgemeine Zivilrecht überwechselten. Diesen Prozeß der „Kommerzialisierung des Zivilrechts" hatte *Levin Goldschmidt* (1829–1897), der Begründer der modernen Handelsrechtswissenschaft (zu ihm Frage 8), bereits in seiner Theorie vom relativen Handelsrecht nachgezeichnet und konkretisiert.

b) Kennzeichnend für die **handelsrechtliche Stellvertretung** ist (vor allem bei der Prokura), daß ihr **Umfang** im Interesse des Handelsverkehrs **gesetzlich festgelegt** wird: Der Verkehr soll sich auf einen bestimmten Vertretungsumfang verlassen können, ohne zu zeitraubenden Nachforschungen genötigt zu sein. Hierin kommt eine zentral wichtige Gestaltungsaufgabe des Privatrechts zum Ausdruck: einen Rechtsrahmen bereit zu stellen, innerhalb dessen sich vertragliche Schuldverhältnisse mit möglichst geringen Reibungsverlusten entwickeln können (vgl. *Williamson*, Die ökonomischen Institutionen des Kapitalismus, 1990, S. 30, 78).

228. Johann Gottlieb Schacher ist persönlich haftender Gesellschafter des Bestattungsunternehmens „Pietät KG". Weil seine Geschäfte florieren, hat er seinem Angestellten Fürchtegott Prokura erteilt. Worin liegt der Unterschied, wenn Schacher oder Fürchtegott namens der KG Verträge abschließen?

Bei Schacher liegt ein Fall der **organschaftlichen Vertretung** vor: Organschaftliche Vertreter sind diejenigen, durch die eine nicht natürliche Person handelt, z.B. der Vorstand einer Aktiengesellschaft (§ 78 Abs. 1 AktG), der Geschäftsführer einer GmbH (§ 35 Abs. 1 GmbHG) oder – wie hier – der Komplementär einer Kommanditgesellschaft (§ 125 Abs. 1 i.V.m. § 161 Abs. 2 HGB). Fürchtegott verfügt als **Prokurist** dagegen über keine gesetzliche Vertretungsmacht, sondern über eine **handelsrechtliche Vollmacht** (näher Frage 230).

229. Schacher hat das Bestattungsunternehmen in

a) Vertraglich berechtigt und verpflichtet wird die GmbH & Co KG. Zur Anwen-

VI. Handelsrechtliche Stellvertretung

die Rechtsform einer GmbH & Co KG überführt. Er bestellt bei Gärtner Grünhut Kränze auf einem Firmenbriefbogen, der oben den Namen „Johann Gottlieb Schacher" mit dem Zusatz „Bestattungsunternehmen" trägt und von Schacher persönlich unterschrieben wird.
a) Wer ist Vertragspartner des Grünhut geworden?
b) Kann Grünhut auch den Schacher persönlich in Anspruch nehmen?

dung gelangen hier die auf § 164 Abs. 2 BGB gestützten **Rechtsregeln über unternehmensbezogene Geschäfte:** Danach will ein Dritter, der mit dem „Unternehmen" kontrahiert, im Zweifel mit dem Unternehmensträger in Vertragsbeziehungen treten, auch wenn er dessen genaue Identität nicht kennt (vgl. etwa *BGHZ* 62, 216). Hierbei handelt es sich um keine Durchbrechung des Offenkundigkeitsprinzips im Stellvertretungsrecht, sondern um seine sachgerechte Modifikation beim „Handeln im Namen des Unternehmens".

b) Ja. Unklarheiten der Haftungsverhältnisse dürfen nicht zu Lasten vertrauender Dritter gehen. Deswegen kommt hier **nach allgemeinen Regeln** eine **Vertrauenshaftung** des Schacher in Betracht, die neben die Haftung der GmbH & Co KG tritt.

2. Prokura

a) Rechtsnatur der Prokura

230. Wie ist die Prokura dogmatisch einzuordnen und woher stammt sie?

Die **Prokura** ist eine **rechtsgeschäftliche Vertretungsmacht** (= Vollmacht) mit **gesetzlich festgelegtem Umfang.** Sie hat ihren Ursprung im ADHGB und ist vom HGB nahezu unverändert übernommen worden.

231. Wodurch unterscheidet sich die Prokura von dem Arbeitsverhältnis, auf dessen Grundlage der Prokurist tätig wird?

Seit einem grundlegenden Zeitschriftenbeitrag von *Laband* (ZHR 10 (1868) 178) pflegt man **Vertretungsmacht und Außenverhältnis** dem **Dienstvertrags- und Innenverhältnis** gegenüberzustellen. Diese Unterscheidung ermöglicht es, daß sich ein Dritter um Beschränkungen der Vertretungsmacht im Innenverhältnis nicht zu kümmern braucht und insbesondere nicht das Risiko trägt, ob ein wirksames Rechtsgeschäft zustande gekommen ist. Allerdings sind die beiden Schlagworte „Außenverhältnis" und „Innenverhältnis", wiewohl allgemein gebräuchlich, nicht sehr präzise: Die Vertretungsmacht entscheidet darüber, was der Bevollmächtigte tun kann; im Innenverhältnis wird geregelt, wie weit er tätig sein darf oder soll.

b) Erteilung der Prokura

232. a) Der Prokurist Sander des Einzelhandelsgeschäftes „Möbel Franz Obermeyer e.K." erteilt dem Angestellten Eckert Prokura. Hierzu war Sander von dem Geschäftsinhaber Obermeyer ausdrücklich bevollmächtigt. Als Eckerts Prokura zur Eintragung ins Handelsregister angemeldet wird, lehnt dies der Registerrichter ab. Zu recht?
b) Unterstellt, Eckerts Prokura wäre in das Handelsregister eingetragen und bekannt gemacht worden, würde dies Dritte in ihrem Vertrauen auf die Prokura schützen?

a) Ja. Nach dem eindeutigen Wortlaut des **§ 48 Abs. 1 HGB** kann die **Prokura nur von dem Inhaber des Handelsgeschäftes** selbst oder dessen gesetzlichem Vertreter **erteilt** werden. Ein Prokurist oder ein sonstiger Bevollmächtigter kann selbst dann keine Prokura erteilen, wenn er hierzu ausdrücklich bevollmächtigt ist. Das Gesetz trägt mit dieser Regelung der bedeutsamen Stellung und den umfangreichen Befugnissen eines Prokuristen Rechnung.
b) Ja. Die Erteilung der Prokura ist gemäß § 53 Abs. 1 S. 1 HGB eine eintragungspflichtige Tatsache. Bei einer unrichtigen Bekanntmachung könnten sich Dritte, denen das Nichtbestehen der Prokura unbekannt war, somit gemäß **§ 15 Abs. 3 HGB** auf die positive Publizität des Handelsregisters (näher Frage 99 c) berufen.

233. Der Einzelkaufmann Franz Obermeyer beobach-

Nein, doch muß die Begründung etwas ausholen:

VI. Handelsrechtliche Stellvertretung 141

tet über längere Zeit hinweg, daß sein Angestellter Schmitt sich gegenüber Kunden als Prokurist aufspielt und Geschäftsbriefe mit dem einem Prokuristen vorbehaltenen Zusatz „ppa." (*per procura*) unterzeichnet. Trotzdem schreitet Obermeyer hiergegen nicht ein, da Schmitt bisher äußerst vorteilhafte Geschäfte getätigt hat. Als Schmitt später einen ungünstigen Vertrag abschließt, verweigert Obermeyer die Vertragserfüllung mit dem Hinweis, er habe Schmitt keine Prokura erteilt und es fehle im übrigen an einer Eintragung im Handelsregister. Wird Obermeyer hiermit Erfolg haben?

a) Belanglos ist zunächst, daß die Eintragung der Prokura entgegen § 53 Abs. 1 HGB nicht zur **Eintragung** in das Handelsregister angemeldet wurde: Diese Eintragung hat nur **deklaratorische Wirkung** (vgl. Frage 82), so daß die Prokura unabhängig hiervon entstehen kann.

b) Jedoch ist Schmitt deshalb nicht Prokurist geworden, weil eine **Prokuraerteilung** gemäß § 48 Abs. 1 HGB **nur ausdrücklich** erfolgen kann. Hierfür genügt nicht, daß Obermeyer, wenn auch über längere Zeit, das Auftreten des Schmitt als Prokurist stillschweigend duldete; eine **Duldungsprokura gibt es nicht.**

c) Indes läßt sich eine Verpflichtung des Obermeyer auf andere Weise begründen: Indem er das Auftreten des Schmitt als Prokurist widerspruchslos hinnahm, hat er diesem entweder **stillschweigend** eine **Handlungsvollmacht** nach § 54 HGB erteilt **oder** muß sich zumindest entsprechend den Grundsätzen der **Duldungsvollmacht** behandeln lassen. Sofern sich der Vertrag innerhalb des durch eine solche Vollmacht gedeckten Geschäftskreises hielt, ist Obermeyer demnach zur Erfüllung verpflichtet.

234. Die A & B OHG bestellt zu ihrem Prokuristen:
a) den geschäftsführenden Gesellschafter A,
b) den nichtgeschäftsführenden Gesellschafter B,
c) den stillen Gesellschafter C,
d) die X-GmbH.
Wird der Registerrichter die

a) Grundsätzlich müssen der Inhaber eines Handelsgeschäftes und der Prokurist verschiedene Personen sein, da niemand sich selbst vertreten kann.
Dem **geschäftsführenden Gesellschafter** A kann **keine Prokura** erteilt werden, weil er gemäß § 126 Abs. 1 HGB bereits über eine umfassende organschaftliche Vertretungsmacht verfügt. Gleiches gilt für die Vorstandsmitglieder einer AG

| beantragten Eintragungen vornehmen? | (§§ 78 Abs. 1, 82 Abs. 2 AktG) und die Geschäftsführer einer GmbH (§§ 35 Abs. 1, 37 Abs. 2 S. 1 GmbHG).
b) Die Zulässigkeit einer Bestellung des B zum Prokuristen ist zweifelhaft, wird aber von der herrschenden Meinung bejaht (vgl. *BGHZ* 30, 391, 397). Da ein persönlich haftender Gesellschafter einer OHG gemäß § 125 Abs. 1 und 4 HGB von der Vertretung ausgeschlossen werden kann, ist ein praktisches Bedürfnis denkbar, dem **von der organschaftlichen Vertretung ausgeschlossenen Gesellschafter** die begrenztere Vertretungsmacht eines **Prokuristen** nach den §§ 49 und 50 HGB einzuräumen. Unsicherheiten beugt der jeweilige (Pflicht-)Eintrag sowohl des Ausschlusses der Vertretungsmacht als auch der Erteilung der Prokura in das Handelsregister vor.
c) Gegen die Bestellung der Person eines **stillen Gesellschafters** zum **Prokuristen** bestehen keine Bedenken. Den Stillen kennt man nicht.
d) Die Erteilung einer Prokura an eine **juristische Person** ist nach herrschender Meinung **ausgeschlossen.** Das Gesetz geht mit dem Grundsatz der Unübertragbarkeit der Prokura und dem jederzeitigen Widerrufsrecht (§ 52 Abs. 1 und 2 HGB) von einem besonderen Vertrauensverhältnis zwischen Unternehmer und Prokuristen als einer Person „aus Fleisch und Blut" aus. |
|---|---|
| **235.** a) Kleingewerbetreibender Klein erteilt seinem einzigen Mitarbeiter Hilfreich „Prokura". Wirksam? | a) Nein. Nach **§ 48 Abs. 1 HGB** finden die Vorschriften über die **Prokura nur** auf **Kaufleute** Anwendung. Bezeichnet ein Nichtkaufmann eine von ihm erteilte |

b) Rechtsanwalt Meister erteilt seiner Referendarin Rührig „Prokura". Wirksam?

Vollmacht als „Prokura", so ist diese Erklärung nichtig. In Betracht kommt aber eine **Umdeutung** gemäß § 140 BGB in eine **Handlungsvollmacht**, da § 54 HGB nach h. M. analog auch für Kleingewerbetreibende gilt (vgl. *Baumbach/ Hopt,* § 54 HGB Rn. 6).
b) Nein. Da Meister weder Kaufmann ist noch als Freiberufler ein Gewerbe betreibt (vgl. Frage 42), scheiden Prokura und Handlungsvollmacht aus. In der Regel wird die Erklärung aber in eine **bürgerlich-rechtliche Bevollmächtigung** umzudeuten sein.

c) Arten der Prokura

236. Die Mietwagen Merz GmbH, Zweigniederlassung Köln, erteilt Sander und Eckert Prokura. Im Handelsregister wird eingetragen: „Gesamtprokuristen: Gerhard Sander, Köln; Heinz Eckert, Köln, jeder in Gemeinschaft mit einem Prokuristen". Sander verkauft einen Firmenwagen und täuscht den Käufer über dessen Kilometerleistung. Eckert, der von der Angelegenheit später erfährt, ist stillschweigend einverstanden. Der Käufer ficht den Vertrag an und will den Wagen zurückgeben. Eckert nimmt diese Erklärung in Empfang, spricht jedoch mit niemanden von der Sache.

a) Ja. Zwar ist die Prokura Sander und Eckert gemäß **§ 48 Abs. 2 HGB** gemeinschaftlich erteilt worden, so daß sie nur zusammen vertretungsbefugt sind. Mehrere **Gesamtprokuristen** brauchen aber nicht gleichzeitig tätig zu werden; sie können auch nacheinander handeln. Die Wirksamkeit des Verkaufs scheitert mithin nicht daran, daß Sander die Firma nach außen allein vertrat. Es wird bei der **Aktivvertretung** allgemein für **ausreichend** erachtet, wenn der andere Gesamtprokurist eine **interne Genehmigung,** selbst durch schlüssiges Verhalten, abgibt (vgl. *RGZ* 101, 343).
b) Ja. Die Käuferanfechtung konnte wirksam durch Erklärung an Eckert erfolgen. Bei der **Passivvertretung** genügt in **Analogie zu § 125 Abs. 2 S. 3 HGB,** daß einer der Gesamtprokuristen die Willenserklärung entgegennimmt (vgl. *RGZ* 53, 231; *OLG München* BB 1972, 114).

Nach Ablauf eines Jahres erhebt der Käufer Klage gegen die GmbH, die sich auf die Ausschlußfrist des § 124 Abs. 1 BGB beruft.
a) Ist die GmbH Vertragspartnerin geworden?
b) Hat der Käufer rechtzeitig angefochten?

237. Was versteht man unter echter, was unter unechter Gesamtprokura?

a) Bei der **echten Gesamtprokura** ist jeder Prokurist nur zusammen mit einem von mehreren oder allen anderen Prokuristen vertretungsberechtigt (vgl. Frage 236). Sie kann auch in der Weise vereinbart werden, daß von einer Mehrzahl von Prokuristen jeweils nur zwei bestimmte Personen zusammen handeln können **(Gruppenprokura)** oder daß ein Gesamtprokurist nur zusammen mit einem Einzelprokuristen vertretungsberechtigt ist **(halbseitige Gesamtprokura)**. Der halbseitigen Gesamtprokura entspricht im Gesellschaftsrecht die Gesamtvertretung.
b) Von **unechter Gesamtprokura** spricht man, wenn ein Prokurist nur zusammen mit Personen zur Vertretung berechtigt ist, deren Vertretungsbefugnis auf einer Organstellung beruht (vgl. sogleich Frage 238 a). Das hat nicht nur klassifikatorische Bedeutung, sondern wirkt sich auch auf den Umfang der Vertretungsmacht des Prokuristen aus: Sie richtet sich nach den Befugnissen des Prinzipals, weil andernfalls die ihm obliegenden Aufgaben nicht durchführbar sind (vgl. *BGHZ* 99, 76, 81).

238. Ist die Bindung der Prokura des Prantl an die

a) Ja. Aus § 48 Abs. 2 HGB folgt nicht, daß die Prokura nur an mehrere Prokuri-

VI. Handelsrechtliche Stellvertretung

Mitwirkung folgender Personen zulässig:
a) Prantl zusammen mit einem zur Gesamtvertretung berechtigten Gesellschafter,
b) Prantl zusammen mit einem Kommanditisten einer KG,
c) Prantl zusammen mit einem Handlungsbevollmächtigten,
d) Prantl zusammen mit dem Inhaber des Handelsgeschäfts?

sten gemeinschaftlich erteilt werden kann. Vielmehr ist aus § 125 Abs. 3 HGB, § 78 Abs. 3 AktG, § 25 Abs. 2 GenG zu folgern, daß auch umgekehrt die Vertretungsbefugnis eines Prokuristen von der Mitwirkung eines organschaftlichen Vertreters abhängig gemacht werden kann (vgl. *BGHZ* 99, 76, 78).

b) Nein. Der Kommanditist ist gemäß § 170 HGB von der Vertretung der Gesellschaft ausgeschlossen. Die Vertretungsmacht eines Prokuristen kann aber nicht von der Mitwirkung einer Person abhängen, die selbst keine Vertretungsbefugnis hat. Demnach müßte die Gesellschaft dem Kommanditisten erst Prokura erteilen, um eine (echte) Gesamtprokura mit Prantl herbeizuführen.

c) Nein. Da der Umfang der Handlungsvollmacht gegenüber der Prokura geringer ist, liegt in dieser Bindung eine gemäß § 50 Abs. 1 HGB unwirksame Beschränkung der Prokura (vgl. *BGH* BB 1964, 151). Das gilt allerdings nur im Verhältnis zu Dritten. Intern kann der Geschäftsinhaber die Befugnisse durchaus derart ausgestalten.

d) Nach herrschender Meinung nein (vgl. *BayObLG* NJW 1998, 1161). Eine Gesamtprokura setzt voraus, daß mehrere Vollmachtnehmer zusammenwirken, und nicht – wie hier – ein Vollmachtnehmer und der Vollmachtgeber, weil sich niemand selbst vertreten kann.

d) Umfang der Prokura

239. Der Prokurist Karl Sander der „Küchenmöbel

Nein. Gemäß **§ 49 Abs. 1 HGB** ist der Prokurist zu allen Arten von Geschäften

Alno GmbH" kauft während der Abwesenheit des Alleingesellschafters und Geschäftsführers Fritz Alno einen größeren Posten Wohnzimmermöbel. Als Alno nach längerer Zeit zurückkehrt, ist er der Ansicht, alle mit den Wohnzimmermöbeln zusammenhängenden Geschäfte hätten außerhalb der Vertretungsbefugnis des Sander gelegen. Zu recht?

und Rechtshandlungen ermächtigt, die der Betrieb eines Handelsgeschäftes mit sich bringt. Dabei ist er nicht auf branchenübliche Geschäfte beschränkt, sondern kann alle Geschäfte vornehmen, die überhaupt **zum Betrieb „irgendeines" Handelsgeschäftes** gehören. Ob sie sich noch im Rahmen des Unternehmensgegenstandes der GmbH (§ 3 Abs. 1 Nr. 2 GmbHG) halten, ist ohne Belang.

240. Die „Weber & Terres, Gasheizungsbedarf, GmbH", die vor allem mit Zubehörteilen für Gasheizungen handelt, bestellt Siegfried Krüger zum Prokuristen. Ist der Prokurist ohne besondere Ermächtigung berechtigt, im Namen der Firma
a) ein Geschäftsgrundstück zu verkaufen,
b) ein Grundstück für Geschäftszwecke zu erwerben,
c) zur Absicherung des Kaufpreises dem Verkäufer eine Restkaufpreishypothek zu bestellen?

a) Nein. Gemäß **§ 49 Abs. 2 HGB** bedarf der Prokurist zur „Veräußerung" und Belastung von Grundstücken einer besonderen Ermächtigung. Diese Beschränkung der Vertretungsmacht eines Prokuristen wird man aufgrund einer teleologischen Extension **auch** auf die zugrundeliegenden **Verpflichtungsgeschäfte** erstrecken müssen.
b) Ja. Zum Betrieb eines Handelsgeschäftes gehören auch der Kauf und Erwerb von Geschäftsgrundstücken; diese sind nach dem eindeutigen Wortlaut des § 49 Abs. 2 HGB nicht von der Vertretungsmacht eines Prokuristen ausgenommen.
c) Ja. Zwar ist ein Prokurist gemäß § 49 Abs. 2 HGB grundsätzlich nicht zur **Belastung von Grundstücken** ermächtigt. Trotzdem kann er anläßlich eines Grundstückserwerbs eine **Restkaufpreishypothek** bestellen, weil es sich insoweit nur um eine **Erwerbsmodalität** handelt; wirtschaftlich erwirbt er ja nur ein belastetes Grundstück.

VI. Handelsrechtliche Stellvertretung

241. Die Weber & Terres GmbH hat bei der Prokuraerteilung ausdrücklich ausgeschlossen, daß Krüger die GmbH in Grundstücksangelegenheiten vertreten darf. Diese Beschränkung der Prokura ist im Handelsregister eingetragen und bekannt gemacht worden. Nachdem Krüger gleichwohl namens der GmbH ein Grundstück erworben hat, verweigert die GmbH die Zahlung des Kaufpreises.
Mit Recht?

Nein. Eine **Beschränkung** des in § 49 HGB festgesetzten Umfangs der Prokura ist **gemäß § 50 Abs. 1 HGB jedem Dritten gegenüber unwirksam**. Die Beschränkung durfte daher nicht in das Handelsregister eingetragen werden; die unzulässige Eintragung heilt nicht. Krüger galt vielmehr beim Vertragsschluß als bevollmächtigt, den Kaufvertrag im Namen der Firma abzuschließen. Die GmbH kann folglich die Erfüllung des Kaufvertrages nicht verweigern. Allerdings hat sie im Innenverhältnis gegen Krüger einen Anspruch aus dem Arbeitsvertrag auf Befreiung von dieser weisungswidrig eingegangenen Verbindlichkeit und auf Ersatz weiteren Schadens.

242. In dem Lehrbuch des Göttinger Handelsrechtlers *Heinrich Thöl* (Das Handelsrecht, Bd. 1, 6. Aufl. 1879, § 56, 2) findet sich folgendes Beispiel, das zum Zitatenschatz des Handelsrechts gehört: „Ein Weinhändler, von einer Reise zurückkehrend, kann sich als Bankier wiederfinden." Ist damit der Umfang einer Prokura nach heutigem Verständnis zutreffend umschrieben?

Nein. Richtigerweise liegen **Grundlagen- und Strukturentscheidungen außerhalb** der gesetzlich umschriebenen **Vertretungsmacht eines Prokuristen**. Das trifft auch – wie hier – auf eine Änderung des Unternehmensgegenstandes zu.

Beachte: Eine ähnliche Beschränkung der Vertretungsmacht ist auch im Rahmen des § 126 HGB für Grundlagengeschäfte anerkannt (vgl. *Baumbach/Hopt*, § 126 HGB Rn. 3, sowie *BGH* NJW 1995, 596: Verpflichtung zur Geschäftsveräußerung einer KG).

243. Prahlhans sonnt sich im Glanze seiner soeben erhaltenen Prokura:
a) Er erteilt seinem Neffen eine Unterprokura und unterzeichnet die Jahresbilanz.

a) Nein. Sowohl die **Prokuraerteilung** (§ 48 Abs. 1 HGB) als auch die **Unterzeichnung des Jahresabschlusses** (§ 245 HGB) sind **höchstpersönliche Rechtsgeschäfte**, die dem Prinzipal vorbehalten bleiben.

b) Er ändert den Firmennamen und verpachtet das Geschäft.
c) Er verlegt den Unternehmenssitz in ein vornehmeres Stadtviertel.
d) Er errichtet Zweigniederlassungen i. S. der §§ 13 ff. HGB.
Liegen diese Maßnahmen im Rahmen seiner Kompetenz?

b) Nein. Beide Maßnahmen sind ebenso wie die Änderung des Unternehmensgegenstandes (vgl. Frage 242) als **Grundlagenentscheidungen** anzusehen, die von § 49 Abs. 1 HGB nicht mehr gedeckt werden. Als nicht mehr zum „Betrieb eines Handelsgewerbes" zugehörig gelten weiter: die Einstellung oder Veräußerung des Handelsgeschäfts (vgl. *BGH* BB 1965, 1373, 1374), die Neuaufnahme eines Gesellschafters und die Stellung des Antrags auf Eröffnung des Insolvenzverfahrens.
c) Das ist umstritten. Zum Teil wird die **Sitzverlegung** als Maßnahme angesehen, die der Betrieb eines Handelsgeschäfts mit sich bringen kann (vgl. *Baumbach/Hopt*, § 49 HGB Rn. 1); andere ordnen sie als Grundlagengeschäft ein (vgl. *K. Schmidt*, § 16 III 3 a, S. 466).
d) Ja. Nach überwiegender Auffassung deckt § 49 Abs. 1 BGB die **Errichtung von Zweigniederlassungen**.

244. Kann Prahlhans im vorigen Fall die Errichtung der Zweigniederlassung selbst zum Handelsregister anmelden?

Ja. Der Prokurist vertritt den Prinzipal auch beim Handelsregister, wenn der anmeldungspflichtige Akt – wie hier – von § 49 Abs. 1 HGB gedeckt wird (vgl. *BGHZ* 116, 190, 194). Anders verhält es sich hingegen bei Grundlagenentscheidungen, die dem Prinzipal vorbehalten sind (vgl. Frage 243 b).

e) Erlöschen der Prokura

245. Prokurist Krüger überwirft sich mit den beiden Geschäftsführern der GmbH. Schon nach wenigen Wochen kommt es zu

a) Ja. Die **Prokura** ist nach **§ 52 Abs. 1 HGB** ohne Rücksicht auf das der Erteilung zugrundeliegende Rechtsverhältnis **jederzeit widerruflich**. Der Geschäftsführer der GmbH ist trotz § 46 Nr. 7

emotional aufgeladenen Meinungsverschiedenheiten mit der Folge, daß der Geschäftsführer Weber die Prokura widerruft.
a) Kann er das?
b) Ist damit auch Krügers schuldrechtliches Dienstverhältnis beendet?

GmbHG befugt – und zwar auch im Innenverhältnis –, eine Prokura selbständig zu widerrufen. Eine entgegenstehende Vereinbarung mit dem Prokuristen wäre wirkungslos. Wegen des Umfangs der Prokura und der Unbeschränkbarkeit der Vertretungsmacht ermöglicht § 52 Abs. 1 HGB einen jederzeitigen Vertrauensentzug.

b) Das ist keineswegs sicher. Die abstrakte Vertretungsbefugnis eines Prokuristen und sein schuldrechtlicher Anstellungsvertrag verlaufen nicht notwendig parallel. Ob der Entzug der Prokura einen **wichtigen Kündigungsgrund** für den Geschäftsherrn abgibt, wird sich nur an Hand des konkreten Falles nach **§ 626 BGB** beantworten lassen; ein Widerruf der Prokura wegen Meinungsverschiedenheiten über die Zweckmäßigkeit gewisser Geschäfte wird in der Regel keine fristlose Kündigung des Dienstverhältnisses aus wichtigem Grund tragen.

246. Angenommen, Krüger ist Kommanditist einer GmbH & Co KG und kann sich auf eine Vereinbarung zur Prokuraerteilung im Gesellschaftsvertrag stützen. Ist ein jederzeitiger Widerruf seiner Prokura auch dann noch möglich?

In einem solchen Fall ist sorgfältig zwischen Außen- und Innenverhältnis zu unterscheiden. Mit Wirkung nach außen kann eine dem Kommanditisten als Vorzugs- oder Sonderrecht erteilte Prokura jederzeit durch einfache Erklärung widerrufen werden. Im Innenverhältnis bedarf es dazu aber eines wichtigen Grundes entsprechend §§ 117, 127 HGB (vgl. *BGHZ* 17, 392).

247. Krüger kündigt seinen Anstellungsvertrag mit der GmbH. Die Geschäftsführer vergessen, die Prokura ausdrücklich zu widerrufen.

Nein. Die Abstraktheit der Prokura vom zugrundeliegenden Rechtsverhältnis betrifft nur die Entstehungsgrundlage. An das **Erlöschen des Grundverhältnisses** (z. B. durch Beendigung des Dienstvertra-

Ist Krüger noch Prokurist der GmbH?	ges) knüpft § 168 Abs. 1 BGB das Erlöschen der Prokura. Als weitere Erlöschensgründe sind u. a. zu nennen: Widerruf (§ 52 Abs. 1 HGB), Betriebseinstellung, Eröffnung des Insolvenzverfahrens über das Vermögen des Inhabers, Tod des Prokuristen. Allerdings kann sich die GmbH gutgläubigen Dritten gegenüber nach §§ 15 Abs. 1, 53 Abs. 3 HGB nicht auf das Erlöschen der Prokura berufen, solange es nicht im Handelsregister eingetragen ist (vgl. Frage 106).
248. Mohn veräußert seine als Einzelhandelsgeschäft betriebene Druckerei an den bekannten Verleger Delmonte, der diese unter der bisherigen Firma fortführt. Der Angestellte Blattmann, dem seinerzeit von Mohn Prokura erteilt wurde, bestellt nach dem Unternehmensübergang für die Fabrik bei der Robert Hansen KG 8000 Maschinenputztücher zu einem Gesamtpreis von 3000 Euro. Die Hansen KG wußte von der Unternehmensübertragung nichts. Muß Delmonte den Kaufpreis zahlen?	Ja. Zwar erlosch mit der Unternehmensveräußerung die Prokura, so daß Blattmann den Delmonte an sich nicht verpflichten konnte. Die **Prokura** ist nicht an das Unternehmen, sondern als Ausdruck eines besonderen Vertrauens **an die Person des Unternehmensinhabers geknüpft**. Wechselt der Inhaber, entfällt jedenfalls zunächst diese Vertrauensgrundlage. Daran ändert auch § 613 a BGB nichts, denn nach § 52 Abs. 1 HGB ist das Schicksal der Prokura von dem bestehenden Grundverhältnis gerade unabhängig. Dennoch kann sich Delmonte *in casu* nicht auf das Erlöschen der Prokura berufen, weil es nicht gemäß § 53 Abs. 3 HGB im Handelsregister eingetragen ist: Die gutgläubige Hansen KG wird über § 15 Abs. 1 HGB geschützt.

f) Mißbrauch der Prokura

249. Prokurist Prinz sinnt nach einer verweigerten Gehaltserhöhung auf Ra-	a) An sich berührt die interne Pflichtwidrigkeit des Prokuristenhandelns die Wirksamkeit des Vertretergeschäfts nicht: Das

VI. Handelsrechtliche Stellvertretung

che: Namens seines Geschäftsherrn, des Autohändlers König, verkauft er einen nagelneuen Mercedes zu einem „Freundschaftspreis" von 10000 Euro an seinen Freund Herzog, dem die Pflichtwidrigkeit von Prinzens Verhalten nicht verborgen bleibt. Kann König, der Prinz noch vor der Auslieferung des Fahrzeugs auf die Schliche kommt, die Erfüllung des Kaufvertrages verweigern?

Risiko eines Vollmachtmißbrauchs durch den Prokuristen liegt, wie § 50 Abs. 1 HGB belegt, beim Vollmachtgeber. Von dieser Grundregel macht die **Lehre vom Mißbrauch der Vertretungsmacht** eine Ausnahme. Wiewohl im Allgemeinen Teil des BGB beheimatet, liegt ihr Hauptanwendungsbereich im Handels- und Gesellschaftsrecht. Hier haben wir einen Sachverhalt vor uns, der über alle Streitfragen in Rechtsprechung und Lehre erhaben ist: Prinz hat bewußt zum Nachteil des König gehandelt, und Herzog wußte dies.

b) Welche **Rechtsfolgen** beim Mißbrauch der Vertretungsmacht eingreifen, ist Gegenstand eines bekannten Meinungsstreites: Die hergebrachte Auffassung stützt sich auf § 242 BGB (vgl. *BGHZ* 49, 1, 5; 50, 112, 114); eine Gegenansicht wendet die §§ 177 ff. BGB analog an (vgl. *Oetker*, § 5 B V 3, S. 120 f.). Bei Lichte besehen sind beide Auffassungen (halb)richtig: Daß die interne Pflichtwidrigkeit ausnahmsweise Außenwirkung hat, läßt sich aus § 242 BGB herleiten; die Rechtsfolgen bestimmen sich in Analogie zu den §§ 177 ff. BGB. König muß daher nicht liefern.

250. a) Prokurist Prantl, der eine Niederlassung der Privatbank Aufhäuser & Co KG leitet, gibt zugunsten seines Tennispartners Treulich mehrere Garantieverpflichtungen in Höhe von 8 Mio. Euro gegenüber anderen Banken innerhalb weniger Wochen ab. Die

a) Das hängt davon ab, ob vorliegend die **Tatbestandsvoraussetzungen eines Mißbrauchs** der Prokura vorliegen.
aa) **Auf seiten des Vertreters** läßt die h. L. eine Nachteiligkeit des Prokuristengeschäfts genügen (vgl. *K. Schmidt*, § 16 III 4 b bb, S. 476); der *Bundesgerichtshof* und ein weiterer Teil der Lehre verlangen zusätzlich das Bewußtsein des Vertreters von der Nachteiligkeit seines Handelns für den

Garantieerklärungen erscheinen auf der Rückseite von für den Auftraggeber bestimmten Durchschriften formularmäßiger Überweisungsvordrucke. Begleitschreiben oder getrennte Anschreiben fehlen. Treulich verschwindet, und Prantl ist arm. Kann das Bankhaus Aufhäuser & Co KG seinen Hals aus der juristischen Schlinge des § 50 Abs. 1 HGB ziehen?

b) Ändert sich die Rechtslage, wenn Prantl überhaupt nur deshalb so eigenmächtig handeln konnte, weil das Bankhaus Aufhäuser & Co KG ihn schlecht überwacht hatte?

Vertretenen (vgl. *BGH* NJW 1988, 3012, 3013), das hier unstreitig vorliegt.

bb) **Auf seiten des Geschäftsgegners** ergibt sich ein vierfach abgestuftes Bild (dazu *K. Schmidt*, § 16 III 4 b bb, S. 476 f.): Haben Prokurist und Geschäftsgegner **kollusiv zusammengewirkt**, greifen nach allgemeiner Ansicht die §§ 138, 826 BGB ein. Einvernehmen herrscht ebenso darüber, daß die **positive Kenntnis** des Geschäftsgegners die Wirksamkeit des Vertretergeschäfts entfallen läßt. Weiterhin wird man bei Formulierungsunterschieden im einzelnen die Mißbrauchslinie bis zur **grob fahrlässigen** Unkenntnis des Geschäftsgegners vom Mißbrauch der Vertretungsmacht verlängern können: Manche greifen insoweit auf das Evidenzkriterium zurück (vgl. *Flume*, Allgemeiner Teil des Bürgerlichen Rechts, 2. Band: Das Rechtsgeschäft, 4. Aufl. 1992, § 45 II 3, S. 791); die Rechtsprechung spricht davon, daß sich der Mißbrauchstatbestand dem Geschäftsgegner geradezu aufdrängen mußte (vgl. *BGHZ* 113, 315, 320). **Einfache Fahrlässigkeit** reicht dagegen nach der zutreffenden h. M. nicht aus, weil andernfalls der von § 50 Abs. 1 HGB intendierte Verkehrsschutz weithin entwertet würde. Im vorliegenden Fall, der der Leitentscheidung *BGHZ* 50, 112 nachgebildet ist, sprechen die geschilderten Umstände für ein grob fahrlässiges Verhalten des Treulich, so daß die Grundsätze vom Mißbrauch der Vertretungsmacht eingreifen. Das Bankhaus Aufhäuser & Co KG muß folglich nicht zahlen.

b) Ja. Doch gehen die Auffassungen über die zutreffende Begründung auseinander.

VI. Handelsrechtliche Stellvertretung 153

Der *Bundesgerichtshof* hat den **Rechtsgedanken des § 254 BGB** herangezogen, um das Mißbrauchsrisiko auf beide Parteien zu verteilen (vgl. *BGHZ* 50, 112, 114f.). Dogmatisch ist dieser Weg indes kaum gangbar, weil § 254 BGB von Schadensersatzansprüchen handelt, während es hier um einen Erfüllungsanspruch geht. Man kann aber ohne weiteres mit Hilfe eines Gegenanspruchs der anderen Banken aus *culpa in contrahendo* gemäß §§ 280 Abs. 1, 311 Abs. 2, 241 Abs. 2 BGB zum selben Ergebnis kommen (vgl. *Canaris*, § 15 Rn. 42).

3. Handlungsvollmacht

a) Einordnung und Abgrenzung zur Prokura

251. a) Was versteht man unter einer Handlungsvollmacht?
b) Worin liegt die Funktion des § 54 HGB?

a) Die **Handlungsvollmacht** ist nach der Legaldefinition des **§ 54 Abs. 1 HGB** jede zum oder im Betrieb eines Handelsgewerbes erteilte Vollmacht, die keine Prokura darstellt. Sie spielt im Geschäftsleben eine wichtige Rolle (für Anwendungsbeispiele siehe Frage 254).
b) § 54 HGB ist als **Verkehrsschutznorm** konzipiert. Er enthält erstens eine Vermutung hinsichtlich des Umfangs der Handlungsvollmacht (Abs. 1) und formt zweitens den solchermaßen erzeugten Verkehrsschutz als echten Gutglaubensschutz aus (Abs. 3). Seine **praktische Hauptbedeutung** entfaltet er im Zivilprozeß als **Beweislastnorm bei unklaren Vertragsverhältnissen**.

252. Worin unterscheiden sich Handlungsvollmacht

a) Während die Prokura nur durch den Geschäftsinhaber persönlich erteilt wer-

und Prokura im Hinblick auf
a) den Vollmachtgeber,
b) die Art und Weise ihrer Erteilung,
c) die Eintragung im Handelsregister,
d) ihren abstrakten und konkreten Zuschnitt,
e) ihre Beschränkbarkeit gegenüber Dritten?
f) ihre Widerruflichkeit?

den kann und die Erteilung einer „Unterprokura" ausgeschlossen ist, kann eine **Handlungsvollmacht auch durch** einen **Prokuristen** oder Handlungsbevollmächtigten **erteilt** werden. Im Gegensatz zur Prokura (§ 52 Abs. 2 HGB) ist die Handlungsvollmacht nach Maßgabe des § 58 HGB **übertragbar.**

b) Eine Handlungsvollmacht kann **ausdrücklich oder stillschweigend** erteilt werden. Die Rechtsprechung wendet auf sie auch die von der bürgerlichrechtlichen Vollmacht bekannten Grundsätze der Duldungs- und Anscheinsvollmacht an (vgl. etwa *RGZ* 102, 296: der Inhaber eines Handelsgeschäftes läßt es zu, daß ein Lehrmädchen telefonisch übermittelte Erklärungen entgegennimmt; ferner *BGH* NJW 1982, 1390).

c) Eine Handlungsvollmacht kann **nicht im Handelsregister eingetragen** werden; für sie gilt § 15 HGB deshalb nicht.

d) Während der Umfang der Prokura gesetzlich festgelegt und gemäß § 50 Abs. 1 HGB Dritten gegenüber nicht beschränkbar ist, ermöglicht § 54 Abs. 1 HGB **Handlungsvollmachten mit unterschiedlichem Inhalt und Umfang** (näher dazu Frage 254). In jedem Fall berechtigt eine Handlungsvollmacht allerdings nur zur Vornahme solcher Geschäfte oder Rechtshandlungen, die ein derartiger Betrieb „gewöhnlich mit sich bringt"; es muß sich also um branchenübliche und nicht ungewöhnlich bedeutungsvolle Geschäfte handeln. Die Prokura deckt dagegen alle Arten von – gewöhnlichen oder außergewöhnlichen – Geschäften ab, die der Betrieb *irgendeines* Handelsgewerbes mit sich bringt (vgl. Frage 239).

e) Während eine Beschränkung der Prokura Dritten gegenüber nach § 50 Abs. 1 HGB – mit Ausnahme der Filialprokura nach § 50 Abs. 3 HGB – grundsätzlich unwirksam ist, **kann die Handlungsvollmacht mit Wirkung für das Außenverhältnis beschränkt werden.** Allerdings werden gutgläubige Dritte durch § 54 Abs. 3 HGB geschützt.

f) Anders als eine Prokura, die gemäß § 52 Abs. 1 HGB jederzeit widerruflich ist (vgl. Frage 245), kann eine Handlungsvollmacht auch unwiderruflich ausgestaltet werden (näher Frage 260).

253. Klein hat dem einzigen Mitarbeiter Hilfreich seines Eckkiosks „Handlungsvollmacht" erteilt. Sind auf Hilfreich die §§ 54–58 HGB anwendbar?

Das ist nicht sicher. Die hergebrachte Auffassung begrenzt die Anwendbarkeit dieser Vorschriften auf Kaufleute (vgl. *Staub/Joost*, § 54 HGB Rn. 43); eine vordringende Gegenauffassung wendet sie auf nicht eingetragene Kleingewerbetreibende wegen ihrer Kaufmannsähnlichkeit analog an (vgl. *Baumbach/Hopt*, § 54 HGB Rn. 6).

b) Arten und Umfang der Handlungsvollmacht

254. Welche drei Arten der Handlungsvollmacht kennen Sie?

§ 54 Abs. 1 HGB unterscheidet nach dem Umfang der Vollmacht:

a) die **Generalhandlungsvollmacht:** Sie erstreckt sich auf alle Rechtsgeschäfte, die der gesamte Verkehr eines derartigen Handelsgewerbes gewöhnlich mit sich bringt und wird mitunter als „kleine Schwester der Prokura" bezeichnet (Beispiel: Geschäftsführer eines Kleingewerbetreibenden).

b) die **Arthandlungsvollmacht:** Sie berechtigt zur Vornahme einer bestimmten

Art von Geschäften innerhalb eines derartigen Handelsgewerbes (Beispiel: Schalterangestellter einer Bank, Kellner).

c) die **Spezialhandlungsvollmacht:** Sie erstreckt sich lediglich auf die Vornahme einzelner oder sogar eines einzigen zu einem Handelsgewerbe gehörigen Geschäfts (Beispiel: Einzelvollmacht zum Warenankauf auf einer bestimmten Messe).

255. Der Handlungsbevollmächtigte Sander kauft im Namen des Einzelhandelskaufmanns Franz Obermeyer ein Grundstück für Geschäftszwecke. Er legt dem Grundbuchamt eine öffentlich beglaubigte Generalvollmacht vor. Wird das Grundbuchamt die beantragten Eintragungen vornehmen?

Nein. Die Vollmacht eines Handlungsbevollmächtigten erstreckt sich nur auf Geschäfte, die der Betrieb des betreffenden Handelsgewerbes gewöhnlich mit sich bringt. Ob dies im Einzelfall beim Erwerb eines Grundstückes zutrifft, kann der Grundbuchrichter nicht beurteilen; er wird deshalb vorsichtshalber eine besondere Vollmacht des Geschäftsinhabers für Grundstücksgeschäfte verlangen. Anders liegt es freilich, wenn die notariell beglaubigte Vollmacht erkennen läßt, daß auch Grundstücksgeschäfte vorgenommen werden dürfen.

Beachte: Unter § 54 Abs. 2 HGB fallen nur die Veräußerung und Belastung, nicht aber der Erwerb von Grundstücken.

256. Der Handlungsbevollmächtigte Sander tritt für sein Unternehmen vor dem Arbeitsgericht Hamburg auf. Kann der Vorsitzende von ihm verlangen, daß er eine Prozeßvollmacht beibringt?

Ja. Zur **Prozeßführung** – ebenso zur Eingehung von Wechselverbindlichkeiten und zur Aufnahme von Darlehen – ist der Handlungsbevollmächtigte gemäß **§ 54 Abs. 2 HGB** nur befugt, wenn ihm eine solche Rechtsmacht besonders erteilt ist. Sander muß daher eine Prozeßvollmacht beibringen. Er kann dies nicht wie ein Prokurist durch Vorlage eines Handelsregisterauszugs ersetzen, weil die Hand-

VI. Handelsrechtliche Stellvertretung

lungsvollmacht nicht eintragungsfähig ist (vgl. Frage 252 c).

c) Handlungsvollmacht im Außendienst (§ 55 HGB)

257. Gerd Müller handelt mit Staubsaugern und ähnlichen Artikeln. Bei ihm ist ein Fräulein Zart angestellt; sie erhält ein Fixum und Verkaufsprovision. Ihre Aufgabe ist es, mit einem Firmenwagen in Bayern umherzufahren, Staubsauger vorzuführen und sie zu verkaufen. In Bad Tölz erwirbt die Pensionsinhaberin Vreni Bimsgruber einen Staubsauger für 580 Euro. Sie zahlt 200 Euro an und verpflichtet sich zu monatlichen Raten von 38 Euro.
a) Müller will den Kauf nicht gelten lassen. Mit Recht?
b) Am nächsten Tag wird die monatliche Rate auf 19 Euro im Einverständnis mit Fräulein Zart herabgesetzt? Wirksam?
c) Der Staubsauger weist einen unbehebbaren Mangel auf. Als Müller 25 Monate nach Übergabe die Zahlung des Restkaufpreises verlangt, weigert sich Frau Bimsgruber zu zahlen. Mit Recht?
d) Der Staubsauger weist einen unbehebbaren Man-

Fräulein Zart ist als **angestellte Handlungsbevollmächtigte im Außendienst** damit betraut, außerhalb des Betriebes ihres Prinzipals Geschäfte in dessen Namen abzuschließen. Sie besitzt gemäß **§ 55 HGB** eine gesetzlich umschriebene Handlungsvollmacht, so daß § 54 HGB nur mit Einschränkungen anwendbar ist:
a) Fräulein Zart ist zum Abschluß von Kaufverträgen bevollmächtigt. Zur Vollmacht gehört auch die Vereinbarung des Kaufpreises nach Höhe und Zahlungszeit. Die Ratenvereinbarung war daher dem Prinzipal Müller gegenüber wirksam, nicht dagegen die Annahme der Anzahlung; vgl. **§ 55 Abs. 3 HGB**. Im Einzelfall kann der Kunde freilich durch die Vorschriften über die Anscheinsvollmacht geschützt werden, z. B. wenn Fräulein Zart eine Quittung der Firma ausfüllte oder die Leistung auf dem Kaufvertrag oder auf der Rechnung bestätigte.
b) Zur nachträglichen Änderung der Ratenhöhe war Fräulein Zart im Zweifel nicht befugt. Sie darf auch keine nachträgliche Stundung gewähren; vgl. **§ 55 Abs. 2 HGB**.
c) Frau Bimsgruber kann dem Restkaufpreiszahlungsanspruch die Einrede gemäß § 438 Abs. 4 S. 2 BGB entgegensetzen. Weil sie nicht selbst Kaufmann ist, brauchte sie den Mangel nicht unverzüglich anzuzeigen (§ 377 Abs. 1 HGB). Folglich gilt der Staubsauger nicht gemäß § 377 Abs. 2 HGB als genehmigt.

gel auf. Drei Monate nach Kaufabschluß erklärt die Bimsgruber der Zart, sie trete vom Kaufvertrag zurück. 25 Monate nach Übergabe schreibt sie dem Müller. Dieser verlangt Vertragserfüllung; die Mängelrüge hält er für verspätet. Kann Müller Zahlung des Restkaufpreises verlangen?

d) Nein. Frau Bimsgruber ist wirksam vom Kaufvertrag zurückgetreten. Der Rücktritt ist weder durch § 377 Abs. 2 HGB ausgeschlossen (vgl. Frage 257c) noch gemäß §§ 438 Abs. 4 S. 1, 218 Abs. 1 BGB unwirksam, weil Frau Bimsgruber den Rücktritt innerhalb von zwei Jahren nach der Übergabe des Staubsaugers gegenüber der Zart erklärt hat. Die Erklärung gegenüber der Zart war ausreichend; vgl. **§ 55 Abs. 4 HGB.**

258. Abel ist als festangestellter Handelsvertreter für den Kaufmann Kain tätig. Er ist nur zur Entgegennahme von Bestellungen bevollmächtigt. Der Kauf soll erst durch Kains schriftliche Bestätigung zustande kommen. Mit einem Landwirt, der von diesen Vereinbarungen nichts weiß, schließt Abel nun im Namen Kains einen Kaufvertrag über eine Sämaschine zu einem stark herabgesetzten Vorzugspreis fest ab. Kann der Landwirt auf Lieferung klagen?

Abel ist hier nur zur Entgegennahme von Bestellungen, also von Vertragsangeboten befugt. Schließt er einen Kaufvertrag ab, so handelt er ohne Vertretungsmacht, und die Wirksamkeit des Vertrages für und gegen Kain hängt nach § 177 Abs. 1 BGB von dessen Genehmigung ab. Insoweit gibt es keinen Vertrauensschutz, es sei denn, der Geschäftsinhaber müßte für einen (hier ersichtlich nicht) verursachten Rechtsschein einstehen. Die **Genehmigung** gilt nach **§ 75h HGB** als erteilt, wenn der Prinzipal Kain das Geschäft nicht unverzüglich nach Kenntnis von dem wesentlichen Inhalt des Abschlusses ablehnt. Bei rechtzeitiger Verweigerung der Genehmigung kann sich der Landwirt nach § 179 BGB an Abel halten.

Beachte: Heute haben Vertreter regelmäßig keine Abschlußvollmacht, sondern reichen lediglich Kaufanträge beim Geschäftsinhaber ein.

d) Erlöschen der Handlungsvollmacht

259. Nach welchen Vorschriften beurteilt sich die

Die **Handlungsvollmacht erlischt** nach **§§ 168–173 BGB**, z.B. mit dem zugrun-

Beendigung der Handlungsvollmacht? deliegenden Rechtsverhältnis, durch Eröffnung des Insolvenzverfahrens (§ 117 InsO), durch Widerruf bei fortbestehendem Grundverhältnis oder mit Aufgabe des Betriebs.

260. Der vertrauensselige Werner hat Strietzel eine „unwiderrufliche" Handlungsvollmacht für sein einzelkaufmännisches Schmuckgeschäft erteilt. Strietzel dankt ihm dies durch unüberlegte Ankäufe unverkäuflichen Modeschmucks. Kann Werner die Handlungsvollmacht widerrufen?

Ja. Zwar fehlt eine dem § 52 Abs. 1 HGB entsprechende Vorschrift, so daß der Geschäftsinhaber rechtsgeschäftlich auf sein Recht zum jederzeitigen Widerruf der Handlungsvollmacht verzichten kann. Das **Recht zum Widerruf aus wichtigem Grund** bleibt ihm jedoch stets erhalten (vgl. *BGH* WM 1971, 956: Nachlaßvollmacht) – ein Schuß Rechtspaternalismus zum Schutz vor persönlicher „Selbstentmündigung".

4. Stellvertretung durch Ladenangestellte (§ 56 HGB)

261. Der Pelzhändler Fuchs hat in Augsburg ein Ladengeschäft. Die Eheleute Reich suchen einen Pelz und werden von der 17jährigen Angestellten Emma bedient. Frau Reich wählt einen Pelz aus, deren Preis Emma auf 1200 Euro beziffert. Nachdem Frau Reich den Kaufpreis bezahlt hat und mit Pelz und Kassenzettel dem Ausgang zustrebt, bemerkt der hinzutretende Fuchs, daß das gute Stück nach seinen Unterlagen eigentlich 2200 Euro kosten sollte.

a) Ja. Die Ladenangestellte Emma war gemäß **§ 56 HGB** ermächtigt, im Laden Verkäufe namens und mit Wirkung für und gegen den Geschäftsinhaber abzuschließen. Ihre Minderjährigkeit ist hierfür ohne Belang, da auch ein beschränkt Geschäftsfähiger gemäß § 165 BGB Stellvertreter sein kann und nur der Geschäftsinhaber verpflichtet wird. Demnach ist der Pelz für 1200 Euro verkauft worden.
b) Nein. Zwar ist es Fuchs nicht verwehrt, sich auf Willensmängel seiner Ladenangestellten als seiner Vertreterin zu berufen (§ 166 Abs. 1 BGB), doch liegt bei Emma lediglich ein unbeachtlicher Motivirrtum vor, der von § 119 Abs. 1 BGB nicht erfaßt wird.

a) Ist ein wirksamer Kaufvertrag zwischen Frau Reich und Fuchs zustande gekommen?
b) Kann sich Fuchs mit Erfolg auf ein Versehen Emmas berufen?

262. Hausfrau Hermine will im Lebensmittelgeschäft des Kramer einen größeren Posten Äpfel kaufen. Sie verhandelt mit dem zufällig im Laden erscheinenden Buchhalter Billig, der sie flüchtig kennt und ein Auge auf sie geworfen hat. Er sagt ihr, eben sei eine größere Sendung eingetroffen, die aber noch ausgepackt werden müsse; auch stehe der Preis noch nicht fest. Er werde am Abend mit einigen Proben bei ihr vorbeikommen und dann den Preis nennen. Frau H kauft am Abend jeweils einen Zentner Gravensteiner und Boskop für 20 Euro. Am nächsten Morgen ruft Kramer bei ihr an und sagt, so billig könne und müsse er die Äpfel nicht liefern:
a) Sie habe die Äpfel erst in ihrer Wohnung gekauft,
b) außerdem sei B nicht Verkäufer, sondern nur Buchhalter.
Rechtslage?

Die erste Einwendung ist unbegründet (vgl. *RGZ* 108, 48, 49). Nach § 56 HGB gilt jeder, der in einem Laden oder einem offenen Warenlager angestellt ist, als zu Verkäufen und zu Empfangnahmen ermächtigt, die in einem derartigen Laden oder Warenlager gewöhnlich geschehen. Daß der Vertrag in dem Laden abgeschlossen wird, verlangt das Gesetz nicht. Es genügt, wenn dort nur der einleitende Kontakt stattgefunden hat und der Vertrag erst in Hermines Wohnung zustande kommt. Beide Abschnitte stehen in so engem Zusammenhang, daß sie als einheitlicher Vorgang aufgefaßt werden können. **Ladenangestellte** gelten also auch als **ermächtigt, die im Laden angebahnten Geschäfte endgültig zu verwirklichen.**
b) Der zweite Einwand greift durch. Nicht alle Angestellten des Geschäftsherrn gelten als ermächtigt, gewöhnliche Verkäufe abzuschließen. **Unanwendbar** ist § 56 HGB insbesondere auf das **Reinigungspersonal, Packer** oder **in der Buchführung beschäftigte Personen** (vgl. *Koller/Roth/Morck*, § 56 HGB Rn. 4). Fehlt es an einer Anstellung kraft Funktionszuweisung, könnten allenfalls die allgemeinen Rechtsscheinsgrundsätze (Duldungs- oder Anscheinsvollmacht) eingreifen, für die hier aber keine Anhaltspunkte vorliegen.

VI. Handelsrechtliche Stellvertretung

263. Flink ist bei dem Autohaus Blitz, einem Opel-Vertragshändler, als Verkäufer angestellt und dazu bevollmächtigt, Gebrauchtfahrzeuge eines Kunden im Falle des gleichzeitigen Verkaufs eines Neu- oder Gebrauchtfahrzeugs anzukaufen. Flink und der Kunde Schmidt unterzeichnen auf dem Betriebsgelände ein Vertragsformular, wonach Schmidt seinen gebrauchten Opel Omega 3000 zum Preis von 12 500 Euro an das Autohaus Blitz verkauft. Dieses will den Kaufvertrag nicht gegen sich gelten lassen. Zu recht?

Flink besaß keine rechtsgeschäftliche Vertretungsmacht zum isolierten Fahrzeugankauf. Er könnte aber gemäß § 56 HGB kraft Gesetzes zur Vornahme dieses Rechtsgeschäfts ermächtigt gewesen sein: Als Angestellter des Autohauses Blitz hat er auf dessen Betriebsgelände einen Vertrag abgeschlossen. **Zweifelhaft** ist indessen, **ob § 56 HGB**, der ausdrücklich nur von „Verkäufen" handelt, auch **für den Ankauf von Waren** gilt. Eine solche Lesart überschreitet die Grenzen des sprachlich möglichen Wortsinns und ist auch weder durch die Entstehungsgeschichte der Vorschrift noch durch den Gesetzeszusammenhang veranlaßt (vgl. *BGH* NJW 1988, 2109). Ebensowenig kommt eine analoge Anwendung in Betracht, weil eine Vollmacht für den Warenankauf weitaus seltener anzutreffen ist und es daher an der erforderlichen Verkehrstypizität fehlt (vgl. *BGH* NJW 1988, 2109, 2110).

264. a) Die König GmbH betreibt einen Elektrogroßhandel, verkauft in einem kleinen Verkaufsraum im Erdgeschoß aber auch an Privatkunden. Ihr Angestellter Anders ist als Verkaufssachbearbeiter für den Großhandel in einem Büro im ersten Stock tätig, hilft gelegentlich aber auch im Verkaufsraum aus. Eines Tages bedient er dort den Bergmann, der eine Stereoanlage erwirbt und den Kaufpreis in bar zahlt. An-

a) Nein (vgl. *BGH* NJW 1975, 2191). Bergmann kann sich vorliegend auf § 56 HGB berufen, dessen **Tatbestandsvoraussetzungen** gegeben sind: Der kleine Verkaufsraum im Erdgeschoß ist als „Laden" anzusehen, in dem Verkäufe an Privatkunden abgewickelt werden. Weiterhin übt Anders dort gelegentlich mit Wissen und Wollen der König GmbH Verkaufstätigkeiten aus, so daß er zu den „Angestellten" im Normsinne gehört, auch wenn er hauptsächlich Großhandelsgeschäfte im ersten Stock anbahnt. Bei einer engeren Auslegung würde der durch § 56 HGB angestrebte Kundenschutz ausgehöhlt.

ders behält das Geld für sich. Die König GmbH verlangt nun von Bergmann nochmalige Zahlung, weil Anders keine Inkassovollmacht besitzt. Zu recht? b) Ändert sich die Rechtslage, wenn die König GmbH ein Warenhaus betreibt und Bergmann dem Anders das Geld in der Elektroabteilung überreicht hat, obwohl dort ein gut sichtbares Schild „Zahlung nur an der Kasse" angebracht war?

b) Ja. Der von § 56 HGB vorausgesetzte **Scheintatbestand** und die damit begründete Vermutung können **durch einen klaren Hinweis** des Geschäftsinhabers **zerstört** werden. Je nach den Umständen wird auch das Vorhandensein einer sichtbaren Kasseneinrichtung für sich allein genügen können, die Ermächtigung sonstiger Angestellter zur Empfangnahme von Zahlungen auszuschließen (vgl. *OLG Karlsruhe*, MDR 1980, 849, 850, wo allerdings aufgrund des Einzelfalls Zahlungen eines langjährigen Lieferanten an den Filialleiter eines Supermarktes Befreiungswirkung nach § 56 HGB zuerkannt wurde).

265. Hilfreich geht dem Klein an jedem Samstag in dessen engem Eckkiosk zur Hand. Im Übereifer veräußert er auch einen von Starlet handsignierten Wandkalender, den Klein für seinen Stammkunden Treulich reserviert hatte. Ist das Geschäft wirksam?

Ja. Zwar stellt sich § 56 HGB als besondere Ausgestaltung der Handlungsvollmacht dar, die ihrerseits über das Handelsgewerbe definiert wird (§ 54 HGB). Eine unmittelbare Anwendung der Vorschrift auf Kleingewerbetreibende scheidet daher aus. Nach h. M., die auch in den Gesetzesmaterialien zum HRefG eine Stütze findet, ist sie aber auf diesen Personenkreis analog anzuwenden (vgl. *Baumbach/Hopt*, § 56 HGB Rn. 1).

VII. Handelsvertreter und andere Absatzformen

1. Handelsvertreter

a) Wirtschaftliche und rechtliche Grundlagen

266. a) Wie fügt sich der Handelsvertreter in das wirtschaftliche System der Vertriebswege ein?

a) Betriebswirtschaftlich lassen sich **drei Grundtypen von Vertriebskanälen** unterscheiden:
(1) der direkte Vertrieb über **eigene Fi-**

b) Wovon hängt die unternehmerische Entscheidung über den Vertriebsweg ab?

lialen oder **Verkaufsangestellte** des Herstellers;
(2) der klassische Absatz über den **Groß- und Einzelhandel**, welcher ohne feste Verbindung zum Hersteller im eigenen Namen und auf eigene Rechnung tätig wird;
(3) die Einschaltung von **Handelsvertretern**, die einerseits rechtlich selbständig, andererseits aber ständig mit der Absatzvermittlung für den Hersteller betraut sind (weiterführend *Meffert*, Marketing, Grundlagen der Absatzpolitik, 9. Aufl. 2000, S. 614 ff.).
b) Die Wahl des Vertriebsweges gehört zu den **strategischen**, d. h. auf lange Sicht getroffenen **Entscheidungen**, die durch **vielerlei Gesichtspunkte** beeinflußt werden: Vertriebskosten, marketingpolitische Zielsetzungen, Kontrolle und Einflußmöglichkeiten auf den Absatzmittler, Anpassungsfähigkeit, Wachstumspotential und Lieferantentreue des jeweiligen Absatzweges. Darüber hinaus sind eine Reihe von **Begrenzungsfaktoren** in bezug auf das Produkt, Kunden und Konkurrenten, das eigene Unternehmen und Rechtsfragen zu beachten (vertiefend *Nieschlag/Dichtl/Hörschgen*, Marketing, 18. Aufl. 1997, S. 475 ff.).

267. Nennen Sie die wichtigsten Rechtsquellen des Handelsvertreterrechts!

Man wird drei „Rechtsschichten" unterscheiden können:
a) die **§§ 84–92 c HGB**, die in erster Linie das Innenverhältnis zwischen Handelsvertreter und Unternehmer regeln und nur punktuell (§§ 91, 91 a HGB) Probleme des Außenverhältnisses einbeziehen;
b) die **§§ 611 ff. BGB und §§ 663, 665–670, 672–674 BGB**, die aufgrund des Ge-

schäftsbesorgungscharakters des Handelsvertretervertrages über § 675 Abs. 1 BGB ergänzend anzuwenden sind;
c) die Vorschriften der **gemeinschaftsrechtlichen Handelsvertreter-Richtlinie** (86/653/EWG vom 18. 12. 1986), die auf das nationale Recht einwirken und es breitflächig überlagern.

268. Wie ist der Handelsvertretervertrag dogmatisch einzuordnen?

Es handelt sich um einen **Geschäftsbesorgungsvertrag mit Dienstleistungscharakter** i. S. d. §§ 675 Abs. 1, 611 ff. BGB. Darüber hinaus liegt aufgrund der zeitlichen Ausrichtung ein **Dauerschuldverhältnis** vor, das den allgemeinen Regeln für derartige Verträge folgt.

269. Nennen Sie die Begriffsmerkmale des Handelsvertreters!

Es sind deren vier: (1) Vermittlung oder Abschluß von Geschäften; (2) für einen anderen Unternehmer (nicht notwendig Kaufmann); (3) als selbständiger Gewerbetreibender; (4) in ständiger Betrauung.

270. Der Waschmaschinenfabrikant Weiß betraut den Hurtig damit, seine Erzeugnisse im Regierungsbezirk Stuttgart abzusetzen. Hurtig soll zunächst alle Großhändler besuchen, die Einzelhändler in den Großhändlerbezirken erst vier Wochen später. Er erhält ein Gehalt von 2000 Euro zuzüglich 5% Provision für jedes durch seine Tätigkeit zustande gekommene Geschäft. Ist Hurtig Handelsvertreter?

Das hängt nach **§ 84 Abs. 1 HGB** davon ab, ob er **selbständiger Gewerbetreibender** ist. Fehlt es an der Selbständigkeit, so gilt er nach § 84 Abs. 2 HGB als Angestellter. Daß Hurtig neben der Provision auch ein festes Gehalt bezieht, spricht nicht gegen seine Handelsvertretereigenschaft. Entscheidend ist vielmehr, inwieweit er nach dem **Gesamtbild des Vertrages** von Weiß abhängig ist. Wenn er seine Arbeitszeit nicht frei bestimmen kann, wenn er Weisungen über die Art und Weise seiner Tätigkeit unterworfen ist, wenn ihm die zu besuchenden Kunden und die Marschroute vorgeschrieben werden und wenn er schließlich bei seiner Tätigkeit einer umfassenden Kontrolle unterliegt, kann er nicht mehr als selbständiger Kaufmann angesehen werden. Der Hinweis, zunächst die Großhändler und dann die Einzelhändler aufzusuchen, reicht für ein Abhängigkeitsverhältnis allerdings noch nicht aus. In Ermangelung weiterer Beschränkungen ist Hurtig damit im Zweifel Handelsvertreter.

271. Ist Hurtig als Handelsvertreter automatisch Kaufmann?

Nein. Seine Kaufmannseigenschaft ist vielmehr abhängig von Art und Umfang seines Unternehmens (§ 1 Abs. 2 HGB). Gemäß § 84 Abs. 4 HGB findet das **Handelsvertreterrecht** aber auch auf **Kleingewerbetreibende** Anwendung.

272. a) Was wissen Sie über das rechtstatsächliche Erscheinungsbild des Handelsvertreters?
b) Welche rechtlichen Unterscheidungen kennt das Gesetz?

a) Die **Variationsbreite in der Rechtspraxis** ist außerordentlich vielgestaltig: Anzutreffen sind Handelsvertreter vor allem beim Warenabsatz (z. B. Autos, Treibstoffe, Elektrogeräte), aber auch im Dienstleistungssektor (z. B. Versicherungen, Transport und Reiseleistungen). Auch ihre **wirtschaftliche Stärke** kann **ganz unterschiedlich** sein: Die Skala reicht von marktmächtigen Importeuren, die häufig Handelsgesellschaften sind, bis zum kleinen, arbeitnehmerähnlichen Handelsvertreter.
b) Eine wichtige Unterscheidung ist diejenige zwischen **Mehrfirmen- und Einfirmenvertreter** (vgl. § 92 a HGB): Letzteren sieht das Gesetz wegen seiner wirtschaftlichen Abhängigkeit als besonders schutzwürdig an und bezieht ihn vielfach in den Anwendungsbereich arbeitsrechtlicher Vorschriften ein (z. B. § 5 Abs. 1 S. 2 ArbGG: Rechtsweg zu den Arbeitsgerichten; § 2 Abs. 2 BUrlG: Urlaubsanspruch). Darüber hinaus sondert

B. Handelsstand

der Gesetzgeber **haupt- und nebenberufliche** Handelsvertreter (vgl. § 92b HGB).

b) Pflichten des Handelsvertreters

273. Handelsvertreter Heinze hat für die Firma Schwarzpunkt den Vertrieb von Videorecordern in Norddeutschland übernommen. Er vergewissert sich bei Ihnen über seine Pflichten.

Heinze trifft nach § 86 Abs. 1 HS. 1 HGB die **Hauptpflicht**, sich um die Vermittlung oder den Abschluß von Geschäften zu bemühen. Ihr an die Seite stellt § **86 Abs. 1 HS. 2 HGB** eine allgemeine **Interessenwahrungspflicht**, die für den Handelsvertretervertrag wesensbestimmend und zwingend ist (vgl. *BGHZ* 97, 317, 326; 112, 218, 222). Besondere Ausprägungen dieser Pflicht sind die Mitteilungs- und Berichterstattungspflichten (§ 86 Abs. 2 HGB), die Geheimhaltungspflicht (§ 90 HGB) und das ungeschriebene Wettbewerbsverbot (dazu sogleich Frage 274).

274. a) Darf Heinze, wenn er mit seiner Tätigkeit für Schwarzhaupt nicht genügend verdient, gleichzeitig für andere Videorecorderhersteller tätig werden?
b) Heinze hat vor der Aufnahme einer Konkurrenzvertretung die Zustimmung des Schwarzpunkt eingeholt. Welche Pflichten treffen ihn nun als „Diener zweier Herren"?

a) Nein. Zwar kennt das Handelsvertreterrecht, anders als § 60 HGB für den Handlungsgehilfen, kein ausdrückliches **Wettbewerbsverbot**. Rechtsprechung und h. L. leiten ein solches Verbot aber aus der Interessenwahrungspflicht des § 86 Abs. 1 HS. 2 HGB ab: Danach darf der Handelsvertreter während der Vertragszeit nicht für eine Konkurrenzfirma seines Unternehmers tätig sein (vgl. *BGHZ* 42, 59, 61; 52, 171, 177; 112, 218, 221). Sachliche und gegenständliche Grenzen dieses Wettbewerbsverbots ergeben sich aus Tätigkeitsbereich und Absatzgebiet des Handelsvertreters.
b) Bei **erlaubter Mehrfirmenvertretung** ist Heinze **den** von ihm **vertretenen Un-**

ternehmern gleichermaßen verpflichtet, ihre Ware der Kundschaft vorteilhaft zu präsentieren; er braucht aber nicht sein Urteil über Vorzüge und Nachteile zu unterdrücken (vgl. *Baumbach/Hopt*, § 86 HGB Rn. 24).

275. Schwarzpunkt erfährt, daß Heinze hinter seinem Rücken auch Geschäfte für Graupunkt vermittelt hat. Dadurch ist es bei ihm nachweislich zu Umsatzeinbußen gekommen.
a) Er verlangt von Heinze Schadensersatz. Zu recht?
b) Kann Schwarzpunkt zusätzlich die Herausgabe der Provisionen verlangen, die Heinze von Graupunkt erhalten hat?

a) Ja. Eine Verletzung des Wettbewerbsverbotes stellt gemäß § 280 Abs. 1 BGB eine **Pflichtverletzung des Handelsvertretervertrages** dar und macht nach Maßgabe der §§ 249 ff. BGB schadensersatzpflichtig.
b) Nach h. M. nein (vgl. *BGH* NJW 1964, 817). Der *Bundesgerichtshof* vermißt für eine **Pflicht zur Gewinnherausgabe** eine Anspruchsgrundlage; § 61 Abs. 1 HS. 2 HGB, der solches für den Handlungsgehilfen vorsieht, reicht ihm als Analogiebasis nicht aus. Mit guten Gründen hält eine Gegenansicht den Präventionsgedanken der §§ 61 Abs. 1 HS. 2, 113 Abs. 1 HS. 2 HGB dagegen durchaus für verallgemeinerungsfähig (vgl. *Canaris*, § 17 Rn. 44).

276. Schwarzhaupt fordert Heinze auf, den großen Warenhäusern keine günstigeren Konditionen in Aussicht zu stellen als dem Fachhandel. Heinze sieht seine Verdienstchancen schwinden und hält diese Weisung für vertrags- und kartellrechtswidrig. Hat er recht?

a) Nein. **Vertraglich** ist der **Handelsvertreter** grundsätzlich **verpflichtet, Weisungen des Unternehmers nachzukommen**. Das ergibt sich ohne weiteres aus dem geschäftsbesorgungsrechtlichen Charakter des Handelsvertretervertrages gemäß § 675 Abs. 1 BGB i. V. m. § 665 BGB *e contrario* und ist überdies ausdrücklich in Art. 3 Abs. 1 Buchst. c der Handelsvertreter-Richtlinie vorgesehen.
b) Auch **kartellrechtlich** sind Vertriebs- und Preisbindungen für Handelsvertreter grundsätzlich unbedenklich. Ein **Verstoß gegen § 14 GWB**, der ein Verbot der Preisbindung zweiter Hand enthält, liegt

nach h.M. nicht vor, weil der Handelsvertreter die Verträge im Namen des Unternehmers und auf dessen Rechnung abschließt (vgl. *BGHZ* 97, 317: „EH-Partner-Vertrag"). Anderes gilt nur dann, wenn das typische Geschäftsrisiko aufgrund einer atypischen Vertragsgestaltung auf den Handelsvertreter übergewälzt wird.

c) Provisionsanspruch des Handelsvertreters

277. Heinze hat seine Handelsvertretertätigkeit für Schwarzpunkt aufgenommen und erkundigt sich bei ihnen nach den Voraussetzungen eines Provisionsanspruchs.

Die **Voraussetzungen des Provisionsanspruchs** sind in den §§ 87, 87a HGB wenig durchsichtig geregelt. Erforderlich ist danach (1) ein Vertragsschluß zwischen dem Unternehmer und dem Dritten, der (2) auf die Tätigkeit des Handelsvertreters zurückzuführen ist und (3) vom Unternehmer oder dem Dritten ausgeführt wird. Für den Fall, daß der Unternehmer das abgeschlossene Geschäft nicht ausführt, trifft § 87a Abs. 3 HGB eine differenzierende Sonderregelung.

278. Weiter will Heinze wissen, welche Arten von Provisionen er ggfs. verlangen kann?

Man unterscheidet drei verschiedene Formen:
a) **Abschlußprovision:** Sie ist nach § 87a Abs. 1 S. 1 HGB verdient, sobald und soweit der Unternehmer das Geschäft ausgeführt hat.
b) **Delkredereprovision:** Sie setzt gemäß § 86b Abs. 1 HGB voraus, daß sich der Handelsvertreter verpflichtet hat, für die Erfüllung der Verbindlichkeit aus einem Geschäft einzustehen. Dies geschieht zumeist in Form einer Bürgschaft, ist aber auch als Schuldbeitritt oder Garantievertrag vorstellbar.

VII. Handelsvertreter und andere Absatzformen

c) **Inkassoprovision:** Sie kann gemäß § 87 Abs. 4 HGB für die auftragsgemäße Einziehung von Kundengeldern geltend gemacht werden.

279. Endlich fragt Heinze, ob er aufgrund der hohen Spritpreise von Schwarzpunkt eine Kilometerpauschale verlangen könne.

Nein. Der Handelsvertreter muß seine im regelmäßigen Geschäftsbetrieb entstandenen Aufwendungen grundsätzlich selbst tragen. Ersatz dieser Aufwendungen kann er gemäß § 87 d HGB nur verlangen, wenn das handelsüblich ist. Zu den von ihm **selbst zu tragenden Aufwendungen** gehören sämtliche Kosten des eigenen Betriebs, das Aufsuchen der Kundschaft (Pkw, Reise) und die üblichen Repräsentationen (Bewirtung von Kunden). Für im Ausland ortsübliche Schmiergelder soll er dagegen nach Auffassung der Rechtsprechung unter Umständen gemäß §§ 670, 675 BGB, 87 d HGB Ersatz verlangen können (vgl. *BGHZ* 94, 268, 272).

280. Emsig vermittelt als Handelsvertreter Geschäfte für den Computerhersteller Macrosoft AG. Seine Vermittlungstätigkeit steht allerdings unter keinem glücklichen Stern:
a) Einen Großauftrag mit der V-Versicherung schlägt die Macrosoft AG aus, weil sie deren Geschäftsgebaren mißbilligt.
b) Ein schon abgeschlossener Vertrag mit der Solventia-GmbH „platzt", nachdem über deren Vermögen das Insolvenzverfahren eröffnet wird.

a) Nein. **Provisionspflichtig** sind **nur abgeschlossene Geschäfte.** Daß die Macrosoft AG den ihr angetragenen Vertragsschluß ausgeschlagen hat, ist ohne Belang: Der Unternehmer ist dem Handelsvertreter gegenüber grundsätzlich frei zur Ablehnung der vermittelten Geschäfte. Ausnahmen sind nur in engen Grenzen unter dem Gesichtspunkt von Treu und Glauben vorstellbar (näher *Canaris*, § 17 Rn. 58–61).
b) Nur zu einem Bruchteil. Gemäß § 87 a Abs. 2 HGB entfällt der Provisionsanspruch, wenn feststeht, daß der Dritte das vermittelte Geschäft endgültig nicht erfüllt. Bei **Insolvenz des Dritten** ist Teil-(Nicht-)Erfüllung anzunehmen; die Provision berechnet sich nach der Insolvenz-

Bestehen Provisionsansprüche des Emsig?

quote, auch wenn der Unternehmer diese nicht eingefordert hat (vgl. *BGH* WM 1991, 196, 199).

281. Emsig läßt nicht locker. Er begeistert Tröger für einen neuen Schreibcomputer. Nachdem Tröger schon halb zum Kauf entschlossen war, nimmt er wegen finanzieller Schwierigkeiten doch noch Abstand vom Vertragsschluß. Als er kurz darauf eine Erbschaft macht, wendet er sich direkt an die Macrosoft AG und kauft von ihr den von Emsig vorgeführten Schreibcomputer. Dieser verlangt darauf eine Provision. Zu recht?

Ja. Nach § 87 Abs. 1 HGB hat Emsig einen Anspruch auf die Provision für alle abgeschlossenen Geschäfte, die auf seine Tätigkeit „zurückzuführen" sind. **Mitursächlichkeit genügt**, so daß es ohne Belang ist, daß Emsigs Bemühungen zunächst erfolglos waren und der Vertragsschluß später unmittelbar mit der Macrosoft AG erfolgte (vgl. *BAG* DB 1969, 266).

Beachte: Auflockerungen des Kausalitätserfordernisses sehen § 87 Abs. 3 S. 1 Nr. 1 Fall 2 HGB für Nachbestellungen und Folgeaufträge sowie § 87 Abs. 2 HGB für den Bezirks- und Kundenkreisvertreter vor.

282. Im weiteren vermittelt Emsig Kaufverträge über je eine Computeranlage mit Xaver, Ysidor und Zacharias:
a) Xaver tritt vor Zahlung des Kaufpreises vom Kaufvertrag zurück, weil die an ihn gelieferte Sache unbehebbare Mängel aufweist.
b) Als die Macrosoft AG die Computeranlage an Ysidor ausliefern soll, ist sie mit Bestellungen derart überhäuft, daß sie die Lieferung nicht durchführen kann.
c) Kurz darauf kommt es in der Fabrik der Macrosoft AG zu einem lange andau-

Entscheidend ist § 87a **Abs. 3 S. 1 HGB**. Danach hat Emsig die Provision grundsätzlich verdient, auch wenn der Unternehmer das abgeschlossene Geschäft nicht ausführt. Etwas anderes gilt gemäß § 87a **Abs. 3 S. 2 HGB** nur, wenn die Nichtausführung auf Umständen beruht, die von der Macrosoft AG nicht zu vertreten sind. Für den vorliegenden Fall ergibt sich daraus:
a) Der **berechtigte Rücktritt** vom Kaufvertrag durch Xaver berührt den Provisionsanspruch des Emsig nicht. Derartige Umstände hat der Unternehmer zu vertreten.
b) Die Macrosoft AG ist auch nicht entlastet, wenn ihre **Kapazität nicht ausreicht**, den Auftragseingang zu bewältigen. Derartige Umstände muß ein Unternehmen voraussehen und dem Ver-

VII. Handelsvertreter und andere Absatzformen 171

ernden Streik, weshalb die Lieferung an Zacharias unterbleibt.
Hat Emsig einen Anspruch auf Provision aus den genannten Kaufabschlüssen?

treter entsprechende Weisungen geben. Auch in diesem Fall behält Emsig also seinen Provisionsanspruch.
c) Die durch den Streik, zumindest durch einen **unvorhersehbaren Arbeitskampf,** eingetretene Unmöglichkeit ist von der Macrosoft AG nicht zu vertreten, weil derartige Leistungsstörungen grundsätzlich nicht in ihrem Einflußbereich liegen, vor allem dann nicht, wenn es nicht um den Abschluß eines Firmentarifvertrages geht. Folglich fällt Emsigs Provisionsanspruch hinsichtlich des Rechtsgeschäfts mit Zacharias weg.

d) Beendigung des Handelsvertretervertrages

283. Auf welche Weise kann ein Handelsvertreterverhältnis einseitig beendet werden?

Wie bei jedem anderen Dauerschuldverhältnis auch, steht den Vertragsparteien die ordentliche oder außerordentliche Kündigung zu Gebote:
a) Die **ordentliche Kündigung** ist in § 89 HGB mit zeitlich gestaffelten Kündigungsfristen geregelt. Sie kommt bei Verträgen auf unbestimmte Zeit zur Anwendung und bedarf keines Grundes.
b) Die **außerordentliche Kündigung** ist in § 89 a HGB vorgesehen, der große Gemeinsamkeiten mit § 626 Abs. 1 BGB aufweist. Nicht anders als dort gilt auch hier die allgemeine Formel, daß ein wichtiger Kündigungsgrund vorliegt, wenn eine Fortsetzung des Vertragsverhältnisses bis zum vereinbarten Endtermin oder dem Ablauf der Kündigungsfrist unzumutbar ist (vgl. nunmehr auch § 314 Abs. 1 S. 2 BGB).

284. Emsig vertreibt hinter dem Rücken der Macrosoft

a) Ein **wichtiger Kündigungsgrund** i. S. d. **§ 89 a Abs. 1 HGB** liegt vor: Der

AG Konkurrenzprodukte? Vier Wochen nachdem die Macrosoft AG hiervon erfahren hat, kündigt sie dem Emsig fristlos. Ist die Kündigung wirksam?

BGH hat wiederholt und mit Recht ausgesprochen, daß nachhaltige Verletzungen des Konkurrenzverbots eine außerordentliche Kündigung rechtfertigen (vgl. *BGHZ* 42, 59, 61; BB 1974, 714; NJW-RR 1992, 481). Die nach § 314 Abs. 2 S. 1 BGB grundsätzlich erforderliche Abmahnung war hier gemäß § 314 Abs. 2 S. 2 BGB i. V. m. § 323 Abs. 2 Nr. 3 BGB entbehrlich.

b) Einzig fraglich ist, ob die Kündigung noch rechtzeitig erfolgte. Legte man die Zweiwochenfrist des **§ 626 Abs. 2 BGB** zugrunde, wäre die Frage zu verneinen. Nach **h. M.** verbietet der eigenständige Charakter des § 89a HGB indessen eine solche **Analogie** (vgl. *BGH* NJW 1982, 2432). Vielmehr hat der Kündigungsberechtigte eine **angemessene Zeit** (vgl. § 314 Abs. 3 BGB) zur Sachverhaltsaufklärung und Überlegung, die sich nach den Umständen des Einzelfalles richtet, aber regelmäßig weniger als zwei Monate beträgt (vgl. *BGH* NJW-RR 1999, 1481). Dieser Rechtsprechung zufolge ist die Kündigung der Macrosoft AG noch rechtzeitig erfolgt.

285. Unterliegt Emsig nach Vertragsbeendigung weiterhin einem Wettbewerbsverbot?

Nein. Nach Vertragsende kann er frei schalten und walten, es sei denn, die Parteien haben ein **nachvertragliches Wettbewerbsverbot** vereinbart. Eine solche Abrede bedarf nach § 90a Abs. 1 HGB der Schriftform und kann für längstens zwei Jahre getroffen werden. Außerdem ist sie entschädigungspflichtig **(Grundsatz der bezahlten Karenz).**

e) Ausgleichsanspruch des Handelsvertreters

aa) Überblick

286. Die in der Rechtspraxis wichtigste Bestimmung des Handelsvertreterrechts ist der im Jahre 1953 eingefügte § 89b HGB. Welcher Rechtsgedanke liegt ihm zugrunde?

Rechtsprechung und h. L. sehen in ihm eine **Gegenleistung** für die durch Provisionen noch nicht abgegoltene Leistung des Handelsvertreters, nämlich für den **von ihm geschaffenen Kundenstamm**, den der Unternehmer nunmehr allein nutzen kann (vgl. *BGHZ* 24, 222). Allenfalls in zweiter Linie kommen daneben Sozialschutzerwägungen zum Tragen (vgl. auch *BVerfG* NJW 1996, 381).

287. Erläutern Sie die Tatbestandsstruktur des § 89b HGB!

a) Die Vorschrift knüpft das Entstehen des Ausgleichsanspruchs in **§ 89b Abs. 1 HGB an drei Tatbestandsvoraussetzungen** (Nr. 1–3), die kumulativ vorliegen müssen, auch wenn der *Bundesgerichtshof* dem Billigkeitsgebot des Nr. 3 einen deutlichen interpretativen Vorrang gewährt.
b) Sind diese Voraussetzungen gegeben, so ist weiter zu prüfen, ob einer der **drei Ausschlußgründe des § 89b Abs. 3 HGB** eingreift. Es sind dies in Stichworten: die Eigenkündigung des Handelsvertreters (Nr. 1), die Kündigung durch den Unternehmer aus wichtigem Grund (Nr. 2) und der einverständliche Eintritt eines Dritten (Nr. 3).

bb) Tatbestandsvoraussetzungen

288. Diesel vertreibt als Tankstelleninhaber der Firma ARAL GmbH Treibstoffe und Schmiermittel gegen Provision. Nach Be-

Das setzt nach § 89b Abs. 1 Nr. 1 HGB zunächst voraus, daß die ARAL GmbH aus der Geschäftsverbindung mit neuen Kunden weiterhin **erhebliche Vorteile** zieht. Eine solche Geschäftsverbindung

endigung des Vertragsverhältnisses macht er einen Ausgleichsanspruch geltend und teilt der Firma mit, er habe 103 namentlich bekannte neue Kunden geworben. Steht ihm ein Ausgleichsanspruch zu?

besteht nicht mit Lauf-, sondern nur mit **Stammkunden** (vgl. *BGHZ* 42, 244, 246). Allerdings stellt die Rechtsprechung insoweit keine allzu strengen Anforderungen, so daß ein Tankstellenpächter – wie hier – trotz der starken Fluktuation seiner Kundschaft grundsätzlich einen Ausgleichsanspruch haben kann. Für dessen genaue Berechnung empfiehlt sich als Schätzgrundlage die Auswertung statistischen Materials (vgl. *BGH* NJW 1998, 66, 68).

289. Der Handelsvertreter Wefelmeier ist bei der Norddeutschen Acetylen- und Sauerstoffwerke AG, Hamburg, tätig. Als die Mehrheit der Aktien in die Hände der Linde AG übergeht, wird die gesamte Produktion der Norddeutschen Acetylen- und Sauerstoffwerke AG unmittelbar an den Großaktionär geliefert. Sämtlichen Handelsvertretern der abhängigen Gesellschaft wird gekündigt. Wefelmeier macht einen Ausgleichsanspruch nach § 89 b HGB geltend. Hat er Aussicht auf Erfolg?

Nein (vgl. *BGHZ* 49, 41). § 89 Abs. 1 Nr. 1 HGB knüpft den Ausgleichsanspruch an das **Fortbestehen erheblicher Vorteile** für den Unternehmer. Daran fehlt es, wenn dieser die vom Handelsvertreter geschaffenen Geschäftsbeziehungen aufgrund einer Geschäftsaufgabe oder -änderung nicht mehr für sich nutzen kann. Allerdings ist der Unternehmer gehalten, rechtzeitig auf derartige Veränderungen hinzuweisen (vgl. § 86 a Abs. 2 S. 3 HGB); andernfalls macht er sich schadensersatzpflichtig.

290. Lange war bis zu seinem Tod als Vertreter der Firma Henkel tätig. Seine Witwe und Alleinerbin verlangt nun Zahlung eines angemessenen Ausgleichs nach § 89 b HGB. Zu recht?

Ja. Die Frage, ob der Ausgleichsanspruch auch beim Tod des Handelsvertreters den Erben zusteht, war zunächst streitig, ist aber durch die eingehende und überzeugende Entscheidung in *BGHZ* 24, 214 zugunsten der Erben geklärt. Der Wortlaut des **§ 89 b Abs. 1 Nr. 2 HGB** scheint dieser Ansicht vordergründig zu widersprechen: Dort wird als Tatbestandsvoraussetzung nämlich gefordert, daß der Handelsvertreter *infolge* der Beendigung des Vertragsverhältnisses Ansprüche auf Provision verliert, die er bei Fortsetzung desselben hätte. Daraus läßt sich jedoch nicht schließen, der Ausgleichsanspruch setze das Weiterleben des Vertreters voraus, weil nur so eine Fortsetzung des Vertragsverhältnisses möglich sei. Es handelt sich vielmehr um eine **gesetzliche Fiktion**, die auch **auf den Fall des Todes des Vertreters** anwendbar ist. Im übrigen spricht § 89b HGB lediglich von der Beendigung des Vertragsverhältnisses als Anspruchsvoraussetzung. Wollte das Gesetz dessen Entstehung auf den Fall der Kündigung beschränken, so hätte es dies ausdrücklich klarstellen können. Aus gemeinschaftsrechtlicher Sicht wird man im Wege richtlinienkonformer Auslegung (vgl. Frage 17) schließlich noch auf Art. 17 Abs. 4 der Handelsvertreter-Richtlinie hinweisen können, wonach der Ausgleichsanspruch auch dann entsteht, wenn das Vertragsverhältnis durch den Tod des Handelsvertreters endet.

291. a) Spielt es im Rahmen der Billigkeitsprüfung nach § 89b Abs. 1 Nr. 3 HGB eine Rolle, daß Diesel eine achtköpfige Familie zu versorgen hat?
b) Gilt dies auch für eine besondere wirtschaftliche Schwäche des Unternehmers?

a) Nach Auffassung der Rechtsprechung ja (vgl. *BGHZ* 43, 162). Sie zieht den Kreis der einzubeziehenden Umstände im Rahmen des **§ 89b Abs. 1 Nr. 3 HGB** äußerst weit und will auch die **sozialen Verhältnisse des Handelsvertreters** mitberücksichtigt wissen.
b) Ja. Es liegt in der Logik der Rechtsprechung, spiegelbildlich zur Einbeziehung der sozialen Verhältnisse des Handelsvertreters auf Seiten des Unternehmers

292. Lange ist in Deutschland als Handelsvertreter für das US-amerikanische Unternehmen Eaton Technologies tätig. Die Parteien haben vereinbart, daß der Handelsvertretervertrag kalifornischem Recht unterliegen soll. Nachdem Lange zahlreiche Stammkunden gewonnen hat, kündigt Eaton Technologies den Vertrag. Lange verlangt die Zahlung eines angemessenen Ausgleichs. Eaton Technologies wendet ein, daß es nach kalifornischem Recht keinen Ausgleich schulde. Lange beruft sich demgegenüber auf die Handelsvertreter-Richtlinie, wonach ihm ein solcher Ausgleich zwingend zustehe. Eaton Technologies kann nicht glauben, daß die Richtlinie Vorrang vor einer privatautonomen Rechtswahlklausel haben soll. Wer hat Recht?

Die maßgeblichen Vorschriften der Handelsvertreter-Richtlinie lauten:

– Art. 17 Abs. 1: „Die Mitgliedstaaten treffen die erforderlichen Maßnahmen dafür, daß der Handelsvertreter auch Gefahren für die Betriebsfortführung durch einen hohen Ausgleichsanspruch mit zu berücksichtigen.

Nach Auffassung des *EuGH* hat Lange Recht (vgl. *EuGH* NJW 2001, 2007). In seinem vielbeachteten Ingmar-Urteil hat er den **Schutzstandard der Handelsvertreter-Richtlinie (HV-RL)** als **international zwingend** angesehen, obwohl ein ausdrückliches kollisionsrechtliches Regelungsgebot in der Richtlinie fehlt (zustimmend *Staudinger,* NJW 2001, 1974; kritisch *Schwarz,* ZVglRWiss 101 (2002) 45). Danach sind die Art. 17 und 18 HV-RL auch dann anzuwenden, wenn der Handelsvertreter seine Tätigkeit in einem Mitgliedstaat (hier: Deutschland) ausgeübt hat, der Unternehmer seinen Sitz aber in einem Drittland (hier: Kalifornien) hat und der Vertrag vereinbarungsgemäß dem Recht dieses Landes unterliegt. Zur Begründung ihres internationalen Anwendungswillens stützt sich der *EuGH* vor allem auf zwei Argumente: Erstens bezweckten die Art. 17 und 19 HV-RL den Schutz des Handelsvertreters und seien daher zwingendes Recht. Dies folge insbesondere aus Art. 17 Abs. 1 HV-RL, wonach die Mitgliedstaaten zwingend einen Ausgleichs- oder Schadensersatzanspruch vorsehen müßten, sowie aus Art. 19 HV-RL, wonach die Parteien vor Ablauf des Vertrages nicht im voraus von den Bestimmungen der Art. 17 und 18 HV-RL abweichen könnten. Zweitens ergebe sich aus den Begründungserwägungen der Richtlinie, daß sie den Schutz der Niederlassungsfreiheit der Handelsvertreter sowie den Schutz des unverfälsch-

VII. Handelsvertreter und andere Absatzformen

treter nach Beendigung des Vertragsverhältnisses Anspruch auf Ausgleich nach Absatz 2 oder Schadensersatz nach Absatz 3 hat."
– Art. 18: Ausschlußgründe für den Anspruch auf Ausgleich oder Schadensersatz nach Art. 17.
– Art. 19: „Die Parteien können vor Ablauf des Vertrages keine Vereinbarungen treffen, die von Artikel 17 und 18 zum Nachteil des Handelsvertreters abweichen."

ten Wettbewerbs im Binnenmarkt bezwecke. Aus diesen Gründen müßten die Art. 17 und 18 HV-RL losgelöst vom vereinbarten Vertragsstatut zur Anwendung kommen, **sofern** der Sachverhalt einen „**starken Gemeinschaftsbezug**" aufweise. Eine solche hinreichende räumliche Verknüpfung sei „etwa" anzunehmen, wenn der Handelsvertreter auf dem Hoheitsgebiet eines Mitgliedstaates tätig werde.

cc) Ausschlußgründe

293. Klein und Groß vertreiben die Produkte des Waschmittelkonzerns Henkel, Düsseldorf.
a) Im Zuge einer Reorganisation der Vertreterbezirke wird der Bezirk des Klein um 1/3 verkleinert. Daraufhin kündigt Klein das Vertragsverhältnis zum nächst zulässigen Termin.
b) Groß übernimmt nach einiger Zeit zusätzlich eine Vertretung für Investmentzertifikate, obwohl ihm das vertraglich untersagt ist. Das Unternehmen kündigt ihm darauf fristlos.
Beide Handelsvertreter verlangen einen Ausgleich nach § 89b HGB. Zu recht?

a) Ja. Gemäß § 89b Abs. 3 Nr. 1 HGB führt die Kündigung des Vertreters nur dann zum Verlust des Ausgleichsanspruchs, **wenn der Unternehmer keinen begründeten Anlaß gibt.** Das bedeutet nicht, daß der Unternehmer einen Grund zur fristlosen Kündigung durch den Vertreter setzt. Es muß nur ein – nicht einmal notwendig schuldhaftes – Verhalten des Unternehmers vorliegen, das einem besonnen denkenden Handelsvertreter die Kündigung nahelegt. Hier ist es verständlich, daß Klein seinen Vertrag kündigt, weil sein Bezirk wesentlich beschränkt wird. Infolgedessen behält er seinen Ausgleichsanspruch.
b) Nein. Die Übernahme einer zusätzlichen Vertretung durch Groß steht im Widerspruch zum Handelsvertretervertrag. Das gibt dem **Unternehmer** einen **Grund zur fristlosen Kündigung** des Vertrages

294. Hans Kunzelmann ist seit 1990 Generalvertreter des Unternehmens Rodenstock in Stuttgart für sämtliche Foto- und Optikartikel. In der Nacht zum 1. Mai 2003 besucht er mit der 19-jährigen Jutta, die er kurz vorher kennenlernte, eine Bar. Beide beschließen, nach Hause zu fahren. Auf der Fahrt dorthin steuert Jutta, die keinen Führerschein besitzt, seinen Personenkraftwagen und fährt gegen einen Baum. Bei ihr wird eine Blutalkoholkonzentration von 0,96‰ festgestellt. Kunzelmann und Jutta sterben an den erlittenen Verletzungen. Die Witwe Kunzelmann macht einen Ausgleichsanspruch nach § 89 b HGB geltend. Mit Recht?

wegen schuldhaften Verhaltens des Vertreters (vgl. Frage 284). Gemäß **§ 89 b Abs. 3 Nr. 2** HGB entfällt dann auch der Ausgleichsanspruch.

Ja (vgl. *BGHZ* 41, 129). Wie bereits erörtert, kann der Ausgleichsanspruch grundsätzlich auch bei einem Tod des Handelsvertreters von dessen Erben geltend gemacht werden (vgl. Frage 290). Daran ändert sich nach Auffassung der Rechtsprechung nichts, wenn der **Handelsvertreter seinen Tod durch eigene Fahrlässigkeit verursacht** hat, weil dies einer Eigenkündigung nach § 89 b Abs. 3 Nr. 1 HGB nicht gleichgestellt werden könne. Ebensowenig läßt sich sagen, daß Kunzelmann mit seinem Verhalten Vertragspflichten gegenüber der Firma Rodenstock verletzt habe, die ihr in entsprechender Anwendung des § 89 b Abs. 3 Nr. 2 HGB einen Grund zur fristlosen Kündigung gegeben hätte. Demnach braucht der Ausgleichsanspruch auch bei einer Billigkeitsabwägung nach § 89 b Abs. 1 Nr. 3 HGB nicht zu entfallen.

295. Der Handelsvertreter Willy Loman vertreibt seit mehr als zehn Jahren Damenstrumpfhosen in den neuen Bundesländern für die Scheffler AG. Wegen zunehmender beruflicher Mißerfolge gerät er in tiefe Depression und nimmt sich das Leben.

a) Ja (vgl. *BGHZ* 45, 385, 387). Eine unmittelbare Anwendung des § 89 b Abs. 3 Nr. 1 und 2 HGB, der die Folgen einer Kündigung regelt, ist auch für den **freiwilligen „Tod eines Handlungsreisenden"** nicht möglich. Ebenso verbietet sich eine analoge Anwendung, denn die Vorschrift des § 89 b Abs. 3 HGB ist aus Gründen der Rechtssicherheit eng auszulegen. Sie bei einem Selbstmord heranzuziehen, wäre

a) Können seine Witwe Linda und die beiden Kinder Biff und Happy als Erben einen Ausgleichsanspruch nach § 89 b HGB geltend machen?
b) Wie wäre es, wenn Willy Loman aus Verzweiflung zunächst seine Frau und dann sich selbst getötet hätte?

allenfalls dann gerechtfertigt, wenn in einem solchen Fall stets oder wenigstens in der Regel entscheidende Gesichtspunkte für ein Versagen des Ausgleichsanspruchs sprächen. Davon kann aber keine Rede sein: Die Gründe für den Entschluß, aus dem Leben zu scheiden, sind zu vielfältig und oft auch zu wenig erforschbar, als daß man von einer „Freiwilligkeit" wie bei der Kündigung reden könnte. Ein Ausnahmefall mag vorliegen, wenn der Grund des Selbstmordes derselbe ist, der – z. B. bei Veruntreuung – den Unternehmer berechtigt hätte, das Vertreterverhältnis zu kündigen.
b) Auch dann ist ein Ausgleichsanspruch nach Ansicht der Rechtsprechung nicht von vornherein in entsprechender Anwendung des § 89 b Abs. 3 Nr. 2 HGB ausgeschlossen (vgl. *BGHZ* 60, 350). Vielmehr soll gemäß § 89 b Abs. 1 Nr. 3 HGB zu entscheiden sein, ob die Zahlung eines Ausgleichs an die Erben des Handelsvertreters unter Berücksichtigung aller Umstände der Billigkeit entspricht.

2. Handelsmakler

296. Was wissen Sie über Rechtsnatur und Rechtsquellen des Handelsmaklervertrages?

Der **Handelsmaklervertrag** ist eine **besondere Erscheinungsform des allgemeinen Maklervertrages.** Auf ihn finden die §§ 93 ff. HGB und ergänzend die §§ 652 ff. BGB Anwendung.

297. Ist ein Handelsmakler notwendig Kaufmann?

Seit der Handelsrechtsreform von 1998 ist der Handelsmakler nicht mehr *ipso iure,* sondern nur noch nach Maßgabe des § 1 Abs. 2 HGB oder kraft Eintragung gemäß § 2 S. 1 HGB Kaufmann. Gemäß § 93

Abs. 3 HGB findet das Handelsmaklerrecht allerdings auch auf **kleingewerbliche Handelsmakler** Anwendung.

298. Erläutern Sie Funktion und Erscheinungsbild des Handelsmaklers in der Wirtschaftspraxis?

Der **Handelsmakler führt** vermittels seiner Sachkunde und Geschäftskontakte **Angebot und Nachfrage von Marktteilnehmern zusammen,** die selbst über keinen hinreichenden Marktüberblick verfügen. Seine wirtschaftliche Bedeutung ist von Geschäftszweig zu Geschäftszweig unterschiedlich. Als besondere Spielarten haben sich Versicherungs-, Schiffs- sowie Börsen- und Wertpapiermakler herausgebildet.

299. Worin unterscheidet sich der Handelsmakler vom Handelsvertreter?

Maßgebliches Unterscheidungsmerkmal ist, daß der **Handelsmakler** ausweislich des § 93 Abs. 1 HGB von seinem Auftraggeber **nicht ständig mit der Vermittlung von Verträgen betraut** ist (vgl. dagegen § 84 Abs. 1 HGB für den Handelsvertreter). Man hat ihn deshalb mitunter als „Augenblicksvermittler" (*J. v. Gierke*) bezeichnet. Glücklicher ist es, darauf abzustellen, daß sich die Handelsmaklertätigkeit meist auf ein bestimmtes Objekt, die Handelsvertretertätigkeit dagegen auf eine unbestimmte Vielzahl zu veräußernder Objekte erstreckt (vgl. *BGH* NJW 1992, 2818, 2819). Aufgrund dieser Besonderheit eignet sich die Einschaltung von Handelsmaklern auch nicht zum Aufbau konsolidierter Vertriebssysteme.

300. Grenzen Sie den Handelsmakler vom Zivilmakler ab!

Drei Unterschiede verdienen Hervorhebung:
a) **Gegenstand des Vertrages:** Gemäß § 93 Abs. 1 HGB gilt das Handelsmakler-

recht nur für die Vermittlung von Verträgen über Waren, Wertpapieren oder sonstigen Gegenständen des Handelsverkehrs. Nicht Handels-, sondern Zivilmakler sind demzufolge der Immobilienmakler (vgl. § 93 Abs. 2 HGB) und der Dienstleistungsmakler (z. B. Headhunter).

b) **Pflichteninhalt des Vertrages:** Ausweislich des **§ 93 Abs. 1 HGB** ist die Handelsmaklertätigkeit auf die Vermittlung von Verträgen gerichtet (**Vermittlungsmakler**), während § 652 Abs. 1 BGB an den bloßen Nachweis der Gelegenheit zum Vertragsschluß anknüpft (**Nachweismakler**).

c) **Gesetzliches Leitbild:** Aus dem Regelungssystem der §§ 93 ff. HGB läßt sich entnehmen, daß der **Handelsmakler** als „**ehrlicher Makler**" die Interessen beider Vertragsparteien zu wahren hat (vgl. *BGHZ* 48, 344), während der **Zivilmakler** – ebenso wie der Handelsvertreter – in der Regel **nur seinem Auftraggeber verpflichtet** ist. Dies zeigt sich besonders anschaulich bei der Provisionszahlungspflicht: Sie obliegt nach § 99 HGB beiden Parteien je zur Hälfte, wohingegen § 654 BGB den Anspruch auf den Maklerlohn gerade ausschließt, falls der Zivilmakler vertragswidrig auch für den anderen Teil tätig gewesen ist.

Beachte: Ein und derselbe Makler kann gleichzeitig Handels- und Zivilmakler sein, also z. B. neben Gegenständen des Handelsverkehrs auch Grundstücke vermitteln.

3. Andere Absatzmittlungsverhältnisse

a) Überblick

301. In der Rechtswirklichkeit haben sich in den letzten Jahrzehnten eine Reihe moderner Vertriebssysteme herausgebildet, die zu Beginn des 20. Jahrhunderts gänzlich unbekannt waren. Erläutern Sie in Umrissen ihre Bedeutung!

Bei den **modernen Vertriebssystemen** handelt es sich zumeist um Mischformen, die die **Vertragspraxis** ersonnen hat und deren Pflichtenkanon vor allem in **Allgemeinen Geschäftsbedingungen** ausgeformt wird. Sie dienen der Markterschließung und Marktpflege durch selbständige Unternehmen, die weder Handelsvertreter noch Kommissionäre oder konventionelle Eigenhändler sind. Dazu gehören der **Kommissionsagent**, der **Vertragshändler** und der **Franchisenehmer**. Rechtlich handelt es sich jeweils um **Dauerschuldverhältnisse mit Dienstleistungscharakter**, wie sie nur im Handelsvertreterrecht vom Gesetzgeber paradigmatisch vorgedacht sind.

302. Welche handelsrechtlichen Hauptprobleme werfen diese besonderen Absatzmittlungsverträge auf?

Im Mittelpunkt stehen vor allem zwei Probleme:
(1) die **rechtliche Ein- und typologische Zuordnung** der einzelnen Absatzmittlungsverträge und
(2) die Frage, ob und **unter welchen Voraussetzungen** Handelsvertreterrecht auf sie **analog** angewendet werden kann.

303. Erstellen Sie eine Typenreihe der selbständigen Absatzmittler:
a) Handelsvertreter,
b) Handelsmakler,
c) Kommissionär,
d) Kommissionsagent,
e) Vertragshändler,

Lösung siehe Tabelle auf der nächsten Seite

f) Franchisenehmer,
und erläutern Sie in Stichworten deren Absatzziel, Anwendungsbereich und rechtliche Merkmale!

Selbständige Absatzmittler

Absatzform	Absatzziel	rechtliche Merkmale
Handelsvertreter – §§ 84–92c HGB	Vermittlung und Abschluß von Geschäften für den Unternehmer	– ständige vertragliche Beziehungen zum Unternehmer – Handeln im fremden Namen
Handelsmakler	Vermittlung von Verträgen nach § 93 HGB Beispiel: *Börsenmakler, Schiffsmakler*	– keine ständige Vertragsbeziehung zum Auftraggeber – Handeln im fremden Namen
Kommissionär – §§ 383–406 HGB	An- und Verkauf von Waren oder Wertpapieren für den Kommittenten Beispiel: *Kunsthandel*	– keine ständige Vertragsbeziehung zum Kommittenten – Handeln im eigenen Namen für fremde Rechnung
Kommissionsagent – u. U. entsprechende Anwendung der §§ 84 ff. HGB	wie Kommissionär Beispiel: *Kaffeerösterdepots*	– ständige vertragliche Beziehungen zum Auftraggeber – Handeln im eigenen Namen für fremde Rechnung
Vertragshändler – u. U. entsprechende Anwendung der §§ 84 ff. HGB	Vertrieb von Waren eines Herstellers Beispiel: *Kfz-Vertrieb*	– ständige vertragliche Beziehungen zum Hersteller – Handeln im eigenen Namen für eigene Rechnung

Absatzform	Absatzziel	rechtliche Merkmale
Franchisenehmer – u. U. entsprechende Anwendung der §§ 84 ff. HGB	Vertrieb von Waren oder Dienstleistungen des Franchisegebers Beispiel: *Baumärkte, Schnellrestaurants*	– ständige Vertragsbeziehungen zum Franchisegeber – Handeln im eigenen Namen für eigene Rechnung

b) Vertragshändler

304. Erläutern Sie die Wesensmerkmale eines Vertragshändlers in Abgrenzung zum Handelsvertreter und zum konventionellen Groß- und Einzelhändler!

a) Anders als der Handelsvertreter wird der **Vertragshändler** als **Eigenhändler** tätig: Er kauft und verkauft im eigenen Namen und auf eigene Rechnung, trägt also das **volle Absatzrisiko** am Markt.
b) Im Unterschied zum konventionellen Groß- oder Einzelhändler ist der Vertragshändler **ständig damit betraut**, die **Produkte** eines **Herstellers zu vertreiben** und deren Absatz in ähnlicher Form wie ein Handelsvertreter zu fördern.

305. Erläutern Sie die Rechtsnatur einer Vertragshändlerbeziehung!

Der Vertragshändlervertrag ist ein **typengemischter Vertrag** zwischen Hersteller und Händler, der vor allem handelsvertreterähnliche, aber auch kaufrechtliche Elemente in Form eines Geschäftsbesorgungsvertrages i. S. d. §§ 675, 611 ff. BGB vereinigt. Er bildet einen **Rahmenvertrag,** der eine Vielzahl von Kaufverträgen vorbereitet und den Vertragshändler durch ein Bündel von Einzelpflichten in das Vertriebssystem des Händlers einbindet, ohne daß der Vertragshändler seine rechtliche und wirtschaftliche Selbständigkeit verliert. Besondere Bedeutung erlangt hat er im Kraftfahrzeughandel, aber auch im Getränkehandel.

VII. Handelsvertreter und andere Absatzformen

306. Zeitz hat im rheinisch-bergischen Kreis eine Tätigkeit als Vertragshändler für Volkswagen aufgenommen. Er möchte von Ihnen wissen, ob er in seiner Preisgestaltung frei ist oder Weisungen von Volkswagen gewärtigen muß.

Der **Vertragshändler** ist aufgrund seiner Stellung als Eigenhändler grundsätzlich **frei in der Gestaltung seiner Preise und Konditionen.** Anders als für den Handelsvertretervertrag (vgl. Frage 276b) gilt demnach für den Vertragshändlervertrag das **Preis- und Konditionenbindungsverbot des § 14 GWB,** das die Gestaltungsfreiheit des Vertragspartners für Zweitverträge sicherstellen soll (vgl. *BGH* WuW/E *BGH* 2647).

307. Zeitz' Verdienst als Vertragshändler bleibt hinter seinen Erwartungen zurück. Er überlegt, zusätzlich Fahrzeuge einer Konkurrenzmarke zu vertreten. Darf er das?

In diesem Punkt hat sich die Rechtslage durch eine neue **Gruppenfreistellungsverordnung (GVO) für die Automobilbranche** geändert (ausführlich *Niebling,* Vertragshändlerrecht, 2. Aufl. 2003, Rn. 1–45). Bislang leitete man aus der allgemeinen Interessenwahrungspflicht des Vertragshändlers – ähnlich wie beim Handelsvertreter (vgl. Frage 274) – ein grundsätzliches Wettbewerbsverbot ab (vgl. *BGH* NJW 1984, 2101, 2102). Die am 1. Oktober 2002 in Kraft getretene GVO (EG) Nr. 1400/2002 (ABl EG L 203/3 vom 1. 8. 2002) **erleichtert** nunmehr den **Mehrmarkenvertrieb der Vertragshändler.** Danach dürfen Händler Neufahrzeuge von verschiedenen Herstellern in ein- und demselben Ausstellungsraum verkaufen. Der einzelne Hersteller kann nur noch verlangen, daß seine Fahrzeuge ineinemabgetrennten Bereich präsentiert werden, um eine Verwechslung der Marken zu vermeiden. Außerdem kann er verlangen, daß der Vertragshändler mindestens 30% des Gesamtabsatzes mit seiner – des Herstellers – Marke erzielt. Im Ergebnis kann ein Vertragshändler mithin mindestens drei Marken vertreiben, wenn ihm alle

308. Welche Möglichkeiten hat Volkswagen, wenn sich Zeitz aufgrund unrichtiger Angaben in erheblichem Umfang Werkszuschüsse erschlichen hat?

Hersteller solche Mindestbezugsverpflichtungen auferlegen.

Volkswagen kann das Vertragsverhältnis mit Zeitz aus wichtigem Grund kündigen (vgl. *OLG Braunschweig* OLGR 1998, 291). Für die **Kündigung** gilt **§ 89a HGB analog**, dessen *ratio* ohne weiteres auch auf den Vertragshändler paßt. Weiter gilt auch die für den Handelsvertreter anerkannte Regel, daß die Kündigungserklärung nicht innerhalb der Zwei-Wochen-Frist des § 626 Abs. 2 BGB, sondern nur **innerhalb angemessener Frist** erfolgen muß (vgl. Frage 284, zum Vertragshändlervertrag *BGH* WM 1994, 645, 646: in der Regel binnen zweier Monate).

309. a) Nach Volkswagens fristloser Kündigung (Fall 308) verlangt Zeitz, daß Volkswagen die noch in seinem – Zeitz' – Bestand befindlichen Fahrzeuge zurücknimmt, weil er vertraglich verpflichtet gewesen sei, ein breit gefächertes Fahrzeugangebot vorzuhalten. Mit Recht?

b) Ändert sich die Rechtslage, wenn Zeitz gekündigt hat, weil Volkswagen nicht im vertraglich zugesagten Umfang gegen Grauhändler vorgegangen ist?

a) Nein. Wenn der Vertragshändler – wie hier – selbst die Beendigung des Vertrages verschuldet hat, besteht im allgemeinen keine Rücknahmepflicht des Unternehmers.

b) Ja (vgl. *BGHZ* 54, 338). In diesem Fall hätte Volkswagen seine **Vertragstreuepflicht** verletzt (vgl. *BGHZ* 124, 351, 354) und wäre gemäß §§ 280 Abs. 1, 241 Abs. 2 BGB i. V. m. §§ 249 ff. BGB grundsätzlich zur Rücknahme der Fahrzeuge verpflichtet. **Art und Umfang der Rücknahmepflicht** richten sich nach den Umständen des Einzelfalls. Im allgemeinen darf ein Hersteller, der die Haltung eines Warenlagers verlangt hat, seinen Vertragshändler bei der Verwertung des überflüssig gewordenen Lagers nicht im Stich lassen (vgl. auch *OLG Saarbrücken* NJW-RR 1999, 106).

310. Angenommen, der Vertragshändlervertrag zwi-

a) Angesprochen ist hier die **analoge Anwendung des § 89b HGB auf den**

schen Volkswagen und Zeitz endet nach sieben Jahren durch eine ordentliche Kündigung. Zeitz verlangt einen Ausgleichsanspruch entsprechend § 89b HGB unter Hinweis darauf, daß er einen beträchtlichen Kundenstamm aufgebaut habe und nach Vertragsbeendigung zur Übergabe der Kundenkartei verpflichtet sei. Mit Recht?

b) Könnte Volkswagen einwenden, die hinzugewonnenen Kunden hätten sich weit mehr von dem guten Ruf der Fahrzeuge als von den Werbemaßnahmen des Zeitz leiten lassen?

c) Wie ist es, wenn der Vertragshändlervertrag keine konkreten Anhaltspunkte für die Vereinbarung einer Überlassungspflicht enthält?

Vertragshändlervertrag. Die Rechtsprechung des Bundesgerichtshofs verlief nicht eben gradlinig: Sie stellte zunächst auf die besondere Schutzbedürftigkeit des Vertragshändlers ab (vgl. *BGHZ* 29, 83, 88), die vorliegen sollte, wenn der Vertragshändler seinen Geschäftsbetrieb ohne erheblichen Eigenkapitaleinsatz führte (vgl. *BGHZ* 34, 282). Spätere Entscheidungen korrigierten dies und verlangen statt dessen, daß der Vertragshändler wie ein Handelsvertreter **in die Absatz- und Vertriebsorganisation des Unternehmers eingebunden** sei (vgl. *BGHZ* 68, 340, 343). Hinzu kommen muß schließlich, daß sich der Unternehmer den Kundenstamm bei einer Vertragsbeendigung ohne weiteres nutzbar machen kann, wenn und weil eine **Verpflichtung** des Vertragshändlers **zur Übertragung des Kundenstammes** besteht. Hier ist Zeitz gehalten, die Kundenkartei zu übergeben, was die Rechtsprechung als Indiz für eine Übernahmepflicht wertet (vgl. *BGH* NJW 1981, 1961). Unter Umständen soll es auch genügen, wenn der Vertragshändler schon während der Vertragslaufzeit zur Mitteilung der Kundendaten verpflichtet war (vgl. *BGH* NJW 1964, 1952). Demnach gebührt Zeitz vorliegend ein Ausgleichsanspruch in Analogie zu § 89b HGB.

b) Nein (vgl. *BGH* NJW 1983, 2877, 2879). Die sog. **Sogwirkung der Marke** schließt einen Ausgleichsanspruch grundsätzlich nicht aus, sondern ist lediglich im Rahmen der Billigkeitsprüfung nach § 89b Abs. 1 Nr. 3 HGB zu berücksichtigen.

c) Nach Auffassung der Rechtsprechung scheidet ein Ausgleichsanspruch dann aus (vgl. z.B. *BGH* NJW 1994, 657, 658); die

311. Röhricht war zehn Jahre lang als Vertragshändler für die Firma Toyota tätig und macht nach Toyotas ordentlicher Kündigung des Händlervertrages einen Ausgleichsanspruch analog § 89b HGB geltend. Toyota verweist darauf, daß Röhricht nach § 7 des Händlervertrages nicht verpflichtet ist, die Namen seiner Kunden zu nennen. Ihn traf während der Vertragslaufzeit lediglich eine Pflicht, seine Kundendaten an ein unabhängiges Marketingunternehmen zu Werbezwecken weiterzuleiten. Findet Toyota mit diesem Einwand Gehör?

überwiegende Lehre hält dem entgegen, daß der Vertragshändler entweder nach §§ 675 Abs. 1, 666 BGB oder im Wege ergänzender Vertragsauslegung zur Überlassung der Kundendatei verpflichtet sei, und tritt infolgedessen für eine analoge Anwendung des § 89b HGB ein (vgl. *Canaris*, § 19 Rn. 26 f.).

Nach Auffassung des *Bundesgerichtshofs* ja (vgl. *BGH* NJW 1996, 2159). Der VIII. Zivilsenat verlangt für einen Ausgleichsanspruch analog § 89b HGB eine Verpflichtung zur Überlassung der Kundendaten (vgl. bereits Frage 310), an der es hier gerade fehlt. Eine **faktische Kontinuität des Kundenstamms,** wie sie im Schrifttum verschiedentlich als ausreichend erachtet wird (vgl. *K. Schmidt*, § 28 III 2 a aa, S. 773), **soll nicht genügen.** Ohne Belang sei auch die Überlassung der Kundendaten an eine Marketingfirma, da diese nach Beendigung des Händlervertrages auch ohne besondere Vereinbarung verpflichtet sei, die Daten an den Vertragshändler zu übermitteln und bei sich zu löschen (vgl. *BGH* NJW 1996, 2159, 2160f.). Teilt man den Ausgangspunkt der Spruchpraxis, ist die Ergebnisableitung logisch tadelfrei, doch wird man sorgfältig zu **prüfen** haben, ob § 7 des Händlervertrages nicht eine **unzulässige Umgehung des analog heranzuziehenden § 89b HGB** darstellt (vgl. *Canaris*, § 19 Rn. 27).

c) Franchising

312. Welche typusprägenden Merkmale kennzeichnen einen Franchisenehmer?

Mit gewissen Vergröberungen wird man **drei Hauptmerkmale** herausstellen können:

(1) der **Franchisenehmer** handelt – wie der Vertragshändler – **im eigenen Namen und auf eigene Rechnung.**

(2) **Intern** ist er in ein **einheitliches Organisations- und Vertriebskonzept** eingebunden und unterliegt umfangreichen Kontroll- und Weisungsrechten des Franchisegebers.

(3) **Nach außen** tritt er unter einem **gemeinsamen Namen**, Symbol oder einer gemeinsamen Marke und Ausstattung in Erscheinung, hinter der seine eigene Firma nahezu gänzlich zurücktritt.

313. Was wissen Sie über die wirtschaftliche Bedeutung und Verbreitung des Franchising?	Franchisingsysteme erfreuen sich **ständig wachsender Beliebtheit.** Von Kfz-Werkstätten, Drogerien und Mietwäsche-Service-Unternehmen über Hotels, Zeitpersonalagenturen, Computerläden und Campingplätzen bis hin zu Gartencentergeschäften und Schauspielschulen bleibt kaum ein Geschäfts- oder Berufszweig ausgespart: „*Tout est franchisable*". Besondere Verbreitung findet das Franchising im **herstellerabhängigen Einzelhandel** (z. B. Marco Polo, Obi, Stinnes Baumärkte, Fotoquelle, Nordsee, Ihr Platz, Rodier), im **Großhandel** (z. B. Coca-Cola-Abfüller als Franchisenehmer und als regionale Großhändler) sowie bei **Dienstleistungsanbietern** (Hotelketten: Hilton, Sheraton, Holiday Inn; Gaststätten: McDonalds, Wiener Wald; Zeitarbeit: Manpower; Sprachschulen: Inlingua; Friseure: Clear).
314. Welche Arten von Franchising lassen sich unterscheiden?	a) Eine erste Einteilung knüpft an den **Vertragsgegenstand** an und sondert Vertriebs-, Produktions- und Dienstleistungsfranchising: Beim **Vertriebsfranchising** hat der Franchisegeber für den

Absatz seiner Waren ein besonderes (Marketing-)Konzept entwickelt, in das er den Franchisenehmer einschaltet (Beispiel: Benetton). Beim **Produktionsfranchising** stellt der Franchisenehmer die Waren nach Anleitung des Franchisegebers selbst her und vertreibt sie unter dessen Marke (Beispiel: Coca-Cola). Von **Dienstleistungsfranchising** spricht man schließlich, wenn der Franchisegeber ein bestimmtes Servicekonzept erarbeitet hat und dessen Umsetzung dem Franchisenehmer überläßt (Beispiel: Cosy-Wash).

b) Darüber hinaus differenziert man gelegentlich nach der **Marktstufe** und dem Vorliegen oder Fehlen eines Über-Unterordnungsverhältnisses: Beim **vertikalen Franchising,** dem statistischen Regelfall, ist der Franchisenehmer in ein straffes Absatzsystem des Franchisegebers einbezogen und diesem weisungsunterworfen **(Subordinationsfranchising).** Dagegen wirken die Parteien beim weitaus selteneren **horizontalen Franchising** partnerschaftlich-gleichberechtigt zusammen **(Koordinationsfranchising).**

315. Wie läßt sich die Rechtsnatur des Franchising dogmatisch erfassen?

Beim Franchising handelt es sich um einen **typengemischten Vertrag,** der vorwiegend geschäftsbesorgungs- und dienstvertragliche Elemente i. S. d. §§ 675 Abs. 1, 611 BGB vereint, aber durch ein lizenzähnliches Nutzungsrecht des Franchisenehmers am Marketing- und Organisationskonzept des Franchisegebers auch eine pachtrechtliche Komponente aufweist.

316. a) Was wissen Sie über die typische Entgeltstruktur beim Franchising?

a) **Haupteinnahmequelle des Franchisegebers** sind die **Franchisinggebühren,** die sich zumeist aus einer festen Eintritts-

b) Darf der Franchisegeber dem Franchisenehmer die Endverkaufspreise verbindlich vorschreiben?

gebühr *(entry fee)* bei Vertragsbeginn und einer laufenden Umsatzbeteiligung *(franchise fee* oder *royalties,* in der Regel 2–5% des Umsatzes) zusammensetzen.

b) Nein (vgl. *BGHZ* 140, 342). **Preis- und Konditionenbindungen** für Geschäfte des Franchisenehmers mit seinen Kunden **verstoßen gegen § 14 GWB**, weil dieser anders als der Handelsvertreter (vgl. Frage 276 b), aber wie der Vertragshändler (vgl. Frage 306) für eigene Rechnung handelt.

317. Die McDonald's System of Germany, Inc. schloß mit Hempel einen Franchise-Vertrag. Sie gewährte ihm darin das Recht, nach Maßgabe der im einzelnen getroffenen Absprachen ein Restaurant nach dem McDonald's-System zu errichten und zu führen. Nach den formularmäßig gestalteten Vertragsbedingungen gehört zum unabdingbaren McDonald's-System unter anderem das seitens der Franchisegeberin festgelegte Verfahren bei der Zubereitung von Speisen nach Maßgabe zur Verfügung gestellter Betriebshandbücher. McDonald's verlangt darin u.a., daß die Grilltemperatur eines mit Gas beheizten Grillgerätes für die Zubereitung von „Hamburgern" 177° C und die für die Zu-

In Betracht kommt eine **außerordentliche Kündigung analog § 89 a HGB**, der nach h. M. auch auf den Franchisevertrag anwendbar ist:

a) Hinsichtlich des **wichtigen Kündigungsgrundes** kann man an eine Verletzung vertraglicher Pflichten anknüpfen: Als Bestandteil eines Formularvertrages unterliegen die Zubereitungs- und Qualitätsvorgaben der Inhaltskontrolle nach §§ 307 Abs. 2 Nr. 2, 310 Abs. 1 S. 2 BGB, doch bestehen gegen sie keine durchgreifenden Bedenken (vgl. *BGH NJW* 1985, 1894). Demnach hat Hempel, indem er die für die einheitliche Qualität der Restaurantkette ausschlaggebenden Grilltemperaturen wiederholt nicht eingehalten hat, einen Grund zur außerordentlichen Kündigung gesetzt.

b) Zweifelhaft ist allerdings, ob die Kündigung noch rechtzeitig erfolgte. Es entspricht einem allgemeinen, nunmehr in § 314 Abs. 3 BGB kodifizierten Grundsatz des Rechts der Dauerschuldverhältnisse, daß **Kündigungen aus wichtigem Grund nur innerhalb angemessener Zeit** ausgesprochen werden können (vgl. für

bereitung von „Hamburgern-Royal" 191 °C zu betragen habe. Nachdem McDonald's bei mehreren Betriebsprüfungen Anfang 2003 feststellen mußte, daß Hempel die vorgeschriebenen Grilltemperaturen nicht einhielt, mahnte sie ihn entsprechend der vertraglichen Regelung ab, zuletzt am 1. Februar 2003. Am 3. August 2003 kündigte McDonald's den Vertrag fristlos. Ist die Kündigung wirksam?

den Handelsvertretervertrag Frage 284 b). Hier hat der Franchisegeber nach dem letzten festgestellten Vertragsverstoß ohne ersichtlichen Grund acht Monate bis zur Kündigung verstreichen lassen. Damit ist die Wichtigkeit des Kündigungsgrundes im Zeitablauf verblaßt und dem Franchisegeber die **Kündigung nach § 314 Abs. 3 BGB verwehrt** (vgl. *BGH* NJW 1985, 1894, der noch auf den Grundsatz von Treu und Glauben zurückgreifen mußte).

318. Die Firma Benetton vertreibt ihre Oberbekleidung über selbständige Einzelhändler, die das Kennzeichen „Benetton" ohne Hinzufügung eines Namenshinweises führen dürfen und sich verpflichten, ihre Geschäfte auf eigene Kosten „benetton-typisch" zu gestalten und einzurichten. Zu diesen Benettonhändlern gehört auch Berger, der in bester Frankfurter Verkaufslage Konfektion aus der Serie „United Colours of Benetton" verkauft. Als Benetton überregional mit Schockwerbung (Soldatenfriedhof, Ölvogel, Kinderarbeit, AIDS-Opfer) auf seine Kollektion aufmerksam macht,

a) Nein (vgl. *BGH* NJW 1997, 3304). Ein Schadensersatzanspruch könnte sich aus einer **Pflichtverletung des franchiseähnlichen Vertrages** gemäß §§ 280, 241 Abs. 2 BGB ergeben. Insoweit ist zwar anerkannt, daß der Franchisegeber bei seinen unternehmerischen Entscheidungen auf die schutzwürdigen Belange der Franchisenehmer Rücksicht nehmen muß. Eine Verletzung dieser **Treuepflicht** wird man aber jedenfalls solange nicht annehmen können, wie für den Franchisegeber nicht erkennbar ist, daß die aggressive Werbung geschäftsschädigend wirkt. Ebensowenig kann sich Berger auf einen Schadensersatzanspruch aus § 823 Abs. 1 BGB wegen eines Eingriffs in seinen eingerichteten und ausgeübten Gewerbetrieb stützen: Hierfür fehlt es einmal an einem betriebsbezogenen Eingriff (vgl. Frage 209 b), jedenfalls aber am Verschulden mangels objektiver Voraussehbarkeit einer Schädigung der Franchisenehmer.

verzeichnet Berger beträchtliche Umsatzeinbußen und verlangt von Benetton Schadensersatz. Mit Erfolg?
b) Wie steht es mit einem Ausgleichsanspruch des Berger analog § 89 b HGB, wenn über den Schadensersatzprozeß das Vertragsverhältnis endet?

b) Auch das ist unsicher. Zwar erkennt die h.L. dem **Franchisenehmer** einen Ausgleich **gemäß § 89 b HGB** zu, wenn er ähnlich wie ein Handelsvertreter oder Vertragshändler in das Vertriebssystem des Franchisegebers eingegliedert ist (vgl. *Canaris*, § 20 Rn. 29–31). Der **Bundesgerichtshof** fordert aber als weitere Analogievoraussetzung eine rechtliche **Verpflichtung zur Übertragung des Kundenstammes** (vgl. Frage 310 a zum Vertragshändlervertrag). Fehlt es daran und gibt es auch keine Anhaltspunkte für eine tatsächliche Übernahme des Kundenstamms durch den Franchisegeber, scheidet ein Ausgleichsanspruch nach der Rechtsprechung aus (vgl. *BGH* NJW 1997, 3304, 3308).

319. Kühl vertreibt im eigenen Namen und auf eigene Rechnung im Großraum Mainz Tiefkühlkost der Marke „Eismann" unter Inanspruchnahme eines Einkaufsrabatts. Für die Einräumung der Nutzungsrechte an Namen und Marke sowie für Schulung, Ausbildung und Erstausstattung hat er einen Kostenbetrag von 10 000 Euro an die Eismann GmbH bezahlt. Die Zusammenarbeit erfolgt vereinbarungsgemäß auf der Grundlage eines Handbuchs der Eismann GmbH, das eingehende Regelungen über die vorzuhaltende Ware, die Auf-

Der Fall veranschaulicht die im Einzelfall oft schwierige **Abgrenzung** zwischen selbständigem **Gewerbetreibenden** und **Arbeitnehmer**, welche die Gerichtsbarkeit unter dem Stichwort „**Scheinselbständigkeit**" zuletzt ausgiebig beschäftigt hat (vgl. *BAG* NJW 1997, 2973; *BGHZ* 140, 11). Für Kühls Klage ist der Arbeitsgerichtsweg eröffnet, wenn er als Franchisenehmer im Verhältnis zur Eismann GmbH als Arbeitnehmer (§ 5 Abs. 1 S. 1 ArbGG) oder arbeitnehmerähnliche Person (§ 5 Abs. 1 S. 2 ArbGG) anzusehen ist. Gegen eine Arbeitnehmereigenschaft Kühls spricht nicht bereits die Etikettierung als „Vertriebspartner", weil es nach **h.M. nicht** auf die **Vertragsbezeichnung, sondern** auf den **Vertragsinhalt** ankommt. Ebensowenig läßt sich anführen, daß ein Franchisevertrag die persönliche Abhängigkeit schlechthin aus-

stellung von Tourenplänen, die wöchentlichen Einsatzzeiten (Tagestouren von Montag bis Freitag, der Samstag als Tag für Büroarbeiten), Staupläne für das gemietete Tiefkühlfahrzeug sowie zahlreiche weitere Durchführungshinweise enthält. Nach zwei Jahren kündigt Kühl den Vertrag, weil er durchschnittlich nicht mehr als 1600 Euro an „Auszahlungen" von der Eismann GmbH erhielt. Er klagt vor dem Arbeitsgericht Mainz auf eine vertraglich vorgesehene Abfindung für seine Arbeitsleistung und eine teilweise Rückerstattung seines Kostenbeitrages. Die Eismann GmbH hält den Rechtsweg zu den Gerichten für Arbeitssachen für unzulässig, weil Kühl ausweislich des Vertragsformulars als „Vertriebspartner" und nicht als Arbeitnehmer tätig wurde. Wer hat Recht?

schließe, weil ihm Weisungs- und Kontrollrechte des Franchisegebers immanent seien. **Maßgeblich für eine Einordnung des Franchisenehmers als Arbeitnehmer oder Selbständiger ist vielmehr, ob er weisungsgebunden und abhängig** ist oder seine Chancen auf dem Markt selbständig und im wesentlichen weisungsfrei suchen kann. Vorliegend spricht manches dafür, daß Kühl Arbeitnehmer der Eismann GmbH ist. Jedenfalls ist er wegen seiner wirtschaftlichen Abhängigkeit und seiner einem Arbeitnehmer vergleichbaren sozialen Schutzbedürftigkeit als **arbeitnehmerähnliche Person** einzustufen: Die Reglementierung seiner Tätigkeit und seine zeitliche Beanspruchung hindern ihn, sich weitere Erwerbschancen auf dem Markt zu suchen. Seine Einkünfte liegen im unteren Bereich; er unterhält außer dem von der Eismann GmbH angemieteten Lieferwagen keine eigene Unternehmens- oder Betriebsorganisation und beschäftigt endlich im Verkauf keine eigenen Arbeitnehmer. Bei einer Gesamtwürdigung aller Umstände ist er daher wie ein angestellter Verkaufsfahrer tätig, so daß der **Arbeitsgerichtsweg** gemäß § 2 Abs. 1 Nr. 3 a ArbGG eröffnet ist.

320. Grundmann strebt in die Selbständigkeit. Er wird auf die Aufina-GmbH aufmerksam, die ein Franchiseunternehmen im Immobilienbereich betreibt. Um Grundmann als Franchisenehmer zu gewinnen, macht Aufina ihm gegen-

Ja (vgl. *OLG München* BB 2001, 1759). Nach inzwischen gefestigter Auffassung in Rechtsprechung und Rechtslehre treffen den **Franchisegeber** vor Unterzeichnung des Franchisevertrages umfangreiche **Aufklärungs-, Informations- und Unterrichtspflichten**. Deren genaue Reichweite hängt von dem Informationsbedarf und den Informationsmöglichkei-

über folgende Angaben: Die Mißerfolgsquote der Franchisenehmer liege unter 3%, die Umsatzplanungen der Aufina zeigten einen doppelt so hohen Jahresumsatz wie bei vergleichbaren Unternehmen, der Verbund mit der namhaften DBV-Versicherung sei ein unschätzbarer Vorteil für den Franchisenehmer. Nicht zuletzt auf Grund dieser Anpreisungen schließt Grundmann einen Franchisevertrag mit Aufina ab. Sein Existenzgründeroptimismus verfliegt allerdings rasch: Die Mißerfolgsquote liegt deutlich höher, die vertraglich geschuldete Kostenbelastung für Werbemaßnahmen, Büroausstattung und Personal ist kaum finanzierbar, eine Zuführung von Kunden durch die DBV-Versicherung findet nicht statt. Grundmann verlangt daher von Aufina Rückzahlung der Franchisegebühren und Schadensersatz wegen der nicht eingehaltenen Versprechungen. Mit Recht?

ten des jeweiligen Vertragspartners ab. Regelmäßig sind folgende Umstände offenzulegen: die Entwicklung und Verbreitung des Franchisesystems, die Anforderungen an den Franchisenehmer, die Konkurrenz- und Marktsituation, die durchschnittliche Umsatz- und Ertragserwartung, die erforderlichen Finanzmittel unter Berücksichtigung der voraussichtlichen Anfangsverluste, die typischen Kosten eines Franchisebetriebs (näher *Giesler*, Franchiseverträge, 2. Aufl. 2002, Rn. 200–222). Unrichtige oder unterlassene Angaben begründen eine Schadensersatzpflicht des Franchisegebers nach §§ 280 Abs. 1, 241 Abs. 2, 311 Abs. 2 BGB. Hier hätte Aufina den Grundmann darüber unterrichten müssen, daß eine Reihe von Franchisenehmern ihren Betrieb wegen ausbleibenden Erfolges aufgeben mußten. Anders als von Aufina dargestellt, war der Erfolg der Franchisenehmer damit keineswegs „vorprogrammiert". Grundmann kann infolgedessen den gesamten ihm entstandenen **Vertrauensschaden** ersetzt verlangen. Dazu gehören neben den Franchisegebühren die Aufwendungen für Büroräume, Geschäftsausstattung und Personal abzüglich der von ihm erzielten Einnahmen. Ein Mitverschulden i. S. d. § 254 Abs. 1 BGB trifft den Franchisenehmer in der Regel nicht, wenn er auf die falschen Angaben des Franchisegebers vertraut hat.

Beachte: Das UNIDROIT-Institut in Rom hat im Jahre 2002 ein *Franchise Disclosure Law* vorgelegt. Das Modellrecht sieht vor, daß der Franchisegeber dem Franchisenehmer vor Vertragsunterzeichnung ein schriftliches Aufklärungsdokument aushändigt.

C. Handelsbücher

I. Grundlagen der Rechnungslegung

1. Gegenstand und Grundeinteilung des Rechnungswesens

321. Christiane hat ihre Liebe für das Handels- und Gesellschaftsrecht entdeckt. Nur um das Bilanzrecht macht sie bislang einen weiten Bogen, weil der „Buchführungs- und Bilanzierungskram" für Juristen unwichtig sei. Stimmt das?

Nein. Das **Denken in bilanziellen Zusammenhängen** begegnet **im Gesellschaftsrecht** auf Schritt und Tritt: bei den Kapitalaufbringungs- und -erhaltungsregeln des Aktien- und GmbH-Rechts, der Außenhaftung des Kommanditisten, der Abfindung ausscheidender OHG- oder BGB-Gesellschafter und der bei allen Gesellschaftsformen erforderlichen Abgrenzung zwischen Eigen- und Fremdkapital. Für angehende Wirtschaftsjuristen ist es daher **unerläßlich**, sich wenigstens Grundkenntnisse im Recht der Rechnungslegung anzueignen.

322. Eines Besseren belehrt, wendet sich Christiane an ihren Schulfreund Profitlich, der im fünften Semester Betriebswirtschaftslehre studiert und bittet ihn, ihr
a) Gegenstand und
b) Aufgaben des betrieblichen Rechnungswesens zu erläutern. Was wird Profitlich antworten?

a) Das **betriebliche Rechnungswesen** wird als **Inbegriff eines Informationssystems** verstanden, das unternehmensrelevante Daten über angefallene oder geplante Geschäftsvorgänge erfaßt, speichert und verarbeitet (vgl. *Schierenbeck*, Grundzüge der Betriebswirtschaftslehre, 16. Aufl. 2003, S. 497).

b) Die **Aufgaben** des betrieblichen Rechnungswesens lassen sich in drei größere Gruppen zusammenfassen:

(1) **Dokumentation** des betrieblichen Geschehens,

(2) **Rechenschaftslegung** gegenüber Gesellschaftern, Gläubigern, Belegschaft, Öffentlichkeit und Staat,

I. Grundlagen der Rechnungslegung

(3) **Planung und Steuerung** unternehmenspolitischer Entscheidungen.

323. Christiane blättert im Vorlesungsverzeichnis der Wirtschaftswissenschaftlichen Fakultät und entdeckt unter der Überschrift „Rechnungswesen" Veranstaltungen zu den Teilgebieten a) Buchführung und Bilanz, b) Kosten- und Leistungsrechnung, c) betriebswirtschaftliche Statistik und Vergleichsrechnung sowie d) Planungsrechnung. Wovon handeln die betreffenden Gebiete?

a) **Buchführung** und **Bilanz** bilden das Kernstück des externen Rechnungswesens. Die Aufgabe der Buchführung besteht darin, alle Geschäftsvorfälle in chronologischer Reihenfolge aufzuzeichnen. Aus diesem Zahlengerüst wird sodann die Jahresbilanz erstellt, die durch einen Vermögensvergleich mit dem Vorjahr Aufschluß über den Periodenerfolg gibt.

b) **Kosten- und Leistungsrechnung** dient allein innerbetrieblichen Zwecken. Sie soll eine Wirtschaftlichkeitskontrolle der Betriebsprozesse ermöglichen und das Zahlenmaterial für unternehmenspolitische Entscheidungen (z.B. Kalkulation von Preisen und Preisuntergrenzen) liefern.

c) **Betriebswirtschaftliche Statistik** und **Vergleichsrechnung** werten die Zahlen der Buchhaltung und Kostenrechnung aus und gewinnen durch Zeit-, Verfahrens- und Soll-Ist-Vergleiche zusätzliche Erkenntnisse über betriebliche Vorgänge.

d) **Planungsrechnung** hat die Aufgabe, die Unternehmensplanung durch Schätzungen der zukünftigen Ausgaben und Einnahmen zu unterstützen und weiter zu konkretisieren (vertiefend zu allem: *Wöhe*, Einführung in die Allgemeine Betriebswirtschaftslehre, 21. Aufl. 2002, S. 853 ff.).

2. Rechtsgrundlagen und Gliederung des Handelsbilanzrechts

324. Welches ist die wichtigste Rechtsquelle des Handelsbilanzrechts?

Das **Dritte Buch des HGB** (§§ 238–342a), das die Überschrift Handelsbücher trägt und gelegentlich auch als „**Grundgesetz des Bilanzrechts**" bezeichnet wird.

325. Was wissen Sie über die Entstehungsgeschichte dieser Vorschriften?	Sie beruhen auf dem **Bilanzrichtliniengesetz vom 12. Dezember 1985**, das die zuvor in verschiedenen Einzelgesetzen verstreuten Vorschriften zusammengeführt, geordnet und durch ihre Aufnahme in die handelsrechtliche Kodifikation weithin vereinheitlicht hat.
326. Woher rührte der Anstoß zu einer vollständigen Überarbeitung und Neugestaltung des Handelsbilanzrechts?	Den entscheidenden Impuls gab das **Gemeinschaftsrecht**, das drei Richtlinien zur Harmonisierung des europäischen Rechnungslegungsrechts hervorgebracht hat: die **Bilanzrichtlinie** (4. Richtlinie betreffend den Jahresabschluß bestimmter Rechtsformen), die **Konzernrechnungslegungsrichtlinie** (7. Richtlinie betreffend den konsolidierten Abschluß) und die **Abschlußprüferrichtlinie** (8. Richtlinie betreffend die Zulassung der mit der Pflichtprüfung der Rechnungslegungsunterlagen beauftragten Personen). Alle drei Richtlinien sind durch das am 1. Januar 1986 in Kraft getretene Bilanzrichtliniengesetz in nationales Recht umgesetzt worden (weiterführend zur Entwicklung des europäischen Bilanzrechts *van Hulle*, WPg 2003, 968). **Beachte:** Die gemeinschaftsrechtliche Modernisierungsrichtlinie (RL 2003/51/EG vom 17.7.2003) wird das geltende europäische Bilanzrecht in weiten Teilen aktualisieren. Die Fair-Value-Richtlinie (RL 2001/65/EG vom 27.9.2001) zielt darauf ab, das europäische Bilanzrecht stärker für eine Zeitwertbewertung zu öffnen.
327. Welche wichtigen Folgerungen für die Rechtsanwendung ergeben sich aus dem unionsrechtlichen Ur-	Die einschlägigen Vorschriften sind **gemeinschaftsrechtskonform auszulegen.** Bei Unklarheiten besteht eine Vorlagepflicht an den Europäischen Gerichtshof

sprung des deutschen Bilanzrechts? | nach Maßgabe des Art. 234 EG (für ein Beispiel Frage 363).

328. Gibt es auch heute noch Bilanzrechtsnormen außerhalb des HGB? | Ja. **Sonderregeln,** welche die HGB-Vorschriften ergänzen und gelegentlich auch verdrängen, finden sich etwa in den **§§ 150–176 AktG, §§ 42–42a GmbHG** und **§ 33 GenG.** Erwähnung verdienen ferner die §§ 25–31 KWG.

329. Welchen drei Aufbauprinzipien folgt das Dritte Buch des HGB? | (1) **Vom Einfachen zum Komplizierten:** Den Vorschriften über den Kaufmann (§§ 238–263 HGB) folgen solche über unabhängige Kapitalgesellschaften (§§ 264–289 HGB) und den Konzern (§§ 290–315 HGB).
(2) Vom **Allgemeinen zum Besonderen:** Den für alle Kaufleute geltenden Vorschriften (§§ 238–263 HGB) folgen speziellere für Kapitalgesellschaften (§§ 264–289 HGB), Genossenschaften (§§ 336–339 HGB), Kredit- und Finanzdienstleistungsinstitute (§§ 340–340o HGB) sowie Versicherungsunternehmen (§§ 341–341p HGB).
(3) Vom **Anfang zum Ende:** Den Vorschriften über die Buchführung (§§ 238–241 HGB) folgen im zeitlichen Ablauf solche über Bilanz und Jahresabschluß (§§ 242–315 HGB), Prüfung (§§ 316–324 HGB) und Offenlegung (§§ 325–329 HGB).

3. Bilanzierungsziele

330. Das moderne Bilanzrecht verfolgt mit seinen detaillierten Vorschriften | (1) **Selbstinformation** des Kaufmanns: Sie bildete die Keimzelle kaufmännischer Buchführung; ihr historischer Ursprung

verschiedene Zwecke. Nennen sie die wichtigsten Rechnungslegungsziele in der Reihenfolge ihrer geschichtlichen Entwicklung!

wird häufig auf ein Anleitungsbuch des Franziskanermönchs und Mathematikers *Luca Pacioli* aus dem Jahre 1495 zurückgeführt, das die buchhalterische Übung der venezianischen Kaufleute darstellte.

(2) Gläubigersicherung: Sie hat mit den Buchführungs- und Inventarisierungspflichten der unter *Ludwig XIV.* in Kraft gesetzten *Ordonannce sur le commerce de terre* (1673) und ihrer Kommentierung durch *Jacques Savary* in seinem Buch „Le parfait negociant" (1675) Eingang in das Bilanzrecht gefunden und wurde über die Vermittlung des *Code de commerce* (1807) später als Leitidee in das Allgemeine Deutsche Handelsgesetzbuch (1861) übernommen.

(3) Fiskalische Zahlungsbemessung: Sie geht zurück auf die Einkommensteuergesetze von Sachsen (1871) und Preußen (1894), in denen die Handelsbilanz zur Grundlage der einkommensteuerlichen Gewinnbemessung gemacht wurde.

(4) Information der Öffentlichkeit: Sie brach sich spätestens mit dem Publizitätsgesetz von 1969 Bahn, das neben den Informationsinteressen der Gläubiger und Anteilseigner erstmals auch solche einer breiteren Öffentlichkeit an Großunternehmen anerkannte, und wurde im weiteren durch das Bilanzrichtliniengesetz von 1985 und moderne kapitalmarktrechtliche Vorschriften (vgl. Frage 419) vielfach bestätigt (näher zu allem *D. Schneider,* in: HWR, 3. Aufl. 1992, Stichwort: Geschichte der Buchhaltung und Bilanzierung, Sp. 717–721; *Schön,* ZHR 161 (1997) 133 ff.).

331. Heute werden die genannten Rechnungslegungs-

a) Zahlungsbemessungsfunktion bringt zum Ausdruck, daß die Handelsbilanz

I. Grundlagen der Rechnungslegung

ziele zumeist auf zwei Grundfunktionen zurückgeführt: die Zahlungsbemessungs- und die Informationsfunktion. Was besagen sie und wo haben sie im Gesetz ihren Niederschlag gefunden?

zur Ermittlung sowohl der mitgliedschaftlichen Gewinnansprüche als auch der steuerlichen Zahlungsverpflichtungen dient. **§ 120 Abs. 1 HGB** hat das erste Teilziel vor Augen, wenn er bestimmt, daß der Jahresgewinn einer Offenen Handelsgesellschaft am Schluß jedes Geschäftsjahres aufgrund der Bilanz ermittelt und für jeden Gesellschafter sein Anteil daran berechnet wird. **§ 5 Abs. 1 Satz 1 EStG** spricht von dem zweiten Teilziel, indem er die buchführungspflichtigen Gewerbetreibenden anhält, in ihrer Steuerbilanz jenes Betriebsvermögen anzusetzen, das nach den handelsrechtlichen Grundsätzen ordnungsmäßiger Buchführung auszuweisen ist (näher Frage 333).

b) **Informationsfunktion** beschreibt die Aufgabe der Handelsbilanz, den Rechnungslegungsadressaten verläßliche und aussagekräftige Zahlen über die Vermögens-, Finanz- und Ertragslage des Unternehmens an die Hand zu geben. Dahin zielt der Normbefehl des **§ 238 Abs. 1 HGB**, der jeden Kaufmann verpflichtet, Bücher zu führen und in diesen die Lage seines Vermögens nach den Grundsätzen ordnungsgemäßer Buchführung ersichtlich zu machen (vertiefend zu beiden Grundfunktionen *Coenenberg*, Jahresabschluß und Jahresabschlußanalyse, 19. Aufl. 2003, S. 9 ff.).

4. Handelsbilanz, Steuerbilanz und Sonderbilanzen

332. Christiane schmökert in dem speziell für Juristen geschriebenen Bilanzrechts-

a) Die **Handelsbilanz** soll die Vermögenslage des Kaufmanns für alle Rechnungslegungsadressaten sichtbar machen

lehrbuch von *Großfeld* und stößt dort auf zwei verschiedene Bilanzen: die Handels- und die Steuerbilanz. Was hat es damit auf sich?

(vgl. § 238 Abs. 1 HGB). Im Interesse des Selbst- und Gläubigerschutzes wird er dabei von Gesetzes wegen angehalten, seine **Vermögenslage nicht zu rosig** darzustellen. Infolgedessen enthalten die §§ 242 ff., 253 ff. HGB für das Vermögen vor allem Höchstwerte, für die Schulden Mindestwerte (vgl. *Großfeld*, Rn. 74).

b) Einziger Adressat der **Steuerbilanz** ist der Fiskus. Er legt mit Hilfe des Steuerbilanzgewinns fest, welche Beträge nach dem Einkommen- oder Körperschaftsteuergesetz an den Staat abzuführen sind. Im Interesse der Manipulationsfreiheit und Steuergerechtigkeit achtet das Steuerrecht darauf, daß der Steuerpflichtige seine **Vermögenslage nicht zu schlecht** darstellt. Es betont deshalb bei Wirtschaftsgütern stärker Wertuntergrenzen und sieht Mindestwerte vor, die nicht unterschritten werden dürfen (vgl. *Großfeld*, Rn. 75–76).

333. In welchem Verhältnis stehen Handels- und Steuerbilanz zueinander?

a) Gemäß **§ 5 Abs. 1 Satz 1 EStG** bilden die handelsrechtlichen Grundsätze ordnungsmäßiger Buchführung die Basis für die steuerliche Gewinnermittlung. Historisch entsprang dieses sog. **Maßgeblichkeitsprinzip** einer praktischen Notwendigkeit, weil die ersten Einkommensteuergesetze der Länder (Sachsen 1871, Bremen 1874) Mühe hatten, eigene Vorschriften für die Einkommensermittlung zu entwickeln. Heute wird zu seiner **rechtspolitischen Rechtfertigung** häufig angeführt, daß es den Steuerpflichtigen vor einem einseitigen fiskalischen Zugriff schütze (vertiefend die Beiträge von *Groh, Erle* und *Euler* in dem Sammelband von Kleindieck/Oehler (Hrsg.), Die Zu-

I. Grundlagen der Rechnungslegung

kunft des deutschen Bilanzrechts, 2000, S. 169 ff.).

b) In bestimmten Fällen wird der **Maßgeblichkeitsgrundsatz umgekehrt.** Gemäß **§ 5 Abs. 1 Satz 2 EStG** sind steuerrechtliche Wahlrechte bei der Gewinnermittlung in Übereinstimmung mit der handelsrechtlichen Jahresbilanz auszuüben. Dahinter steht eine **Philosophie des Gebens und Nehmens:** Der Steuerpflichtige soll Steuererleichterungen nur dann in Anspruch nehmen dürfen, wenn die entsprechenden Gewinnverlagerungen auch in der Handelsbilanz nachvollzogen und nicht zu Ausschüttungszwecken verwendet werden. Diese sog. umgekehrte Maßgeblichkeit hat in den vergangenen Jahren enorm an Bedeutung gewonnen (vertiefend *Schulze-Osterloh,* ZGR 2000, 594 ff.).

334. Stolz berichtet Christiane dem Profitlich beim gemeinsamen Mittagessen in der Mensa vom Glanz des Maßgeblichkeitsprinzips. Profitlich, der gerade ein längeres Praktikum bei einem Steuerberater absolviert hat, meint, das sei doch alles graue Theorie. Stimmt das?

Ja. Vielfach erstellt der Kaufmann seine Handelsbilanz sogleich mit einem kontrollierenden Seitenblick auf die steuerrechtlichen Folgen, so daß die **prägende Kraft des Handelsbilanzrechts schwindet.** Einzelkaufleute und Personengesellschaften verzichten nicht selten auf die Erstellung einer eigenen Handelsbilanz und greifen insoweit auf die Steuerbilanz zurück (vgl. *Großfeld,* Rn. 78). Einen Beleg hierfür bieten die verbreiteten **Einheitsbilanzklauseln** in Gesellschaftsverträgen (speziell für die GmbH *Priester,* FS Heinsius, 1991, S. 621). Allerdings darf die Handelsbilanz der Steuerbilanz durch solche Klauseln nur insoweit angepaßt werden, wie kein zwingendes Handelsrecht entgegensteht (vgl. *BayObLG* DB 1988, 171; *BGH* WM 1996, 772, 775).

335. a) Aus ihrer Gesellschaftsrechtsvorlesung weiß Christiane, daß es neben der Handels- und Steuerbilanz auch noch Auseinandersetzungs-, Überschuldungs- oder Umwandlungsbilanzen gibt. Können Sie diese speziellen Bilanzen in ein übergreifendes Gesamtsystem einordnen?
b) Welche Bedeutung kommt dabei dem Gegensatzpaar Gewinnermittlungs- und Vermögensbilanz zu?

a) Im systematischen Zugriff pflegt man den **Regelbilanzen,** die periodisch aufzustellen sind, die **Sonderbilanzen** gegenüberzustellen, die nur bei besonderen Anlässen erstellt werden und spezielle Zwecke verfolgen. Ihre einzelnen Spielarten lassen sich am Lebensprozeß eines Unternehmens veranschaulichen: Eröffnungs-, Kapitalerhöhungs-, Verschmelzungs-, Spaltungs-, Überschuldungs- und Liquidationsbilanz (eingehend *Budde/ Förschle,* Sonderbilanzen, 3. Aufl. 2002).
b) Für die **Gewinnermittlungs- oder Erfolgsbilanz** gelten die allgemeinen Ansatz- und Bewertungsregeln des HGB. Dagegen besteht für **Vermögens- oder Statusbilanzen** keine Bindung an die historischen Anschaffungs- oder Herstellungskosten.

336. Gelten für die Sonderbilanzen auch die Vorschriften des Dritten Buchs des HGB? Wählen sie zur Erläuterung die Auseinandersetzungs- und die Überschuldungsbilanz!

Das richtet sich nach dem jeweiligen Zweck der Sonderbilanz:
a) Die **Auseinandersetzungs- oder Abschichtungsbilanz** dient dazu, den Abfindungsanspruch eines ausscheidenden Gesellschafters zu ermitteln. Sie soll den Verkehrswert des Unternehmens abbilden und ist daher keine Erfolgs-, sondern eine **Vermögensbilanz.** Mithin sind die handelsrechtlichen Ansatz-, Bewertungs- und Gliederungsvorschriften nicht zwingend anzuwenden: Stille Reserven müssen aufgelöst, ein etwaiger Geschäfts- oder Firmenwert angesetzt werden.
b) Bei der **Überschuldungsbilanz** handelt es sich ebenfalls um eine **Vermögensbilanz,** in der alle Vermögenswerte und Verbindlichkeiten mit ihren aktuellen Verkehrs- oder Liquidationswerten auszuweisen sind (vgl. *BGHZ* 125, 141, 146;

NJW 1999, 3120; 2001, 139). Das Ergebnis der Neubewertung kann durch die Behandlung eigenkapitalersetzender Gesellschafterdarlehen erheblich beeinflußt werden. Sie sind nach Auffassung des *Bundesgerichtshofs* in der Überschuldungsbilanz zu passivieren, soweit für sie keine Rangrücktrittserklärung abgegeben worden ist (vgl. *BGHZ* 146, 264; kritisch *Fleischer*, JZ 2001, 1191).

5. Bilanzpolitik und Bilanzanalyse

337. In *BGHZ* 132, 263 stritten die Gesellschafter einer Kommanditgesellschaft über Zulässigkeit und Grenzen der Bildung stiller Reserven. Der einzige Komplementär hatte für das Geschäftsjahr 1991 eine Handelsbilanz erstellt, die einen Verlust in Höhe von 1.1 Mio. DM auswies. In der Steuerbilanz ergab sich demgegenüber ein Jahresüberschuß von 16.8 Mio DM. Um Erläuterung dieser Diskrepanz gebeten, erklärte der Komplementär den übrigen Gesellschaftern lapidar, er habe Bilanzpolitik betrieben. Was versteht man darunter und welche Ziele lassen sich mit ihr verfolgen?

a) Unter **Bilanzpolitik** versteht man die bewußte **Ausnutzung bilanzieller Gestaltungsspielräume,** um das ausgewiesene Ergebnis mindernd oder erhöhend zu beeinflussen.

b) Etwas vereinfacht lassen sich finanz- und publizitätspolitische Ziele unterscheiden. Zu den **finanzpolitischen Zielen** gehören (1) Sicherung der Kapitalerhaltung, (2) Verstetigung der Gewinn- und Dividendenzahlung, (3) Steuerlastminimierung und (4) Pflege der Kreditwürdigkeit. Die **publizitätspolitischen Ziele** lassen sich auf zwei diametral entgegengesetzte Grundfunktionen zurückführen: (1) eine auf Offenlegung und weitestgehende Information bedachte Bilanzpolitik *(aktive Publizität)* und (2) eine auf Verheimlichung und restriktive Auslegung von Rechnungslegungsvorschriften und GoB (dazu Frage 355) bedachte Bilanzpolitik *(passive Publizität).*

338. Welche bilanzpolitischen Instrumente stehen

Die in Betracht kommenden Instrumente sind ganz verschiedenartig und werden dem Bilanzierungspflichtigen zur Verfügung?

teils erst im Zuge der Bilanzaufstellung, teils schon im laufenden Geschäftsjahr eingesetzt. Gestaffelt nach ihrer Bedeutung lassen sich vier größere Gruppen unterscheiden:

(1) **Ausnutzung bilanzpolitischer Spielräume zur Bildung oder Auflösung stiller Reserven.** Solche Spielräume eröffnen sich durch gesetzliche Bilanzierungs- und Bewertungswahlrechte (Beispiele: § 255 Abs. 2 S. 3–5, Abs. 3 S. 2, Abs. 4 S. 1 HGB) oder die Verwendung unbestimmter Rechtsbegriffe (Beispiel: § 253 Abs. 4 HGB).

(2) **Bilanzpolitisch motivierte Geschäftsvorgänge vor dem Bilanzstichtag.** Dazu gehört die zeitliche Verschiebung von Maßnahmen (Beispiele: Hinausschieben einer Kreditaufnahme, Vorziehen größerer Reparaturmaßnahmen) oder die Durchführung von Maßnahmen, die ohne bilanzpolitische Gründe nicht erfolgt wären (Beispiel: Veräußerung eines Grundstücks mit hohen stillen Reserven zur Erhöhung des Erfolgsausweises).

(3) **Wahl des Bilanzstichtages** nach betriebsindividuellen Gesichtspunkten, was vor allem bei Saisonbetrieben von Vorteil sein kann.

(4) **Steuerung des Bilanzvorlagetermins** in den Grenzen, die § 243 Abs. 3 HGB für alle Kaufleute und § 264 Abs. 1 Satz 2-3 HGB für Kapitalgesellschaften zieht (umfassend *Wöhe*, Bilanzierung und Bilanzpolitik, 9. Aufl. 1997).

339. a) Was versteht man unter Bilanzanalyse?
b) Von wem und für wen wird sie betrieben?

a) Mit dem Begriff **Bilanzanalyse** verbindet man die Durchsicht und Auswertung von Jahresabschluß und Lagebericht zum Zwecke der Informationsgewinnung.

I. Grundlagen der Rechnungslegung

Durch einen entsprechenden Einsatz analytischer Verfahren sollen **Verzerrungen durch bilanzpolitische Maßnahmen neutralisiert** oder wenigstens **sichtbar gemacht** werden.

b) Betrieben wird Bilanzanalyse vornehmlich von **spezialisierten Finanzfachleuten** im Interesse gegenwärtiger und zukünftiger Gesellschafter, Gläubiger, Arbeitnehmer oder Informationsmittler und -händler.

340. Welche verschiedenen Arbeitsschritte fallen bei einer Bilanzanalyse an?

Gewöhnlich unterscheidet man drei Arbeitsabschnitte:

(1) **Aufbereitung der zugrundegelegten Jahresabschlüsse:** Hier stehen vor allem Fragen der Erfolgsspaltung (ordentliches Betriebsergebnis, Finanzergebnis, außerordentliches Ergebnis) und Erfolgsbereinigung an.

(2) **Ermittlung von Bilanzkennzahlen:** Das aufbereitete Zahlenmaterial wird sodann zu aussagekräftigen Kennzahlen zusammengefaßt und verdichtet, die sich auf die Ertragslage, Liquidität, Finanzkraft oder Investitionsrate beziehen.

(3) **Durchführung von Kennzahlenvergleichen:** Die ausgewählten und berechneten Kennzahlen werden schließlich zur Durchführung von Perioden-, Betriebs- oder Soll-Ist-Vergleichen verwendet.

341. Zu den wichtigsten Kennzahlen, die bei Bilanzanalysen eine Rolle spielen, gehört der sog. *Cash Flow*.
a) Wie wird er definiert?
b) Woher stammt er und worin liegt seine besondere Aussagekraft?

a) Eine einheitliche **Definition des *Cash Flow*** hat sich bislang nicht herausgebildet (Übersicht über die verschiedenen Grundversionen bei *Schierenbeck*, Grundzüge der Betriebswirtschaftslehre, 16. Aufl. 2003, S. 618). Vereinfacht ergibt er sich als **Summe aus Jahresüberschuß, Abschreibungen und der Erhöhung langfristiger**

Rückstellungen. Weitere Verfeinerungen ergeben sich durch die Berücksichtigung zusätzlicher Positionen (z. B. Veränderungen von Wertberichtigungen und Sonderposten, außerordentliche Aufwendungen und Erträge).

b) Der Begriff *Cash Flow* entstammt finanzwirtschaftlichen Denkkategorien und kennzeichnet dort vor allem das **Innenfinanzierungsvolumen** eines Unternehmens. In der Bilanzanalyse wird er darüber hinaus als ein **Indikator der Ertragskraft** verwendet. Dahinter steht die Überlegung, daß die *Cash Flow*-Kennziffer mit den Abschreibungen und Rückstellungen jene Einzelposten enthält, die erfahrungsgemäß häufig zur bilanzpolitischen Kosmetik eingesetzt werden.

6. Bilanzierungszuständigkeiten

342. Welche verschiedenen Phasen umfaßt der Jahreszyklus unternehmerischer Ergebnisermittlung und Ergebnisverwendung bei Personen- und Kapitalgesellschaften?

Man unterscheidet vier „Jahreszeiten":
(1) die **Aufstellung** des Jahresabschlusses,
(2) die **Feststellung** des Jahresabschlusses,
(3) den Ergebnisverwendungsbeschluß und
(4) die Ergebnisverteilung.

Beachte: Zwischen die Auf- und Feststellung schiebt sich bei großen und mittelgroßen Kapitalgesellschaften gemäß § 316 HGB noch die Abschlußprüfung (dazu Frage 409).

343. Erläutern Sie den Unterschied zwischen Aufstellung und Feststellung des Jahresabschlusses!

a) Die **Aufstellung** des Jahresabschlusses erfolgt durch eine gegliederte Zusammenführung der Zahlen von Buchführung und Inventar sowie der ergänzenden Abschlußbuchungen. Sie schließt mit der Vorlage eines – rechtlich unverbindlichen – **Bilanzentwurfs** ab, der den Ge-

I. Grundlagen der Rechnungslegung

sellschaftern zur Billigung vorgelegt wird. Die **Bilanzaufstellung** ist eine Maßnahme der Geschäftsführung: Sie obliegt bei allen Personengesellschaften dem geschäftsführenden Gesellschafter, bei Kapitalgesellschaften dem Vorstand (§§ 264 Abs. 1 S. 1 HGB, 170 Abs. 1 S. 1 AktG) bzw. den GmbH-Geschäftsführern (§§ 264 Abs. 1 S. 1 HGB, 42a Abs. 1 S. 1 GmbHG).

b) Mit der **Feststellung** des Jahresabschlusses wird die **Verbindlichkeit** des vorgelegten Bilanzentwurfs **anerkannt.** Erst der festgestellte Jahresabschluß schafft die Grundlage für den nachfolgenden Gewinnverwendungsbeschluß und bildet nach dem Grundsatz der Bilanzkontinuität (vgl. Frage 374) zugleich den Ausgangspunkt für die Rechnungslegung des folgenden Geschäftsjahres.

344. Spielt die Unterscheidung zwischen Aufstellung und Feststellung auch für den Einzelkaufmann eine Rolle?

Nein, bei ihm bedarf es keiner differenzierenden Kompetenzzuweisung. Er stellt den Jahresabschluß in eigener Verantwortung auf und bringt dies durch eine datierte Unterzeichnung zum Ausdruck, § 245 S. 1 HGB. Eine **Feststellung entfällt beim Einzelkaufmann** ebenso wie ein förmlicher Gewinnverwendungsbeschluß.

345. Der Sachverhalt in *BGHZ* 132, 262 (vgl. Frage 337) veranschaulicht, daß den Mitwirkungsrechten der Gesellschafter bei der Bilanzfeststellung erhebliche Bedeutung zukommt. Wie sind diese Zuständigkeiten bei der Kommanditgesellschaft verteilt?

Seit jeher gesichert ist, daß alle persönlich haftenden Gesellschafter an dem **Feststellungsbeschluß** zu beteiligen sind. Anlaß zu Zweifeln gibt indes die Position der Kommanditisten. Einer älteren Ansicht zufolge, die sich auf die §§ 166 Abs. 1, 245 Satz 2 HGB stützte, sollten in der KG allein die Komplementäre über die Verbindlicherklärung des Jahresabschlusses befinden. Dem ist der *BGH* in einer jüngeren Entscheidung indessen mit Überzeugungskraft entgegengetreten, indem er die Feststellung des Jahresabschlusses als ein sog. **Grundlagengeschäft** einordnete, das in Ermangelung einer anderen gesellschaftsvertraglichen Regelung des **Einverständnisses aller Gesellschafter** bedarf (vgl. *BGHZ* 132, 262).

346. Wem obliegt die Feststellung des Jahresabschlusses bei den Kapitalgesellschaften?

Bei der Aktiengesellschaft erfolgt die Feststellung im Regelfall durch die Billigung des Aufsichtsrates (§ 172 AktG), ausnahmsweise durch Beschluß der Hauptversammlung (§ 173 Abs. 1 S. 1 AktG), bei der GmbH stets durch Beschluß der Gesellschaftergesamtheit (§ 46 Nr. 1 GmbHG).

7. Bilanzrechtsprechung

347. Ein Zivilrechtler erwartet, daß zur verbindlichen Auslegung und richterrechtlichen Fortbildung der §§ 238 ff. HGB in erster Linie der *Bundesgerichtshof* berufen ist. Trifft das tatsächlich zu?

Ja und nein. An sich liegt die höchstrichterliche Zuständigkeit für das Handelsbilanzrecht beim *BGH*. Allerdings ist er eher selten mit bilanzrechtlichen Fragen befaßt. **Praktisch** kommt deshalb der **Rechtsprechung des *BFH*** eine enorme Bedeutung zu, der sich wegen des Maßgeblichkeitsgrundsatzes (vgl. Frage 333) ständig, wenn auch nur als steuerrechtliche Vorfrage mit den §§ 238 ff. HGB auseinandersetzt (monographisch *Moxter*, Bilanzrechtsprechung, 5. Aufl. 1998).

348. Welches andere Gericht macht dem *BGH* den Rang als „oberstes Bilanzgericht" in neuester Zeit noch streitig?

Seit dem Vorlagebeschluß des *BGH* in der Rechtssache Tomberger (vgl. *BGH* ZIP 1994, 1259) ist die **Kompetenz des *EuGH* in Bilanzrechtsfragen** verstärkt in den Blickpunkt gerückt (vgl. *EuGH*, Slg. 1996, I-3133; näher Frage 363). Sie beruht

II. Vorschriften für alle Kaufleute

1. Grundbegriffe

349. a) Findig finanziert sein Informatikstudium mit eigens entwickelten *E-Commerce*-Softwareprogrammen für den Bereich *Business-to-Business*. Weil sein einzelkaufmännisches Unternehmen Internetshop mit Anlaufschwierigkeiten kämpft, nimmt er die Buchführung selbst in die Hand. Welche handels- und steuerrechtlichen Pflichten treffen ihn?
b) Angenommen, Findigs Unternehmen erfordert nach Art oder Umfang keinen in kaufmännischer Weise eingerichteten Geschäftsbetrieb. Ist er dann aller Buchführungspflichten ledig?

a) Wie alle anderen Kaufleute ist Findig gemäß **§ 238 Abs. 1 HGB** verpflichtet, **Bücher zu führen** und die Lage seines Vermögens nach den Grundsätzen ordnungsmäßiger Buchführung ersichtlich zu machen. Die Buchführung muß so beschaffen sein, daß sie einem sachverständigen Dritten innerhalb angemessener Zeit einen Überblick über die Geschäftsvorfälle und die Lage des Unternehmens vermitteln kann. Die **steuerrechtliche Buchführungspflicht** lehnt sich an die handelsrechtliche an: **§ 140 AO** bestimmt, daß die nach anderen Gesetzen bestehende Buchführungspflicht auch für die Besteuerung maßgebend ist.
b) Nicht notwendig. **§ 141 AO** verpflichtet gewerbliche Unternehmer (und Land- und Forstwirte), auch soweit sie der handelsrechtlichen Buchführungspflicht nicht unterliegen, zu Buchführung und Jahresabschlüssen entsprechend §§ 238, 240–242 Abs. 1, 243–245 HGB. Voraussetzung dafür war bislang eine Umsatzhöhe von 260 000 Euro oder ein Gewinn von 25 000 Euro. Durch das Gesetz zur Förderung von Kleinunternehmen und zur Verbesserung der Unternehmensfinanzierung (BGBl. 2003 I S. 1550) werden die Buch-

führungspflichtgrenzen ab 1. 1. 2004 auf einen Umsatz von 350 000 Euro oder einen Gewinn von 30 000 Euro angehoben (näher *Hörster,* BB 2003, 2380). Außerdem sind die steuerrechtlichen Aufzeichnungspflichten der §§ 142 ff. AO zu beachten.

350. In einem Leitfaden für Jungunternehmer liest Findig, daß er auch zur Erstellung eines Jahresabschlusses verpflichtet ist. Aus welchen Teilen setzt sich dieser Jahresabschluß zusammen?

Nach der Legaldefinition des **§ 242 Abs. 3 HGB** besteht der **Jahresabschluß** aus der **Bilanz** und der **Gewinn- und Verlustrechnung.** Bei Kapitalgesellschaften kommt noch der Anhang hinzu (§ 264 Abs. 1 Satz 1 HGB; vgl. Frage 385).

351. Findig blättert weiter in seiner Broschüre und sucht nach Erläuterungen zum Grundaufbau einer Bilanz. Welche Antwort wird er dort finden?

Die **Bilanz** (spätlatein *bilanx* = Waage) ist eine zu Beginn des Handelsgewerbes und für den Schluß eines jeden Geschäftsjahres aufgestellte **Übersicht über das Verhältnis des Vermögens und der Schulden.** In ihr sind gemäß § 247 Abs. 1 HGB das Anlage- und das Umlaufvermögen, das Eigenkapital, die Schulden sowie die Rechnungsabgrenzungsposten gesondert auszuweisen und hinreichend aufzugliedern. Die Bilanz hat in der Regel Kontoform und weist dann folgenden **Formalaufbau** auf:

Aktiva	Passiva
Anlagevermögen	Eigenkapital
Umlaufvermögen	Fremdkapital
Rechnungsabgrenzungsposten	Rechnungsabgrenzungsposten

352. Nach welchen Gliederungsprinzipien ist die Bilanz aufgebaut?

a) Die rechte oder **Passivseite** der Bilanz gibt Auskunft über die **Mittelherkunft** (Woher stammt das Kapital?), die linke oder **Aktivseite** über die **Mittelverwendung** (Wie ist das Kapital angelegt?).

b) Darüber hinaus dominiert auf der **Aktivseite** bei der Vermögensgliederung das **Liquiditätsprinzip:** Das Anlagevermögen, das dem Geschäftsbetrieb dauernd zu dienen bestimmt ist (§ 247 Abs. 2 HGB), steht vor dem Umlaufvermögen, das schneller wieder in Liquidität zurückverwandelt wird. Auf der **Passivseite** stehen demgegenüber die Rechtsverhältnisse und damit das **Fristigkeitsprinzip** im Vordergrund: Eigenkapital rührt grundsätzlich vom Inhaber her und ist als gebundenes Kapital einer freien Kreditkündigung entzogen; Fremdkapital muß dagegen nach Ablauf der vereinbarten Überlassungsdauer zurückgezahlt werden.

353. Im Stichwortverzeichnis seiner Broschüre stößt Findig auf die Begriffe Aktiv- und Passivposten, Bilanzierungsverbot und Bilanzierungswahlrecht. Für ihn ist das fachchinesisch. Können Sie ihm helfen?

a) Von einem **Aktivposten** spricht man, wenn ein Posten auf der linken Bilanzseite ausgewiesen (= aktiviert), von **Passivposten**, wenn ein Posten auf der rechten Bilanzseite eingestellt (= passiviert) wird.

b) Ein **Bilanzierungsverbot** liegt vor, wenn ein bestimmter Posten nicht in der Bilanz ausgewiesen werden darf. So sieht § 248 Abs. 2 HGB ein **Aktivierungsverbot** für immaterielle Vermögensgegenstände des Anlagevermögens vor, die nicht entgeltlich erworben wurden (näher Frage 366). Umgekehrt enthält § 249 Abs. 3 HGB ein **Passivierungsverbot** für andere als die in § 249 Abs. 1 und 2 HGB genannten Rückstellungsarten (näher Frage 368).

c) Bei einem **Bilanzierungswahlrecht** kann der Kaufmann entscheiden, ob er einen Posten in die Bilanz aufnimmt oder nicht. Ein **Aktivierungswahlrecht** finden wir beim abgeleiteten Geschäfts- oder Firmenwert (§ 255 Abs. 4 Satz 1 HGB) und beim Disagio (§ 250 Abs. 3 Satz 1 HGB), ein **Passivierungswahlrecht** etwa bei den Aufwandsrückstellungen (§ 249 Abs. 2 HGB). Mit Hilfe der Bilanzierungswahlrechte läßt sich gezielt Bilanzpolitik betreiben (vgl. Frage 337).

354. Neben der Bilanzerstellung verlangt das Gesetz eine Gewinn- und Verlustrechnung. Ist das nicht doppelte Arbeit ohne zusätzlichen Erkenntniswert für die Adressaten des Jahresabschlusses?

Nein. Im Gegensatz zur Bilanz ist die **Gewinn- und Verlustrechnung** keine **Stichtags-**, sondern eine **Zeitraumrechnung**. Ihre Hauptaufgabe besteht darin, die im Verlaufe einer Periode angefallenen Aufwendungen und Erträge aufzuschlüsseln und die **Ergebnis- und Erfolgsquellen offenzulegen**. Für die Aufstellung der Gewinn- und Verlustrechnung kann die Konto- oder Staffelform verwendet werden; für Kapitalgesellschaften ist die Staffelform wegen ihrer größeren Übersichtlichkeit zwingend vorgeschrieben (§ 275 Abs. 1 HGB).

355. Zahlreiche Vorschriften des HGB knüpfen begrifflich an die Grundsätze ordnungsmäßiger Buchführung (GoB) an: die Buchführungspflicht (§ 238 Abs. 1 HGB), die Pflicht zur Aufstellung des Jahresabschlusses (§ 243 Abs. 1 HGB) und das für Kapitalgesellschaften geltende Einblickgebot (§ 264 Abs. 2 HGB).
a) Was versteht man unter den GoB?

a) Die **GoB** umfassen allgemein anerkannte Regeln über die Führung der Handelsbücher und die Erstellung des Jahresabschlusses.
b) Ähnlich wie § 242 BGB im Bürgerlichen Recht dient die Vorschrift des **§ 243 Abs. 1 BGB als Generalnorm** zur Ableitung ordnungsmäßiger Bilanzierungsgrundsätze. Diese werden nach überwiegender Auffassung nicht aus der unternehmerischen Praxis, sondern **deduktiv** aus dem Text, dem Sinnzusammenhang und den Zwecken des Handelsbilanzrechts **gewonnen**. Zahlreiche GoB sind

b) Aus welchen Quellen stammen sie?
c) Wie lassen sie sich systematisieren?

inzwischen in den §§ 238 ff. HGB kodifiziert.

c) Eine **Systematisierung der GoB** kann anhand verschiedener Gliederungsgesichtspunkte erfolgen:

(1) Nach der **Art der Abstraktionshöhe** unterscheidet man obere und untere GoB: Die **oberen GoB** umfassen systemtragende Grundgedanken des Bilanzrechts, z.B. die Prinzipien der Richtigkeit, Klarheit und Vollständigkeit sowie die in § 252 HGB angeführten Grundsätze (vgl. Frage 374). Sie stehen bisweilen in einem Spannungsverhältnis zueinander und gelten dann nicht ohne Einschränkungen. Als **untere GoB** werden konkrete Vorschriften zur Behandlung einzelner Geschäftsvorfälle in Buchhaltung, Inventar, Bilanz oder Gewinn- und Verlustrechnung bezeichnet (grundlegend *Leffson*, Die Grundsätze ordnungsmäßiger Buchführung, 7. Aufl. 1987).

(2) Nach ihrem **Inhalt** sondert man formelle und materielle GoB: **Formelle GoB** betreffen die Buchführungs- und Bilanzierungstechnik, **materielle GoB** allgemeine Bilanzierungsgrundsätze und besondere Regeln zu Gliederung, Ansatz und Bewertung.

2. Ansatzvorschriften

356. Das Dritte Buch des HGB trennt systematisch zwischen Ansatz- und Bewertungsvorschriften. Erläutern Sie den Unterschied!

a) **Ansatzvorschriften** geben Antwort auf die Frage, was in der Bilanz zu aktivieren und zu passivieren ist („**Ob**" der **Bilanzierung**). Sie sind für alle Kaufleute in den §§ 246–251 HGB zusammengestellt und werden für Kapitalgesellschaften durch die §§ 266–274a HGB ergänzt und modifiziert.

b) **Bewertungsvorschriften** erläutern, wie ein Aktiv- oder Passivposten zu bewerten ist (**"Wie" der Bilanzierung**). Sie sind in den §§ 252–256 HGB für alle Kaufleute geregelt und erfahren für Kapitalgesellschaften eine Ergänzung in den §§ 279–283 HGB.

a) Aktivseite

357. Findigs Geduld mit dem unübersichtlichen Leitfaden für Jungunternehmer ist erschöpft. Er wendet sich statt dessen an den ihm bekannten Steuerberater Schlupfloch und fragt ihn, welche Posten auf der Aktivseite einer Bilanz erscheinen dürfen. Wie lautet Schlupflochs Antwort?

Voraussetzung für die Aktivierbarkeit ist, daß (1) ein **Vermögensgegenstand** vorliegt, der (2) dem Vermögen des Bilanzierenden **zurechenbar** ist und dem (3) **kein Aktivierungsverbot** entgegensteht.

358. a) Was versteht man im Handelsbilanzrecht unter einem Vermögensgegenstand?
b) Wie lautet sein steuerrechtliches Gegenstück?

a) Das Gesetz verwendet den Begriff des **Vermögensgegenstandes** in **§ 246 Abs. 1 HGB**, ohne ihn zu definieren. Nach h. M. umfaßt er sowohl **körperliche Gegenstände als auch immaterielle Güter**. Einer verbreiteten Doppelformel zufolge setzt die Aktivierbarkeit aber stets **selbständige Bewertbarkeit** und **selbständige Veräußerlichkeit** bzw. Verkehrsfähigkeit voraus.

b) Im Steuerrecht spricht **§ 4 Abs. 1 EStG** von **Wirtschaftsgut** statt von Vermögensgegenstand. Beide Begriffe sind weitgehend, aber nicht vollständig deckungsgleich. Nach Auffassung des *BFH* ist die **Einzelveräußerbarkeit nicht erforderlich,** wohl aber die Übertragbarkeit mit dem Unternehmen insgesamt. Als aktivierbare Wirtschaftsgüter angesehen werden danach auch bloße vermögenswerte Vorteile, tatsächliche Zustände und konkrete Möglichkeiten, wenn sie (1) derart sind, daß sich der Kaufmann ihre Erlangung etwas kosten läßt, (2) nach der Verkehrsauffassung einer selbständigen Bewertung zugänglich sind und (3) einen Nutzen für mehrere Wirtschaftsjahre erbringen (Belege und Beispiele bei *Tipke/Lang*, Steuerrecht, 17. Aufl. 2002, § 9 Rn. 339 ff.).

359. a) Findig schildert Schlupfloch, daß er zur Markteinführung seiner neuen Internet-Software einen kostspieligen Werbefeldzug durchgeführt habe, der seine Wirkung gewiß nicht verfehlen werde. Kann er die entsprechenden Aufwendungen aktivieren?

b) Wie steht es mit der Möglichkeit zur unentgeltlichen Nutzung seiner Geschäftsräume, die ihm sein Onkel als „Starthilfe" für vier Jahre eingeräumt hat?

a) Nein. **Bloße Chancen oder tatsächliche Vorteile** infolge eines Rechtsreflexes (z.B. günstige Verkehrslage in der Fußgängerzone oder künftige Absatzchancen eines „revolutionären" Produkts) führen **nicht zur Annahme eines Vermögensgegenstandes,** selbst wenn ihnen unmittelbare Aufwendungen zuzuordnen sind: Die Ertragshoffnung läßt sich nicht selbständig bewerten und veräußern (vgl. *Förschle/Kofahl,* in: Beck Bil.-Komm., § 247 HGB Rn. 10).

b) Das kommt darauf an. Bei **rechtlich abgesicherten Nutzungsvorteilen** handelt es sich nach herrschender, wenngleich bestrittener Auffassung um **selbständige, immaterielle Vermögensgegenstände.** Anders verhält es sich bei **rechtlich ungesicherten Nutzungsmöglichkeiten** in familiären oder freundschaftlichen Zusammenhängen (vgl. *Heymann/Walz,* § 246 HGB Rn. 12). Hier liegt ein Aktivierungsgrund vor, weil die Nutzungsüberlassung an Findig rechtlich verfestigt und vor Ablauf der vier Jahre nicht kündbar ist.

360. Wie die meisten Jungunternehmer verfügt Findig nur über wenig Startkapital. Seine Büroausstattung hat er deshalb unter Eigentumsvorbehalt erworben; die Computer sind geleast. Bilanzierungspflicht?

a) Angesprochen ist hier die **persönliche Zurechnung von Vermögensgegenständen.** Insoweit stellt das HGB nicht auf die sachenrechtliche Zuordnung nach BGB-Grundsätzen, sondern auf die **wirtschaftliche Inhaberschaft ab.** Dies bringt § 246 Abs. 1 Satz 2 HGB für die besonders wichtige Fallgruppe der Sicherheiten zum Ausdruck: Vermögensgegenstände, die unter Eigentumsvorbehalt geliefert worden sind, gehören danach zum Vermögen des Käufers, weil er die tatsächliche Herrschaft über sie ausübt und den Verkäufer und Nocheigentümer von einer Einwirkung dauernd ausschließen kann.

b) Schwieriger liegt es bei den heute verbreiteten **Leasingverträgen.** Die h. M. unterscheidet hier wie folgt: Ist das Leasingverhältnis als eine Art Ratenkauf mit Eigentumsvorbehalt ausgestaltet (sog. **Finanzierungs-Leasing**), so wird der Leasingnehmer als wirtschaftlicher Eigentümer angesehen. Handelt es sich dagegen um eine gewöhnliche Gebrauchsüberlassung (sog. **Operating-Leasing**), bleibt es bei einer Aktivierung beim Leasinggeber (vgl. *Budde/Karig,* in: Beck Bil.-Komm., § 246 HGB Rn. 26 ff.).

Beachte: Auch das Steuerrecht regelt die Zurechnung von Wirtschaftsgütern gemäß § 39 Abs. 2 AO in bestimmten Fällen abweichend vom Zivilrecht.

361. Knauser ist Kommanditist der insolvent gewordenen Kiesewetter KG. Deren Insolvenzverwalter nimmt ihn nach § 172 Abs. 4 i. V. m. § 171 Abs. 2 HGB auf Zahlung von

Nach Auffassung der Zivilgerichtsbarkeit der Insolvenzverwalter (vgl. *BGH* NJW 1996, 458). Auszugehen ist von § 242 Abs. 1 HGB, wonach Vermögensgegenstände in der Handelsbilanz eines Kaufmanns nur dann aktiviert werden dürfen, wenn sie seinem Vermögen zurechenbar

II. Vorschriften für alle Kaufleute

1,4 Mio. Euro in Anspruch. Dazu trägt er vor, Knauser habe seine Kommanditeinlage in den Jahren vor Eröffnung des Insolvenzverfahrens in voller Höhe wieder entnommen. Bei richtiger Bilanzierung hätten nämlich Gebäude, die die Kiesewetter KG auf eigene Kosten auf dem Grundstück des Knauser errichtet habe, nicht in der Jahresbilanz der KG mit einem Gesamtbetrag von 6,2 Mio. Euro ausgewiesen werden dürfen. Demnach habe Knauser noch Gewinnanteile entnommen, während sein Kapitalanteil längst durch Verluste aufgezehrt war. Knauser entgegnet, er habe der KG die bebauten Grundstücke mietweise mit sechsmonatiger Kündigungsfrist überlassen und ihr zudem formlos eine unentgeltliche Gebäudenutzung für die Dauer von zehn Jahren zugesichert. Infolgedessen habe die KG die Herstellungskosten für die Errichtung des Gebäudes in ihrer Bilanz aktivieren und über deren gesamte voraussichtliche Nutzungsdauer abschreiben dürfen. Wer hat Recht?

sind (vgl. Frage 357). Darüber entscheidet zwar, wie sich aus § 246 Abs. 1 S. 2 HGB erschließt, **eine wirtschaftliche Betrachtungsweise** (vgl. Frage 360). Doch bildet die Bilanzierung von Vermögensgegenständen, die zivilrechtlich einem anderen Rechtssubjekt gehören, unter dem Gesichtspunkt „wirtschaftlichen Eigentums" einen Ausnahmetatbestand, für den nur Raum ist, wenn das bilanzierende Unternehmen gegenüber dem bürgerlich-rechtlichen Eigentümer über **eine rechtlich abgesicherte Stellung** verfügt. Hierzu müssen ihm mindestens **Substanz und Ertrag des Vermögensgegenstandes**, und sei es auch nur aufgrund schuldrechtlicher Berechtigungen, **vollständig und auf Dauer zuzuordnen** sein (vgl. *BGH* NJW 1996, 458, 459). Darüber hinaus verlangen manche zusätzlich die **Verwertungsbefugnis des Bilanzierenden für eigene Rechnung** (vgl. Baumbach/Hueck/*Schulze-Osterloh*, § 42 GmbHG Rn. 80). Vorliegend fehlt es der Kiesewetter KG angesichts der kurzfristigen Kündbarkeit der Gebäude an einer dauerhaft abgesicherten Position. Daran ändert sich auch durch Knausers Zusage über eine unentgeltliche Nutzung für einen Zeitraum von zehn Jahren nichts, weil eine solche Absprache wegen Verstoßes gegen die Formvorschrift der §§ 578 Abs. 1, 550 BGB nach Ablauf eines Jahres unter Einhaltung der gesetzlichen Kündigungsfrist kündbar wäre.

Beachte: Zur bilanzrechtlichen Behandlung von **Bauten auf fremdem Grund und Boden** gibt es auch eine reiche **steuerrechtliche Spruchpraxis**, die von der zivilrechtlichen in Nuancen abweicht (Belege bei *Hoyos/*

362. Waltraud Tomberger ist Minderheitsgesellschafterin der Gebrüder von der Wettern GmbH (Muttergesellschaft), die ihrerseits alle Anteile an der Technischen Sicherheitssysteme GmbH (Tochtergesellschaft) hält. Die Gesellschafterversammlung der Muttergesellschaft beschloß im Oktober 1990 mehrheitlich die Feststellung des zum 31. Dezember 1989 aufgestellten Jahresabschlusses. In diesem Jahresabschluß waren die von der Tochtergesellschaft für das Geschäftsjahr 1989 ausgeschütteten Gewinne nicht ausgewiesen, obwohl die Technische Sicherheitssysteme GmbH schon im Juni 1990 über die Feststellung ihres zum 31. Dezember 1989 aufgestellten Jahresabschlusses und die Gewinnverwendung Beschluß gefaßt hatte und die Abschlußprüfung der Gebrüder von der Wettern GmbH erst im Juli 1990 erfolgte. Frau Tomberger ist der Ansicht, die Muttergesellschaft hätte die für 1989 ausgeschütteten Gewinne ihrer Tochtergesellschaft deshalb schon in ihren für 1989 festgestellten

Schmidt-Wendt, in: Beck Bil.-Komm., § 247 HGB Rn. 450ff.).

Nach Auffassung der Zivilgerichtsbarkeit ja (vgl. *BGHZ* 137, 378). Danach war die Gebrüder von der Wettern GmbH gemäß §§ 243 Abs. 1, 246 Abs. 1 S. 1, 252 Abs. 1 Nr. 4 HS. 2 HGB verpflichtet, den von ihrer Tochtergesellschaft ausgeschütteten Gewinn „phasengleich" in ihrem Jahresabschluß auszuweisen. Hierbei läßt sich der II. Zivilsenat von der Erwägung leiten, daß eine Forderung bilanzrechtlich dem Vermögen eines Unternehmens zuzuordnen und damit aktivierungspflichtig ist, wenn sie sich schon so weit konkretisieren läßt, daß sie bei wirtschaftlicher Betrachtungsweise als Vermögensgegenstand eingeordnet werden kann. Diese Voraussetzungen sieht der Senat als erfüllt an, wenn die für die Forderungsentstehung wesentlichen wirtschaftlichen Ursachen bereits im abgelaufenen Geschäftsjahr gesetzt worden sind und der Eintritt der übrigen rechtlichen Entstehungsvoraussetzungen mit Sicherheit erwartet werden kann. Gemünzt auf den vorliegenden Fall, folgert er daraus im Leitsatz seiner Entscheidung: „Eine Konzerngesellschaft, die allein an einer GmbH beteiligt ist, muß den bei der Tochtergesellschaft erzielten und zur Ausschüttung vorgesehenen Gewinn noch für das gleiche Geschäftsjahr in ihrer Bilanz und der Gewinn- und Verlustrechnung ausweisen, wenn der Jahresabschluß der Tochtergesellschaft noch vor Abschluß der Prüfung bei der Muttergesellschaft festgestellt worden ist und deren Gesellschafterver-

II. Vorschriften für alle Kaufleute

Jahresabschluß aufnehmen müssen. Stimmt das?

363. a) Konnte der *BGH* im vorangegangen Fall aus eigener Machtvollkommenheit über das Gebot phasengleicher Gewinnvereinnahmung befinden?
b) Wie hat der *EuGH* entschieden?
c) Hat Frau Tomberger mit ihrer Nichtigkeits- und Anfechtungsklage gegen den Feststellungsbeschluß der Gesellschafterversammlung der Gebrüder von der Wettern GmbH nach alledem Erfolg gehabt?

sammlung über die Gewinnverwendung beschlossen hat."

a) Nein. Weil die aufgeworfenen Rechtsfragen durch die Bilanzrichtlinie europarechtlich präformiert sind, mußte er zuvor eine **Vorabentscheidung des *EuGH* gemäß Art. 234 EG** einholen (vgl. den Vorlagebeschluß *BGH* ZIP 1994, 1259), der damit erstmals Gelegenheit erhielt, sich mit Fragen des Bilanzrechts zu befassen.
b) Der Gerichtshof hat in einem auf die Besonderheiten des Einzelfalls zugeschnittenen Urteil ausgeführt, daß es nicht gegen das in Art. 31 Abs. 1 c aa der Bilanzrichtlinie verankerte Realisationsprinzip verstoße, wenn ein nationales Gericht entscheidet, daß die fraglichen Gewinne in der Bilanz der Muttergesellschaft in dem Geschäftsjahr auszuweisen sind, in dem sie von der Tochtergesellschaft zugewiesen wurden (vgl. *EuGH* Slg. I-3133, 3155 Rn. 25). Zur Begründung stützt er sich vor allem auf den **Grundsatz der Bilanzwahrheit,** auf den die Bilanzrichtlinie in erster Linie hingeordnet sei. Er rückt damit von den Schlußanträgen seines Generalanwalts *Tesauro* ab, der sich unter Berufung auf das Vorsichtsprinzip gegen eine phasengleiche Aktivierung von Gewinnansprüchen ausgesprochen hatte (vgl. Slg. I-3135, 3142 Tz. 21).
c) Zur Überraschung aller Beobachter nein (näher *Henssler,* JZ 1998, 701 ff.). Der *BGH* verneinte trotz des Bilanzierungsverstoßes der Gebrüder von der Wettern GmbH eine Nichtigkeit des Jahresabschlusses entsprechend § 246 Abs. 5 S. 1 Nr. 2 AktG, weil die dafür erforderli-

che, vorsätzlich unrichtige Wiedergabe der Vermögens- und Ertragslage fehle (vgl. *BGHZ* 137, 378, 384). Auch die Anfechtungsklage sah er nicht als begründet an: Zwar habe Frau Tomberger innerhalb der Monatsfrist des § 246 Abs. 1 AktG Klage erhoben, doch sei die Tatsache der nicht phasengleichen Gewinnvereinnahmung erst zehn Monate nach der Beschlußfassung der Gesellschafterversammlung und damit verspätet in das Verfahren eingeführt worden (vgl. *BGHZ* 137, 378, 387).

364. a) Wie würde die Finanzgerichtsbarkeit im Fall Tomberger über eine phasengleiche Dividendenaktivierung entscheiden?
b) Hätte nicht auch der Bundesfinanzhof wegen der Verknüpfung von Handels- und Steuerbilanz vermittels § 5 Abs. 1 S. 1 EStG (dazu Frage 333) eine Vorabentscheidung des *EuGH* einholen müssen?

a) Nach einem kürzlich ergangenen Beschluß des Großen Senats des **Bundesfinanzhofs** kann eine Kapitalgesellschaft, die mehrheitlich an einer anderen Kapitalgesellschaft beteiligt ist, **Dividendenansprüche** aus einer am Bilanzstichtag noch nicht beschlossenen Gewinnverwendung der nachgeschalteten Gesellschaft **grundsätzlich nicht aktivieren** (vgl. *BFHE* 192, 339, 194, 185; BStBl. II 2001 S. 401). Eine **Ausnahme** hiervon kommt nur in Betracht, wenn die Dividendenforderung **bereits zum Bilanzstichtag als verselbständigtes Wirtschaftsgut entstanden** ist. Das setzt einmal voraus, daß zu diesem Zeitpunkt ein Gewinn der beherrschten Gesellschaft auszuweisen und der mindestens ausschüttungsfähige Gewinn bekannt ist. Zum anderen muß anhand objektiver Gesichtspunkte nachgewiesen sein, daß die Gesellschafter jener Gesellschaft am Bilanzstichtag endgültig entschlossen waren, eine bestimmte Gewinnverwendung künftig zu beschließen, was weder unterstellt noch vermutet werden dürfe.

II. Vorschriften für alle Kaufleute 223

b) Ob **nationale Steuerrechtsfragen** durch das Maßgeblichkeitsprinzip der **Jurisdiktion** des *EuGH* unterliegen, ist bisher **nicht geklärt** (ablehnend *BFHE* 187, 215, 217 ff. = BStBl. II 1999 S. 129, 131 ff.). Der *EuGH* hat die Frage offen gelassen und entnimmt seine Zuständigkeit grundsätzlich dem Vorlageersuchen des vorlegenden Gerichts (vgl. *EuGH* Slg. 1997, I-4190, 4199 ff. Rn. 24 ff. – Leur-Bloem).

365. Von seinem ersten selbstverdienten Geld hat Findig einen gebrauchten Mercedes erworben, den er überwiegend geschäftlich, bisweilen aber auch für private Fahrten nutzt. Er ist im Zweifel, ob er hierfür handels- und steuerrechtlich einen Bilanzposten bilden muß.

a) In Rede steht die **Abgrenzung von Unternehmens- und Privatvermögen** des Kaufmanns. Vermögensgegenstände des Einzelkaufmanns, die ihrer Art nach beides sein können, sind **handelsrechtlich entsprechend seinem Willen** zuzuordnen. Dieser Wille („**Widmung**") muß aber äußerlich erkennbar bekundet worden sein.
b) **Steuerrechtlich** ist zwischen notwendigem Betriebsvermögen, gewillkürtem Betriebsvermögen und notwendigem Privatvermögen zu unterscheiden. Bei gemischter Nutzung wird das Wirtschaftsgut insgesamt dem notwendigen Betriebsvermögen zugeschlagen, wenn der Anteil der betrieblichen Nutzung – wie hier – 50% übersteigt (vgl. *Tipke/Lang*, Steuerrecht, 17. Aufl. 2002, § 9 Rn. 357 ff.).

366. a) Findigs Geschäftserfolg wird durch ein selbst entwickeltes Software-Programm für die eigene Kalkulation weiter beflügelt. Kann er dieses Kalkulationsprogramm in seiner Bilanz aktivieren?
b) Wie läßt sich das Akti-

a) Nein. Nach **§ 248 Abs. 2 HGB** besteht ein **Bilanzierungsverbot** für nicht entgeltlich erworbene immaterielle Vermögensgegenstände des Anlagevermögens. Alle Voraussetzungen der Vorschrift sind hier gegeben: Das Software-Programm ist im Unternehmen selbst erstellt worden, sein unkörperlicher Wert überwiegt und es ist gemäß § 247 Abs. 2 HGB dazu be-

vierungsverbot des § 248 Abs. 2 HGB rechtfertigen?

stimmt, dem Geschäftsbetrieb des Findig dauernd zu dienen.

b) Die Vorschrift stellt eine **Ausprägung des Vorsichtsprinzips** dar: Immaterielle Vermögensgegenstände sind in Bestand und Verwertbarkeit oft unsicher und sollen daher außer Betracht bleiben, solange ihr Wert „am Markt" noch keine Bestätigung erfahren hat.

b) Passivseite

367. Gemäß § 247 Abs. 1 HGB gehören zu den Passivposten, die gesondert auszuweisen und hinreichend aufzugliedern sind, vor allem die Schulden. Wie schlüsselt das Gesetz diesen Bilanzposten weiter auf?

Schulden ist der Oberbegriff für Verbindlichkeiten und Rückstellungen. Unter **Verbindlichkeiten** versteht man nach Grund und Höhe gewisse Verpflichtungen des Kaufmanns gegenüber einem Dritten. **Rückstellungen** sind dagegen dem Grund oder der Höhe nach unsicher.

368. Findig ist eine vorsichtige Natur. Steht es ihm frei, für alle denkbaren Wechselfälle des Geschäftslebens Rückstellungen zu bilden?

Nein. Gemäß **§ 249 Abs. 3 Satz 1 HGB** gilt ein **numerus clausus der Rückstellungen**. Für andere als die in § 249 Abs. 1 und 2 HGB bezeichneten Zwecke dürfen Rückstellungen nicht gebildet werden.

369. Welche wesentlichen Rückstellungsarten enthält der Katalog des § 249 HGB?

Man wird **drei große Gruppen** unterscheiden können: ungewisse Verbindlichkeiten (§ 249 Abs. 1 Satz 1 Alt. 1 HGB), drohende Verluste aus schwebenden Geschäften (§ 249 Abs. 1 Satz 1 Alt. 2 HGB) und Verpflichtungen des Kaufmanns „gegen sich selbst" wegen unterlassener oder demnächst anstehender Aufwendungen (§ 249 Abs. 1 Satz 2 Nr. 1 und Abs. 2 HGB).

II. Vorschriften für alle Kaufleute

370. Findig bittet Schlupfloch wegen folgender Sachverhalte um bilanziellen Rat:
a) Er liegt mit einem Lieferanten im Rechtsstreit, der ihm durch den Transport leicht beschädigte Ware geliefert und dessen Rechnung Findig daraufhin noch nicht bezahlt hatte. Nach § 447 BGB ist abzusehen, daß Findig den Prozeß verliert.
b) Findig hat erfahren, daß bei einem älteren Softwareprogramm nach längerer Benutzung Störungen auftreten können. Um keine Kunden zu verlieren, will er alle Programme kostenlos gegen eine neuere Version austauschen, obwohl die Garantiezeit schon abgelaufen ist.
c) Findig beschäftigt inzwischen drei Angestellte, denen er vertraglich eine Versorgungszusage bei Vollendung des 65. Lebensjahres gegeben hat.
d) Findigs Verkaufsräume sind dringend renovierungsbedürftig. Wegen der zeitraubenden Bilanzierungsaufgaben am Jahresende will er die Renovierungsarbeiten aber erst im März oder April des nächsten Geschäftsjahres vornehmen.

a) **Rückstellungen für Prozeßrisiken** zählen zu den „Rückstellungen" für ungewisse Verbindlichkeiten" gemäß § 249 Abs. 1 Satz 1 HGB; für sie besteht eine Passivierungspflicht.
b) Für ernsthaft erwartete **Kulanzleistungen** müssen **Rückstellungen** gebildet werden. Es handelt sich gemäß § 249 Abs. 1 Satz 1 Nr. 2 HGB um „Rückstellungen für Gewährleistungen, die ohne rechtliche Verbindlichkeit erbracht werden".
c) **Versorgungszusagen des Arbeitgebers** stellen Verbindlichkeiten dar, deren Fälligkeit und Höhe ungewiß ist. Für sie sind daher gemäß § 249 Abs. 1 Satz 1 Alt. 1 HGB **Pensionsrückstellungen** zu bilden. Ein Passivierungswahlrecht gilt nach Art. 28 EGHGB nur für Altzusagen, die vor dem 1. Januar 1987 erteilt worden sind (vgl. *BGHZ* 139, 167, 172).
d) Rückstellungen für im nächsten Geschäftsjahr nachzuholende Renovierungsarbeiten zählen zu den **Rückstellungen für im Geschäftsjahr unterlassene Aufwendungen für Instandhaltung.** Gemäß § 249 Abs. 1 S. 2 Nr. 1 HGB besteht eine Passivierungspflicht, wenn sie innerhalb der ersten drei Monate des folgenden Geschäftsjahres nachgeholt werden, und ein Passivierungswahlrecht gemäß § 249 Abs. 1 S. 3 HGB, wenn sie ab dem vierten Monat und noch innerhalb des folgenden Geschäftsjahres durchgeführt werden. Wenn Findig das Bilanzergebnis möglichst günstig ausfallen lassen möchte, wird er sich für eine Instandhaltung im April entscheiden und keine Rückstellung bilden.

371. Handelsvertreter Heinze hat für Findig den Vertrieb von Softwareprogrammen im Rheinland übernommen. Muß Findig schon vor Vertragsende eine Rückstellung für allfällige Ausgleichsansprüche nach § 89 b HGB (dazu Fragen 286–295) bilden?

Darüber gehen die Auffassungen auseinander. Der *BGH* hat in einem älteren Urteil eine **Rückstellungsbildung für Ausgleichsansprüche** bejaht, aber offen gelassen, ob nach damaligem Bilanzrecht eine Passivierungspflicht oder ein Passivierungswahlrecht anzunehmen sei (vgl. *BGH* BB 1968, 2055; s. auch *BGH* BB 1989, 1518). Dafür läßt sich anführen, daß die durch § 89 b HGB abzugeltende Leistung des Handelsvertreters in der Schaffung eines Kundenstamms liegt, den der Unternehmer bereits vor Beendigung des Handelsvertretervertrages erworben hat. Demgegenüber urteilt der *BFH* in ständiger Rechtsprechung, daß der Kaufmann handelsrechtlich nicht verpflichtet und damit einkommensteuerrechtlich nicht befugt sei, für künftige Ausgleichsverpflichtungen nach § 89 b HGB schon vor Beendigung des Vertragsverhältnisses Rückstellungen zu bilden (vgl. *BFH* BStBl II 1983 S. 375). Zur Begründung führt er aus, daß der Ausgleichsanspruch erst nach Vertragsbeendigung entstehe und außerdem voraussetze, daß der Unternehmer gerade zu diesem Zeitpunkt erhebliche Vorteile aus der Geschäftsverbindung mit den vom Handelsvertreter geworbenen Kunden ziehe. Ähnlich gespalten ist das Meinungsbild in Österreich (eingehend *Aigner,* ÖStZ 2003, 395).

372. Findig wundert sich, daß das Eigenkapital in der von Schlupfloch entworfenen Jahresbilanz auf der Passivseite auftaucht. Er hält das für einen groben Schnitzer, weil dort auch

Nein. Das **Eigenkapital** erscheint deshalb auf der Passivseite, weil es den **variablen Unterschiedsbetrag zwischen Vermögen und Schulden** darstellt: Steigt das Vermögen und bleiben die Schulden gleich, so wächst das Eigenkapital; bleibt das Vermögen gleich und steigen die

II. Vorschriften für alle Kaufleute 227

seine Schulden ausgewiesen sind. Wirklich? Schulden, so schrumpft das Eigenkapital. Das führt zur sog. erweiterten Bilanzgleichung: Vermögen = Eigenkapital + Fremdkapital.

c) Rechnungsabgrenzungsposten

373. Als sich für 2003 ein überaus erfolgreiches Geschäftsjahr abzeichnet, fürchtet Findig, einen ungewöhnlich hohen Gewinn ausweisen und versteuern zu müssen. Er kommt daher auf den Gedanken, die Löhne seiner Angestellten für Januar 2004 bereits Ende Dezember 2003 zu überweisen, um das Ergebnis durch zusätzlichen Personalaufwand noch ein wenig zu drücken. Was wird Schlupfloch dazu sagen, wenn das Geschäftsjahr des Findig dem Kalenderjahr entspricht?

Eine solche „Bilanzkosmetik" läßt das Handelsbilanzrecht ebensowenig zu wie das Steuerbilanzrecht. Ausgaben vor dem Abschlußstichtag, die Aufwand für eine bestimmte Zeit nach diesem Tag darstellen, werden nicht als Aufwand verbucht, sondern auf der Aktivseite der Bilanz in einen sog. **aktiven Rechnungsabgrenzungsposten** eingestellt, § 250 Abs. 1 S. 1 HGB. Dieser Abgrenzungsposten ist in dem Geschäftsjahr erfolgswirksam aufzulösen, in dem der Aufwand wirtschaftlich verursacht wird, im Falle des Findig also im Jahr 2004. Spiegelbildlich sind **passive Rechnungsabgrenzungsposten** für Einnahmen zu bilden, die Ertrag für eine bestimmte Zeit nach dem Abschlußstichtag darstellen, § 250 Abs. 2 HGB. Aktive und passive Rechnungsabgrenzungsposten dienen einer **periodengerechten Erfolgsermittlung**.

3. Bewertungsvorschriften

374. Den einzelnen Bewertungsvorschriften der §§ 253–256 HGB hat der Gesetzgeber in § 252 HGB einen Katalog allgemeiner Bewertungsgrundsätze vor-

a) Nach dem **Prinzip der Bilanzidentität** muß die Eröffnungsbilanz des neuen Jahres mit der Schlußbilanz des vorangegangenen Jahres übereinstimmen (**Nr. 1**). Das führt dazu, daß höhere oder niedrigere Wertansätze im alten Jahr sich im neuen

angestellt. Erläutern Sie diese Prinzipien nacheinander und skizzieren Sie ihre jeweilige Auswirkung und Zielrichtung!

Jahr entgegengesetzt auswirken (sog. Zweischneidigkeit der Bilanz).

b) Nach dem **Fortführungsprinzip** ist bei der Bewertung grundsätzlich von der Unternehmensfortführung *(going concern)* auszugehen **(Nr. 2)**. Nur wenn die Fortführungsprognose aus tatsächlichen oder rechtlichen Gründen negativ ausfällt, sind Zerschlagungswerte anzusetzen.

c) Nach dem **Prinzip der Einzelbewertung** ist jeder Vermögensgegenstand und jeder Schuldposten für sich zu bewerten **(Nr. 3)**. Diese Einzelbewertung hat ihren Ursprung im Vorsichtsprinzip und soll verhindern, daß Wertminderungen und Werterhöhungen gegeneinander verrechnet werden (vgl. auch § 246 Abs. 2 HGB).

d) Nach dem **Vorsichtsprinzip** ist vor allem aus Gründen des Gläubigerschutzes vorsichtig zu bewerten **(Nr. 4)**. Das bedeutet insbesondere, daß Gewinne erst dann ausgewiesen werden dürfen, wenn sie realisiert sind **(Realisationsprinzip)**, während drohende Verluste berücksichtigt werden müssen **(Imparitätsprinzip)**.

e) Nach dem **Prinzip der Periodenabgrenzung** sind Aufwendungen und Erträge unabhängig vom Zahlungszeitpunkt im Geschäftsjahr ihrer wirtschaftlichen Verursachung zu verrechnen **(Nr. 5)**. Dieser Grundsatz steht in engstem Zusammenhang mit dem Imparitäts- und Realisationsprinzip.

f) Nach dem **Grundsatz der Bewertungsstetigkeit** sollen Jahresabschlüsse verschiedener Geschäftsjahre miteinander vergleichbar sein **(Nr. 6)**. Das erhöht zugleich auch die Aussagekraft der einzelnen Bilanz.

375. Findigs Geschäftsumfang nimmt weiter zu. Infolgedessen benötigt er zehn neue Computer, die er bei dem Computer-Hersteller Hartwehr zum Listenpreis von 5000 Euro pro Stück kauft. Hartwehr gewährt Findig einen Mengenrabatt von 10% und zusätzlich 3% Skonto, weil sich Findig bereit erklärt, innerhalb einer Woche zu zahlen. Weiterhin kommen auf Findig Transportkosten in Höhe von 500 Euro zu. Schließlich läßt er zwei Wochen nach Erhalt der Computer die Tastaturen gegen Spezialtastaturen mit größerer Benutzerfreundlichkeit austauschen, was ihn pro Computer weitere 50 Euro kostet. Mit welchem Betrag sind die Anschaffungskosten der Computer in der Bilanz anzusetzen?

Anschaffungskosten sind gemäß **§ 255 Abs. 1 S. 1 HGB** die Aufwendungen, die geleistet werden, um einen Vermögensgegenstand zu erwerben und ihn in einen betriebsbereiten Zustand zu versetzen. Dazu zählen der Anschaffungspreis zuzüglich Nebenkosten sowie nachträglichen Anschaffungskosten abzüglich der Anschaffungspreisminderungen. Somit ergibt sich für die Computer folgender Bilanzansatz:

Anschaffungspreis (10 x 5000)	50000
Mengenrabatt 10%	./. 5000
	45000
Skonto 3%	./. 1350
Summe	43650
Anschaffungsnebenkosten	+ 500
	44150
nachträgliche Anschaffungskosten (5 x 50)	+ 250
	44400

Alle Bestandteile der Anschaffungskosten sind bilanzierungspflichtig, so daß Findig die Computer in der Bilanz mit 44440 Euro auszuweisen hat.

376. a) Wie werden im Vergleich hierzu die Herstellungskosten des Hartwehr berechnet?
b) Hartwehr hat gehört, daß bei den Herstellungskosten zwischen Einzel- und Gemeinkosten zu unterscheiden sei. Wissen Sie Genaueres?

a) Die Ermittlung der **Herstellungskosten** ist in **§ 255 Abs. 2 und 3 HGB** geregelt. Sie ist im Vergleich zu den Anschaffungskosten betriebswirtschaftlich aufwendiger und ungleich schwieriger, weil sie zahlreiche Zurechnungsfragen aufwirft.

b) Das Gesetz differenziert zwischen **Einzelkosten,** die einem hergestellten Vermögensgegenstand unmittelbar zurechenbar sind, und **Gemeinkosten,** die sich einer unmittelbaren Zurechnung entziehen und über Schlüsselgrößen verteilt werden müssen. Zu den **Einzelkosten** gehören die Materialkosten, die Fertigungskosten und die Sonderkosten der Fertigung (§ 255 Abs. 2 S. 2 HGB). Für sie besteht eine **Einbeziehungspflicht**. Beispiele für **Gemeinkosten** sind die Materialgemeinkosten, die Fertigungsgemeinkosten und der anteilige Wertverzehr des Anlagevermögens (§ 255 Abs. 2 S. 3 HGB). Für sie sieht das Gesetz ein **Einbeziehungswahlrecht** vor. Gleiches gilt für die Kosten der allgemeinen Verwaltung und die Sozialkosten (§ 255 Abs. 2 S. 4 HGB). Dagegen dürfen Vertriebskosten nicht in die Herstellungskosten einbezogen werden (§ 255 Abs. 2 S. 6 HGB). Für Fremdkapitalzinsen gilt eine Sonderregelung (§ 255 Abs. 3 HGB).

377. a) Findig hat eine repräsentative Büroeinrichtung für 80 000 Euro erworben, die zehn Jahre halten soll. Was muß er bei der Bilanzierung in den nächsten Jahren beachten?
b) Wie steht es mit seinem Geschäftsfahrzeug, das voraussichtlich 100 000 km läuft, wenn Findig im ersten Jahr nach der Anschaffung 15 000 km gefahren ist?

a) Bei der Büroeinrichtung handelt es sich um einen Vermögensgegenstand, dessen Nutzung zeitlich begrenzt ist. Deshalb muß Findig die Anschaffungskosten gemäß **§ 253 Abs. 2 S. 1 HGB** um **planmäßige Abschreibungen** vermindern. Die gängigste AfA (= Absetzung für Abnutzung)-Methode ist die **lineare Abschreibung,** bei der die Anschaffungskosten auf die voraussichtliche Nutzungsdauer verteilt werden. Sie führt hier zu alljährlichen Abschreibungen von 8000 Euro.
b) Hier kommt eine **Abschreibung nach Maßgabe der Leistung** in Betracht. Sie führt für das erste Jahr zu einer Abschreibung von 15% der Anschaffungskosten.

378. a) Findig ist mit seinem Geschäftswagen nach ei-

a) Gemäß **§ 253 Abs. 2 S. 3 HS. 2** HGB muß Findig eine **außerplanmäßige** nem rauschenden Betriebsfest von der Fahrbahn abgekommen. Er bleibt unverletzt, sein Fahrzeug hat aber nur noch Schrottwert. Die Kaskoversicherung verweigert die Zahlung, weil Findig mit 1,5‰ am Steuer saß. Bilanzielle Konsequenzen?

b) Weiter erfährt Findig, daß sein Kunde Gernegroß, der ihm aus dem vergangenen Jahr noch 45 000 Euro schuldet, zahlungsunfähig geworden ist. Korrekturbedarf im nächsten Jahresabschluß?

379. a) Findig, dessen Geschäftsjahr dem Kalenderjahr entspricht, hat dem Kundig im abgelaufenen Jahr ein Softwarepaket geliefert. Der Kaufpreis wurde bereits beglichen. Im Januar des Folgejahres macht Kundig von einem vertraglich vereinbarten Rücktrittsrecht Gebrauch. Findig fragt an, ob er die Rückabwicklung des Vertrags noch in die Bilanz des Vorjahres aufnehmen kann, da er diese noch nicht aufgestellt hat.

b) Wie liegt es, wenn Findig von Wendig im abgelaufenen Geschäftsjahr einen Lieferanspruch für 100 Computer erworben hat und nach

Abschreibung vornehmen. Diese erfaßt bei Anlagegegenständen, deren Nutzung zeitlich begrenzt ist, unerwartete Wertminderungen.

b) Ja. Uneinbringliche Forderungen sind gemäß **§ 253 Abs. 3 S. 2 HGB** abzuschreiben. Neben solchen **Einzelwertberichtigungen** zur Berücksichtigung individueller Kreditrisiken sind ggfs. auch **Pauschalwertberichtigungen** für nicht einzeln erkennbare Auswahlrisiken zu bilden (ausführlich *Ellrott/Scherer*, in: Beck Bil.-Komm., § 253 HGB Rn. 576 ff.).

a) Gemäß § 252 Abs. 1 Nr. 4 HGB ist der Kaufmann verpflichtet „alle vorhersehbaren Risiken und Verluste, die bis zum Bilanzstichtag entstanden sind, zu berücksichtigen, selbst wenn diese erst zwischen dem Abschlußstichtag und dem Tag der Aufstellung der Bilanz bekanntgeworden sind", sog. **Wertaufhellungsprinzip.** Stellte man allein auf die bis zur Aufstellung erlangte Kenntnis ab, wäre die Rückabwicklung des Vertrags berücksichtigungsfähig. Allerdings handelt es sich beim Rücktritt nicht um einen wertaufhellenden Gesichtspunkt, sondern um eine **ansatzbeeinflussende Tatsache:** Weil die Rückabwicklungsansprüche erst mit der Ausübung des Gestaltungsrechts entstehen, war am Bilanzstichtag noch keine Bilanzposition vorhanden, deren Wert durch den Rücktritt hätte beeinflußt werden können. Vielmehr hat sich erst nach

dem Bilanzstichtag erfährt, daß die Computer schon im Dezember bei einem Brand zerstört worden sind, ohne daß ein Ersatzanspruch an die Stelle des Lieferanspruchs getreten ist?

dem Bilanzstichtag ein Vorgang ereignet, der einen eigenständigen Geschäftsvorfall des neuen Jahres darstellt und sich erst dann in der Bilanz niederschlägt.
b) Dann liegt ein wertaufhellender Umstand vor, den Findig in der Bilanz berücksichtigen muß.

380. Scheffler ist als persönlich haftender Gesellschafter mit einem Anteil von 90% an der Scheffler KG beteiligt und deren alleiniger Geschäftsführer. Sein ganzes Trachten zielt darauf, den verbliebenen Kommanditisten Winzig zum Ausscheiden zu bewegen. Weil Scheffler ein fürstliches Geschäftsführergehalt bezieht und auf Dividendenzahlungen nicht angewiesen ist, drückt er den Gewinn, indem er nach § 253 Abs. 4 HGB beständig Abschreibungen vornimmt. Kann Winzig hiergegen vorgehen?

Winzigs Position ist schwierig, aber nicht hoffnungslos. § 253 Abs. 4 HGB läßt freie **Abschreibungen** nämlich **nur im Rahmen vernünftiger kaufmännischer Beurteilung** zu. Für sie muß mithin ein „guter Grund" vorliegen, wobei eine **Abwägung** zwischen dem Thesaurierungsinteresse der Gesellschaft und dem Ausschüttungsinteresse der (Minderheits-) Gesellschafter erforderlich ist (vgl. *BGHZ* 132, 276; *Baumbach/Hopt*, § 253 HGB Rn. 32). Überdies zieht die **gesellschaftsrechtliche Treuepflicht** einer übermäßigen Bildung stiller Reserven äußere Grenzen. Bei allen verbleibenden Spielräumen für die Gesellschaftermehrheit dürfen Minderheitsgesellschafter jedenfalls nicht „ausgehungert" werden, um ihre Anteile billig erwerben zu können (vgl. *Großfeld*, Rn. 270).

4. Stille Reserven

381. Zu den wichtigsten Begriffen des Bilanzrechts gehören die stillen Reserven. Was versteht man darunter und wie entstehen sie?

a) **Stille Reserven (= stille Rücklagen)** sind jene Teile des Eigenkapitals, die dem Bilanzleser verborgen bleiben. Sie bilden die **Differenz** zwischen dem **wahren Wert** des Unternehmens und seinem **niedrigeren Buchwert.**
b) Stille Reserven entstehen, wenn Aktivposten unterbewertet oder Passivposten überbewertet werden. Systematisch unter-

scheidet man **Zwangsreserven** (Beispiel: Anschaffungswertprinzip des § 253 Abs. 1 HGB), **Schätzungsreserven** (Beispiel: Bandbreite bei Schätzwerten) und **Ermessensreserven** (Beispiel: Ansatz- und Bewertungswahlrechte).

382. Zahnarzt Zaster war mit einer Kommanditeinlage von 60 000 Euro an der MS Martina KG beteiligt. Diese hatte durch Ausnutzung steuerlicher Sonderabschreibungen stille Reserven in beträchtlicher Höhe gebildet und Liquiditätsüberschüsse regelmäßig an ihre Gesellschafter ausgeschüttet. Als sie später insolvent wird, nimmt der Insolvenzverwalter den Zaster auf Rückzahlung der ausgeschütteten Beträge in Anspruch, weil dieser Gewinnanteile entnommen habe, als sein Kapitalanteil durch Verluste unter den Betrag der geleisteten Einlage herabgesenkt gewesen sei. Zaster entgegnet, sein Kapitalkonto habe nur wegen der hohen Sonderabschreibungen Verluste ausgewiesen. Für die Beurteilung der Haftungsverhältnisse in der KG müßten die stillen Reserven bis zur Höhe der fortgeschriebenen Anschaffungskosten aufgelöst werden. Wer hat Recht?

Nach Auffassung des *BGH* der Insolvenzverwalter (vgl. *BGHZ* 109, 334). Für das Wiederaufleben der Kommanditistenhaftung nach § 172 Abs. 4 HGB soll danach eine Erfolgsbilanz zu fortgeführten Buchwerten maßgeblich sein. Im Interesse eines wirksamen Gläubigerschutzes und angesichts der Unwägbarkeiten der Bewertung stiller Reserven müsse es bei dem Anschaffungswertprinzip des § 253 Abs. 1 HGB bleiben. Das hat in der Literatur Widerspruch erfahren, weil der Grundsatz der (realen) Kapitalerhaltung weder in der KG noch in der GmbH logisch zwingend eine Anknüpfung an fortgeführte Buchwerte voraussetzt (vgl. *Priester,* BB 1976, 1004, 1009). Dennoch verdient die Entscheidung Zustimmung: Eine Statusbewertung würde das ohnehin komplizierte System der Kapitalaufbringung und Kapitalerhaltung mit weiteren Unsicherheiten belasten und damit praktisch undurchführbar machen.

Beachte: Eine Auflösung stiller Reserven ist auch im Rahmen der kapitalgesellschaftsrechtlichen Vermögensbindung unstatthaft (vgl. *BGH* NJW 1989, 1219). Insoweit weicht die Unterbilanz-Rechnung nach § 30 GmbHG also von dem Überschuldungsstatus (dazu Frage 336 b) ab.

383. Findig hat Aktien seines noch erfolgreicheren Konkurrenten Intershop erworben. In der Hauptversammlung fragt er nach deren stillen Reserven. Wird er darauf eine Antwort erhalten?

Vermutlich nicht. Zwar ist gemäß § 131 Abs. 1 Satz 1 AktG jedem Aktionär auf Verlangen in der Hauptversammlung vom Vorstand Auskunft über Angelegenheiten der Gesellschaft zu geben, soweit sie zur sachgemäßen Beurteilung des Gegenstandes der Tagesordnung erforderlich ist. Nach **§ 131 Abs. 3 Satz 1 Nr. 3 AktG** braucht der Vorstand jedoch **keine Angaben über stille Reserven** zu machen, wenn nicht ausnahmsweise die Hauptversammlung den Jahresabschluß feststellt. Hiergegen vorgebrachte Einwände verfassungsrechtlicher Natur unter Berufung auf das Anteilseigentum (Art. 14 GG) haben sich nicht durchsetzen können (vgl. *BVerfG* ZIP 1999, 1801). Von Wirtschaftswissenschaftlern wird dem Spruch des *BVerfG* indes entgegengehalten, daß bei der grundrechtlichen Abwägung theoretische Erkenntnisse der Ökonomie unbeachtet geblieben seien (vgl. *Siegel/Bareis/Rückle/Schneider/Sigloch/Streim/Wagner*, ZIP 1999, 2077).

384. Sind die weitreichenden Möglichkeiten zur Bildung stiller Reserven, die das deutsche Bilanzrecht bietet, rechtspolitisch sinnvoll? Gehen Sie bei Ihrer Antwort auf die Vor- und Nachteile einer stillen Reservenbildung ein!

a) **Für stille Reserven** wird angeführt, sie dienten der Unternehmenssicherung **(Pufferfunktion)**, beschränkten zu weit gehende Entnahmen **(Thesaurierungsfunktion)** und sorgten für eine Verstetigung der Dividendenpolitik **(Egalisierungsfunktion)**.
b) Gewichtigere Gründe sprechen **gegen** eine breitflächige Zulassung **stiller Reserven** (vgl. *Baumbach/Hopt,* § 253 HGB Rn. 28):
(1) Sie beeinträchtigen den **Gläubigerschutz,** weil Verluste durch Auflösung stiller Reserven verschleiert, unfähige Verwaltungen nicht rechtzeitig abgelöst

und Vertrauenskrisen nach Aufzehrung aller Reserven heraufbeschworen werden; (2) sie stören den Markt- und Allokationsmechanismus (**Funktionsschutz**), indem sie die Vergleichbarkeit verschiedener Investitionsobjekte erschweren; (3) sie berühren den **Gesellschafterschutz**, weil sie den ausschüttbaren Bilanzgewinn künstlich verringern und eine zutreffende Anteilsbewertung erschweren; (4) sie verfälschen den **Selbstschutz des Kaufmanns**, es sei denn, dieser führt Eigenbilanzen ohne stille Reserven und schreibt sie fort.

III. Ergänzende Vorschriften für Kapitalgesellschaften

1. Jahresabschluß und Lagebericht

385. Auf Anraten seines Steuerberaters Schlupfloch bringt Findig sein einzelkaufmännisches Unternehmen in eine GmbH ein. Hat das Auswirkungen auf die Art der Rechnungslegung?

Ja. Nunmehr gelten die strengeren **§§ 264 ff. HGB**, die zwar auf den für alle Kaufleute geltenden §§ 238 ff. HGB aufbauen, sie aber ergänzen und modifizieren. Hervorhebung verdient vor allem das in **§ 264 Abs. 2 HGB** verankerte **Einblicksgebot**, wonach der Jahresabschluß der Kapitalgesellschaft ein den tatsächlichen Verhältnissen entsprechendes Bild ihrer Vermögens-, Finanz- und Ertragslage vermitteln muß. Formal kommt hinzu, daß der Jahresabschluß von Kapitalgesellschaften um einen **Anhang** zu erweitern (§ 264 Abs. 1 Satz 1 HGB) und innerhalb einer kürzeren Frist aufzustellen ist (§ 264 Abs. 1 Satz 2 HGB) und daß für Bilanz (§ 266 HGB) und Gewinn- und Verlustrechnung (§ 275 HGB) **verbindliche Gliederungsschemata** vorgesehen sind.

386. Welche gesetzgeberische Intention liegt der strengen Sonderung der §§ 238 ff. HGB einerseits und der §§ 264 ff. HGB andererseits zugrunde?

Ausweislich der Gesetzesbegründung soll die Zweiteilung verhindern, daß die strengeren Rechnungslegungsvorschriften für Kapitalgesellschaften entsprechend auf Personengesellschaften und Einzelkaufleute übertragen werden, wie dies unter der Geltung des AktG 1965 zu beobachten war. Dies wird man als Grundentscheidung des Gesetzgebers respektieren müssen, doch ist damit nicht schlechthin jede Analogie ausgeschlossen.

387. Hätte Findig die strengeren Rechnungslegungsvorschriften der §§ 264 ff. HGB durch die Wahl einer GmbH & Co KG vermeiden können?

Nicht mehr. Zwar hat der deutsche Gesetzgeber die **Umsetzung der GmbH & Co-Richtlinie** aus dem Jahre 1990 lange verschleppt, doch ist diese EG-vertragswidrige Lücke nunmehr durch die **§§ 264 a–c HGB i.d.F. des KapCoRiLiG vom 24. 2. 2000** geschlossen worden. Danach sind die Vorschriften für Kapitalgesellschaften auf Offene Handelsgesellschaften und Kommanditgesellschaften anzuwenden, bei denen nicht mindestens ein persönlich haftender Gesellschafter eine natürliche Person (Nr. 1) oder eine Personengesellschaft mit einer natürlichen Person als persönlich haftendem Gesellschafter (Nr. 2) ist.

388. Darf Findig die Buchführung der inzwischen florierenden Internetshop GmbH seinem Steuerberater Schlupfloch überlassen, auch wenn dieser kein Geschäftsführer ist?

Ja. Zwar ist die Buchführungspflicht gemäß **§ 41 GmbHG** eine höchstpersönliche Amtspflicht des Geschäftsführers, doch braucht dieser die Bücher nicht selbst zu führen, sondern **bloß für eine ordnungsmäßige Buchführung zu sorgen**. Allerdings ist Schlupfloch gehalten, dem Findig regelmäßig über die Buchführung und ihre Erledigung zu berichten (vgl. *Lutter/Hommelhoff*, § 41 GmbHG Rn. 6).

III. Ergänzende Vorschriften für Kapitalgesellschaften

389. Als Kernstück der Rechnungslegungsvorschriften für Kapitalgesellschaften gilt das Einblicksgebot des § 264 Abs. 2 HGB. Was wissen Sie über seine Herkunft und Bedeutung?

§ 264 Abs. 2 HGB überführt das **True-and-fair-view-Gebot des englischen Rechts** (vgl. sec. 226 (2) des *Companies Act 1985*) in deutsches Recht. Die Vorschrift soll Informationsdefizite des Zahlengerüsts ausgleichen und den Rechnungslegungsadressaten ein zutreffendes Gesamtbild der Gesellschaft vermitteln. Der *EuGH* spricht insoweit vom „**Grundsatz der Bilanzwahrheit**", dessen Beachtung „Hauptzielsetzung" sei (vgl. *EuGH*, Slg. 1996, I-3133, 3153 Rn. 17, dazu Frage 363 b). Nicht mehr haltbar ist damit die hierzulande verbreitet vertretene Abkoppelungsthese, wonach § 264 Abs. 2 HGB nur Bedeutung für den Anhang habe. Klärungsbedürftig bleibt hingegen, ob das Einblicksgebot künftig als *overriding principle* im Bilanzrecht anzusehen ist. Jedenfalls kann es immer dort als Auslegungshilfe und Lückenfüller herangezogen werden, wo eine gesetzliche Regelung mehrdeutig oder unvollständig ist (näher *Kleindieck*, ZGR 1998, 466, 475 ff.).

390. Zu den einschneidendsten Änderungen des Bilanzrichtliniengesetzes von 1986 gehört die kritischere Haltung des Gesetzgebers gegenüber der Bildung stiller Reserven durch Kapitalgesellschaften. Was hat es damit auf sich und in welchen Vorschriften hat sich dieser Sinneswandel niedergeschlagen?

Im Gegensatz zu Einzelkaufleuten und Personengesellschaften ist es den **Kapitalgesellschaften** ausdrücklich **verboten, stille Reserven zu bilden (§ 279 HGB) oder aufrechtzuerhalten (§ 280 HGB).** Damit hat das BiRiLiG eine entgegengesetzte und früher fast ausnahmslos verfolgte Praxis unterbunden. Zum Ausgleich wurde im GmbH-Gesetz das vormalige Vollausschüttungsgebot durch einen schlichten Mehrheitsbeschluß über die Gewinnverwendung (§ 29 Abs. 2 GmbHG) ersetzt. Unberührt bleibt zudem die Möglichkeit, Aufwandsrückstellungen (§ 249 Abs. 2 HGB) zu bilden.

391. Mit Schlupflochs Hilfe hat Findig als Geschäftsführer (§§ 264 Abs. 1 HGB, 42a Abs. 1 GmbHG) den ersten Jahresabschluß der Internetshop GmbH aufgestellt. Die Aufschlüsselung der Eigenkapitalpositionen nach Maßgabe des § 266 Abs. 3 A HGB ist ihm allerdings bis zuletzt ein Rätsel geblieben. Was wird Schlupfloch zur „Enträtselung" vortragen?

Schlupfloch wird auf die Vorschrift des § 272 HGB verweisen, die Erläuterungen zu den verschiedenen Eigenkapitalschichten enthält:

a) **Gezeichnetes Kapital (Abs. 1):** Gemeint ist das feste Garantiekapital, das in der Aktiengesellschaft Grundkapital (§ 6 AktG), in der GmbH Stammkapital (§§ 3 Abs. 1 Nr. 3, 5 Abs. 1 GmbHG) genannt wird und als „Staumauer" gegen Vermögensabflüsse dient.

b) **Kapitalrücklagen (Abs. 2):** Sie zeigen an, wieviel Eigenkapital über das gezeichnete Kapital hinaus zugeführt wurde. Solche einlageähnlichen Beiträge können etwa aus einem Aufgeld (Agio) bei der Ausgabe von Anteilen oder aus freiwilligen Zuzahlungen der Gesellschafter herrühren.

c) **Gewinnrücklagen (Abs. 3):** Sie werden der Kapitalgesellschaft nicht von außen zugeführt, sondern aus dem erwirtschafteten Ergebnis gebildet. Die Gewinnrücklagen umfassen gesetzliche Rücklagen (§ 150 Abs. 1 und 2 AktG), satzungsmäßige Rücklagen, andere Rücklagen und Rücklagen für eigene Anteile (zu ihnen § 272 Abs. 4 HGB).

392. Findig versteht nicht, warum die Internetshop GmbH auch noch einen Lagebericht erstellen soll, wo der Jahresabschluß doch schon alle relevanten Zahlen enthalte. Können Sie ihm helfen?

Der in § 264 Abs. 1 S. 1 HGB vorgeschriebene **Lagebericht** verfolgt eine andere Zielsetzung: Im Gegensatz zum Jahresabschluß ist er nicht vergangenheits-, sondern **zukunftsorientiert**, indem er kein Stichtags-, sondern ein **Verlaufsbild** zeichnet. Das läßt sich aus § 289 HGB entnehmen, wonach der Lagebericht auch auf die Risiken der künftigen Entwicklung (Abs. 1), die voraussichtliche Entwicklung der Kapitalgesellschaft (Abs. 2

III. Ergänzende Vorschriften für Kapitalgesellschaften

Nr. 2) und die – zukunftsweisenden – Bereiche Forschung und Entwicklung (Abs. 2 Nr. 3) eingehen soll.

Beachte: Auf Grund der gemeinschaftsrechtlichen Modernisierungsrichtlinie (RL 2003/51/EG vom 17. 7. 2003) steht eine Erweiterung der Berichtspflichten im Lagebericht an. Die vorgesehenen Änderungen in § 289 Abs. 1 HGB-E zielen darauf ab, den Informationsgehalt von Lageberichten sowie deren Vergleichbarkeit zu verbessern.

2. Konzernabschluß und Konzernlagebericht

a) Grundlagen

393. a) Das *E-Commerce*-Geschäft boomt weiter. Findig hat inzwischen durch Zukäufe einen weitverzweigten Konzern mit der Internetshop-GmbH als Konzernspitze aufgebaut. Hat das Auswirkungen auf die Rechnungslegungspflichten der Internetshop-GmbH?
b) Werden damit die Verpflichtungen aller anderen Konzernunternehmen zur Erstellung eines eigenen Jahresabschlusses hinfällig?

a) Ja. Gemäß § 290 **Abs. 1 HGB** muß die Internet-GmbH als Mutterunternehmen in den ersten fünf Monaten des Konzerngeschäftsjahres für das vergangene Konzerngeschäftsjahr einen **Konzernabschluß** und einen **Konzernlagebericht** aufstellen.
b) Nein. Der Konzernabschluß ersetzt weder die Jahresabschlüsse der Tochterunternehmen noch den des Mutterunternehmens. Er tritt vielmehr als Abbild der größten Wirtschaftseinheit „Konzern" neben diese.

394. a) Wie bereits erörtert, verfolgt der handelsrechtliche Einzelabschluß verschiedene Zwecke (vgl. Frage 331). Gilt das auch für den Konzernabschluß?

a) Nein. Der **Konzernabschluß** erfüllt in allererster Linie eine **Informationsfunktion:** Er hat unter Beachtung der Grundsätze ordnungsmäßiger Buchführung ein den tatsächlichen Verhältnissen entsprechendes Bild der Vermögens-, Finanz- und Er-

b) Hat der Konzernabschluß Bedeutung für die Gewinnverteilung oder Besteuerung?

tragslage des Konzerns zu vermitteln (**§ 297 Abs. 2 Satz 2 HGB**). Darüber hinaus obliegt ihm noch eine Führungsfunktion, weil er die Konzernleitung in den Stand versetzt, den Erfolg des Gesamtkonzerns zu steuern und zu kontrollieren.

b) Nein. Im Unterschied zur Rechtslage in Großbritannien und den Vereinigten Staaten dient der Konzernabschluß **weder der Ermittlung des verteilbaren Jahresgewinns, noch** bildet er die **Grundlage der steuerlichen Gewinnermittlung.** Infolgedessen wird er auch nicht wie der Jahresabschluß einer Kapitalgesellschaft festgestellt (§§ 172, 173 AktG; 42 a, 46 Nr. 1 GmbHG), sondern nur an Aufsichtsrat und Hauptversammlung (§ 337 AktG) bzw. an die Gesellschafter (§ 42 a GmbHG) des Mutterunternehmens vorgelegt und gemäß § 325 Abs. 3 HGB offengelegt. Dessen ungeachtet kommt dem Gewinnausweis in der Konzern-Gewinn- und-Verlustrechnung aber eine **wirtschaftliche Leitfunktion** für die Gewinnausschüttung des Mutterunternehmens zu.

395. Welchem Abschluß wird von den Publizitätsadressaten ein höherer Informationswert beigemessen: dem Einzelabschluß oder dem Konzernabschluß?

Eindeutig dem **Konzernabschluß**, weil er einen **Gesamtüberblick über ein Großes und Ganzes** vermittelt, während die Einzelabschlüsse nur einen Einblick in Teilbereiche gestatten.

396. a) Warum ist eine Konzernrechnungslegung heute unerläßlich?
b) Wann wurde sie in Deutschland erstmals eingeführt?

a) Weil die Rechnungslegung rechtlich selbständiger Einheiten keinen sicheren Einblick in die Vermögens- und Ertragslage mehr gewährt, wenn das Unternehmen einer größeren wirtschaftlichen Einheit angehört. Wer sich hier auf den Einzelabschluß verläßt, dem bleiben **Risi-**

ken verborgen, die **von anderen Unternehmensteilen des Konzerns** herrühren. Außerdem bestünde ohne einen Konzernabschluß die Gefahr, daß **konzerninterne Binnengeschäfte als „Verschiebebahnhof" für Gewinnverlagerungen** mißbraucht und Gewinne im Einzelabschluß ausgewiesen würden, die noch keine Bestätigung am Markt gefunden haben.

b) Obwohl spektakuläre Konzernzusammenbrüche bereits in der Weltwirtschaftskrise von 1930–1931 den unzureichenden Erkenntniswert von Einzelabschlüssen veranschaulicht hatten, dauerte es bis zur **Aktienrechtsreform von 1965**, bis der deutsche Gesetzgeber in den §§ 329–338 AktG 1965 erstmals Vorschriften über die Aufstellung und Prüfung von Konzernabschlüssen einführte.

397. Bis zur erstmaligen Kodifizierung der Konzernrechnungslegung standen sich in der Lehre zwei konkurrierende Konzeptionen des Konzernabschlusses gegenüber: die Interessen- und die Einheitstheorie. Worin unterschieden sie sich und welche von ihnen hat im geltenden Recht die Oberhand behalten?

a) Die **Interessentheorie** versteht den Konzernabschluß nicht als einen solchen der wirtschaftlichen Einheit Konzern, sondern als einen erweiterten Abschluß des Mutterunternehmens, der den Anteilseignern des Mutterunternehmens zeigt, was hinter den abstrakten Beteiligungsposten in deren Bilanz steckt.

b) Die **Einheitstheorie** sieht in dem Konzernabschluß einen eigenständigen Abschluß der wirtschaftlichen Einheit Konzern, der unbeschadet der rechtlichen Selbständigkeit der Konzernunternehmen wie ein Jahresabschluß der wirtschaftlichen Einheit Konzern aufzustellen ist. Diese Sichtweise diente bereits den §§ 328–339 AktG 1965 als theoretische Grundlage und ist heute ausdrücklich in dem **Einheitsgrundsatz des § 297 Abs. 3 Satz 1 HGB** festgeschrieben.

b) Pflicht zur Aufstellung

398. Welche beiden Voraussetzungen kennt das HGB für die Pflicht zur Aufstellung eines Konzernabschlusses und Konzernlageberichts?

a) Das **Konzept der einheitlichen Leitung (§ 290 Abs. 1 Satz 1 HGB)**: Entscheidende Bedeutung erlangt danach der Begriff der einheitlichen Leitung durch das Mutterunternehmen, zu dessen Konkretisierung man auf die konzernrechtliche Vorschrift des § 18 AktG einschließlich der Verweisungskette der §§ 17 Abs. 2, 18 Abs. 1 Satz 3 AktG zurückgreifen kann.

b) Das sog. **Control-Konzept (§ 290 Abs. 2 HGB)**: Hiernach wird die Konzernrechnungslegungspflicht bereits durch das Bestehen rechtlich gesicherter Beherrschungsmöglichkeiten begründet.

399. Die Pflicht zur Konzernrechnungslegung wird vom Gesetz nicht ausnahmslos durchgehalten. Welche Befreiungsmöglichkeiten kennen Sie?

(1) **Befreiung von der Aufstellung sog. Stufenkonzernabschlüsse (§§ 291, 292 HGB)**: An sich wäre in mehrstufigen Unterordnungskonzernen auf jeder Konzernstufe ein Konzernabschluß durch das jeweils herrschende Unternehmen zu erstellen (sog. Tannenbaumprinzip). Einer solchen Vervielfältigung wenig informativer Teilkonzernabschlüsse will das HGB durch eine Freistellungsmöglichkeit vorbeugen.

(2) **Größenabhängige Befreiung** von der Konzernrechnungslegung (§ 293 HGB): Um kleinere Konzerne vor Aufwand und Kosten einer Konzernabschlußerstellung zu schützen, hat der Gesetzgeber einen größenabhängigen Dispens vorgesehen.

(3) **Befreiung durch einen Konzernabschluß nach international anerkannten Rechnungslegungsgrundsätzen** (§ 292a HGB): Diese Bestimmung ist die Kern-

vorschrift des Kapitalaufnahmeerleichterungsgesetzes von 1998 (BGBl. I S. 707), mit dem die Wettbewerbsfähigkeit deutscher Konzerne an internationalen Kapitalmärkten verbessert werden soll. Fernauslöser war das Listing der Daimler Benz AG im Jahre 1993 an der *New York Stock Exchange* unter amerikanischer Rechnungslegung. Durch die Einführung der IAS-Verordnung (vgl. Frage 422) wird § 292 a HGB obsolet und tritt nach Ablauf einer Übergangszeit zum 31. 12. 2006 außer Kraft (Art. 57 Abs. 5 EGHGB-E).

c) Konsolidierungskreis

400. Zur Internetshop-Gruppe gehört auch eine französische Tochtergesellschaft. Muß diese in den Konzernabschluß einbezogen werden?

Ja. Gemäß **§ 294 Abs. 1 HGB** sind in den Konzernabschluß alle Tochterunternehmen ohne Rücksicht auf ihren Sitz, also auch ausländische Tochterunternehmen, einzubeziehen. Man spricht plastisch vom **Weltabschlußprinzip.**

401. a) Erstreckt sich die Einbeziehungspflicht auch auf ein kürzlich erworbenes Internet-Reisebüro?
b) Wie steht es mit der Einbeziehung einer unbedeutenden Computer-Reparatur-GmbH?

a) Zweifelhaft. Hier könnte das **Einbeziehungsverbot des § 295 Abs. 1 HGB** eingreifen, das branchenfremde Unternehmen aus dem Konsolidierungskreis ausgrenzt. Als Ausnahme vom Vollständigkeitsgebot des § 294 Abs. 1 HGB ist diese Vorschrift allerdings eng auszulegen (vgl. *Förschle/Deubert*, in: Beck Bil.-Komm., § 295 HGB Rn. 8). Die Tatsache allein, daß ein Mischkonzern vorliegt, reicht gemäß § 295 Abs. 2 HGB nicht aus. Vielmehr kommt es maßgeblich darauf an, ob das **Tochterunternehmen im Konzernverbund einen Fremdkörper** darstellt. Dafür spricht *in casu,* daß das Reisebüro eine konzernuntypische Tätigkeit entfaltet und auch keine Hilfsfunktion für die anderen Konzernunternehmen wahrnimmt.

b) Für sie gilt gemäß **§ 296 Abs. 2 HGB** ein **Einbeziehungswahlrecht**, wenn sie für den Konzern von untergeordneter Bedeutung ist. Hierfür kommt es nicht auf starre Verhältniszahlen, sondern auf das Gesamtbild aller Umstände im Einzelfall an. Es handelt sich um eine gesetzliche Ausprägung des Wesentlichkeitsgrundsatzes.

d) Bilanzansatz- und Bewertungsregeln

402. Nach welchen Vorschriften ist der Konzernabschluß zu erstellen?

Gemäß **§ 298 Abs. 1 HGB** sind auf den Konzernabschluß grundsätzlich **die für Einzelabschlüsse geltenden Vorschriften entsprechend** anzuwenden. Allerdings ist stets zu prüfen, ob seine Eigenart systembedingte oder konsolidierungstechnische Abweichungen erfordert.

403. Welche organisatorischen Vorkehrungen müssen innerhalb der Internetshop-Gruppe für die Erstellung eines Konzernabschlusses getroffen werden?

Die Zusammenfassung der Jahresabschlüsse von Mutter- und Tochterunternehmen verlangt bereits bei ihrer jeweiligen Erstellung ein **Mindestmaß an Homogenität**. Das beginnt mit der Festlegung eines einheitlichen Abschlußstichtages (§ 299 Abs. 1 HGB) und setzt sich bei der Vereinheitlichung der einzubeziehenden Jahresabschlüsse fort: Als **zweckdienlich** erweisen sich hier oft **einheitliche Buchführungs-, Bilanzierungs- und Bewertungsregeln** sowie ein einheitliches Formularwesen, die in ihrer Gesamtheit dafür sorgen, daß gleiche Sachverhalte gleich behandelt werden. **Alternativ** kann die Vereinheitlichung auch durch eine **parallele Buchführung** und

Handelsbilanz (sog. Handelsbilanz II) erfolgen, die den Konzernrichtlinien entsprechen. In jedem Fall empfiehlt es sich, eine **zentrale Konsolidierungsstelle bei dem Mutterunternehmen** einzurichten, die für die Aufstellung des Konzernabschlusses verantwortlich ist (näher *Adler/ Düring/Schmaltz*, Vorbemerkungen zu §§ 290–315 HGB Rn. 30–49).

404. a) Profitlich, der in der Konsolidierungsstelle der Internetshop GmbH ein Praktikum absolviert, möchte wissen, nach welchen Maßstäben er die Vermögensgegenstände und Schulden der in den Konzernabschluß einzubeziehenden Unternehmen bewerten soll.
b) Sein Ausbilder Zahlmann erläutert ihm, daß die Neuausübung von Bewertungswahlrechten für die Konzernspitze strategisch außerordentlich wichtig sei. Warum?

a) Für die Bewertung im Konzernabschluß gilt der **Grundsatz einheitlicher Bewertung nach Maßgabe der Vorschriften für das Mutterunternehmen** (§ 308 Abs. 1 S. 1 HGB). Soweit hiernach Bewertungswahlrechte bestehen, dürfen diese für den Konzernabschluß neu ausgeübt werden (§ 308 Abs. 1 S. 2 HGB).
b) Durch die Neuausübung eröffnet sich der Konzernspitze ein beträchtlicher **Spielraum für bilanzpolitische Maßnahmen.** Weitere Bewertungs- und Bilanzierungsalternativen bestehen etwa bei der Bestimmung der Abschreibungsdauer des Geschäfts- oder Firmenwertes (§ 309 Abs. 1 S. 1 HGB) und bei der Neuausübung von Ansatzwahlrechten (§ 300 Abs. 2 S. 2 HGB). Die koordinierte Ausnutzung dieser Handlungsspielräume bildet den Gegenstand der **Konzernbilanzpolitik,** die vornehmlich publizitätspolitische Ziele verfolgt: Je nach den Zielvorgaben der Konzernleitung kann der Konzernabschluß daher als imponierendes Zahlenwerk oder aber als eher unbedeutendes Gebilde präsentiert werden, das einiges von der wahren Konzerngröße verbirgt.

e) Konsolidierungsmaßnahmen

405. Findig erkundigt sich bei Zahlmann nach dem Fortgang der Konzernrechnungslegung. Dieser bedeutet ihm, man habe gerade mit der Konsolidierung begonnen. Für Findig ist das fachchinesisch. Können Sie ihm helfen?

Der Begriff **Konsolidierung** kommt von „*to consolidate*" (= zusammenfassen, vereinigen) und steht für die **Zusammenfassung der Jahresabschlüsse von Mutter- und Tochterunternehmen** (§ 300 Abs. 1 S. 1 HGB). Wie die Überschrift des Vierten Titels verdeutlicht, gilt dabei der **Grundsatz der Vollkonsolidierung**: Danach gehen die Posten der Einzelabschlüsse auch dann in voller Höhe in den Konzernabschluß ein, wenn das Mutterunternehmen weniger als 100% der Töchteranteile hält. Eine anteilige Konsolidierung gibt es nur ausnahmsweise (§ 310 HGB).

406. Nachdem Findig von Zahlmann ins Bild gesetzt worden ist, meint er, es könne doch nicht so schwierig sein, die Positionen der Einzelabschlüsse zu addieren. Hat er damit das Wesen der Konsolidierung zutreffend erfaßt?

Nein. Für die Konsolidierung genügt es nicht, die Jahresabschlüsse mechanisch zusammenzufassen. Vielmehr soll der Konzern so dargestellt werden, als sei er ein einheitliches Unternehmen (vgl. Frage 397b). Infolgedessen sind alle Positionen zu streichen, die im Jahresabschluß eines einheitlichen Unternehmens nicht vorkommen dürfen.

407. Neugierig geworden, läßt sich Findig von Zahlmann erläutern, welche Posten der Einzelabschlüsse für den Konzernabschluß konsolidiert werden müssen. Was wird Zahlmann antworten?

Die Konsolidierung erfaßt vier Bereiche:
a) **Kapitalkonsolidierung**: Mit ihrer Hilfe will man „Doppelzählungen" vermeiden, die entstünden, wenn man sowohl die Beteiligungen des Mutterunternehmens als auch die Vermögensgegenstände der Tochterunternehmen in den Konzernabschluß aufnähme. Zu diesem Zweck ordnet § 301 **Abs. 1** HGB an, diese Beteiligungen mit dem entsprechenden Eigenkapital der Töchter zu verrechnen.

III. Ergänzende Vorschriften für Kapitalgesellschaften

b) **Schuldenkonsolidierung:** Dem Einheitsgedanken des § 297 Abs. 3 S. 1 HGB zufolge sind Konzernunternehmen als rechtlich unselbständige Teile eines einzigen Unternehmens anzusehen. Folgerichtig dürfen konzerninterne Ausleihungen und Schulden gemäß **§ 303 Abs. 1 HGB** keine Berücksichtigung finden, weil insoweit Geschäfte des als einheitliche Rechtsperson gedachten Konzerns „mit sich selbst" vorliegen.

c) **Zwischenergebniskonsolidierung:** Auch Gewinne und Verluste aus konzerninternen Lieferungen und Leistungen müssen gemäß § 304 Abs. 1 HGB außer Betracht bleiben, da sie nicht am Markt erzielt und daher aus Konzernsicht nicht realisiert sind (§ 252 Abs. 1 Nr. 4 HS. 2 HGB).

d) **Aufwands- und Ertragskonsolidierung:** Schließlich sind in der Konzern-Gewinn- und Verlustrechnung gemäß **§ 305 Abs. 1 HGB** konzerninterne Aufwendungen und Erträge herauszurechnen. Als bloße Innenumsatzerlöse führen sie aus Konzernsicht im Gegensatz zu den Außenumsatzerlösen mit konzernfremden Dritten zu keinem Ertragszuwachs.

408. Die Internetshop-GmbH besitzt eine 40%ige Kapital- und Stimmrechtsbeteiligung an der Werbeagentur Lautenschläger GmbH, mit deren Hilfe sie einen maßgeblichen Einfluß auf deren Geschäfts- und Finanzpolitik ausübt. Nach welcher Methode ist das Eigenkapital der Lautenschläger GmbH handelt es sich um kein Konzernunternehmen, sondern um **ein assoziiertes Unternehmen** i. S. d. § 311 HGB. Seine Eigenkapitalkonsolidierung erfolgt gemäß § 312 HGB durch die sog. **Equity-Methode:** Ausgehend von den Anschaffungskosten, wird der Wert der Beteiligung danach in den Folgejahren entsprechend der Entwicklung des anteiligen bilanziellen Eigenkapitals (engl.: *equity* = Eigenkapital) des

3. Prüfung

409. a) Gemäß § 316 Abs. 1 Satz 1 HGB sind Jahresabschluß und Lagebericht großer und mittelgroßer Kapitalgesellschaften durch einen Abschlußprüfer zu testieren. Welchen Zweck verfolgt eine solche Pflichtprüfung und wann wurde sie erstmals eingeführt?
b) Welche Rechtsfolgen zeitigt eine unterlassene Prüfung?

a) Eine Pflichtprüfung trägt der historisch erhärteten Erfahrung Rechnung, daß Publizität in der Regel nur so gut ist wie ihre Überwachung. Die §§ 316 ff. HGB sollen daher die **Aussagekraft von Jahresabschluß und Lagebericht** gegenüber den Rechnungslegungsadressaten innerhalb und außerhalb der Gesellschaft **sichern** helfen und über den Prüfungsbericht (vgl. § 321 HGB) zugleich die Selbstinformation der Geschäftsleiter verbessern. **Erstmals eingeführt** wurde eine obligatorische Abschlußprüfung im Zuge der Weltwirtschaftskrise durch eine Verordnung des Reichspräsidenten aus dem Jahre **1931** (vgl. HWR/*Havermann*, 3. Aufl. 1993, Stichwort: Prüfung des Jahresabschlusses, Sp. 1652–1661).
b) Gemäß **§ 316 Abs. 1 S. 2 HGB** darf ein **nicht geprüfter Jahresabschluß nicht festgestellt werden**. Ein gleichwohl festgestellter Jahresabschluß ist nach § 256 Abs. 1 Nr. 2 AktG, der entsprechend auf die GmbH Anwendung findet, nichtig. Das gilt folgerichtig auch für den auf seiner Grundlage gefaßten Gewinnverwendungsbeschluß (vgl. Frage 342), mit der Folge, daß die rechtsgrundlos ausgeschütteten Dividenden nach § 812 Abs. 1 S. 1 BGB zurückgefordert werden können.

410. a) Kleine Kapitalgesellschaften sind von einer Prüfungspflicht ausdrück-

a) Ausschlaggebend dafür waren **wirtschaftspolitische Gründe** (Mittelstandsschutz, Risikokapitalförderung, Vermei-

III. Ergänzende Vorschriften für Kapitalgesellschaften

lich ausgenommen. Warum?

b) Ist es der Internetshop-GmbH, welche die Schwellenwerte des § 267 Abs. 1 HGB nicht überschreitet, damit verwehrt, Abschlußprüfer zur Erhöhung ihrer Kreditwürdigkeit zu bestellen?

dung eines zu großen Verwaltungs- und Kostenaufwands).

b) Nein. Sie kann ihren Jahresabschluß und Lagebericht **freiwillig prüfen** lassen. Sieht der Gesellschaftsvertrag eine solche Abschlußprüfung durch einen Wirtschaftsprüfer vor, so ist er regelmäßig dahin auszulegen, daß für **Art und Umfang der Prüfung** grundsätzlich die §§ 317 ff. HGB gelten (vgl. *BGH* NJW 1992, 300).

411. Wirtschaftsprüfer beklagen sich angesichts harscher Kritik an ihrem Berufsstand häufig über eine „Erwartungslücke" der Öffentlichkeit. Was versteht man darunter und worauf erstreckt sich die Abschlußprüfung?

Mit dem Begriff „**Erwartungslücke**" umschreibt man seit Einführung der gesetzlichen Pflichtprüfung das Auseinanderfallen zwischen den Vorstellungen der Informationsadressaten und dem vorgeschriebenen Umfang der Jahresabschlußprüfung. Ein vom Abschlußprüfer uneingeschränkt **testierter Jahresabschluß** enthält **kein Gütesiegel für die Gesundheit der Gesellschaft**, weil sich dessen Prüfung gemäß § 317 Abs. 1 Satz 2 HGB allein darauf erstreckt, daß die gesetzlichen Vorschriften und ergänzende Bestimmungen des Gesellschaftsvertrages oder der Satzung eingehalten worden sind (vgl. WP-Handbuch 2000, 12. Aufl., Bd. I, Abschnitt Q Rn. 401–408, Abschnitt O Rn. 281–289). **Unberührt** hiervon bleibt allerdings die in **§ 322 Abs. 2 Satz 2 HGB** vorgesehene Pflicht, im Bestätigungsvermerk auf bestandsgefährdende Risiken einzugehen. Außerdem schreibt **§ 317 Abs. 1 Satz 3 HGB** i.d.F. des KonTraG 1998 dem Abschlußprüfer nunmehr vor, die Prüfung so anzulegen, daß er Unrichtigkeiten und Verstöße gegen Gesetz und Gesellschaftsvertrag, die sich auf die Darstellung der Vermögens-, Finanz- und

412. Eine effiziente Abschlußprüfung stellt hohe Anforderungen an die Fachkunde und Unabhängigkeit der Prüfer. Wie sucht der Gesetzgeber beides zu gewährleisten?

Ertragslage wesentlich auswirken, bei gewissenhafter Berufsausübung erkennt.

a) Dem **fachlichen Anforderungsprofil** trägt § 319 Abs. 1 Satz 1 HGB dadurch Rechnung, daß er die Abschlußprüfung als **Wirtschaftsprüfer-Vorbehaltsprüfung** ausgestaltet. Vereidigte Buchprüfer sind nurmehr zur Prüfung mittelgroßer GmbHs und Personenhandelsgesellschaften (§ 264 a HGB) zugelassen.

b) Die **persönliche Unabhängigkeit und Unbefangenheit** stellt § 319 Abs. 2 und 3 HGB durch **weitreichende Ausschlußgründe sicher,** die für börsennotierte Gesellschaften in § 319 Abs. 3 Nr. 6 HGB i. d. F. des KonTraG 1998 durch einen personellen Prüferwechsel noch verschärft worden sind. Weitergehende Forderungen nach einer zwingenden Rotation der Wirtschaftsprüfungsgesellschaften haben sich allerdings nicht durchsetzen können.

413. Die Hauptversammlung der Allweiler AG faßt einen Mehrheitsbeschluß dahin, den bereits mit dem Steuerberatungsmandat befaßten Wirtschaftsprüfer Wichtig auch zum Abschlußprüfer für das laufende Geschäftsjahr zu bestellen (vgl. § 119 Abs. 1 Nr. 5 AktG). Dagegen wendet sich ein Aktionär mit der Anfechtungsklage, weil ein Wirtschaftsprüfer gemäß § 319 Abs. 2 Nr. 5 HGB nicht Abschlußprüfer

Nach Auffassung des *BGH* nein (vgl. *BGHZ* 135, 260). Der II. Zivilsenat meint, die **Beratung** eines Auftraggebers **in steuerlichen Angelegenheiten** sei mit einer **Abschlußprüfung** grundsätzlich **vereinbar.** Eine unzulässige Mitwirkung i. S. d. § 319 Abs. 2 Nr. 5 HGB liege erst dann vor, wenn die Beratung über die Darstellung von Entscheidungsalternativen hinausgehe und der Berater selbst anstelle seines Mandanten eine unternehmerische Entscheidung in bezug auf den zu überprüfenden Jahresabschluß treffe. Dies ist wegen des engen Zusammenhangs zwischen Handels- und Steuerbilanz und der beträchtlichen Bedeutung der umgekehr-

III. Ergänzende Vorschriften für Kapitalgesellschaften 251

sein darf, wenn er bei der Führung der Bücher oder der Aufstellung des zu prüfenden Jahresabschlusses über die Prüfungstätigkeit hinaus mitgewirkt hat. Zu recht?

ten Maßgeblichkeit gemäß § 5 Abs. 1 Satz 2 EStG (vgl. Frage 333b) allerdings höchst bedenklich (näher *Fleischer*, DStR 1996, 758; *Hommelhoff*, ZGR 1997, 561).

414. Anhaltende rechtspolitische Kritik an der Allweiler-Entscheidung und schärfere Inkompatibilitätsvorschriften im US-amerikanischen *Sarbanes-Oxley-Act* haben den deutschen Reformgesetzgeber zu einer Neufassung des § 319 HGB veranlaßt. Wie sollen die gesetzlichen Ausschlußgründe zukünftig aussehen?

Nach dem Entwurf eines Bilanzrechtsreformgesetzes vom Dezember 2003 ist ein Wirtschaftsprüfer auch dann von der Abschlußprüfung ausgeschlossen, wenn er bei der internen Revision mitgewirkt, Management- oder Finanzdienstleistungen, versicherungsmathematische oder Bewertungsleistungen für den zu prüfenden Jahresabschluß erbracht hat, sofern diese Tätigkeiten nicht von untergeordneter Bedeutung sind (§ 319 Abs. 3 Nr. 3 lit. b-d HGB-E). Darüber hinaus ist er von der Abschlußprüfung eines börsennotierten Unternehmens ausgeschlossen, wenn er Rechts- oder Steuerberatungsleistungen erbracht hat, die sich auf die Darstellung der Vermögens-, Finanz- oder Ertragslage in dem zu prüfenden Jahresabschluß gestaltend und nicht nur unwesentlich auswirken (§ 319a Abs. 1 Nr. 2 HGB-E). Ausweislich der Entwurfsbegründung werden damit für die Prüfung kapitalmarktorientierter Unternehmen, die im besonderen Maße im öffentlichen Interesse stehen, strengere Maßstäbe eingeführt als für sonstige Unternehmen.

415. Findig hat im Zuge seines Expansionskurses von Hilflos sämtliche Anteile an der H-GmbH erworben. Vor Abschluß des

Nach Auffassung der Rechtsprechung ja (vgl. *BGHZ* 138, 257), auch wenn die Begründung etwas ausholen muß:
a) Ausgangspunkt ist zunächst **§ 323 Abs. 1 S. 1 HGB**, der den Abschlußprüfer

Kaufvertrages hatte Wirtschaftsprüfer Wichtig dem Hilflos im Rahmen einer Pflichtprüfung nach §§ 316 ff. HGB mitgeteilt, der vorliegende Jahresabschluß der H-GmbH könne uneingeschränkt bestätigt werden. Diese Auskunft leitete Hilflos, wie mit Wichtig besprochen, an Findig weiter, der darauf den Kaufvertrag unterzeichnete. Später stellten sich Unregelmäßigkeiten in der Buchhaltung der H-GmbH heraus, so daß der endgültige Jahresabschluß, für den Wichtig nach § 322 HGB nur einen eingeschränkten Bestätigungsvermerk erteilte, anstelle eines Überschusses von 2,6 Mio. Euro einen Fehlbetrag von 11,5 Euro. DM aufwies. Findig verlangt von Wichtig Schadensersatz wegen fehlerhafter Auskunft. Mit Erfolg?

zur gewissenhaften und unparteiischen Prüfung verpflichtet. Verletzt er vorsätzlich oder fahrlässig seine Pflichten, so ist er der Kapitalgesellschaft zum Ersatz des daraus entstandenen Schadens verpflichtet (**§ 323 Abs. 1 S. 3 HGB**), wobei sich die Ersatzpflicht bei Fahrlässigkeit auf eine Million Euro beschränkt (§ 323 Abs. 2 S. 1 HGB). Aus der Zusammenschau dieser Vorschriften entnimmt die h.L. eine **Sperrwirkung gegenüber Schadensersatzansprüchen von Dritten:** Eine Ausdehnung der Haftung laufe dem Ziel zuwider, das Haftungsrisiko des Abschlußprüfers zu begrenzen, und lasse besorgen, daß die Kapitalgesellschaft ihre ohnehin beschränkten Ansprüche mit Dritten teilen müsse (zusammenfassend *Ebke*, JZ 1998, 931 ff.). Dem schließt sich der *Bundesgerichtshof* „im Grundsatz" an (vgl. *BGHZ* 138, 257, 260).

b) Allerdings hat es damit nicht sein Bewenden: Der III. Zivilsenat prüft vielmehr, ob **der Dritte** (hier: Findig) **in den Schutzbereich des Prüfvertrages zwischen der Kapitalgesellschaft** (hier: H-GmbH) **und dem Abschlußprüfer** (hier: Wichtig) **einbezogen werden kann.** Dies nimmt er an, wenn sich für den Abschlußprüfer hinreichend deutlich ergebe, daß von ihm anläßlich der Pflichtprüfung eine besondere Leistung begehrt werde, von der gegenüber einem Dritten, der auf seine Sachkunde vertraue, Gebrauch gemacht werden solle. Eine solche vertragliche Haftung des Abschlußprüfers gegenüber Dritten nach Maßgabe der **von der Rechtsprechung entwickelten Grundsätze zur Dritthaftung Sachkundiger** sei durch § 323 Abs. 1 S. 3 HGB nicht von vornherein ausgeschlossen (vgl. *BGHZ* 138, 257, 261). Vorliegend sind die H-GmbH und Wichtig übereinstimmend davon ausgegangen, daß das Ergebnis der Abschlußprüfung dem Findig als Entscheidungsgrundlage für einen Kauf der GmbH-Anteile dienen soll. Demnach ist eine Haftung des Wichtig gegenüber Findig gegeben.

c) Im Schrifttum ist dieser abermaligen Ausdehnung des Vertrages mit Schutzwirkung zugunsten Dritter auf **dogmatische Kritik** gestoßen, weil Auftraggeber (hier: H-GmbH) und geschützter Dritter (hier: Findig) gegenläufige Interessen verfolgten. Statt dessen wird eine unmittelbare Dritthaftung der Experten aus § 311 Abs. 3 S. 2 BGB befürwortet, wenn diese in besonderem Maße persönliches Vertrauen für sich in Anspruch genommen haben (vgl. *Canaris*, ZHR 163 (1999) 206; *M. Weber*, NZG 1999, 1).

4. Offenlegung

416. Gemäß § 325 HGB müssen Kapitalgesellschaften Jahresabschluß und Lagebericht samt Bestätigungs- oder Versagungsvermerk, Aufsichtsratsbericht und Ergebnisverwendungsbeschluß zum Handelsregister einreichen. Welchen Regelungszweck verfolgt diese Vorschrift?

Das Ziel der Offenlegungspflicht läßt sich vielleicht am besten mit einem berühmt gewordenen Ausspruch des großen amerikanischen Juristen *Louis Brandeis* veranschaulichen: „Publicity is justly commended as a remedy for social and industrial diseases. Sunlight is said to be the best of disinfectants: electric light the most efficient policeman" (Other People's Money – and How the Bankers Use It, 1914, S. 62). Eine derartige **vorbeugende Publizitätswirkung** macht sich der Gesetzgeber vor allem bei großen Kapitalgesellschaften zunutze. Für kleine und

417. Die Daihatsu Deutschland GmbH hatte seit 1989 keine Jahresabschlüsse mehr zum Handelsregister eingereicht. Hiergegen leitete der Verband deutscher Daihatsu-Händler e. V. im Jahre 1992 beim zuständigen Registergericht ein Verfahren mit dem Ziel ein, der Daihatsu GmbH unter Androhung von Zwangsmaßnahmen aufzugeben, ihre Jahresabschlüsse offenzulegen. Mit Erfolg?

mittlere Kapitalgesellschaften sind gemäß §§ 326, 327 HGB Erleichterungen vorgesehen.

Nach einem Hindernislauf durch die Instanzen: Ja (vgl. *EuGH,* Slg. 1998, I-6843 – Daihatsu). Amts- und Landgericht lehnten den Antrag ab, weil ein Zwangsgeldverfahren gemäß § 335 Satz 1 Nr. 6 HGB a. F. nur auf Antrag eines Gesellschafters, Gläubigers oder des Betriebsrates der Gesellschaft eingeleitet werden dürfe und der Händlerverband zu keiner dieser Personengruppen gehöre. Das hiergegen angerufene OLG Düsseldorf teilte diese Rechtsauffassung, legte den Fall aber dem *EuGH* zur Vorabentscheidung vor, da § 335 HGB auf gemeinschaftsrechtlichen Vorgaben beruht. Der *EuGH* entschied, daß **Art. 54 Abs. 3 Buchst. g EGV** (heute: Art. 44 Abs. 2 Buchst. g EG), der eine Harmonisierung der nationalen Gesellschaftsrechte zum Schutze der Interessen der Gesellschafter und **Dritter** vorsieht, **nicht auf den Schutz der Gesellschaftsgläubiger beschränkt** sei. Gleiches gelte für die Offenlegungspflichten der Publizitäts-Richtlinie, die darauf abzielten, Informationen über den Jahresabschluß **jeder interessierten Person** zugänglich zu machen. Infolgedessen habe der deutsche Gesetzgeber den Kreis der Antragsberechtigten nicht auf die Gesellschaftsgläubiger beschränken dürfen.

418. a) Nach Ermittlungen der Europäischen Kommission kamen nicht nur die Daihatsu GmbH, sondern 93 % aller deutschen Ka-

a) Ja. Der Gerichtshof hat unter Berufung auf seine Daihatsu-Entscheidung festgestellt, daß die Bundesrepublik Deutschland ihrer Pflicht zur Umsetzung der Publizitäts-Richtlinie nicht nachgekommen

III. Ergänzende Vorschriften für Kapitalgesellschaften 255

pitalgesellschaften ihrer Offenlegungspflicht nicht nach. Daraufhin leitete die Kommission im Jahre 1995 ein Vertragsverletzungsverfahren gegen die Bundesrepublik Deutschland ein. Sie trug vor, der deutsche Gesetzgeber habe kein wirksames rechtliches Instrument geschaffen, um die Offenlegungspflicht durchzusetzen. Zwar sehe § 335 Satz 1 Nr. 6 HGB a. F. die Festsetzung eines Zwangsgeldes in Höhe von 10 000 DM für den Fall der Nichtbeachtung der Offenlegungspflicht vor, doch könne das Registergericht solche Zwangsgelder nicht von Amts wegen verhängen. Hat die Kommission damit beim *EuGH* Gehör gefunden?

b) Wie hat der deutsche Gesetzgeber reagiert?

sei (vgl. *EuGH* Slg. 1998, I-5449 – Kommission/Deutschland).

b) **§ 335 a Satz 1 HGB** i. d. F. des KapCoRiLiG 2000 sieht gegen die Mitglieder des vertretungsberechtigten Organs einer Kapitalgesellschaft, die ihre Offenlegungspflicht nicht befolgt, nun ein eigenständiges, stärkeres **Ordnungsgeldverfahren** vor. Zwar schreitet das Registergericht auch nach der neuen Gesetzeslage nur auf Antrag ein, doch enthält § 335 a Satz 3 HGB keine Beschränkung der Antragsberechtigung mehr. Antragsberechtigt ist also außer Gesellschaftern, Gläubigern und Betriebsrat jede beliebige dritte Person ohne besonderes berechtigtes Interesse (**Jedermann-Verfahren**).

5. Kapitalmarktbezogene Publizität

419. Findig hat sich entschlossen, die Internetshop-GmbH in eine Aktiengesellschaft umzuwandeln und sodann an die Börse zu bringen. Welche zusätzlichen Informationspflichten treffen die börsennotierte Internetshop-AG dann?

Das Kapitalmarktrecht kennt **drei zusätzliche Informationsinstrumente** (näher *Hommelhoff*, ZGR 2000, 748, 755 ff.):

a) **Prospektpublizität:** Sie stellt sicher, daß Aktien und Wertpapiere im Zeitraum vor ihrer Börseneinführung nur auf der Grundlage eines Emissions- und Börsenzulassungsprospekts vertrieben werden (§§ 1 VerkProspG; 30 Abs. 3 Nr. 2, 51 Abs. 1 Nr. 2 BörsG).

b) **Zwischenberichtspublizität:** Sie hält die zum Amtlichen Handel zugelassenen Gesellschaften an, im Rahmen ihrer kapitalmarktrechtlichen Regelpublizität über den Jahresabschluß hinaus zusätzlich mindestens halbjährlich einen Zwischenbericht zu veröffentlichen (§ 40 Abs. 1 BörsG).

c) **Ad hoc-Publizität:** Sie verpflichtet einen Emittenten von Wertpapieren, kurserhebliche Tatsachen, die in seinem Tätigkeitsbereich eingetreten sind, unverzüglich vorab zu veröffentlichen (§ 15 WpHG).

420. Wie kann man die erhöhten Publizitätsanforderungen für kapitalmarktorientierte Unternehmen begründen?

Unternehmenspublizität läßt sich zuvörderst begreifen und verstehen als ein **Korrelat der Marktteilnahme.** Daraus folgt ohne weiteres, daß kapitalmarktorientierte Unternehmen wegen ihrer intensiveren Marktbeanspruchung schärferen Publizitätsanforderungen unterliegen, während bei nicht kapitalmarktorientierten Unternehmen ein geringeres Publizitätsbedürfnis besteht (näher *Merkt,* Unternehmenspublizität, 2001, S. 358 ff. und passim).

421. Kleinaktionär Kosel fragt auf der Allianz-Hauptversammlung nach einer näheren Aufschlüsselung der von der Allianz-Holding AG gehaltenen Minderheitsbeteiligungen, die mindestens 10% des Grundkapitals ausmachen oder einen börsennotierten Wert von mindestens 100 000 DM aufweisen. Ist der Allianz-

Nach Auffassung der obergerichtlichen Rechtsprechung ja (vgl. *KG* ZIP 1995, 1585; *BayObLG* ZIP 1996, 1743). Jeder Aktionär hat gemäß **§ 131 Abs. 1 AktG** Anspruch auf Auskünfte über Angelegenheiten der Gesellschaft, soweit sie zur sachgemäßen Beurteilung des Gegenstandes der Tagesordnung erforderlich sind. Eine Auskunft wird allgemein für erforderlich gehalten, wenn sie aus der Sicht eines vernünftigen Durchschnittsaktionärs ein wesentliches Element für die Be-

III. Ergänzende Vorschriften für Kapitalgesellschaften

| Vorstand zu einer Antwort verpflichtet? | urteilung von Tagesordnungspunkten und ggfs. für sein Abstimmungsverhalten ist. Hierzu zählt das *Kammergericht* vor allem jene Angaben, die für eine **sachgerechte Aktienanalyse und Unternehmensbewertung** benötigt werden. Dabei stützt es sich einmal auf das Regelungsziel der gemeinschaftsrechtlichen Transparenzrichtlinie, zum anderen auf die Überlegung, daß ein Aktionär wissen müsse, ob die Aktiengesellschaft in größerem Umfang risikoträchtige Beteiligungen eingegangen sei. Auf dieser Grundlage hat das *Kammergericht* den Vorstand in einer längeren Entscheidungskette zur **Auskunftserteilung über die erfragten Minderheitsbeteiligungen** verpflichtet. Im Schrifttum ist diese Auffassung überwiegend auf Kritik gestoßen, weil es an einem hinreichend deutlichen Rückbezug zu organschaftlichen Aufgaben der Hauptversammlung fehle, die weder Aktienanalyse noch allgemeine Unternehmensbewertung zu betreiben habe (vgl. *Hüffer*, AktG, 5. Aufl. 2002, § 131 AktG Rn. 19 a). |

6. Kontrolle der Rechnungslegung kapitalmarktorientierter Unternehmen (Enforcement)

| **421a.** a) Wie wird die Rechnungslegung kapitalmarktorientierter Unternehmen in Deutschland gegenwärtig überwacht? b) Reichen diese institutionellen Vorkehrungen aus? | a) Das deutsche System zur Durchsetzung der Rechnungslegungsvorschriften ruht im wesentlichen auf zwei Säulen: Zuvörderst obliegt es dem **Abschlußprüfer**, die Gesetz- und Ordnungsmäßigkeit der Rechnungslegung zu kontrollieren und im Bestätigungsvermerk gegenüber der Öffentlichkeit zu garantieren (näher Frage 409). Daneben hat auch der **Aufsichtsrat** über Recht- und Ordnungsmäßigkeit von |

Jahres- und Konzernabschluß nebst Lageberichten zu wachen (§ 171 Abs. 1 AktG).
b) Daran bestehen beträchtliche Zweifel. Die große Anzahl von Bilanzverstößen und Bilanzierungsskandalen aus jüngster Zeit legt den Verdacht nahe, daß Abschlußprüfer und Aufsichtsräte allein mit dieser Aufgabe rechtspraktisch überfordert sind. Anschaulich spricht man von einer **„Enforcement-Lücke"** (*Baetge/ Lutter* (Hrsg.), Abschlußprüfung und Corporate Governance, 2003, S. 17).

421b. a) Welche Ansätze verfolgt der deutsche Gesetzgeber, um die Verläßlichkeit der Rechnungslegung zu verbessern?
b) Welche ausländischen Vorbilder für die Ausgestaltung einer *Enforcement-*Stelle gibt es?
c) Welche Lösung faßt der deutsche Gesetzgeber ins Auge?

a) Bundesfinanz- und Bundesjustizministerium haben im Dezember 2003 den Referentenentwurf eines Gesetzes zur Kontrolle von Unternehmensabschlüssen **(Bilanzkontrollgesetz)** vorgelegt. Danach soll eine unabhängige, außerhalb des Unternehmens angesiedelte und nicht mit dem gesetzlichen Abschlußprüfer identische **Prüfstelle für Rechnungslegung** eingerichtet werden (§ 342 HGB-RefE), welche die Einhaltung der Rechnungslegungsvorschriften in börsennotierten Unternehmen überwacht (näher *Hommelhoff/Mattheus*, BB 2004, 93).
b) International sind zwei Grundmodelle anzutreffen: das britische *Financial Reporting Review Panel*, eine privatwirtschaftliche Kontrollinstanz mit anschließendem zivilgerichtlichen Kontrollverfahren (vgl. *Haller/Eierle/Evans*, BB 2001, 1673), und die bilanzpolizeiliche Aufsicht durch die US-amerikanische *Securities and Exchange Commission* (vgl. *Wüstemann*, BB 2002, 718).
c) Das geplante Bilanzkontrollgesetz favorisiert ein **zweistufiges** *Enforcement-*

Modell, das die Vorteile der britischen und der US-amerikanischen Lösung zu kombinieren versucht: Auf der ersten Stufe soll einer **privatrechtlichen organisierten Prüfstelle** die Aufgabe übertragen werden, die Rechnungslegung kapitalmarktorientierter Unternehmen bei Verdacht auf Unregelmäßigkeiten sowie stichprobenartig ohne besonderen Anlaß zu prüfen. Verweigert das betroffene Unternehmen seine freiwillige Mitwirkung an dieser Prüfung, so setzt die **Bundesanstalt für Finanzdienstleistungsaufsicht** (BaFin) die Einhaltung der Rechnungslegungsvorschriften auf einer zweiten Stufe mit hoheitlichen Mitteln durch.

IV. Internationalisierung der Rechnungslegung

1. Überblick

422. a) Die Notierung deutscher Aktien an amerikanischen Börsen setzt eine Rechnungslegung nach US-amerikanischen Grundsätzen voraus. Schildern Sie die Erfahrungen, die Daimler Benz hiermit beim Gang an die New York Stock Exchange im Jahre 1993 gesammelt hat.
b) Welche Schlußfolgerungen legt dieser vielbeachtete Fall für die weitere Entwicklung des Bilanzrechts nahe? Wie hat der deutsche Gesetzgeber reagiert?

a) Die Daimler Benz AG legte als erstes deutsches Unternehmen in einem *Registration Statement* nach Form 20-F neben dem deutschen Konzernabschluß gemäß §§ 290–315 HGB einen nach US-GAAP übergeleiteten Konzernabschluß vor. Dabei ergab sich für das Geschäftsjahr 1992 ein Jahresfehlbetrag von 1839 Mio. DM nach US-GAAP und ein Jahresüberschuß von 615 Mio. DM nach HGB.
b) Das Beispiel Daimler-Benz veranschaulicht, daß **doppelte Konzernabschlüsse** oder Überleitungsrechnungen nicht nur **kostspielig,** sondern mitunter auch **verwirrend** sind. Der deutsche Gesetzgeber hat diesen Fall zum Anlaß genommen, deutsche Konzerne gemäß

c) Welchen Fortgang wird die Internationalisierung des deutschen Handelsbilanzrechts zukünftig unter dem Einfluß des europäischen Bilanzrechts nehmen?

§ 292a HGB von einer Pflicht zur Aufstellung eines Konzernabschlusses nach HGB zu befreien, wenn diese statt dessen nach international anerkannten Grundsätzen Rechnung legen (vgl. auch Frage 399). An die Stelle des § 292a HGB tritt ab 1. Januar 2005 die **EG-IAS-Verordnung** (näher Frage 426b).

c) Die neue Rechnungslegungsstrategie der EU strebt eine Anpassung des europäischen Bilanzrechts an die *International Accounting Standards/International Financial Reporting Standards* (IAS/IFRS) an. Nach der im Juli 2002 verabschiedeten **IAS-Verordnung** müssen börsennotierte Konzernmuttergesellschaften ihre konsolidierten Abschlüsse ab dem 1.1.2005 auf der Grundlage der IAS/IFRS erstellen (näher Frage 426). Zugleich erlaubt die IAS-Verordnung den Mitgliedstaaten, deren Anwendung auf alle Konzern- und Einzelabschlüsse von Kapitalgesellschaften zu erstrecken. Zur Ausübung dieser Mitgliedstaatenwahlrechte sowie zur Anpassung des deutschen Bilanzrechts an die IAS-Verordnung hat das Bundesministerium der Justiz im Dezember 2003 den **Entwurf eines Bilanzrechtsreformgesetzes** vorgelegt (dazu *Hüttemann*, BB 2004, 203; näher Frage 430).

423. Der deutschen Bilanzrechtstradition wird häufig ein angelsächsisches Bilanzverständnis gegenübergestellt. Welche wesentlichen Unterschiede bestehen zwischen diesen beiden Grundansätzen?

a) Die Vorschriften der **§§ 238ff., 264ff.** HGB sind in erster Linie auf den Leitgesichtspunkt des **Gläubigerschutzes** hingeordnet. Herausragende Bedeutung kommt hierbei dem **Vorsichtsprinzip** zu, das vor allem in dem Realisations- und Imparitätsprinzip des § 252 Abs. 1 Nr. 4 HGB seinen Niederschlag gefunden hat (vgl. Frage 374).

b) Demgegenüber haben die **angelsächsischen Rechnungslegungsvorschriften** vor allem den **Investorenschutz** im Auge. Sie sollen gegenwärtige und zukünftige Anteilseigner möglichst umfassend unterrichten und auf diese Weise allfällige Anlageentscheidungen erleichtern (ausführlicher zu alledem die tabellarische Übersicht zu Frage 435).

424. Warum ist eine bloße Implementierung internationaler Standards in das gewachsene deutsche Bilanzrecht kein gangbarer Weg?

Hierbei geriete die **enge Verzahnung zwischen Bilanz- und Gesellschaftsrecht** aus dem Blick, wie sie paradigmatisch in der gesetzlichen Vermögensbindung bei den Kapitalgesellschaften (§§ 57, 62 AktG, 30, 31 GmbHG) und in den Anzeigepflichten bei hälftigem Verlust des Garantiekapitals (§§ 92 Abs. 1 AktG, 49 Abs. 3 GmbHG) begegnet. Diese übergreifenden Systemzusammenhänge müssen mitbedacht werden, wenn man das HGB-Bilanzrecht etwa mit den **US-amerikanischen Rechnungslegungsstandards** vergleicht, die in ein **anderes kapitalmarkt- und gesellschaftsrechtliches Normenumfeld** eingebettet sind (vgl. *Kleindieck*, in: Kleindieck/Oehler (Hrsg.), Die Zukunft des deutschen Bilanzrechts, 2000, S. 1, 3 ff.; sowie Arbeitskreis Bilanzrecht der Hochschullehrer Rechtswissenschaft, BB 2002, 2372, 2375–2376).

425. a) Neben den materiellen Grundsätzen der Bilanzierung und Bewertung unterscheidet sich das deutsche Bilanzrecht auch in formeller Hinsicht von den internationalen Rechnungslegungsregeln. Inwiefern?

a) Das deutsche Bilanzrecht ist gesetzlich kodifiziertes Recht, während die angloamerikanischen Rechnungslegungsstandards von privatrechtlich verfaßten Standardisierungsgremien entwickelt werden (vgl. Fragen 426 a und 431 b).

b) Ja. Der im Jahre 1998 eingefügte § 342 HGB sieht vor, daß das Bundesjustizmi-

b) Gibt es hierzulande Ansätze, die staatliche Regelsetzung durch eine private Standardsetzung zu ergänzen? nisterium einer privatrechtlich organisierten Einrichtung die Aufgabe übertragen kann, Grundsätze zur Konzernrechnungslegung zu entwickeln (vgl. *Havermann*, ZGR 2000, 693; *Kirchhoff*, ZGR 2000, 681). Als ein solches unabhängiges Standardisierungsgremium hat sich inzwischen das **Deutsche Rechnungslegungs Standards Committee** (DRSC) konstituiert (näher dazu *Biener*, in: Kleindieck/ Oehler, Die Zukunft des deutschen Bilanzrechts, 2000, S. 55 ff.).

2. International Financial Reporting Standards (IFRS)

426. Zu den international anerkannten Rechnungslegungsgrundsätzen gehören die *International Financial Reporting Standards* (IFRS).
a) Wer gibt sie heraus?
b) Welche Rechtswirkungen entfalten sie?

a) Die IFRS werden von dem *International Accounting Standards Board* (IASB) herausgegeben. Das IASB hat seine Arbeit im April 2001 als unabhängige, privat finanzierte Nachfolgeorganisation des früheren *International Accounting Standards Committee* (IASC) aufgenommen. Es hat sich zur Aufgabe gesetzt, **international einheitliche Rechnungslegungsgrundsätze** zu entwickeln, um dadurch transparente und vergleichbare Jahresabschlüsse zu ermöglichen. Das IASB hat 14 Mitglieder aus unterschiedlichen Regionen der Welt, die von der *IASC Foundation,* der Trägerorganisation des IASB, ernannt werden. Dieser wiederum gehören mehr als 150 Wirtschaftsprüfungsgesellschaften und Berufsorganisationen der Wirtschaftsprüfer aus mehr als 110 Ländern an. In seiner ersten Sitzung hat das IASB die **Fortgeltung der** bis zu diesem Zeitpunkt in Kraft getretenen *International Accounting Standards* **(IAS)**, den Vorgängerregelungen der IFRS, be-

IV. Internationalisierung der Rechnungslegung 263

schlossen. Demnach sind die IAS weiterhin anzuwenden, bis sie vom IASB verändert oder außer Geltung gesetzt werden.

b) Juristisch waren die IAS/IFRS bislang ein unverbindliches Empfehlungswerk, das lediglich im Rahmen des § 292 a HGB Rechtswirkungen entfaltete. Das hat sich durch die **IAS-Verordnung** der EG (VO EG Nr. 1606/2002 vom 19. 7. 2002) grundlegend geändert: Nach Art. 4 IAS-VO sind die IAS/IFRS ab 1. Januar 2005 **für konsolidierte Abschlüsse börsennotierter Unternehmen verbindlich,** soweit sie mit dem geltenden Gemeinschaftsrecht in Einklang stehen. Diese Prüfung ist mittlerweile abgeschlossen; die übernommenen Regelungen sind in einer weiteren Verordnung (VO EG Nr. 1725/2003 vom 29. 9. 2003) veröffentlicht.

427. Genügt ein Konzernabschluß auf der Grundlage der IFRS/IAS, um Wertpapiere am US-amerikanischen Kapitalmarkt zu emittieren?	Die IFRS/IAS werden zwar – bis auf weiteres – nicht die von der US-amerikanischen Börsenaufsichtsbehörde *Securities and Exchange Commission* (SEC) geforderten **US-Generally Accepted Accounting Principles (US-GAAP)** ablösen, jedoch haben das IASB und die für die US-GAAP im wesentlichen zuständige US-amerikanische Parallelorganisation, das *Financial Accounting Standards Board* (FASB), eine **Konvergenzvereinbarung** getroffen, wonach die jeweiligen Standards bis 2005 einander angeglichen und gemeinsam fortentwickelt werden sollen. Langfristig soll es dadurch insbesondere Unternehmen mit Sitz in der EU ermöglicht werden, eine Zulassung zu US-Börsen nicht mehr nur mit Jahresabschlüssen

auf der Grundlage von US-GAAP, sondern auch unter Zugrundelegung der IFRS/IAS zu erlangen.

428. Skizzieren Sie Ziele, Inhalt und Aufbau der IFRS/IAS!

a) Die IFRS/IAS verfolgen das Ziel, entscheidungsrelevante Informationen für einen großen Kreis von Rechnungslegungsadressaten zu vermitteln *(decision usefulness).* Anders als das deutsche Bilanzrechtsdenken gehen sie von einem **umfassenderen Verständnis der Gewinnrealisation** aus und räumen dem **Vorsichtsprinzip** nur eine **untergeordnete Rolle** ein.
b) Das Normensystem der IFRS/IAS besteht aus einem **zweistufigen Regelwerk**, dem sog. *Framework* und den *Accounting Standards.* Das **Framework** dient als theoretischer Unterbau und deduktive Ableitungsbasis zur Weiterentwicklung vorhandener Standards und zur Lösung neuer Bilanzprobleme. Die **IFRS/IAS** enthalten die eigentlichen Bilanzierungs- und Bewertungsregeln. Sie sind thematisch nach bestimmten Sachproblemen gegliedert und folgen weniger einer systematischen als einer fallbezogenen Ordnung. Bisher gibt es über 40 IAS, die einer ständigen Überarbeitung unterliegen (näher *Coenenberg,* Jahresabschluß und Jahresabschlußanalyse, 19. Aufl. 2003, S. 48 ff.; umfassend *Heuser/Theile,* IAS Handbuch, 2003).

429. Veranschaulichen Sie die grundsätzlichen Abweichungen zwischen IFRS/IAS und deutscher Rechnungslegung nach HGB an ausgewählten Einzelbeispielen!

Die **Fundamentaldifferenzen** zwischen beiden Regelwerken **schlagen sich in** einer Reihe von **Einzelpunkten nieder** (vgl. *Claussen/Scherrer,* in: Kölner Kommentar zum AktG, Vorb. 290 HGB Rn. 51):
(1) Nach IAS 37 (1998), Par. 14 dürfen **Rückstellungen** nur **unter wesentlich**

engeren **Voraussetzungen** gebildet werden; ausgeschlossen sind namentlich Aufwandsrückstellungen i. S. d. § 249 Abs. 1 und 2 HGB.

(2) Umgekehrt dürfen Unternehmen nach IAS 11 (rev. 1993), Par. 22 bei **Lieferungs- und Leistungsaufträgen** die *percentage-of-completion-method* anwenden, während der Gewinn- und Erlösausweis nach HGB grundsätzlich erst nach Ablieferung und Abnahme des Vorhabens möglich ist.

(3) Weiterhin sind sämtliche **Fremdwährungsforderungen** und **Fremdwährungsverbindlichkeiten** nach IAS 21 (rev. 1993) Par. 11 mit dem **Stichtagskurs** umzurechnen (was zu Buchgewinnen führen kann), wohingegen § 252 Abs. 1 Nr. 4 HGB hierzulande eine Bewertung von Fremdwährungsforderungen mit einem über ihren Anschaffungskosten liegenden Umrechnungskurs verbietet.

(4) Auf derselben Linie liegt es, wenn Finanzinstrumente nach IAS 39 (rev. 1998) Par. 69 mit dem Zeitwert *(fair value)* zu bewerten sind.

Beachte: Die konzeptionellen Unterschiede zwischen IFRS/IAS und HGB werden in der Tabelle zu Frage 435 zusammengestellt.

430. a) Nach Art. 5 IAS-VO steht es den Mitgliedstaaten frei, auch den nicht börsennotierten Muttergesellschaften eine Anwendung von IAS/IFRS im Konzernabschluß zu erlauben. Wird der deutsche Gesetzgeber von diesem Wahlrecht Gebrauch machen?

Ja. **Nicht börsennotierte Konzernmuttergesellschaften** sollen nach dem Entwurf eines Bilanzrechtsreformgesetzes ihren **Konzernabschluß** künftig **freiwillig nach IAS/IFRS** aufstellen dürfen (§ 315 Abs. 1 S. 1 HGB-E). Ein Unternehmen, das von diesem Wahlrecht Gebrauch macht, muß allerdings die genannten Standards vollständig befolgen (§ 315 Abs. 1 S. 2 HGB-E). Durch das Wahl-

b) Weiterhin erlaubt Art. 5 lit. a und b IAS-VO den Mitgliedstaaten, allen Kapitalgesellschaften auch die Aufstellung ihrer Einzelabschlüsse nach IAS/IFRS zu gestatten oder sogar vorzuschreiben. Welche Pläne verfolgt der deutsche Gesetzgeber insoweit?

recht zur Anwendung von IAS/IFRS ist die bisherige Befreiungsregelung in § 292 a HGB überflüssig geworden.

b) Der Gesetzesentwurf sieht in § 325 Abs. 2 a HGB-E lediglich vor, daß große Kapitalgesellschaften i.S.d. § 267 HGB zu Informationszwecken einen *zusätzlichen* Einzelabschluß nach IAS/IFRS aufstellen können, der anstelle des HGB-Einzelabschlusses im Bundesanzeiger offen zu legen ist. Für Zwecke der **gesellschaftsrechtlichen Kapitalerhaltung und Ausschüttungsbemessung** sowie als Grundlage für die **steuerliche Gewinnermittlung** nach dem Maßgeblichkeitsprinzip bleibt es dagegen beim **verpflichtenden HGB-Einzelabschluß**. Zur Begründung heißt es, ein IAS/IFRS-Abschluß sei wegen seiner starken Betonung des Fair-Value-Gedankens und der erfolgswirksamen Erfassung nicht realisierter Gewinne als Ausschüttungsbemessungsgrundlage ungeeignet. Außerdem widerspreche eine vorverlagerte Erfassung von Gewinnen dem Prinzip einer leistungsgerechten Besteuerung (näher *Hüttemann*, BB 2004, 203).

3. United States Generally Accepted Accounting Principles (US-GAAP)

431. Neben den IFRS/IAS sind es vor allem die *United States Generally Accepted Accounting Principles* (US-GAAP), welche die internationale Rechnungslegung dominieren.

a) *Generally Accepted Accounting Principles* sind Rechnungslegungsprinzipien, die „substantial authoritative support" haben.

b) Die zur Aufstellung solcher Prinzipien ermächtigten **Institutionen** sind in den USA neben der *Securities and Exchange Commission* (**SEC**) und dem *American*

a) Wann spricht man von GAAP?
b) Wer gibt sie heraus?
c) Worauf beruht ihre enorme praktische Bedeutung?

Institute of Certified Public Accountants (**AICPA**) vor allem das *Financial Accounting Standards Board* (**FASB**).

c) Ihre Vormachtstellung rührt daher, daß die SEC bislang allein die **US-GAAP** für die Börsenzulassung in den Vereinigten Staaten als ausreichende Rechnungslegungsgrundsätze ansieht (vgl. Frage 427). Es handelt sich bei ihnen in deutscher Terminologie also nicht um gesellschaftsrechtliche, sondern um **kapitalmarktrechtliche Bilanzierungsvorgaben**.

432. Skizziern Sie Zielsetzung und Charakter der US-GAAP!

a) Die US-GAAP wollen dem **Anleger entscheidungsrelevante Informationen** zur Verfügung stellen *(decision usefulness)*, und zwar durch einen möglichst sicheren Einblick in die Vermögens-, Finanz- und Ertragslage des Unternehmens *(fair presentation)*.
b) Wie die IAS sind die US-GAAP keine gesetzlichen Vorschriften oder sonstigen Normen, sondern eine **Sammlung von Rechnungslegungsgrundsätzen, die auf Einzelentscheidungen fußen** oder von Organisationen des Kapitalmarktes getragen werden (umfassend *Ballwieser* (Hrsg.), US-amerikanische Rechnungslegung, 3. Aufl. 1998).

433. Wie sind die US-GAAP im Vergleich zu den Rechnungslegungsregeln nach IFRS/IAS und HGB einzuordnen?

Die US-GAAP entfernen sich in **Verfolgung ihres Informationszieles** (vgl. Frage 432) noch weiter von den HGB-Vorschriften als die IFRS/IAS. So erfährt etwa die Bildung stiller Reserven im Interesse eines möglichst umfassenden Einblickgebots eine nochmalige Einschränkung. Außerdem unterscheiden sich US-GAAP und IFRS/IAS markant in ihrer

434. Nach den jüngsten Bilanzfälschungsskandalen in den Vereinigten Staaten (Enron, Worldcom) ist konzeptionelle Kritik an den US-amerikanischen Rechnungslegungsvorschriften laut geworden. Ein Hauptvorwurf lautet, die US-GAAP setzten zu sehr auf „rules" und zu wenig auf „standards" oder „principles". Was ist damit gemeint?

Regelungstiefe, die bei den US-GAAP erheblich weitergeht und dabei deutlich weniger Wahlrechte enthält (monographisch *Wüstemann*, Generally Accepted Accounting Principles, 1999).

Angesprochen ist die Neigung von Unternehmen und Wirtschaftsprüfern, die US-GAAP allzu buchstabengetreu auszulegen und über diese mechanische Rechtsanwendung („box ticking") den materiellen Gehalt eines Geschäftsvorgangs zu übersehen. Ein leistungsfähiges Rechnungslegungssystem, so eine verbreitete Literaturmeinung, bedürfe einer stärkeren Abstützung durch geschmeidigere und offener formulierte Rechnungslegungsstandards (eingehend zu den Vor- und Nachteilen von „rules" und „principles" *Bratton,* 48 Vill. L. Rev. 1023 (2003)).

4. Bilanzierung nach HGB, IFRS/IAS und US-GAAP im Vergleich

435. Stellen Sie in einer tabellarischen Übersicht die Gemeinsamkeiten und Unterschiede einer Bilanzierung nach HGB, IFRS/IAS und US-GAAP unter folgenden Gesichtspunkten zusammen:
a) Umfang und Verbindlichkeit der Normen,
b) Rechnungslegungsphilosophie,
c) Generalnorm,

Lösung siehe Tabelle auf der nächsten Seite

d) dominierender Grundsatz,
e) Einfluß des Steuerrechts auf die Bilanzierung.

Nationale und Internationale Rechnungslegung im Vergleich

	HGB	IFRS/IAS	US-GAAP
Umfang und Verbindlichkeit der Normen	– kodifiziertes Bilanzrecht: HGB, AktG, GmbHG – Empfehlungen des DRSC, Vermutung nach § 342 Abs. 2 HGB	– Empfehlungen ohne Verbindlichkeit – aber: IAS-VO für konsolidierten Jahresabschluß	– keine einheitlich kodifizierte Rechtsquelle – Verbindlichkeit für börsennotierte Unternehmen über Regulation S-X
Rechnungslegungsphilosophie	Gläubigerschutz und Kapitalerhaltung	Informationsvermittlung vor allem im Investoreninteresse	Informationsvermittlung vor allem im Investoreninteresse
Generalnorm	*true and fair view*, § 264 Abs. 2 S. 1 HGB	*fair presentation*	*fair presentation*
Dominierender Grundsatz	Vorsichtsprinzip, § 252 Abs. 1 Nr. 4 HGB	*accrual principle* (= periodengerechte Erfolgsermittlung)	*accrual principle*
Einfluß des Steuerrechts auf die Bilanzierung	in bestimmten Fällen: umgekehrte Maßgeblichkeit, § 5 Abs. 1 S. 2 EStG	kein Einfluß	kein Einfluß

D. Handelsgeschäfte

I. Allgemeine Vorschriften

1. Grundlagen

a) Überblick

436. Welcher gesetzliche Grundriß liegt dem Vierten Buch des HGB zugrunde?

Der Gesetzgeber folgt hier der schon aus dem BGB vertrauten Regelungstechnik, **eine Reihe von Vorschriften, die für alle Handelsgeschäfte gelten, gleichsam „vor die Klammer" zu ziehen (§§ 343–372 HGB).** Daran schließen sich **sechs Abschnitte über einzelne Handelsgeschäfte** an, die dogmatisch in den Besonderen Teil des Schuldrechts gehören (§§ 373–475h HGB).

437. Wie läßt sich der „Allgemeine Teil" der §§ 343–372 HGB weiter aufschlüsseln?

Im systematischen Zugriff lassen sich **fünf Kernthemen** ausmachen, die abermals die **enge Verzahnung von Handelsrecht und Bürgerlichem Recht** veranschaulichen (vgl. bereits Frage 23): (1) Begriff und Arten der Handelsgeschäfte, (2) Handelsgeschäfte und Vertragsschluß, (3) Handelsgeschäfte und Vertragsfreiheit, (4) Handelsgeschäfte und Allgemeines Schuldrecht, (5) Handelsgeschäfte und Sachenrecht.

b) Begriff und Arten der Handelsgeschäfte

438. Das Gesetz knüpft den Begriff des Handelsgeschäfts in § 343 HGB an

Erforderlich ist (1) das Geschäft eines **Kaufmanns** und (2) die **Zugehörigkeit** dieses Geschäfts **zum Betrieb seines**

I. Allgemeine Vorschriften

zwei Tatbestandsvoraussetzungen. Welche sind das?

Handelsgewerbes. Damit folgt das Handelsgesetzbuch im Ansatz dem subjektiven System (vgl. näher Frage 2).

Beachte: Das HGB benutzt den Begriff „Handelsgeschäft" in doppelter Bedeutung: In § 343 HGB bezeichnet er die einzelne vom Kaufmann vorgenommene Transaktion, in den §§ 22–27 HGB das kaufmännische Unternehmen.

439. Welche Bedeutung hat das Merkmal der Betriebszugehörigkeit für
a) Einzelkaufleute,
b) Handelsgesellschaften?

a) Bei **Einzelkaufleuten sondert** die Betriebszugehörigkeit Handelsgeschäfte **von Privatgeschäften.**
b) **Handelsgesellschaften** haben demgegenüber **kein „Privatleben",** so daß ihre Geschäfte ausnahmslos als Handelsgeschäfte anzusehen sind. Das gilt auch für Geschäfte im nichtkaufmännischen Bereich.

440. Hilde Hilton ist im Begriff, ein größeres Hotel im Hamburger Stadtzentrum zu eröffnen. Sie schließt für das hoteleigene Restaurant einen längerfristigen Bierlieferungsvertrag mit Binding ab. Außerdem läßt sie den öffentlichen Vorplatz des Hotels durch den im Handelsregister eingetragenen Gärtner Grün bepflanzen. Als Hilde nicht pünktlich zahlt, verlangen Binding und Grün vom Tage der Fälligkeit an Fälligkeitszinsen. Zu recht?

Gemäß § 353 HGB hängt die Antwort davon ab, ob die beiden Geschäfte nicht nur für Binding und Grün, sondern auch für Hilde **Handelsgeschäfte i. S. d. § 343 HGB** sind. Das wird man vorliegend bejahen können. **In zeitlicher Hinsicht** unterfallen auch Vorbereitungsgeschäfte dem Begriff des Handelsgeschäfts (vgl. *RG* JW 1908, 148: Bierlieferungsvertrag für zu errichtendes Hotel; *RG* JW 1908, 206: Ladenmiete). **Sachlich** gehört ein Geschäft dann zum Betrieb eines Handelsgewerbes, wenn es seinem Interesse, der Erhaltung seiner Substanz oder der Erzielung von Gewinn dienen soll (vgl. *BGH* NJW 1960, 1853), wobei bereits ein entfernter, lockerer Zusammenhang genügt (vgl. *BGHZ* 63, 35). So liegt es bei einer Verschönerung der Geschäftsumgebung. Binding und Grün sind demnach

441. a) Donatella Douglas betreibt eine gutgehende Parfümerie. Als ihr erfolgloser Ehemann Erwin von einem Darlehensgläubiger bedrängt wird, erklärt sie diesem gegenüber mündlich, daß sie sich für die Darlehensschuld ihres Mannes verbürge. Liegt eine wirksame Bürgschaftserklärung vor?
b) Hilft es Donatella, wenn sie beweisen kann, daß die Bürgschaftsübernahme objektiv ein Privatgeschäft war?

beide berechtigt, von Hilde Fälligkeitszinsen zu verlangen.

a) Die Übernahme der Bürgschaft war gemäß § 350 HGB formfrei möglich, wenn sie für Donatella ein Handelsgeschäft i. S. d. § 343 HGB darstellte. Dazu gehören nicht nur die für ihren Betrieb typischen, sondern auch ungewöhnliche Geschäfte. Möglichen Zweifeln über die Betriebszugehörigkeit begegnet die in § 344 Abs. 1 HGB enthaltene **Vermutung**, wonach die von einem Kaufmann vorgenommenen Rechtsgeschäfte **im Zweifel als zum Betriebe seines Handelsgewerbes** gehörig gelten. Zur Widerlegung dieser Vermutung hat Donatella nichts vorgetragen. Der Umstand allein, daß die Bürgschaftsübernahme möglicherweise ihren geschäftlichen Interessen zuwiderlief, reicht nicht aus (vgl. *BGH* WM 1976, 424).

b) Nicht unbedingt. Nach h. M. ist die **Vermutung des § 344 Abs. 1 HGB erst widerlegt, wenn** feststeht, daß ein vom Kaufmann eingegangenes Geschäft **auch für den Geschäftsgegner erkennbar** nicht dem Betrieb des Handelsgeschäfts dienen sollte (vgl. *OLG Köln* MDR 1972, 865; *BGH* WM 1976, 424).

442. Automatenaufsteller Zack hat bei der B-Bank ein Bürgschaftsformular blanko unterschrieben. Auf Zahlung in Anspruch genommen, wendet er ein, er habe sich als Privatmann für die Schulden seines Schwiegersohnes und nicht als Kauf-

a) Auf den ersten Blick hat die B-Bank bessere Aussichten: Der Begriff **Schuldschein** i. S. d. § 344 Abs. 2 HGB umfaßt nämlich jede vom Schuldner zum Zwecke des Beweises für das Bestehen einer Schuld unterzeichnete Urkunde, also z. B. auch einen Wechsel oder eine Bürgschaftsurkunde (vgl. *BGH* NJW 1997, 1779). Zack müßte folglich den Gegen-

mann verbürgt. Dies sei der B-Bank auch bekannt gewesen. Die B-Bank beruft sich hingegen auf § 344 Abs. 2 HGB. Wer hat Recht?

beweis eines Privatgeschäfts aus dem Inhalt der Bürgschaftsurkunde führen, was ihm kaum gelingen dürfte.
b) Allerdings soll die **Vermutung des § 344 Abs. 2 HGB** nach der Rechtsprechung **nicht gelten, wenn** der **Gläubiger wußte**, daß der Bürge den Schuldschein nicht im Betrieb seines Handelsgewerbes gezeichnet hat (vgl. *BGH* NJW 1997, 1779). Jedenfalls dürfte dem Bürgen dann eine Arglisteinrede zu Gebote stehen. Demnach muß Zack im Ergebnis nicht zahlen.

443. Erläutern Sie den Unterschied zwischen einseitigen und beiderseitigen Handelsgeschäften und seine Bedeutung für den Anwendungsbereich der §§ 346 ff. HGB!

a) Gemäß § 345 HGB gelten die Vorschriften über Handelsgeschäfte grundsätzlich auch für ein Geschäft, das nur für einen der beiden Beteiligten ein Handelsgeschäft darstellt (**einseitiges Handelsgeschäft**). Hierin liegt eine gewisse Einschränkung des subjektiven Systems (vgl. bereits Frage 2).
b) Diese Grundregel wird indessen durch eine Reihe von Vorschriften durchbrochen, die nur dann eingreifen, wenn das Geschäft für beide Teile ein Handelsgeschäft ist. Ein solches **beiderseitiges Handelsgeschäft** wird zum Beispiel in den §§ 346, 353, 369, 377, 391 HGB vorausgesetzt.

c) *Handelsbräuche*

444. a) Was versteht man unter einem Handelsbrauch?
b) Stehen Handelsbräuche auf einer Stufe mit gewohnheitsrechtlichen Regeln?

a) Ein **Handelsbrauch** ist nichts anderes als eine **kaufmännische Verkehrssitte**. Er setzt eine gleichmäßige und einverständliche Übung durch einen Verkehrskreis über einen angemessenen Zeitraum voraus. Häufig sind Handelsbräuche branchenabhängig und unterliegen regionalen oder lokalen Beschränkungen. Nicht ausreichend ist eine einseitige, von der Marktgegenseite nicht anerkannte Übung.

b) Nein. Im Gegensatz zum Gewohnheitsrecht sind Handelsbräuche **keine Rechtsquelle**: Sie wirken nicht wie eine Norm des objektiven Rechts „von außen" auf ein Rechtsgeschäft ein, sondern gelten nur im Rahmen der erläuternden oder ergänzenden Vertragsauslegung (§§ 157 BGB, 346 HGB).

445. a) Durch Vermittlung des Maklers Mittelbach schließen die Hamburger Kaufleute Blohm & Voss einen auflösend bedingten Kaufvertrag über ein Tankschiff. Nach Eintritt der Bedingung nimmt Mittelbach den Verkäufer Blohm auf Zahlung der Maklerprovision in Anspruch: Gemäß § 652 BGB sei der Anspruch auf Maklerlohn mit dem Zustandekommen des Vertrages entstanden und könne auch durch den Eintritt der auflösenden Bedingung nicht entfallen. Blohm beruft sich demgegenüber auf einen allgemeinen Handelsbrauch der Hamburger Schiffsmakler: Vom Verkäufer eines Schiffes werde keine Provision gefordert, wenn der Verkauf ohne sein Verschulden nicht durchge-

Nein (vgl. *BGH* NJW 1966, 502). Nach § 346 HGB ist in Ansehung der Bedeutung und Wirkung von Handlungen und Unterlassungen auf Handelsbräuche Rücksicht zu nehmen. Das gilt vor allem – wie hier – bei der Vertragsauslegung. Besteht der von Blohm behauptete Handelsbrauch (dazu *OLG Hamburg* MDR 1963, 849: 26 von 27 befragten Unternehmen, je zur Hälfte Makler und Reeder, bestätigen dies), so ist die Klage abzuweisen, weil ein **Handelsbrauch** nach h. M. **Vorrang vor dem dispositiven Gesetzesrecht** hat und § 652 BGB abdingbares Recht darstellt.

b) Nein. Nach ganz h. M. gelten Handelsbräuche normativ, also **auch ohne Kenntnis oder Unterwerfungswillen der Parteien** (vgl. *Baumbach/Hopt*, § 346 Rn. 8 HGB). Voraussetzung ist allerdings, daß beide Parteien – wie hier – sowohl in räumlicher als auch in persönlicher Hinsicht zu dem Kreis gehören, in dem der Handelsbrauch herrscht (näher *Canaris*, § 24 Rn. 39–49).

c) Nein. Eine **Irrtumsanfechtung wegen Unkenntnis eines Handelsbrauchs** ist

führt werde. Muß Blohm zahlen?
b) Ändert sich die Rechtslage, wenn Mittelbach einwendet, ihm sei der behauptete Handelsbrauch gänzlich unbekannt?
c) Kann Mittelbach seine Erklärung wegen eines Inhaltsirrtums anfechten?

nach heute h. M. **nicht möglich** (vgl. *K. Schmidt,* § 19 IV 2, S. 592 f.). Zur Begründung kann man auf den gesteigerten Vertrauenstatbestand und die typisierende Kraft eines Handelsbrauchs verweisen, die beide auf eine Einschränkung der Anfechtungsregeln drängen.

446. Reisebüroinhaber Raiser hatte im Münchener Merkur-Hotel für eine größere Gruppe Zimmer reserviert, die Bestellung aber später wieder annulliert. Der Hotelier verlangt den Übernachtungspreis abzüglich ersparter Eigenaufwendungen, weil ein vertragliches Rücktrittsrecht nicht vereinbart wurde. Raiser verweist demgegenüber auf einen Handelsbrauch, wonach ein Reiseveranstalter bis drei Wochen vor der vereinbarten Ankunft der Reisegruppe kostenfrei zurücktreten könne.
a) Was wird das Gericht tun, wenn der Hotelier die Existenz eines solchen Handelsbrauchs bestreitet?
b) Zu welchem Ergebnis wird die Beweisaufnahme führen?

a) Das Gericht kann zur **Feststellung des Handelsbrauchs** auf Beweisantritt ein **Gutachten der Industrie- und Handelskammer** (IHK) einholen (vgl. Frage 25). Die IHK befragt dann gemäß den Richtlinien eines vom Deutschen Industrie- und Handelstag herausgegebenen Merkblatts einen repräsentativen Querschnitt der einschlägigen Handelskreise, ob eine diesbezügliche Übung besteht. Entbehrlich ist die Einholung eines Gutachtens gemäß § 114 GVG, wenn die Kammer für Handelssachen aufgrund eigener Sachkunde über das Bestehen eines solchen Handelsbrauchs entscheiden kann.
b) Das ist ungewiß. Hinsichtlich des Rücktrittsrechts von Hotelbuchungen liegen widerstreitende Gerichtsentscheidungen vor: Teils haben die Tatsacheninstanzen ein Rücktrittsrecht kraft Handelsbrauchs im ganzen Bundesgebiet angenommen (vgl. *OLG Frankfurt* NJW-RR 1986, 911), teils haben sie es für den Raum Bayern abgelehnt (vgl. *OLG München* NJW-RR 1990, 698).

447. Die IATA, ein internationales Fluggesellschafts-

Nein (vgl. *BGHZ* 62, 71). Der Fall veranschaulicht das **Verhältnis von Handels-**

kartell, hatte den Reisebürounternehmer Raiser als Verkaufsagenten verpflichtet und ihm vertraglich auferlegt, bei Nichtbestehen der Probezeit auf sämtliche Provisionszahlungen zu verzichten. Eine solche Abrede ist wegen eines Verstoßes gegen § 20 Abs. 2 GWB kartellrechtlich unzulässig (vgl. *BGH* NJW 1972, 486). Von Raiser auf Provisionszahlung verklagt, beruft sich die IATA darauf, daß die Absprache einem internationalen Handelsbrauch entspreche. Wird sie damit durchdringen?

bräuchen **zum zwingenden Recht** und klärt verbindlich, daß letzteres insoweit immer Vorrang beansprucht. Das gilt nicht nur in dessen unmittelbaren Anwendungsbereich, sondern auch bei allen Umgehungsversuchen (vgl. *RGZ* 114, 9). Beides folgt ohne weiteres aus der Wirkungsweise von Handelsbräuchen, die vor allem für die Vertragsauslegung und -ergänzung Bedeutung gewinnen (vgl. Frage 444 b) und sich auf diesem rechtsgeschäftlichen Boden nicht gegenüber zwingenden Gesetzesvorgaben durchsetzen können (vgl. *Canaris,* § 24 Rn. 34).

2. Handelsgeschäfte und Vertragsschluß

a) Schweigen auf ein Angebot (§ 362 HGB)

448. Welche Bedeutung hat das Schweigen auf ein Vertragsangebot im Handelsverkehr?

a) Ebenso wie im Bürgerlichen Recht ist das **Schweigen auf ein Vertragsangebot** auch im Handelsrecht **nicht als Annahme** anzusehen. Insbesondere besteht kein dahingehender Handelsbrauch (vgl. *BGH* NJW 1996, 919, 920).

b) **Ausnahmen** von dieser Grundregel sind **eng begrenzt:** Vorstellbar ist eine stillschweigende Annahmeerklärung nach §§ 133, 157 BGB im Einzelfall, etwa bei einem Angebot aufgrund abschlußreifer Vorverhandlungen (vgl. *BGH* NJW 1995, 1291) oder innerhalb laufender Geschäftsverbindungen. Darüber hinaus messen Gesetzes- und Gewohnheitsrecht dem

I. Allgemeine Vorschriften 277

Schweigen in zwei typisierten Sonderfällen Erklärungswert bei: Beim **Abschluß von Geschäftsbesorgungsverträgen (§ 362 HGB) und im Rahmen der Lehre vom kaufmännischen Bestätigungsschreiben.**

449. a) Dachs erteilte seiner Hausbank den Auftrag, für ihn 200 Aktien der Sperantia AG zu erwerben. Die Bank führt weder den Verkaufsauftrag aus noch läßt sie sonstwie von sich hören. Dachs erfährt davon, als er die Aktien, die inzwischen über 200 Punkte gestiegen sind, ein viertel Jahr später wieder veräußern will. Wütend fordert er Schadensersatz. Die Bank erklärt, dafür fehle es an einem Vertrag zwischen ihr und Dachs. Wer hat Recht?
b) Ändert sich die Beurteilung, wenn ein Bankangestellter die Kauforder aus Rache hat verschwinden lassen, weil er sich bei einer Beförderung übergangen fühlte?

a) Ein Anspruch auf Schadensersatz statt der Leistung setzt einen wirksamen Vertrag zwischen Dachs und seiner Hausbank voraus. In Betracht kommt hier nur ein **Vertragsschluß durch Stillschweigen vermittels § 362 HGB.** Dessen Voraussetzungen liegen in der Tat vor: (1) Bank- und Börsengeschäfte sind als Geschäftsbesorgungen für andere anzusehen (vgl. *RGZ* 114, 270); (2) der Hausbank ist ein Antrag über die Besorgung solcher Geschäfte von Dachs zugegangen; (3) Dachs stand mit seiner Hausbank in Geschäftsverbindung; (4) eine unverzügliche Antwort der Hausbank auf sein Angebot ist ausgeblieben. Mithin gilt das Schweigen der Hausbank gemäß § 362 Abs. 1 S. 1 HS. 2 HGB als Annahme des Antrages, so daß die Nichtausführung der Kauforder einen vertraglichen Schadensersatzanspruch begründet.
b) Nach h. M. nein. Die fehlende Kenntnis vom Zugang des Antrags schließt die Rechtsfolge des § 362 HGB nicht aus, wenn die Ursache hierfür in der Organisation des kaufmännischen Geschäftsbetriebes zu suchen ist. Die **Vorschrift basiert** demnach nicht auf dem Verschuldens-, sondern **auf dem Risikoprinzip** (vgl. *Canaris*, § 25 Rn. 5).

450. a) Spediteur Sperber hatte sich dem Blumenex-

a) Ja. Ein Vertragsschluß ist hier gemäß § 362 Abs. 1 S. 2 HGB zustande gekom-

porteur Tulpe gegenüber in einem persönlich gehaltenen Werbebrief erboten, für die Versendung von Schnittblumen zu sorgen. Nach einem entsprechenden Antrag Tulpes rührt er sich aber nicht, so daß die Blumen verwelken. Stehen Tulpe vertragliche Ersatzansprüche gegen Sperber zu?
b) Kann sich Sperber der vertraglichen Haftung durch eine Anfechtung wegen eines Irrtums über die Rechtsfolgen seines Schweigens entziehen?

men. Ausweislich der Gesetzesmaterialien genügt hierfür zwar kein öffentliches Anerbieten (vgl. Denkschrift, S. 201), doch weist ein persönlich gehaltener Werbebrief – anders als eine Postwurfsendung – das erforderliche Maß an Individualität auf.
b) Nein (vgl. *BGHZ* 11, 1, 4f.). Hierbei handelt es sich um einen **unbeachtlichen Rechtsfolgenirrtum**, weil die gesetzliche Zustimmungsfiktion des § 362 HGB ansonsten weithin leerliefe. Unberührt bleibt nach h. M. aber die Anfechtung wegen sonstiger Willensmängel, weil der Kaufmann insofern nicht schlechter stehen darf, als wenn er das Vertragsangebot durch ausdrückliche Erklärung angenommen hätte. Streitig ist allerdings, ob dies auch für einen verschuldeten Irrtum, z. B. durch flüchtiges Lesen, gilt (vgl. näher Frage 455 b).

451. § 362 HGB weist gewisse Berührungspunkte sowohl mit § 663 BGB als auch mit § 151 BGB auf. Dennoch sind die Vorschriften sorgsam auseinanderzuhalten. Worin liegen die Unterschiede?

a) § 362 HGB und **§ 663 BGB** unterscheiden sich vor allem in der Rechtsfolge: Jener führt einen Vertragsschluß der Parteien herbei, dieser begründet **allein Schadensersatzansprüche** als gesetzliche Spezialregelung zu den §§ 280 Abs. 1, 241 Abs. 2, 311 Abs. 2 BGB.
b) Demgegenüber weichen § 362 HGB und **§ 151 BGB** vor allem hinsichtlich der tatbestandlichen Erleichterungen des Vertragsschlusses voneinander ab: Ersterer macht die Annahmeerklärung selbst entbehrlich, letzterer **verzichtet lediglich auf den Zugang der Annahmeerklärung.**

b) Schweigen auf ein kaufmännisches Bestätigungsschreiben

452. a) Welchen wesentlichen Inhalt hat die Lehre

a) Sie besagt, daß der Empfänger eines **kaufmännischen Bestätigungsschrei-**

I. Allgemeine Vorschriften

vom kaufmännischen Bestätigungsschreiben?
b) Worin liegt ihr Normzweck?
c) Worauf beruht ihre Rechtsgeltung?

bens unverzüglich widersprechen muß, wenn er den Inhalt des Schreibens nicht gegen sich gelten lassen will. Widerspricht er nicht, ist der Vertrag mit dem aus dem Bestätigungsschreiben ersichtlichen Inhalt rechtsverbindlich, es sei denn, der Bestätigende hat das Verhandlungsergebnis bewußt unrichtig wiedergegeben oder das Bestätigungsschreiben weicht inhaltlich so weit vom Verhandlungsergebnis ab, daß der Absender vernünftigerweise nicht mit dem Einverständnis des Empfängers rechnen konnte (vgl. *RGZ* 54, 179; *BGHZ* 7, 189; 11, 3).

b) Nicht anders als § 362 HGB dient das kaufmännische Bestätigungsschreiben der **Rechtssicherheit**: Es soll den genauen Inhalt eines tatsächlich oder vermeintlich geschlossenen Vertrages festlegen und Irrtümer oder Mißverständnisse, die sich möglicherweise bei den Vertragsverhandlungen eingeschlichen haben, ausräumen.

c) Die Lehre vom kaufmännischen Bestätigungsschreiben hat sich **ursprünglich** aus einem **Handelsbrauch** entwickelt (vgl. *ROHGE* 1, 76, 81), darf aber heute in ihrem Kern als **gewohnheitsrechtlich verfestigt** angesehen werden. Eine positiv-rechtliche Stütze findet sie in dem Rechtsgedanken der §§ 75h, 91a, 362 HGB.

453. Die Kaufleute Kramer und Vetter tauschen am 1. August über einen in Aussicht genommenen Kaufvertrag Fernschreiben aus, die die wesentlichen Vertragspunkte enthalten. Am

a) Ja. Die **Tatbestandsvoraussetzungen**, unter denen einem kaufmännischen Bestätigungsschreiben konstitutive Wirkung zukommt, sind vorliegend erfüllt: (1) Es sind **Vertragsverhandlungen vorausgegangen**, in denen der Vertrag entweder bereits mündlich oder fernschriftlich ge-

2. August schickt Vetter einen Brief, der die abgegebenen Erklärungen wiederholt und zusätzlich einen Vorbehalt der Selbstbelieferung enthält. Kramer äußert sich dazu nicht.
a) Wird der Vorbehalt Vertragsinhalt?
b) Ein Angestellter des Kramer hatte das Schreiben vom 2. August sofort zur Ablage gegeben, ohne daß der Chef davon Kenntnis erhielt. Kommt es darauf an?

schlossen oder doch so weit vorbereitet wurde, daß das Bestätigungsschreiben nur noch als förmlicher Abschluß des bereits Vereinbarten anzusehen ist. (2) Das **Bestätigungsschreiben** ist dem Kramer als Empfänger **in engem zeitlichen Zusammenhang** mit den vorangegangenen Vertragsverhandlungen **zugegangen.** (3) Es enthält trotz des Selbstbelieferungsvorbehalts **keine wesentlichen Abweichungen** von dem Vorbesprochenen. (4) Darüber hinaus ist es nach seinem Inhalt **eindeutig gefaßt** und als rechtsgeschäftliche Erklärung erkennbar. (5) Weiter hat Kramer dem Schreiben **nicht unverzüglich,** d. h. ohne schuldhaftes Zögern (§ 121 Abs. 1 S. 1 BGB) **widersprochen.** (6) Endlich sind auf Empfänger- und Absenderseite **Kaufleute** beteiligt (zu Ausdehnungen des persönlichen Anwendungsbereichs näher Frage 456).
b) Nein. Die Rechtsprechung wendet auf den **Zugang des Bestätigungsschreibens** die zu § 130 BGB entwickelten Grundsätze an: Sobald das Bestätigungsschreiben in den Machtbereich des Empfängers gelangt ist, muß dieser das Risiko seiner Unkenntnis tragen (vgl. *BGHZ* 20, 149, 152; *BGH* NJW 1965, 965, 966). Das trifft jedenfalls dann zu, wenn die Unkenntnis – wie hier – ihren Grund in den spezifischen Risiken eines kaufmännischen Betriebs hat und sich bei dessen „idealer" Organisation hätte vermeiden lassen.

454. Kiesgrubenbesitzer Kiesel hatte sich mit Veiten fernmündlich über den Kauf mehrerer Sandentwässerungssilos geeinigt. Dabei

Nein (vgl. *BGHZ* 93, 338). In Rede stehen die **Schutzgrenzen des kaufmännischen Bestätigungsschreibens.** Nach gefestigter Rechtsprechung treten die Rechtsfolgen widerspruchsloser Entge-

legte er im Interesse leichterer Transportierbarkeit großen Wert darauf, daß die Silos nicht verschweißt, sondern verschraubt seien, was Veiten zusagte. Wie sich später herausstellte, waren die Silos aber doch verschweißt. Veiten verlangt gleichwohl Zahlung und verweist darauf, daß das einen Tag nach Vertragsschluß bei Kiesel eingegangene Bestätigungsschreiben einen Gewährleistungsausschluß enthält. Wird er damit durchdringen?

gennahme eines Bestätigungsschreibens nicht ein, wenn dessen Inhalt von dem zuvor Vereinbarten so weit abweicht, daß der Absender vernünftigerweise mit einem Einverständnis des Empfängers nicht rechnen kann. So liegt es hier: Für Kiesel war die Verschraubung der Silos von entscheidender Bedeutung. Infolgedessen durfte Veiten aus Kiesels Schweigen auf das Bestätigungsschreiben redlicherweise nicht entnehmen, Kiesel sei mit einem Gewährleistungsausschluß einverstanden. Allein aufgrund dieser **objektiven Abweichung des Bestätigungsschreibens vom Inhalt des zuvor Vereinbarten** entfällt der regelmäßige Vertrauensschutz zugunsten des Absenders eines Bestätigungsschreibens, ohne daß es auf Veitens Unredlichkeit ankommt.

455. Das Möbelhaus Lenz schließt mit der Firma Hülsta GmbH fernmündlich einen Kaufvertrag über fünf Schlafzimmer des Programms Kingstyle, Farbe weiß. In der schriftlichen Bestätigung der Firma Hülsta heißt es: „Wir bestätigen den Auftrag zur Lieferung fünf Schlafzimmer Best.-Nr. 0050708." Diese Bestellnummer bedeutet Programm Kingstyle, Farbe Eiche natur. Lenz widerspricht nicht. Bei Lieferung stellt sich das Mißverständnis heraus. Kann Lenz mit der Begründung anfechten, er habe sich über die Be-

Unstreitig kann der Empfänger eines Bestätigungsschreibens das Geschäft nicht wegen Irrtums über die Bedeutung seines Schweigens anfechten, da die Rechtswirkungen des Schweigens unabhängig vom Willen des Empfängers eintreten (vgl. Frage 450b zu § 362 HGB). Hier beruft sich Lenz aber gerade darauf, das **Bestätigungsschreiben mißverstanden** und deshalb nicht widersprochen zu haben. Nach h.M. ist eine **Anfechtung nach § 119 BGB** in einem solchen Fall statthaft, weil Lenz nicht schlechter stehen darf, als wenn er die Annahme oder Zustimmung ausdrücklich erklärt hätte.
b) Nach h.M. ja (vgl. *Medicus*, Bürgerliches Recht, 19. Aufl. 2002, Rn. 58 und 65; *LG Tübingen* JZ 1997, 312). Zur Begründung stützt man sich auf die Rechtsregel der §§ 75b, 91a, 362 HGB, wonach der

deutung der Bestellnummer geirrt?
b) Ändert sich die Rechtslage, wenn der Irrtum des Lenz auf flüchtigem Lesen beruht?

Kaufmann „unverzüglich", d. h. ohne schuldhaftes Zögern (§ 121 BGB), antworten muß, wenn sein Schweigen nicht als positive Erklärung gelten soll. Daran fehlt es, wenn der Empfänger das Bestätigungsschreiben wegen eines schuldhaften Irrtums anficht. Eine Gegenauffassung verneint allerdings einen teleologischen Bezug mit der Problematik des Bestätigungsschreibens und hält auch bei flüchtigem Lesen an der Anfechtungsmöglichkeit fest (vgl. *Canaris*, § 25 Rn. 38).

456. Rechtsanwalt Reese hat mit dem nicht im Handelsregister eingetragenen Hartwehr, der ein kleines Computergeschäft betreibt, telefonisch über einen Schreibcomputer verhandelt. Einen Tag später geht bei ihm ein Bestätigungsschreiben von Hartwehr ein, das einen telefonischen Auftrag bestätigt. Reese legt das Schreiben kommentarlos zu den Akten und verweigert später die Zahlung, weil ein Kaufvertrag nicht zustande gekommen sei. Zu recht?

a) Nein (vgl. *OLG Köln* CR 1991, 541). Zwar ist Reese als Freiberufler kein Kaufmann (vgl. Frage 42 a), doch hat die Rechtsprechung den persönlichen Anwendungsbereich der Grundsätze über das Bestätigungsschreiben schon früh erweitert. Danach genügt es, daß der **Empfänger des Bestätigungsschreibens** ein Nichtkaufmann ist, der **ähnlich einem Kaufmann am Geschäftsleben teilnimmt** und von dem erwartet werden kann, daß er nach kaufmännischer Sitte verfährt (vgl. *BGHZ* 11, 1). So liegt es bei einem Wirtschaftsprüfer (vgl. *BGH* DB 1967, 1362), einem Insolvenzverwalter (vgl. *BGH* NJW 1987, 1940) und – wie hier – bei einem Rechtsanwalt (vgl. bereits *RG* JW 1924, 522).

b) Auch auf seiten des Absendenden muß das „kaufmännische Bestätigungsschreiben" nicht notwendig von einem Kaufmann i. S. d. § 1 ff. HGB stammen. Es genügt, wenn der **Absender** etwa als Kleingewerbetreibender **wie ein Kaufmann am Geschäftsleben teilnimmt** und deshalb erwarten kann, daß ihm gegenüber die Gepflogenheiten des Han-

457. Kaufmann Tebbe bestellt bei dem Großhändler Käsbach mit Schreiben vom 10. Februar 100 Eimer Fassadenfarbe. Käsbach sendet am 15. Februar eine „Auftragsbestätigung" über die Lieferung von 100 Eimern Fassadenfarbe. Zusätzlich verweist er ausdrücklich auf seine Allgemeinen Lieferbedingungen. Tebbe widerspricht diesem Schreiben nicht. Ist ein Vertrag mit dem Inhalt der Allgemeinen Lieferbedingungen zustande gekommen?

delsverkehrs beachtet werden (vgl. *BGHZ* 40, 42).

Voraussetzung dafür wäre, daß Käsbachs Schreiben vom 15. Februar ein – echtes – Bestätigungsschreiben darstellt. Dazu hätte es indessen eines vorherigen Vertragsschlusses bedurft, der hier gerade fehlt: Tebbe hat lediglich ein Angebot unterbreitet, das Käsbach nach allgemeinen Regeln nicht angenommen hatte: Seine **„Auftragsbestätigung"** unter Beifügung der eigenen AGB gilt gemäß § 150 Abs. 2 BGB als Ablehnung verbunden mit einem neuen Antrag. Hierauf finden die Regeln des kaufmännischen Bestätigungsschreibens nach h. M. keine Anwendung (vgl. *BGHZ* 18, 212).

Merke: Während dem **Bestätigungsschreiben** ein tatsächlicher oder vermeintlicher Vertragsschluß zugrunde liegt, soll die **Auftragsbestätigung** erst der Vertragsschließung dienen.

3. Handelsgeschäfte und Vertragsfreiheit

a) Erweiterungen der Inhalts- und Formfreiheit

458. Das Handelsgesetzbuch enthält in den §§ 348–350 Vorschriften, die den Spielraum der Privatautonomie für Kaufleute erweitern. Gleiches gilt für die §§ 29 Abs. 2, 38 Abs. 1 ZPO. Welche Erwägungen liegen diesen Bestimmungen zugrunde?

In ihnen manifestieren sich stilprägende Merkmale des kaufmännischen Verkehrs: Einmal sind **Kaufleute** wegen ihrer größeren Geschäftserfahrung und -gewandtheit **in geringerem Maße schutzbedürftig**; zum anderen verlangt das **Streben nach einfacher und schneller Abwicklung** des Handelsverkehrs einen Verzicht auf einzelne Schutzgedanken des allgemeinen Privatrechts.

459. Wirtschaftsprüfer Hakelmacher hat sich der Hansa-Bank AG gegenüber zur Erstellung eines Sonderprüfungsgutachtens bis zum 31. Juli verpflichtet. Als er mit der Ablieferung in Verzug gerät, verklagt ihn die Hansa-Bank auf Zahlung der vereinbarten Vertragsstrafe von 25 000 Euro. Hakelmacher beantragt eine gerichtliche Herabsetzung der Vertragsstrafe. Mit Erfolg?

Ja. Zwar kann gemäß § 348 HGB eine Vertragsstrafe, die von einem Kaufmann im Betriebe seines Handelsgewerbes versprochen ist, nicht nach § 343 BGB herabgesetzt werden. Als Freiberufler fehlt Hakelmacher aber die Kaufmannseigenschaft (vgl. Frage 42a), und eine analoge Anwendung der Vorschrift auf kaufmannsähnliche Personen oder Unternehmen wird von der h. L. aus Gründen der Rechtssicherheit abgelehnt (vgl. *Canaris*, § 26 Rn. 2; abw. *Baumbach/Hopt*, § 348 HGB Rn. 6).

460. Der Hamburger Möbelhändler Möbius klagt gegen den Göttinger Rechtsanwalt Reese vor dem Landgericht Hamburg auf Zahlung von 20 000 Euro für eine gelieferte Büroausstattung. Zur örtlichen Zuständigkeit des Gerichts trägt er vor, er und Reese hätten im Kaufvertrag eine entsprechende Gerichtsstandsvereinbarung getroffen. Reese rügt demgegenüber die Unzuständigkeit des Gerichts. Zu recht?

Die örtliche Zuständigkeit des Landgerichts Hamburg kann sich mangels eines gesetzlichen Gerichtsstandes nur aus einer wirksamen **Gerichtsstandsvereinbarung** ergeben. Hierfür fehlt es aber gemäß **§ 38 Abs. 1 ZPO** an der **Kaufmannseigenschaft** des Reese. Trotz wertungsmäßig schwer erträglicher Ergebnisse läßt sich dies durch eine analoge Anwendung der Vorschrift auf kaufmannsähnliche Personen oder Unternehmer schwerlich ändern. Als Notbehelf bleibt allein der Einwand des Rechtsmißbrauchs (§ 242 BGB), der hier durchaus ein legitimes Anwendungsfeld findet.

461. Gustav Gans ist Alleingesellschafter und Geschäftsführer der Comic-Buch GmbH. Er verbürgt sich mittels eines Telefaxes für einen der GmbH gewährten Geschäftskredit in

Nach Auffassung der Rechtsprechung ja (vgl. *BGHZ* 121, 224), doch wird dies keineswegs allseits konsentiert. Im gedanklichen Zugriff sind vier Argumentationsebenen zu unterscheiden:
a) Dem Formerfordernis des § **766 BGB** ist durch eine **Telefaxbürgschaft** nach

Höhe von 50 000 Euro. Auf Zahlung in Anspruch genommen, beruft er sich auf die Formunwirksamkeit der Bürgschaft. Mit Erfolg?

h. M. **nicht Genüge getan,** weil diese nicht in gleicher Weise den Übereilungs- und Authentizitätsschutz zu gewährleisten vermag (vgl. *BGHZ* 121, 224, 228 f.).

b) Mithin kommt es auf die Anwendbarkeit des § 350 HGB an, der eine Kaufmannseigenschaft des Bürgen voraussetzt. Die **Spruchpraxis** sieht **GmbH-Gesellschafter nicht** als **Kaufleute** an, weil das betreffende Handelsgewerbe nicht von ihnen, sondern von der GmbH betrieben wird (vgl. Frage 48 c). Demgegenüber tritt eine vordringende Schrifttumsauffassung für eine analoge Anwendung der Vorschrift ein, und zwar teils für jeden geschäftsführenden Gesellschafter (vgl. *K. Schmidt,* ZIP 1986, 1510, 1515), teils nur für den geschäftsführenden Einmann- oder Mehrheitsgesellschafter (vgl. *Canaris,* § 26 Rn. 13).

c) Bejaht man die Kaufmannseigenschaft, bleibt das Erfordernis eines „**Handelsgeschäfts**", das **bei unternehmensbezogenen Bürgschaften** teils als erfüllt angesehen (vgl. *Canaris,* § 26 Rn. 12), teils abgelehnt wird (vgl. *Koller/Roth/Morck,* § 350 HGB Rn. 5).

d) Als *ultimum remedium* bleibt bei einem Formmangel ein Rückgriff auf den Grundsatz von Treu und Glauben (**§ 242 BGB**), der auch bei Handelsgeschäften zu beachten ist (berühmtes Beispiel: *BGHZ* 48, 396: „königlicher Kaufmann").

b) Inhaltskontrolle von Allgemeinen Geschäftsbedingungen

462. Kommen die §§ 305–310 BGB über die Gestal-

Durchaus, allerdings mit **zwei** nicht unwesentlichen **Einschränkungen:**

tung rechtsgeschäftlicher Schuldverhältnisse durch Allgemeine Geschäftsbedingungen auch im kaufmännischen Verkehr zur Anwendung?

a) Einmal findet § 305 Abs. 2 und 3 BGB gemäß § 310 Abs. 1 S. 1 BGB keine Anwendung auf Kaufleute und andere Unternehmer (näher zur Ersetzung des Kaufmanns- durch den Unternehmerbegriff Fragen 14 und 463 b), so daß sich die rechtsgeschäftliche Einbeziehung von AGB nach allgemeinen Regeln richtet. In Betracht kommt eine **Einbeziehung durch schlüssiges Verhalten** (z. B. Abdruck in Preislisten, Katalogen), bei ständiger Geschäftsverbindung auch durch wiederholte Hinweise in Rechnungen (vgl. *BGH* NJW-RR 1991, 570, 571) oder aufgrund ihrer Branchenüblichkeit (vgl. *BGH* NJW 1985, 2411, 2412: ADSp bei Transport- und Speditionsgeschäften).

b) Zum anderen greifen die Klauselverbote der §§ 308, 309 BGB gemäß § 310 Abs. 1 S. 1 BGB nicht ein; die **Inhaltskontrolle** erfolgt **allein** auf der Grundlage des **§ 307 Abs. 1 und 2 BGB**, womit dieser Vorschrift im Handelsverkehr außerordentliche Bedeutung zuwächst.

463. a) Die Havaria Hard- & Software AG hat dem Schreibservice Petra Schreiber GmbH eine Computeranlage verkauft. In den wirksam einbezogenen AGB heißt es unter der Überschrift „Gewährleistung und Haftung": „Dem Kunden bleibt vorbehalten, bei fehlgeschlagener Nachbesserung unter den gesetzlichen Voraussetzungen die Vergütung herabzusetzen. Weitergehende Ansprüche

a) Ja (vgl. *BGH* NJW 1993, 2436). Zwar greift § 309 **Nr. 8 b aa BGB** wegen der Formkaufmannseigenschaft der Schreibservice GmbH vorliegend nicht ein; doch **strahlt** dieses Klauselverbot **auf die Handhabung des § 307 BGB aus:** Auch im kaufmännischen Rechtsverkehr ist danach eine AGB-Klausel unwirksam, durch die das Rücktrittsrecht definitiv ausgeschlossen wird (vgl. bereits *BGH* NJW 1981, 1501).

b) Auch dann kommt nur (aber immerhin) § 307 Abs. 1 und 2 BGB zum Zuge: Seit der Handelsrechtsreform von 1998 erstreckt sich die **Bereichsausnahme des**

des Kunden aus Gewährleistung sind ausgeschlossen." Kann die Petra Schreiber GmbH bei einem nicht behebbaren Softwaremangel vom Vertrag zurücktreten?
b) Wie steht es, wenn Petra Schreiber als Rechtsanwältin tätig ist?

§ 310 Abs. 1 BGB nämlich nicht nur auf Kaufleute, sondern auf **alle „Unternehmer"** und bezieht damit auch Freiberufler und Kleingewerbetreibende ein.

4. Handelsgeschäfte und Allgemeines Schuldrecht

a) Ergänzungen und Abweichungen

464. Als „handelsrechtliches Urgestein" noch aus der Zeit des ADHGB enthalten die §§ 343 ff. HGB eine Reihe von Vorschriften, die sich als handelsrechtliche Ausprägungen bürgerlich-rechtlicher Grundsätze an sich von selbst verstehen. Nennen Sie einige Beispiele!

Altväterlich formuliert ist etwa der **Sorgfaltsmaßstab des § 347 HGB,** der neben § 276 Abs. 2 BGB keine eigene Daseinsberechtigung hat. Ähnlich liegt es bei den §§ 358, 359 HGB, die den Zeitpunkt der Leistungserbringung i.S.d § 271 BGB präzisieren, sowie bei § 360 HGB, der § 243 Abs. 1 BGB für handelsrechtliche Gattungsschulden paraphrasiert.

465. Was versteht man im Handelsrecht unter dem Grundsatz der Entgeltlichkeit?

Gemäß **§ 354 Abs. 1 HGB** kann derjenige, der in Ausübung seines Handelsgewerbes einem anderen Geschäfte besorgt oder Dienste leistet, dafür auch ohne Verabredung Provision oder Lagergeld nach Ortsbrauch verlangen. Wirtschaftswissenschaftler pflegen diesen Grundsatz in dem geflügelten Wort zusammenzufassen: "There is no such thing as a free lunch."

466. Die Enzo Ferrari Leasing GmbH hatte mit dem Kaufmann Schumacher zum 1. 5. einen Lea-

Nein (vgl. *BGH* NJW 1996, 923). Zwar sind Kaufleute gemäß **§ 353 HGB** untereinander berechtigt, für ihre Forderungen aus beiderseitigen Handelsgeschäften vom

singvertrag über einen Ferrari Testa Rossa geschlossen. Als Schumachers Anzahlung in Höhe von 30 000 Euro am 15. 5. noch immer nicht eingetroffen ist, verlangt die Leasinggesellschaft rückwirkend Fälligkeitszinsen. Schumacher wendet ein, die Ferrari Leasing GmbH habe das Auto bislang nicht angeliefert; zur Abholung sei er nicht verpflichtet. Besteht ein Zinsanspruch der Ferrari Leasing GmbH vom 1. 5. an?

Tage der Fälligkeit an Zinsen zu fordern. Hier fehlt es indessen an der Fälligkeit der Forderung, weil Schumacher nach § 320 BGB nur Zug-um-Zug leisten muß und die Ferrari Leasing GmbH den Ferrari bislang nicht in Annahmeverzug begründender Weise angeboten hat.

467. a) Bauunternehmer Schneider restauriert in Frankfurt ein altes, der Fachinger AG gehörendes Fachwerkhaus. Er tritt die Werklohnforderung sicherungshalber an seine Hausbank ab, obwohl die Fachinger AG mit ihm ein Abtretungsverbot vereinbart hat. Ist die Hausbank Forderungsinhaber geworden?
b) Wie steht es, wenn die Werklohnforderung kontokorrentgebunden ist?
c) Ändert sich die Rechtslage, wenn nicht der Bauunternehmer Schneider, sondern der Architekt Aust Honorarforderungen abtritt?

Ja. Zwar entfalten **Abtretungsverbote** im Gegensatz zu sonstigen rechtsgeschäftlichen Verfügungsverboten (§ 137 BGB) dingliche Wirkung, hindern also den Gläubiger an einer Forderungsverwertung durch Abtretung. Hiervon macht § 354a S. 1 HGB aber seit 1994 eine **Ausnahme,** wenn die Forderung aus einem beiderseitigen Handelsgeschäft stammt oder der Schuldner eine juristische Person des öffentlichen Rechts ist. Auf diese Weise sollen vor allem die Finanzierungsmöglichkeiten für kleinere und mittlere Unternehmen verbessert werden, die ihre Forderungen als Kreditunterlage verwerten oder einem Factoringunternehmen abtreten wollen.
b) Auf das kontokorrentrechtliche Abtretungsverbot (näher Frage 469c) findet § 354a HGB keine Anwendung: Die „Lähmung" der Einzelforderung wohnt der **Rechtsfigur des Kontokorrents** von vornherein inne und ist deshalb **keine Ab-**

tretungsvereinbarung i. S. d. § 354a HGB (vgl. *Canaris*, § 28 Rn. 18). Weil des weiteren für eine Normumgehung des § 354a HGB hier jeder Anhaltspunkt fehlt (allgemein dazu *K. Schmidt,* § 22 II 3c, S. 652), ist die Hausbank mithin Forderungsinhaberin geworden.

c) Nach dem **Wortlaut des § 354a HGB** wird Aust nicht geschützt, weil ihm als Freiberufler die **Kaufmannseigenschaft** fehlt (vgl. Frage 42 a). **Im Schrifttum** mehren sich indessen die Stimmen, die hierin einen Verstoß gegen den Gleichheitssatz des Art. 3 GG sehen und § 354a HGB im Wege **verfassungskonformer Rechtsfortbildung auch auf Freiberufler und Kleingewerbetreibende** erstrecken wollen (näher *Canaris*, § 28 Rn. 20).

b) Kontokorrent

468. a) Was versteht man unter einem Kontokorrent? b) Wo liegen seine Hauptanwendungsfelder? c) Welchen wirtschaftlichen Funktionen dient es?

a) Der **Legaldefinition des § 355 Abs. 1 HGB** zufolge liegt ein **Kontokorrent** (= laufende Rechnung) vor, wenn „jemand mit einem Kaufmann derart in Geschäftsverbindung steht, daß die aus der Verbindung entspringenden beiderseitigen Ansprüche und Leistungen nebst Zinsen in Rechnung gestellt und in regelmäßigen Zeitabschnitten durch Verrechnung und Feststellung des für den einen oder anderen Teil sich ergebenden Überschusses ausgeglichen werden".

b) Der **Hauptfall** ist das **Bankkontokorrent**, das jüngst in den §§ 676f und 676g BGB für den Girovertrag eine gesetzliche Sonderregelung erfahren hat. Darüber hinaus sind **Kontokorrentverhältnisse zwischen Groß- und Einzelhändlern** oder im Konzernverbund verbreitet.

c) Man wird **zwei Hauptaufgaben** unterscheiden können: (1) die **Vereinfachungsfunktion**, die sich daraus ergibt, daß das Kontokorrent eine Mehrzahl wechselseitiger Ansprüche auf eine einzige Forderung reduziert; (2) die **Sicherungsfunktion**, die sich darin äußert, daß der eine Teil zur Befriedigung seiner Forderungen die Gegenforderungen des anderen Teils heranziehen kann.

469. a) Großhändler Groß hat am 5. 2. einen Anspruch gegen den Einzelhändler Klein in das beiderseitige Kontokorrent aufgenommen. Abrechnungsdaten sind jeweils der 1. 1. und der 1. 7. des Jahres. Klein bestreitet den Rechnungsposten. Groß klagt den Anspruch im April ein. Mit Erfolg?
b) Groß klagt auf Feststellung, daß der Anspruch besteht. Zulässig?
c) Groß tritt den Anspruch an Dreier ab. Wirksam?
d) Ein Gläubiger des Groß pfändet den Anspruch im Wege der Zwangsvollstreckung. Mit Erfolg?

a) Nein (vgl. *RGZ* 105, 233, 234 f.). Die **Kontokorrentabrede** schließt nach ihrem Sinn und Zweck eine selbständige Geltendmachung von Einzelansprüchen während der Rechnungsperiode aus. Anschaulich spricht man von einer „**Lähmung**" **der Einzelforderung**, die sowohl eine Leistungsklage als auch eine Aufrechnung hindert.
b) Ja (vgl. *RGZ* 125, 411, 416). Eine **Feststellungsklage** bleibt **zulässig**; das nach § 256 Abs. 1 ZPO erforderliche Feststellungsinteresse besteht, weil Klein die Berechtigung des Rechnungspostens bestreitet.
c) Nein (vgl. *BGHZ* 70, 86, 92 f.). Im Verhältnis zu Dritten hat die **Kontokorrentgebundenheit** die **Unabtretbarkeit** und damit gemäß § 1274 Abs. 2 BGB auch die **Unverpfändbarkeit der Einzelforderung** zur Folge.
d) Nein (vgl. *BGHZ* 80, 172, 175). Wie sich aus § 357 HGB erschließt, ist die **Pfändung in das Kontokorrent fallender Einzelansprüche nicht möglich**. In Betracht kommt hingegen eine Pfändung des gegenwärtigen Saldos und zukünftiger Salden (näher Frage 474).

I. Allgemeine Vorschriften

470. Das Kontokorrentrecht gehört zu jenen theorieverschlungenen Bereichen des Handelsrechts, die sich dem Zugang des Rechtsanwenders nur mühsam erschließen. Gedankliche Klarheit läßt sich am ehesten erreichen, wenn man vier verschiedene Verträge auseinanderhält, die § 355 Abs. 1 HGB ausdrücklich anspricht oder stillschweigend voraussetzt. Welche sind dies?

(1) Der sog. **Geschäftsvertrag**, der die schuldrechtliche Basis für das Kontokorrentverhältnis bildet;
(2) die **Kontokorrentabrede**, aufgrund derer die beiderseitigen Ansprüche oder Leistungen in Rechnung gestellt werden;
(3) die **Verrechnung**, durch die Forderungen und Leistungen, soweit sie sich decken, ausgeglichen werden;
(4) die **Feststellung oder Anerkenntnis des errechneten Saldos**.

471. a) Adam eröffnet bei der Sparkasse Göttingen ein Girokonto. Was liegt rechtlich vor?
b) Er reicht eine Überweisung ein. Rechtliche Einordnung?
c) Darf Adam sein Konto überziehen?

a) In der **Eröffnung des Girokontos** sind enthalten:
(1) der **Girovertrag**, ein in § 676 f BGB gesondert geregelter Geschäftsbesorgungsvertrag, als schuldrechtliches Fundament und (2) eine **Kontokorrentabrede** zwischen Adam und der Sparkasse Göttingen.
b) Der zugrundeliegende Girovertrag wird durch **Überweisungsverträge gemäß §§ 676 a–c BGB** konkretisiert, die vor Inkrafttreten des Überweisungsgesetzes von 1999 als unselbständige Weisungen (§ 665 BGB) im Rahmen eines Girovertrages angesehen wurden.
c) Nein. Entgegen einer früher verbreiteten Lehre liegt in der **bloßen Kontokorrentabrede** als solcher **keine Kreditgewährung**. Häufig wird allerdings mit der Kontokorrentabrede ein **selbständiger Kreditvertrag** verbunden. Dieser sog. Kontokorrentkredit der Banken und Sparkassen bildet die wichtigste Form des Betriebsmittelkredits für Handel und Industrie.

472. a) Am Ende der Abrechnungsperiode stehen im Kontokorrent zugunsten des Groß zwei Kaufpreisforderungen von 30 000 und 20 000 Euro sowie eine Darlehensforderung über 10 000 Euro. Zugunsten des Klein ist ein Minderungsanspruch wegen Sachmängeln in Höhe von 6000 Euro verzeichnet. Welche Rechtswirkungen treten nun ein?
b) Aus welchen Einzelforderungen setzt sich der „kausale" Saldo zusammen, wenn die erste Kaufpreisforderung alsbald zu verjähren droht?

a) Nach Ablauf der Rechnungsperiode werden die beiderseitigen Forderungen auf die Überschuß- oder Saldoforderung eines Teils reduziert: Soweit die Posten ausgeglichen sind (hier: 6000 Euro), erlöschen die Einzelforderungen; in Höhe des Überschusses (hier: 54 000 Euro) entsteht eine „**kausale**" **Saldoforderung**. Hierfür bedarf es nach h. L. keiner besonderen Parteierklärung; die **Verrechnungsabrede** ist vielmehr schon bei Eingehung des Kontokorrentverhältnisses konkludent für die Zukunft **vorweggenommen** worden (vgl. *Canaris*, § 27 Rn. 16). Der *Bundesgerichtshof* lehnt eine automatische Verrechnung dagegen ab (vgl. *BGHZ* 93, 307, 314; anders aber *BGHZ* 107, 192, 197) und **besteht auf** einer **Verrechnungsabrede** bei Ablauf jeder Rechnungsperiode.

b) Das ist umstritten. Nach der von der **Rechtsprechung** vertretenen **Lehre der** „**verhältnismäßigen Gesamtaufrechnung**" (vgl. *RGZ* 56, 19, 24; *BGHZ* 49, 24, 30) wird Kleins Gegenforderung von 6000 Euro anteilig auf alle drei Forderungen angerechnet. Der **Saldo** setzt sich mithin „**mosaikartig**" aus folgenden Posten zusammen: 27 000 Euro erste Kaufpreisforderung, 18 000 Euro zweite Kaufpreisforderung, 9000 Euro Darlehensforderung. Die h. L. spricht sich demgegenüber für eine **analoge Anwendung der §§ 366 f., 396 BGB** aus (vgl. *Canaris*, § 27 Rn. 23), so daß die erste Kaufpreisforderung in voller Höhe getilgt wird, weil sie früher verjährt und dem Groß daher i. S. von § 366 Abs. 2 BGB die geringere Sicherheit bietet. Hierfür sprechen Gesichtspunkte der Prakti-

473. a) Im vorangegangenen Fall übersendet Groß dem Klein einen Rechnungsauszug, der einen Saldo in Höhe von 54 000 Euro ausweist. Klein erkennt den Saldo schriftlich an. Was liegt rechtlich vor?
b) Was kann Groß tun, wenn sich Klein weigert, den Saldo anzuerkennen?
c) Klein entdeckt nach Abgabe seines Anerkenntnisses einen Fehler in dem Rechnungsauszug. Was kann er tun?

kabilität und der größeren Sachgerechtigkeit.

a) Auf die Verrechnung der beiderseitigen Forderungen folgt die Anerkennung des errechneten Saldos, die – wie hier – ausdrücklich, aber auch stillschweigend durch Fortsetzung des Kontokorrentverhältnisses erfolgen kann. Durch die **Saldoanerkennung oder -feststellung** wird eine neue abstrakte Forderung mit einheitlichem Erfüllungsort und Gerichtsstand sowie uniformer Verzinsung und Verjährung begründet. Rechtsprechung und h. L. deuten dies gleichermaßen als ein **abstraktes Schuldanerkenntnis i. S. v. § 781 BGB**. Heftig **umstritten** ist allerdings, ob die neue (abstrakte) Saldoforderung die bisherige (kausale) Saldoforderung im Wege der **Novation** ersetzt (so *RGZ* 82, 400, 404; *BGHZ* 93, 307, 313) **oder** ob sie gemäß § 364 Abs. 2 BGB **erfüllungshalber** neben die kausale Saldoforderung tritt (vgl. für die h. L. *Canaris*, § 27 Rn. 30). Die praktische Bedeutung dieses Theorienstreits wird dadurch abgeschwächt, daß § 356 HGB das **Fortbestehen der** für die kontokorrentzugehörigen Forderungen bestellten **Sicherheiten** anordnet.

b) Er muß auf Anerkennung des Saldos klagen und ist für die Richtigkeit des Saldos beweispflichtig. Ein Anspruch auf die Anerkennungserklärung ergibt sich aus dem zugrundeliegenden Kontokorrentverhältnis. Gemäß § 894 ZPO gilt Kleins Saldoanerkenntnis mit Rechtskraft des Urteils als abgegeben.

c) Er hat nach **§ 812 Abs. 2 BGB** einen **Anspruch auf Kondizierung des Saldo-**

anerkenntnisses. Das Anerkenntnis führt daher grundsätzlich nicht zu einer Änderung der Rechtslage, sondern nur zu einer Umkehrung der Beweislast: Nunmehr muß Klein die Voraussetzungen seines (Bereicherungs-)Anspruchs beweisen (vgl. *BGH* WM 1958, 1157, 1158; WM 1975, 556, 557).

474. Anders unterhält bei der Commerzbank AG ein Girokonto. Beinert, ein Gläubiger des Anders, möchte mittels eines Pfändungs- und Überweisungsbeschlusses (PÜ) Zugriff auf das Girokonto nehmen. Er fragt, ob er folgende Positionen pfänden kann:
a) eine einzelne, in das Kontokorrent eingestellte Forderung,
b) den Saldo bei Zustellung des PÜ,
c) den künftigen Schlußsaldo nach Ablauf der Rechnungsperiode,
d) den Anspruch auf Auszahlung künftiger Girotagesguthaben,
e) die „offene Kreditlinie" des Anders?

a) Nein. **Einzelne in das Kontokorrent eingestellte Forderungen** sind wegen ihrer Kontokorrentgebundenheit **nicht isoliert pfändbar** (vgl. *BGHZ* 80, 172, 175).
b) Ja. Gemäß **§ 357 HGB** kann Beinert auf den gegenwärtigen Saldo im Zeitpunkt der Pfändung **(sog. Zustellungssaldo)** zugreifen. Allerdings führt die Pfändung des gegenwärtigen Saldos nicht dazu, daß die Rechnungsperiode unterbrochen wird; vielmehr muß Beinert wie Anders den Abschluß der Kontokorrentperiode abwarten. Besteht kein aktiver Tagessaldo, geht die Pfändung ins Leere; sie erfaßt nicht den künftigen Saldo (dazu sogleich unter c).
c) Ja. Die **künftige Saldoforderung** wird zwar nicht von § 357 HGB erfaßt, kann aber wie andere künftige Forderungen auch **nach Maßgabe der §§ 829 ff. ZPO** gepfändet werden. In der Regel wird sie mit der Pfändung des gegenwärtigen Saldos verbunden (sog. Doppelpfändung).
d) Ja. **Girotagesguthaben** unterliegen ebenfalls dem **Vollstreckungszugriff**, weil der Bankkunde jederzeit einen Anspruch auf Auszahlung seines Tagesguthabens hat (vgl. *BGHZ* 84, 325, 332).
e) Nach Auffassung der neuesten Rechtsprechung jedenfalls dann, wenn Anders die „offene Kreditlinie" in Anspruch

nimmt (vgl. *BGHZ* 147, 193). Danach ist ein allgemeiner bankgeschäftlicher Dispositionskredit weder zweckgebunden noch wegen der Höchstpersönlichkeit des „Abrufrechts" unpfändbar.

475. Worin liegt die handelsrechtliche Besonderheit des Kontokorrents, die sie von Kontokorrentverhältnissen unter Nichtkaufleuten unterscheidet?

§ 355 Abs. 1 HGB enthält eine **Ausnahme vom Zinseszinsverbot** (Anatozismus) des § 248 Abs. 1 BGB, die genuines Handelsrecht darstellt und auf das nichtkaufmännische Kontokorrent weder direkt noch analog angewendet werden kann.

5. Handelsgeschäfte und Sachenrecht

a) *Erweiterung des gutgläubigen Erwerbs*

476. a) Worin liegt die sachenrechtliche Besonderheit des § 366 HGB im Vergleich zum bürgerlichrechtlichen Grundmuster der §§ 932 ff. BGB?
b) Wie läßt sich dieser erweiterte Erwerberschutz rechtfertigen?

a) Die §§ 932 ff. BGB schützen nur den guten Glauben an das Eigentum des Veräußerers; **§ 366 HGB** erstreckt den **Gutglaubensschutz** dagegen auch auf das **Bestehen der Verfügungsmacht**.
b) Er trägt der Tatsache Rechnung, daß Kaufleute besonders häufig im eigenen Namen über fremde Sachen verfügen. So liegt es beispielsweise beim Verkaufskommissionär (vgl. Frage 516) oder beim Vorbehaltskäufer, der als Zwischenhändler über den Warenbestand nach § 185 Abs. 1 BGB verfügt. Ein Vertragspartner, der um diese Zusammenhänge weiß, könnte kaum je nach § 932 BGB gutgläubig Eigentum erwerben; § 366 HGB hilft über diese Schutzlücke hinweg.

477. a) Kürschnermeister Kürten veräußert einen wertvollen Nerzmantel, den ihm Erika Eigen angeblich

a) Ein Eigentumserwerb nach § 929 S. 1 HGB scheidet aus, da Kürten weder Eigentümer des Nerzes noch von Erika gemäß § 185 Abs. 1 BGB zur Veräußerung

zur Kommission anvertraut hat, im eigenen Namen an Susi Schick. Ist Susi Eigentümerin geworden, wenn Erika den Nerz in Wahrheit nur zur Ausbesserung an Kürten übergeben hat?
b) Wie lägen die Dinge, wenn Kürten den Nerzmantel zu einem Schleuderpreis veräußert hätte?
c) Wie wäre es im Fall a), wenn Erika der Nerzmantel gestohlen worden wäre?
d) Wie stünde es schließlich im Fall a), wenn Kürten als Kleingewerbetreibender nicht ins Handelsregister eingetragen wäre?

ermächtigt war. **§ 932 Abs. 1 S. 1 BGB** hilft nicht weiter, weil Susi nicht an die Eigentümerstellung des angeblichen Kommissionärs Kürten glaubte. Als zielführend erweist sich aber **§ 366 Abs. 1 HGB,** der Susis guten Glauben an die Verfügungsbefugnis des Kaufmanns Kürten schützt, so daß sie gemäß § 929 S. 1, 932 Abs. 1 S. 1 BGB i. V. m. § 366 Abs. 1 HGB Eigentum an dem Nerzmantel erworben hat.

b) Dann wäre für einen gutgläubigen Erwerb kein Raum mehr (vgl. *OLG Hamburg* MDR 1970, 506). Wer von dem Charakter der Ware als Kommissionsgut ausgeht, muß zugleich auch um die Bindung des Verfügenden an die Eigentümerinteressen wissen und ist daher in der Regel **bösgläubig,** wenn und weil ihm das **Vorliegen eines Schleuderpreises** ins Auge springt (vgl. auch *BGH* NJW 1999, 425).

c) Unter diesen Voraussetzungen greift die **Gutglaubenssperre des § 935 BGB** ein, die auch durch § 366 HGB nicht überwunden werden kann: Ein gutgläubiger Erwerb abhanden gekommener Sachen ist im Handelsrecht ebensowenig möglich wie im BGB.

d) An sich setzt § 366 Abs. 1 HGB die **Kaufmannseigenschaft des Verfügenden** voraus. Hiervon macht § **383 Abs. 2 S. 2 HGB** aber für kleingewerbliche Kommissionäre eine **Ausnahme,** und § 406 Abs. 1 S. 2 HGB erstreckt dies auf Kaufleute, die nicht Kommissionäre sind, aber einen Kommissionsvertrag abschließen. Wegen eines Redaktionsversehens wird man die letztgenannte Vorschrift analog auf alle Gewerbetreibenden, also auch auf Kürten

I. Allgemeine Vorschriften

anwenden müssen (vgl. *Koller/Roth/Morck*, § 406 HGB Rn. 1). Unabhängig davon bejaht eine vordringende **Schrifttumsauffassung** auch abseits des Kommissionsrechts eine **entsprechende Anwendung des § 366 Abs. 1 HGB auf alle kleingewerblichen Warenhändler** (vgl. *Canaris*, § 29 Rn. 7).

478. Die Elektra AG liefert Weltempfänger an Radiohändler Rudolf und ermächtigt ihn zur Weiterveräußerung im laufenden Geschäftsverkehr. Eines dieser Geräte veräußert Rudolf beim Kegelabend zum „Freundschaftspreis" an seinen Kegelbruder Konrad. Ist Konrad Eigentümer des Weltempfängers geworden, wenn er mit dem Eigentumsvorbehalt der Elektra AG rechnete?

Nein. Ein Eigentumserwerb nach § 929 S. 1 BGB i. V. m. § 185 Abs. 1 BGB scheidet aus, weil die Veräußerung außerhalb des normalen Geschäftsgangs erfolgte und infolge dessen von Elektras Ermächtigung nicht mehr gedeckt war (vgl. *BGH* LM Nr. 23 zu § 455 BGB: Notverkauf unter Einstandspreis zur Abdeckung von Wechselschulden). § 932 Abs. 1 BGB führt nicht weiter, da Konrad nicht an Rudolfs Eigentümerstellung glaubte. Endlich kommt auch **§ 366 HGB** nicht in Betracht, weil die ungewöhnlichen Umstände der Veräußerung eine **erkennbar ordnungswidrige Verfügung** durch Rudolf nahelegten und damit Konrads guten Glauben an Rudolfs Veräußerungsbefugnis zerstörten (allgemein zurückhaltend aber *Canaris*, § 29 Rn. 23).

479. Im vorangegangenen Fall hat Rudolf sein Radiogeschäft längst aufgegeben, ist aber noch immer im Handelsregister eingetragen. Er veräußert einen Weltempfänger zum Listenpreis an seine entfernte Bekannte Berta, die an Rudolfs fortwährende Kaufmannseigenschaft glaubt.

Die Beantwortung dieser Frage bewegt sich zunächst in vertrauten Bahnen: Ein Eigentumserwerb Bertas gemäß §§ 929, 185 BGB scheitert am Widerruf der Verfügungsermächtigung; § 932 an ihrem fehlenden Glauben an Rudolfs Eigentümerstellung. Somit verbleibt allein § 366 Abs. 1 HGB, der seinerseits aber an die Kaufmannseigenschaft des Veräußernden anknüpft. Vorliegend ist Rudolf mangels Betreibens eines Handelsgeschäfts kein

Ist Berta Eigentümerin des Geräts geworden, wenn sich an der Verpackung deutliche Hinweise auf das Vorbehaltseigentum der Elektra AG befanden und die Elektra AG ihre Veräußerungsermächtigung nach Rudolfs Geschäftsschließung widerrufen hatte?

Kaufmann nach § 1 Abs. 1 HGB mehr, und § 5 HGB hilft über dieses Defizit nicht hinweg (vgl. Frage 61 b). Es spitzt sich mithin alles auf die **Anwendbarkeit des § 15 Abs. 1 HGB** zu. Sie wird von einer **verbreiteten Schrifttumsauffassung bejaht** (vgl. *K. Schmidt*, § 23 II 1 a, S. 675). Die **Gegenansicht lehnt** dies **ab**, weil § 15 Abs. 1 HGB nach seinem Wortlaut nur zulasten desjenigen wirkt, in dessen Angelegenheiten die Tatsache einzutragen war; ein Vertrauensschutz zulasten Dritter – etwa des wahren Eigentümers (hier: der Elektra AG) – sei nicht anzuerkennen (vgl. *Brox*, Rn. 306; s. auch *OLG Düsseldorf* NJW-RR 1999, 615: keine Anwendung auf Scheinkaufmann).

480. a) Eigendorf läßt seinen Opel beim Gebrauchtwagenhändler Görges reparieren. Dieser veräußert das Fahrzeug in Eigendorfs Namen an Dreier und übergibt ihm auch den Kfz-Brief, den Eigendorf auf dem Beifahrersitz vergessen hatte und der ihn – Eigendorf – als Fahrzeughalter ausweist. Ist Dreier, der an Görges Vertretungsmacht glaubt, Eigentümer des Opel geworden?
b) Angenommen, Sie sehen den guten Glauben an die Vertretungsmacht als durch § 366 HGB geschützt an. Kann Dreier dann den Opel behalten oder steht Eigen-

a) Ein gutgläubiger Eigentumserwerb von Görges nach § 929 S. 1, 932 Abs. 1 S. 1 BGB i. V. m. § 366 Abs. 1 HGB scheidet aus, weil dieser den Opel nicht im eigenen Namen veräußert hat, sondern in Eigendorfs Namen aufgetreten ist. In Betracht kommt aber ein Eigentumserwerb unmittelbar von Eigendorf vermittels der §§ 929 S. 1, 164 Abs. 1 BGB. Allerdings fehlt Görges vorliegend die Vertretungsmacht, so daß es maßgeblich auf die **Frage** ankommt, **ob § 366 HGB den guten Glauben an die Vertretungsmacht schützt**. Eine verbreitete Schrifttumsauffassung nimmt dies an, weil Geschäftspraxis und Gesetzeswortlaut (vgl. §§ 49, Abs. 1, 54 Abs. 1 HGB, die von „Ermächtigung" sprechen, aber die Vertretungsmacht meinen) nicht immer trennscharf zwischen Verfügungs- und Vertretungsmacht unterscheiden (vgl.

I. Allgemeine Vorschriften

dorf womöglich ein bereicherungsrechtlicher Rückübertragungsanspruch zu?

K. Schmidt, § 23 III 1 a, S. 681 f.). Die Gegenansicht lehnt dies ab und stützt sich zur Begründung vor allem darauf, daß bei Veräußerungen in fremdem Namen ein vergleichbarer Rechtsscheintatbestand fehle (vgl. *Canaris,* § 29 Rn. 16; offen lassend *BGH* NJW 1992, 2570, 2575). Allenfalls in Einzelfällen will sie mit einer Anscheins- oder Duldungsvollmacht helfen, für die es hier aber keinen Anhalt gibt.

b) Dreiers Eigentumserwerb ist nur dann konditionsfest, wenn er im Verhältnis zu Eigendorf von einem Rechtsgrund getragen wird. Ein Kaufvertrag zwischen den beiden scheidet aus, konnte Görges den Eigendorf mangels Vertretungsmacht doch nicht wirksam verpflichten. Infolge dessen kommt es darauf an, ob § 366 HGB als bereicherungsrechtliche *causa* anzusehen ist. Im Schrifttum wird dies überwiegend verneint: Der **gute Glaube an die Vertretungsmacht** sei im Verkehrsinteresse **nur im Hinblick auf das dingliche Geschäft geschützt;** schuldrechtlich verbleibe es bei der allgemeinen Regel des § 177 BGB (vgl. *Baumbach/Hopt,* § 366 HGB Rn. 5). Vereinzelt findet sich indessen auch die Auffassung, § 366 HGB regele ebenso das Behaltendürfen und schaffe damit einen eigenständigen gesetzlichen Rechtsgrund für einen konditionsfreien Eigentumserwerb (vgl. *K. Schmidt,* § 23 III 2, S. 684 f.).

481. Welche Bedeutung hat § 366 Abs. 3 HGB?

Nach **§ 366 Abs. 3 HGB** stehen die **gesetzlichen Pfandrechte** des Kommissionärs, Spediteurs, Lagerhalters und Frachtführers hinsichtlich des Gutglaubensschutzes einem gemäß § 366 Abs. 1

HGB durch Vertrag erworbenen Pfandrecht gleich, so daß sie **gutgläubig erworben** werden können. **Streitig** ist, ob dies auch **für die gesetzlichen Pfandrechte des BGB** gilt (zum Meinungsstand *Baur/Stürner,* Sachenrecht, 17. Aufl. 1999, § 55 Rn. 40). In diesem Streit wird § 366 Abs. 3 HGB als Argument von beiden Seiten herangezogen.

Beachte: Die Praxis behilft sich in vielen Fällen mit der vertraglichen Vereinbarung von Pfandrechten durch Allgemeine Geschäftsbedingungen, was nach Ansicht des *BGH* zulässig sein soll (vgl. *BGHZ* 68, 323, 326; NJW 1981, 227).

b) Kaufmännisches Zurückbehaltungsrecht

482. Das Handelsrecht stellt Kaufleuten bei beiderseitigen Handelsgeschäften in den §§ 369ff. HGB ein besonderes kaufmännisches Zurückbehaltungsrecht zur Verfügung. Worin unterscheidet sich dieses von dem bürgerlich-rechtlichen Zurückbehaltungsrecht des § 273 BGB?

Drei Unterschiede verdienen Hervorhebung:

(1) § 369 Abs. 1 HGB verzichtet auf das Erfordernis der Konnexität: Der fällige Anspruch, auf den ein Vertragspartner sein Zurückbehaltungsrecht stützt, muß nicht aus demselben rechtlichen Verhältnis stammen.

(2) § 369 Abs. 1 HGB beschränkt das Zurückbehaltungsrecht im Gegensatz zu dem insoweit weiteren § 273 Abs. 1 BGB auf bewegliche Sachen und Wertpapiere des Schuldners, die mit dessen Willen aufgrund von Handelsgeschäften in den Besitz des Gläubigers gelangt sind.

(3) § 371 Abs. 1 HGB stattet das kaufmännische Zurückbehaltungsrecht mit einem Befriedigungsrecht aus, das den pfandrechtlichen Vorschriften angenähert ist und dem kaufmännischen Zurückbehaltungsrecht sachenrechtsähnliche Züge verleiht.

483. a) Handelsvertreter Hannemann kauft von dem Antiquitätenhändler Möbius einen alten lothringischen Kirchenschrank unter Eigentumsvorbehalt, der sich als wurmstichig erweist. Da Hannemann keinen Sinn für das Antike hat, erklärt er den Rücktritt vom Kaufvertrag. Er selbst hat aus einem Gefälligkeitsverkauf noch eine Forderung gegen Möbius, die trotz mehrfacher Mahnungen nicht beglichen wird. Hannemanns Sohn Stephan, der in Bonn Jura studiert, rät ihm, sich doch an dem Kirchenschrank „schadlos" zu halten. Ist das ein beherzigenswerter Ratschlag?
b) Welche Befriedigungsmöglichkeiten stehen Hannemann im einzelnen zu Gebote?

a) Ja. Hannemann hat an dem Kirchenschrank ein **kaufmännisches Zurückbehaltungsrecht nach Maßgabe des § 369 Abs. 1 S. 1 HGB**, weil beide Parteien Kaufleute sind und sowohl der Schrankkauf von Hannemann als auch der Gefälligkeitsverkauf an Möbius Handelsgeschäfte sind. Daher ist er **gemäß § 371 Abs. 1 S. 1 HGB** befugt, sich aus dem zurückbehaltenen Gegenstand für seine Forderung **zu befriedigen**.
b) Ihm stehen prinzipiell zwei Wege offen:
(1) Er kann mit einer gewöhnlichen Zahlungsklage einen Titel gegen Möbius wegen der Kaufpreisforderung erwirken und aus diesem Titel auch in den zurückbehaltenen Kirchenschrank vollstrecken (§ 371 Abs. 3 HGB i. V. m. § 809 ZPO: **Vollstreckungsbefriedigung**).
(2) Alternativ kann er nach § 371 Abs. 1 HGB auf Gestattung der Befriedigung aus dem Schrank klagen und diesen nach Titelerlangung entweder wie eine gepfändete Sache nach §§ 814ff. ZPO versteigern (§ 371 Abs. 2 HGB i. V. m. § 1233 Abs. 2 BGB) oder wie ein Vertragspfandgläubiger verkaufen lassen (§ 371 Abs. 2 HGB i. V. m. §§ 1234ff. BGB: **Verkaufsbefriedigung**).

II. Handelskauf
1. Überblick

484. a) Wie stellt sich das Verhältnis der §§ 373–381 HGB zu den allgemeinen bürgerlich-rechtlichen Kaufvorschriften dar?
b) Was läßt sich über ihre

a) Die **§§ 373ff. HGB** sind **nicht** als **abschließende Sonderregelung** des Handelskaufs konzipiert, sondern treten **ergänzend** oder modifizierend neben **die allgemeinen Leistungsstörungs- und Gewährleistungsregeln.**

sachliche Grundausrichtung sagen?	b) Sie sollen vor allem zur **Beschleunigung der Vertragsdurchführung** beitragen, indem sie die Verkäuferrechte bei Annahmeverzug (§§ 373, 374 HGB) und Bestimmungskauf (§ 375 HGB) stärken, dem Käufer eine unverzügliche Untersuchungs- und Rügepflicht (§ 377 HGB) aufbürden sowie die Käuferstellung beim Fixgeschäft (§ 376 HGB) verbessern. Sie **bevorzugen** damit **tendenziell die Verkäuferinteressen.**
485. An welchen Normadressatenkreis richten sich die Vorschriften über den Handelskauf?	Die §§ 373 ff. HGB folgen der Grundregel des § 345 HGB (vgl. Frage 443) und beziehen demnach **auch einseitige Handelsgeschäfte** ein. Eine **Ausnahme** gilt allein für die – praktisch freilich besonders wichtigen – Gewährleistungsvorschriften der **§§ 377, 379 HGB,** die ein beiderseitiges Handelsgeschäft voraussetzen.
486. a) Auf welche anderen Vertragstypen findet das Recht des Handelskaufs ebenfalls Anwendung?	a) Bürgerlich-rechtlich fundiert ist eine **sinngemäße Anwendung** auf den **Tausch (§ 480 BGB)** sofern er ein Handelsgeschäft darstellt. b) Handelsrechtlich bezieht **§ 381 Abs. 2 HGB** ausdrücklich auch den **Werklieferungsvertrag** ein. c) An ihre Grenzen stößt die Gleichstellung allerdings beim Werkvertrag (vgl. *BGH* LM Nr. 21 zu § 631 BGB) und beim Finanzierungsleasing (vgl. *BGHZ* 110, 130, 142), die sich grundsätzlich einer Anwendung handelskaufrechtlicher Normen entziehen.

2. Annahmeverzug des Käufers

487. Der Obsthändler Alois Maier in München bestellt bei dem Großhändler Hinterhuber 20 Kisten Apfelsinen. Als Hinterhuber liefert, weigert sich Maier, die Ware abzunehmen, da er sie für erfroren hält. Welche besonderen Möglichkeiten bietet das HGB dem Hinterhuber, wenn die Ware in einwandfreiem Zustand ist?

Beim Annahmeverzug des Käufers verleiht § 373 HGB dem Verkäufer gegenüber den bürgerlich-rechtlichen Regeln **in zweierlei Richtung zusätzliche Rechte:**
a) Er kann über die §§ 372 ff. BGB hinaus die Ware auf Gefahr und Kosten des Käufers in einem öffentlichen Lagerhaus oder sonst in sicherer Weise **hinterlegen (Abs. 1).** Dieser Weg ist bei leicht verderblichen Waren wie Südfrüchten für Hinterhuber indes wenig ratsam.
b) Darüber hinaus ist er befugt, die Ware **unter erleichterten** als den in § 383 BGB genannten **Voraussetzungen öffentlich versteigern** zu lassen **(Abs. 2).** Für diese zweite Möglichkeit wird sich Hinterhuber vorliegend entscheiden. Eine vorherige Androhung des Selbsthilfeverkaufs ist je nach Reifegrad der Früchte gemäß § 373 Abs. 2 S. 3 HGB entbehrlich.

488. Hinterhuber läßt die 20 Kisten in einer Ecke seines Lagerschuppens stehen. Eines Abends vergißt ein Arbeiter, die Tür des Schuppens zu schließen; die Apfelsinen erfrieren. Hinterhuber läßt die Früchte versteigern. Sie bringen ein Viertel des Kaufpreises. Den Rest verlangt er von Maier. Dieser entgegnet, Hinterhuber hätte die Früchte nicht wieder an sich nehmen dürfen. Hat er recht?

Nein. Die Rechte, die § 373 HGB dem Verkäufer bei Annahmeverzug des Käufers gibt, stehen ihm *neben* den Rechten zu, die das BGB bei Verzug des Gläubigers gewährt (**§ 374 HGB**). Hinterhuber brauchte daher die Apfelsinen nicht zu hinterlegen, öffentlich versteigern oder verkaufen zu lassen; er konnte sie auch zurücknehmen und zu Maiers Verfügung halten und sich vielleicht binnen angemessener Frist noch zum Selbsthilfeverkauf entschließen. Wenn seinen Erfüllungsgehilfen nur leichte Fahrlässigkeit traf, haftet der Verkäufer nach §§ 278, 300 Abs. 1 BGB nicht. Davon ist hier auszugehen, da der Sachverhalt nichts anderes aussagt.

489. Hinterhuber hat die Apfelsinen versteigern lassen und dafür einen Erlös von 300 Euro abzüglich 50 Euro Versteigerungskosten erzielt.
a) Kann Maier nach wie vor Lieferung der Apfelsinen verlangen?
b) Wie ist die Rechtslage hinsichtlich des Veräußerungserlöses, wenn Hinterhuber und Maier einen vertraglichen Kaufpreis von 500 Euro vereinbart hatten?
c) Angenommen, Hinterhuber hat infolge einer plötzlichen Zufuhrverknappung bei der Versteigerung nach Abzug aller Kosten 550 Euro erlöst. Kann Maier diesen Mehrerlös von 50 Euro herausverlangen?

a) Nein. Maiers Anspruch aus § 433 Abs. 1 BGB ist gemäß § 362 BGB erloschen. Das ergibt sich aus **§ 373 Abs. 3 HGB,** wonach der **Selbsthilfeverkauf „für Rechnung des säumigen Käufers"** erfolgt und mithin als Erfüllung durch den Verkäufer anzusehen ist.
b) Das Gesetz behandelt den **Verkäufer wie einen Beauftragten des Käufers** (vgl. *RGZ* 41, 63, 64; 110, 127, 129 f.; *RG JW* 1925, 946, 948). Hinterhuber schuldet mithin gemäß § 667 BGB Herausgabe des Erlöses (300 Euro), kann allerdings mit einem Aufwendungsersatzanspruch nach § 670 BGB in Höhe der Versteigerungskosten (50 Euro) und mit seiner noch unbeglichenen Kaufpreisforderung (500 Euro) aufrechnen. Unter dem Strich steht ihm daher noch eine Restkaufpreisforderung von 250 Euro gegen Maier zu.
c) Ja. Ein etwaiger Mehrerlös ist dem Käufer herauszugeben, so wie dieser umgekehrt für einen Mindererlös einstehen muß (vgl. *BGH* LM Nr. 4 zu § 376 HGB).

490. Wie unterscheiden sich Deckungsverkauf und Selbsthilfeverkauf in ihren Voraussetzungen und Wirkungen?

a) Der **Selbsthilfeverkauf** setzt einen **Annahmeverzug des Käufers** voraus. Der **Verkauf** erfolgt dann **für Rechnung des Käufers,** d. h. er wird praktisch im Auftrag des Käufers durchgeführt. Entsprechend treffen den Verkäufer die Pflichten zur Rechenschaftslegung und zur Gewinnherausgabe nach den §§ 666, 667 BGB; er kann Aufwendungsersatz und Provision (str.) verlangen. Das Vertragsgefüge als solches mit den beiderseitigen Vertragspflichten bleibt bestehen (vgl. *BGH* LM Nr. 5 zu § 325 BGB).

b) Der **Deckungsverkauf** gibt dem Verkäufer eine schärfere Waffe in die Hand, ist aber auch an strengere Voraussetzungen gebunden: Ein Deckungsverkauf kann erst vorgenommen werden, wenn der **Käufer in Schuldnerverzug** gerät. Der Verkäufer ist dann berechtigt, einen **Verkauf auf eigene Rechnung** vorzunehmen, d. h. ein Mehrerlös verbleibt bei ihm; auf der anderen Seite ist ein Selbsteintritt begrifflich ausgeschlossen. Der Deckungsverkauf führt zu einer Liquidierung des Vertrages; die ursprünglichen Vertragspflichten werden umgewandelt (vgl. *RGZ* 109, 134, 136; 110, 155, 158).

3. Bestimmungs- und Fixhandelskauf

491. Vaillant importiert Gas-Heizkessel mit typenmäßig unterschiedlicher Leistungsstärke. Karcher ist vertraglich berechtigt und verpflichtet, im Rahmen eines Kontingents von 1200 Stück den Lieferzeitpunkt und die gewünschten Ausführungen zu bestimmen.
a) Welche Art von Kauf liegt vor?
b) Von welcher anderen Kaufart ist der Bestimmungskauf abzugrenzen?
c) Welche Rechte hat Vaillant, wenn er wiederholt Abrufspezifikation verlangt, Karcher hierauf aber nicht reagiert?

a) Es handelt sich um einen sog. **Bestimmungs- und Spezifikationskauf** gemäß **§ 375 Abs. 1 HGB,** bei dem die nähere Bestimmung über Form, Maß oder ähnliche Verhältnisse dem Käufer nach Maßgabe der §§ 315 ff. BGB vorbehalten ist.
b) Der Bestimmungskauf ist vom **Wahlkauf (§§ 262, 264 Abs. 2 BGB)** zu unterscheiden, bei dem von vornherein verschiedene Kaufgegenstände zur Disposition stehen. Die Rechtsprechung neigt dazu, bei Verträgen über Waren unterschiedlicher Art einen Wahlkauf (vgl. *BGH* NJW 1960, 674: „Autoöle, Getriebeöle, Schmierfette, Graphitspüler"), bei solchen über einen einheitlichen Warentyp in bloß unterschiedlichen Ausführungen einen Bestimmungskauf anzunehmen (vgl. *BGH* WM 1976, 124: Gaskessel mit unterschiedlichen Leistungsstärken).

492. Die Krauss-Maffei AG, München bestellt bei einer Importfirma 800 t schwedisches Eisenerz für „Ende März fix und prompt" zum Abladehafen als Erfüllungsort. Da die Importfirma am 1. April nichts geliefert hat, deckt sich Krauss-Maffei anderweitig zu einem um 10 000 Euro höheren Preis ein, ohne die Importfirma davon zu benachrichtigen.
a) Kann die Krauss-Maffei AG vom Kaufvertrag zurücktreten?
b) Ist die Krauss-Maffei AG berechtigt, 10 000 Euro Schadenersatz zu verlangen, obwohl die Lieferfirma unerwartet von ihrer Vertrags-Schiffahrtsgesellschaft im Stich gelassen wurde?
c) Könnte die Krauss-Maffei AG, da sie weiter am preisgünstigen Eisenerz interessiert ist, am 10. April „eilige" Lieferung verlangen?

c) **§ 375 Abs. 2 HGB** gewährt ihm ein **dreifaches Wahlrecht:** (1) Er kann die Spezifikation bei Bestimmungsverzug des Käufers selbst vornehmen, (2) gemäß den §§ 280, 281 BGB Schadensersatz statt der Leistung verlangen oder (3) gemäß § 323 BGB vom Vertrag zurücktreten.

a) Ja. Die Krauss-Maffei AG hat sich bei dem Abschluß des Kaufvertrages durch die Klausel „Ende März fix und prompt" ausbedungen, daß die Lieferung innerhalb einer bestimmten Frist bewirkt werden muß. Der Kaufvertrag ist hier ein sog. **relatives oder eigentliches Fixgeschäft** (Gegensatz: absolutes Fixgeschäft, bei dem durch Nichteinhaltung der Leistungszeit Unmöglichkeit eintritt; §§ 275, 283, 326 BGB). Da die Lieferung nicht innerhalb der bestimmten Frist, nämlich bis zum 31. März, erfolgt ist, kann die Krauss-Maffei AG gemäß **§ 376 Abs. 1 Satz 1 Alt. 1 HGB** durch einseitige Erklärung vom Vertrag **zurücktreten.**
b) Ja. Bei Verzug (also bei Verschulden, § 286 Abs. 4 BGB) des Säumigen kann der andere Teil statt zurückzutreten gemäß **§ 376 Abs. 1 S. 1 Alt. 2 HGB Schadensersatz wegen Nichterfüllung** (lies: Schadensersatz statt der Leistung i. S. v. §§ 280, 281 BGB; eine Anpassung im Zuge der Schuldrechtsreform wurde versäumt) fordern. Hier muß sich die Importfirma das Verhalten des Reeders gemäß § 278 BGB zurechnen lassen, wenn und weil die Verschaffung des Erzes Verkäuferpflicht und Erfüllungsort der Abladehafen war. Die **Schadensberechnung** durch die Krauss-Maffei AG kann – wie hier – **konkret** aufgrund eines Deckungskaufs **oder** bei

einem Börsen- oder Marktpreis **abstrakt** durch den Unterschied zwischen Kaufpreis und Börsen- oder Marktpreis zur Zeit und am Ort der geschuldeten Leistung erfolgen (**§ 376 Abs. 2 HGB**).

c) Nein. Nachdem die Importfirma die fest bestimmte Lieferungspflicht versäumt hatte, bestand für die Krauss-Maffei AG zwar die Möglichkeit, statt vom Vertrag zurückzutreten oder Schadenersatz wegen Nichterfüllung zu verlangen, auf **Erfüllung** zu bestehen; **§ 376 Abs. 1 Satz 2 HGB**. Wenn sie von der letzten Möglichkeit Gebrauch machen wollte, mußte sie dies aber gemäß § 376 Abs. 1 Satz 2 HGB **sofort** ihrem Vertragsgegner **anzeigen**. Nach 10 Tagen ist es dafür zu spät, und die Krauss-Maffei AG kann nur noch Schadenersatz fordern oder zurücktreten.

4. Rügeobliegenheit

a) Allgemeines

493. Welchen Zweck verfolgt die kaufmännische Rügelast des § 377 HGB?

Die Rügelast des § 377 HGB dient nicht nur dem allgemeinen Interesse des Handelsverkehrs an einer raschen und endgültigen Abwicklung von Rechtsgeschäften, sondern **in erster Linie den Belangen des Verkäufers:** Er soll in die Lage versetzt werden, der Rüge des Käufers umgehend nachzugehen, etwa drohende Schäden noch rechtzeitig abzuwenden und sich gegen ein Nachschieben anderer Beanstandungen zu schützen (vgl. *BGH* BB 1978, 1489; *BGHZ* 101, 49, 53).

494. Worin liegt die außerordentlich große praktische

Sie hat zentrale **Bedeutung für die Erhaltung der kaufrechtlichen Mängelan-**

Bedeutung der kaufmännischen Rügelast?	sprüche (§ 437 BGB): Versäumt der Käufer die Rügeanzeige, muß er gemäß § 377 Abs. 2 HGB die Ware als vertragsmäßig anerkennen und kann aus ihrer Mangelhaftigkeit keinerlei Rechte mehr ableiten (näher Frage 509).
495. Handelt es sich bei der Rügelast um eine echte Schuldnerpflicht, deren Erfüllung im Klagewege erzwungen werden könnte?	Nein. Dogmatisch liegt nur eine **Obliegenheit** vor, bei deren Verletzung der Käufer einen Rechtsnachteil erleidet. Anders gewendet, ist die Befolgung der Rügeobliegenheit für ihn ein „**Gebot des eigenen Interesses**".

b) Voraussetzungen der Rügeobliegenheit

496. Lebensmittelhändler Lebek erhält von der Großhandelskette Edeka eine Kiste Fruchtkonserven. Als er sie einen Monat später öffnet, sieht er, daß die Konservenbüchsen alle bombiert (aufgebläht) sind, ihr Inhalt also verdorben ist. Er verlangt nun Lieferung mangelfreier Ware. Mit Recht?	Nein. Der Konservenverkauf ist ein beiderseitiges Handelsgeschäft. Daher müßte Lebek nach **§ 377 Abs. 1 HGB** die Ware unverzüglich nach der Ablieferung untersuchen und den hier offensichtlichen Mangel, die Bombage der Dosen, dem Verkäufer sofort anzeigen. Da er dies unterließ, gilt die Ware gemäß § 377 Abs. 2 HGB als genehmigt; Lebek kann keine Mängelansprüche mehr geltend machen.
497. Am 15. November hat Lebek von der Edeka-Handelskette eine Kiste Hawaii-Ananas mit 24 Dosen erhalten, wie er sie schon früher bezogen hatte. Am 17. Dezember bringt ihm eine Kundin den Inhalt einer geöffneten Dose zurück und beschwert sich, daß die Ananasscheiben übermäßig	Ja. Zwar ist die Verzuckerung bei Untersuchung durch Öffnen der Dosen und Verkostung erkennbar, also ein offener Mangel i. S. d. § 377 Abs. 2 HGB. Bei originalverpackter Ware, die nach dem Öffnen nicht mehr verkauft werden kann, ist es allerdings grundsätzlich „**untunlich**" (**§ 377 Abs. 1 HGB**), mehr als die äußere Unversehrtheit zu überprüfen. Bei sehr **großen Lieferungen** kann eine Obliegenheit zur Stichprobenentnahme hinzu-

gezuckert und damit praktisch ungenießbar seien. Lebek stellt fest, daß auch die restlichen 5 Dosen, die er noch auf Lager hat, unbrauchbar sind. Kann er Rückzahlung des Kaufpreises verlangen?

treten (vgl. Frage 504). Hier wurden dem Lebek aber nur 24 Dosen geliefert. Zudem hatten sich bei früheren Lieferungen keine Beanstandungen ergeben. Lebek muß nun allerdings die Handelskette unverzüglich über die Mängel informieren, um seine Gewährleistungsrechte ausüben zu können.

498. Die Großschlachterei Hilgers hat der Frischfleisch GmbH tiefgefrorene Kotelettrippen zum Preis von 35 000 Euro verkauft. Diese hat das Fleisch bei seiner Anlieferung am 14. 5. darauf überprüft, ob die Ware richtig eingelagert war und ob Zwischenfolien die Fleischstränge voneinander trennten. Dann verkaufte sie die Kotelettrippen weiter nach Großbritannien, wo sie beanstandet und zurückgeschickt wurden. Ein von der Frischfleisch GmbH beauftragter Sachverständiger stellte am 11. 7. fest, daß die Ware bereits am 14. 5. verdorben war. Hilgers beharrt dennoch auf Kaufpreiszahlung. Mit Recht?

Ja (vgl. *OLG Oldenburg* NJW 1998, 388). Allfällige Gewährleistungsansprüche der Frischfleisch GmbH scheitern an § 377 Abs. 2 HGB. Die von ihr am 14. 5. vorgenommene Überprüfung reichte zur Erfüllung der sich aus § 377 Abs. 1 HGB ergebenden Untersuchungspflicht nicht aus. Welche **Untersuchungshandlungen im kaufmännischen Verkehr** erforderlich und zumutbar sind, bestimmt sich nach objektiven Gesichtspunkten. Dabei sind die Interessen beider Vertragspartner gegeneinander abzuwägen. Kann ein Mangel nur dadurch ermittelt werden, daß ein Teil der Ware umgestaltet oder sogar verbraucht wird, muß der Käufer auch diese Maßnahmen treffen. Die Verarbeitung ist namentlich dann geboten, wenn man nur hierdurch einen bestimmten Fehler aufdecken kann (vgl. *RGZ* 68, 368, 370). Vorliegend wäre es erforderlich gewesen, einige der tiefgefrorenen Rippenstücke aufzutauen, um das Fleisch dann im gebrauchsfertigen Zustand zu untersuchen, weil sich ein Verderbnisgeruch nur auf diese Weise wahrnehmen läßt.

499. Fabrikant Sandberger hat dem Bauunternehmer Kiesel im Februar Sandentwässerungssilos verkauft,

Nein (vgl. *BGHZ* 93, 338). Die Rügeobliegenheit des § 377 Abs. 1 HGB beginnt erst mit der „**Ablieferung**" durch den Verkäufer. Sie ist erfolgt, wenn die Kauf-

die bis zur Abholung durch Kiesel vereinbarungsgemäß auf Sandbergers Grundstück verbleiben sollten. Als Kiesel die Silos Ende Mai abholte, entdeckte er schwere Korrosionsschäden, von denen er Sandberger sofort unterrichtete. Dieser lehnt unter Berufung auf § 377 Abs. 2 HGB jede Gewährleistung ab. Zu Recht?

sache dem Empfänger in der Weise zugänglich gemacht wird, daß er sie auf ihre Beschaffenheit prüfen kann. Entscheidend ist die tatsächliche Verfügungsmöglichkeit des Käufers anstelle des Verkäufers. Daran fehlt es, wenn der Käufer – wie hier – zunächst nur Gelegenheit zur Untersuchung erhält, ohne daß die Kaufsache den Verkäuferbereich verläßt.

Beachte: Die Ablieferung muß am rechten Ort, zur rechten Zeit und im wesentlichen vollständig erfolgen, z. B. mit Bedienungsanleitung.

500. Die SAB-AG hat der Emsig-GmbH ein von ihr entwickeltes Standard-Software-Programm für die Lohnbuchhaltung zum Preis von 100 000 Euro geliefert. Die Datenträger wurden der Emsig-GmbH am 15. Juli übergeben. Das Programm war nach anfänglichen Schwierigkeiten seit dem 22. Oktober – wenn auch eingeschränkt und mangelhaft – lauffähig.
a) Trifft die Emsig-GmbH zur Wahrung ihrer Rechte eine Rügeobliegenheit?
b) Wann ist die für § 377 Abs. 1 HGB maßgebliche Ablieferung erfolgt?
c) Angenommen, die SAB-Mitarbeiter haben nach dem 22. Oktober Nachbesserungsarbeiten durchgeführt und eine Woche später abgeschlossen. Mit Telefax-

a) Ja. Gegenstand des Vertrages ist die **Lieferung** einer von der SAB-AG fertig entwickelten **Standard-Software.** Auf einen derartigen Vertrag sind die **§§ 433 ff. BGB** zumindest entsprechend anwendbar (vgl. *BGHZ* 102, 135, 140 f., 145). Weil beide Vertragsparteien (Form-)Kaufleute (§§ 6 Abs. 2 HGB, 3 Abs. 1 AktG, 13 Abs. 3 GmbHG) sind, handelt es sich auch um ein beiderseitiges Handelsgeschäft, so daß § 377 Abs. 1 HGB zum Zuge kommt.
b) Darüber gehen die Auffassungen beim Verkauf von Standard-Software auseinander. Nach einer verbreiteten Ansicht in der instanzgerichtlichen Spruchpraxis ist die verkaufte Software erst nach Durchführung eines im wesentlichen ungestörten Probelaufs abgeliefert (vgl. *OLG Köln* NJW 1991, 2156). Zur Begründung wird angeführt, daß die Feststellung von Mängeln bei komplizierter Software schwierig und zeitaufwendig sei. Demgegenüber hält der *Bundesgerichtshof* auch beim Kauf von Standard-Software grundsätzlich daran fest, daß die Kaufsache **abge-**

II. Handelskauf

schreiben vom 11. Dezember beanstandet die Emsig-GmbH abermals mehrere Fehler des Lohnprogramms. Dringt sie damit noch durch?

liefert ist, wenn sie in einer ihre Untersuchung ermöglichenden Weise **in den Machtbereich des Käufers gelangt** ist (vgl. *BGHZ* 143, 307, 311). Für eine Sonderregelung gebe es weder einen gesetzlichen Anhalt noch ein hinreichendes Bedürfnis. Den Schwierigkeiten bei der Entdeckung von Mängeln könne anstatt durch Hinausschieben des Zeitpunktes der Ablieferung durch eine großzügige Bemessung der Untersuchungsfrist des § 377 Abs. 1 HGB Rechnung getragen werden. Folgt man dem, so ist die Ablieferung hier schon am 15. Juli erfolgt.

c) Nein (vgl. *BGHZ* 143, 307). Haben die Parteien eines beiderseitigen Handelskaufs vereinbart, daß die fehlerhafte Ware vom Verkäufer nachgebessert werden soll, so hat der Käufer **nach Beendigung der Nachbesserungsarbeiten** zur Erhaltung seiner Rechte die Kaufsache unverzüglich **erneut** zu untersuchen und etwa verbliebene oder auch neue Mängel wiederum unverzüglich **zu rügen**. Die Mängelrüge der Emsig-GmbH vom 11. Dezember erfolgte hier zu spät, so daß die Lieferung der SAB-AG gemäß § 377 Abs. 2 HGB als genehmigt gilt.

501. Die Beluga AG verkauft dem Großhändler Griese 20 Dosen Kaviar. Sie liefert die Dosen vereinbarungsgemäß direkt an den Feinschmecker Franz, der den Kaviar bei Griese geordert hatte. Franz stellt den Karton mit den Kaviardosen ungeöffnet in seinen Keller. Als er ihn vier Wo-

Ja. Angesprochen sind die **Rügeobliegenheiten beim sog. Streckengeschäft**, bei dem der Verkäufer unmittelbar an den Abnehmer des Käufers liefert. Bei einem solchen Durchhandeln liegt eine Ablieferung i.S.d. § 377 Abs. 1 HGB vor, sobald die Ware dem Abnehmer durch die Transportperson des Verkäufers zur Verfügung gestellt wird (vgl. *BGH* NJW 1978, 2394). Nach allgemeiner Ansicht hat der weiterverkaufende Zwischenhändler

chen später öffnet, stellt er fest, daß die Dosen aufgebläht sind. Er verständigt umgehend den Griese, der die Rüge sofort an die Beluga AG weiterleitet. Diese hält die Mangelrüge für verspätet. Mit Recht?

dann dafür zu sorgen, daß der Abnehmer ihn so bald wie möglich von Mängeln unterrichtet. Bei einer vermeidbaren Verzögerung der Mängelanzeige muß er sich den aus § 377 Abs. 2 HGB folgenden Rechtsnachteil von seinem Verkäufer entgegenhalten lassen, auch wenn die Verzögerung allein vom Abnehmer verursacht wurde (vgl. *RGZ* 96, 13, 14f.; *BGH* BB 1954, 954). Ein Verschulden des Abnehmers ist dem Zwischenhändler analog § 278 Abs. 1 S. 1 BGB zuzurechnen (analog, weil Obliegenheit). Daran ändert sich auch dann nichts, wenn die Durchlieferung – wie hier – an einen nichtkaufmännischen Abnehmer erfolgt (vgl. *BGHZ* 110, 130, 139). Aus der Sicht des Lieferanten ist nämlich nicht einzusehen, daß er gegenüber seinem kaufmännischen Vertragspartner nur deshalb den Schutz des § 377 HGB verlieren sollte, weil dieser bei der Rügeobliegenheit einen Nichtkaufmann zu Hilfe zieht. Nach alledem kann sich die Beluga AG hier auf eine Verletzung der Rügeobliegenheit durch Griese berufen. Anhaltspunkte dafür, daß beide die Vorschrift des § 377 HGB abbedungen haben (zu dieser Möglichkeit Frage 506 c), sind nicht ersichtlich.

Beachte: Bei einem vom Verkäufer akzeptierten Streckengeschäft verlängert sich die Frist des § 377 Abs. 1 HGB. Sie ist derart zu bemessen, daß für den Abnehmer Zeit zur Untersuchung und Rüge gegenüber dem Zwischenhändler und für diesen zur Rüge gegenüber dem Verkäufer bleibt (vgl. *Baumbach/Hopt*, § 377 HGB Rn. 37).

502. Pirelli hat für seine kleingewerbliche, nicht ins

Nein. Dem Gesetzeswortlaut zufolge setzt § 377 **Abs. 1 HGB** ein **beiderseitiges**

II. Handelskauf

Handelsregister eingetragene Reifenhandlung einen Münzautomaten für Getränke von der Durstig GmbH erworben. Auf Kaufpreiszahlung in Anspruch genommen, beruft er sich nach sechs Wochen auf einen Mangel des Münzeinwurfs. Die Durstig GmbH weist die Rüge als verspätet zurück. Mit Erfolg?

Handelsgeschäft voraus. Eine Erstreckung der **Rügeobliegenheit** auf **nicht** ins Handelsregister eingetragene **Kleingewerbetreibende** lehnt die h. M. im Interesse der Rechtsklarheit und -sicherheit ab (vgl. *Canaris,* § 31 Rn. 30). Gleiches gilt nach überwiegender, aber nicht unangefochtener Auffassung auch für Angehörige der freien Berufe (abw. *K. Schmidt,* § 29 III 2 b, S. 798).

503. Bei der Limonadenfabrik Artos AG geht eine Sendung hefebefallenen Zuckers der Südzucker GmbH ein. Die Sendung wird nicht untersucht, weshalb der Mangel erst nach Wochen bemerkt und sofort gerügt wird. Rechtsverlust der Artos AG nach § 377 Abs. 2 HGB?

Ja, doch ist sorgfältig auf die zutreffende Begründung zu achten: Der **Rechtsverlust knüpft** nicht an die unterlassene Untersuchung, sondern **allein an die versäumte Rügeobliegenheit an** (vgl. *BGH* LM Nr. 1 zu § 377 HGB). Die Untersuchungslast hat nur Hilfsfunktion für die Rechtzeitigkeit der Rüge; plastisch spricht man von einer „Kettenobliegenheit" (*R. Schmidt,* Die Obliegenheiten, 1953, S. 187 ff.).

504. Großhändler Pilz importiert Champignons in Dosen aus Formosa. Er veräußert 2400 Dosen mit einem jeweiligen Nettogewicht von knapp zwei Kilogramm an die Fleiner Fleischwarenfabrik GmbH, die unter Zugabe derartiger Pilze Ragout fin herstellt. Nach Erhalt der Ware am 21. Januar nimmt die Fleiner GmbH eine Prüfung von 5 bis 6 Dosen vor, die

Nein (vgl. *BGH* BB 1977, 1019). Wie bereits erörtert, genügen bei Lieferung einer größeren Warenmenge aussagekräftige Stichproben (dazu Fall 497). Führt deren Entnahme dazu, daß der geprüfte Warenteil wertlos wird, reichen in aller Regel schon wenige Stichproben aus. Das war hier der Fall. Die Möglichkeit, daß bei einer solchen Stichprobe die Mängel einer nur teilweise fehlerhaften Lieferung nicht zutage treten, muß der Verkäufer hinnehmen. Das *Reichsgericht* hatte in einem vergleichbaren Fall bei einer Lieferung von 5000 Konservendosen mit Apfelmus

weder nach Aussehen noch nach Geruch und Geschmack Grund zur Beanstandung geben. Bei der späteren Verarbeitung stellt sich heraus, daß zahlreiche Dosen Jauche und Urin enthalten. Pilz will die Lieferung nicht mehr zurücknehmen, weil die Fleiner GmbH ihre Untersuchungsobliegenheit vernachlässigt habe. Stimmt das?

die Prüfung von 10 Dosen für ausreichend erachtet (vgl. *RGZ* 106, 359, 362). Berücksichtigt man vorliegend, daß jede Dose ein Nettogewicht von knapp zwei Kilogramm hatte, so erscheint bei einem Lieferungsumfang von 2400 äußerlich gleichen Dosen mit vertragsmäßig gleichem Inhalt die Entnahme von 5–6 Stichproben für eine Prüfung im ordnungsgemäßen Geschäftsgang ausreichend.

505. Die Datafix GmbH hat dem Fridolin 20 000 Computerdisketten „3.5 DD Bulk in blau, A-Qualität incl. Duplizierung, 4-farbig Label, Lackierung und Labeln" verkauft. Fridolin nahm unmittelbar nach der Auslieferung 15 bis 20 Stichproben vor, die zu seiner Zufriedenheit ausfielen. Sechs Wochen später rügte er gegenüber der Datafix GmbH die mangelnde Lesbarkeit eines Teils der Disketten. Mit Erfolg?

Nein (vgl. *OLG Köln* NJW-RR 1999, 565). Der Fall veranschaulicht die **Reichweite der Rüge- und Untersuchungsobliegenheiten bei gleichartigen Massengütern.** Insoweit genügen repräsentative Stichproben, die sinnvoll auf die Gesamtmenge verteilt werden. Wie vieler Stichproben es bedarf, läßt sich nicht generell, sondern nur einzelfallbezogen entscheiden. Dabei spielt auch eine Rolle, ob eine Überprüfung – wie hier – ohne Einbußen von Wert und Verkehrsfähigkeit erfolgen kann. Unter diesem Blickwinkel sind 15–20 Stichproben angesichts der Gesamtmenge von 20 000 Stück nicht ausreichend; dagegen hätten 200 Stichproben nach Ansicht des Gerichts genügt.

506. Die Bofrost AG hat von dem Wurstwarenhersteller Wurz größere Mengen Salami für die Pizzaherstellung erworben. Als sich die gelieferten Salamis als ranzig erweisen, schreibt sie

a) Nein. Nach dem Sinn und Zweck des Rechtsinstituts entfaltet eine **generalklauselartige Rüge keine Rechtswirkungen.** Zwar braucht der Käufer nicht eine in alle Einzelheiten gehende, genaue und fachlich richtig bezeichnete Rüge zu erheben. Auf ein **Mindestmaß an Präzisierung**

II. Handelskauf

an Wurz, sie stelle die Ware als „vertragswidrig" zur Verfügung.
a) Wirksame Mängelrüge nach § 377 Abs. 1 HGB?
b) Die Bofrost AG hat die mangelhafte Beschaffenheit der gelieferten Salamis rechtzeitig und detailliert gerügt, doch ist die Rügeanzeige bei Wurz nie angekommen. Wirksame Mängelrüge?
c) Die Bofrost AG sieht trotz fehlender oder unwirksamer Mängelrüge ihre Gewährleistungsrechte nicht beeinträchtigt, weil sie in ihren wirksam einbezogenen AGB die Rügelast generell ausgeschlossen habe. Findet sie damit Gehör?

kann aber aus Gründen des Verkäuferschutzes nicht verzichtet werden. Ausreichend, aber auch erforderlich ist, daß der Verkäufer der Rüge entnehmen kann, in welcher Hinsicht und in welchem Umfang der Käufer mit der gelieferten Ware – als nicht vertragsgemäß – nicht einverstanden ist (vgl. *BGH* BB 1978, 1489: Rüge von Gewichtsabweichungen muß das ungefähre Ausmaß mitteilen). Dieser Substantiierungslast ist die Bofrost AG mit der blassen Bezeichnung als „vertragswidrig" hier nicht gerecht geworden.
b) Nach Auffassung der Rechtsprechung nein (vgl. *BGHZ* 101, 49). Die **Rügeanzeige** ist zwar bloße Wissensmitteilung, doch wendet die h.M. mit Rücksicht auf den drohenden Rechtsverlust nach § 377 Abs. 2 HGB die Regeln über Willenserklärungen entsprechend an. Demnach **bedarf sie analog § 130 BGB des Zugangs**. Etwas anderes könnte sich allenfalls aus **§ 377 Abs. 4 HGB** ergeben, wonach zur Erhaltung der Käuferrechte die rechtzeitige Absendung der Rüge genügt. Nach Auffassung der Rechtsprechung nimmt diese Vorschrift dem Käufer indes **allein das Verzögerungs- und nicht das Verlustrisiko** ab, so daß er für den Zugang der Rügeanzeige beweispflichtig bleibt. Eine Gegenansicht will die „Gefahr der Ankunft" dagegen dem Verkäufer aufbürden, weil dieser seine Pflicht zur Lieferung ordnungsgemäßer Ware nicht erfüllt und den Käufer damit zur Erstattung der Anzeige genötigt habe (vgl. *Baumbach/Hopt*, § 377 HGB Rn. 41).
c) Nein (vgl. *BGH* NJW 1991, 2633). Zwar ist § 377 HGB nach h.M. durchaus abdingbar. Allerdings ist das **formular-**

mäßige Abbedingen der Untersuchungs- und **Rügeobliegenheit** auch bei offenen Mängeln mit wesentlichen Grundgedanken der gesetzlichen Regelung unvereinbar und damit **unwirksam**.

c) Rügeobliegenheit und BGB-Kaufrecht

507. Die handelsrechtliche Rügeobliegenheit trifft den Käufer nur bei Lieferung mangelhafter Ware. Wann liegt ein Mangel der Ware i. S. d. § 377 Abs. 1 HGB vor?

Der Begriff des Mangels baut auf dem **bürgerlich-rechtlichen Mangelbegriff** auf, ohne dafür eigenständige Regeln zu entwickeln. Nach bislang allgemeiner Meinung nahm § 377 Abs. 1 HGB nur auf den Sachmangel- und nicht auf den Rechtsmangelbegriff Bezug. Daran hat sich nach überwiegender Auffassung durch die Schuldrechtsreform nichts geändert (vgl. *Koller/Roth/Morck*, § 377 HGB Rn. 58; *Oetker*, § 8 D II 2., S. 209– 210). Eine andere Ansicht sieht diese Einschränkung wegen der im Zuge der Schuldrechtsreform erfolgten Gleichstellung von Sach- und Rechtsmängeln (vgl. §§ 433 Abs. 1 S. 2, 437 BGB) als nicht länger gerechtfertigt an (vgl. *Baumbach/Hopt*, § 377 HGB Rn. 12).

508. Fahrradgroßhändler Sorglos hat bei der Allrad AG einen Posten Kinderfahrräder bestellt.
a) Statt der georderten Fahrräder werden versehentlich gleichwertige Dreiräder geliefert.
b) Statt der Kinderräder werden wertvollere Damenräder geliefert.
c) Statt der georderten 100

a) Ja. Die Rügeobliegenheit des § 377 Abs. 1 HGB erstreckt sich über die Gleichstellung in § 434 Abs. 3 Alt. 1 BGB auch auf die **Lieferung einer anderen Sache** (*aliud*). Anders als nach altem Recht (§ 378 HGB a. F.) kommt es auf eine Genehmigungsfähigkeit der Falschlieferung nicht mehr an. Die gelieferte Ware muß sich aber aus Sicht des Käufers (z. B. durch Hinweis des Verkäufers auf den konkreten Vertrag) zumindest als Erfüllungsversuch darstellen (vgl. Begr. RegE,

II. Handelskauf

erreichen nur 98 Kinderräder den Betrieb des Sorglos.

d) Statt der georderten 100 erreichen 105 Kinderräder den Betrieb des Sorglos. Da Sorglos die Lieferungen in keinem Fall beanstandet, verlangt die Allrad AG jeweils Abnahme und Zahlung des vollen Kaufpreises. Zu Recht?

BT-Drs. 14/6040, S. 216; *Koller/Roth/Morck*, § 377 HGB Rn. 5a).

b) Nein. Ein Anspruch auf den höheren (wirklichen) Kaufpreis besteht nach überwiegender Ansicht nicht, weil die versäumte Rüge nach dem Zweck des § 377 Abs. 2 HGB nur zu einem Rechtsverlust des Käufers führen, nicht aber die Rechte des Verkäufers erweitern soll (vgl. *Koller/Roth/Morck*, § 377 HGB Rn. 27a). Allenfalls könnte aufgrund einer konkludenten Vertragsänderung ein höherer Kaufpreis geschuldet sein. Fehlt es daran, wie regelmäßig, so hat der Verkäufer ein Wahlrecht: Er kann das höherwertige *aliud* nach § 812 Abs. 1 S. 1 Alt. 1 BGB kondizieren oder die Rechtsfolgen der Genehmigungsfiktion eintreten lassen und den vertraglich vereinbarten Kaufpreis geltend machen (vgl. *Oetker*, § 8 D V 2, S. 219–220).

c) Ja. Nach § 434 Abs. 3 Alt. 2 BGB steht es einem Sachmangel gleich, wenn der Verkäufer eine zu geringe Menge liefert. Rügt der Käufer diese **Minderlieferung** nicht, gilt die Lieferung gemäß § 377 Abs. 2 HGB als genehmigt, und der Käufer muß den vollen Kaufpreis für die volle, vertraglich vereinbarte Menge zahlen. Eine Ausnahme soll nach einer verbreiteten Auffassung nur bei einer sog. offenen Minderlieferung gelten, bei der Rechnung oder Lieferschein die Mengenabweichung ausweisen: Dann gilt der Verkäufer als nicht schutzwürdig, und der Kaufpreis reduziert sich auf die tatsächlich gelieferte Menge (vgl. *Oetker*, § 8 D V 3, S. 220).

d) Nein. Der Verkäufer kann Kaufpreiszahlung nach h. M. nur für die vertraglich vereinbarte Menge verlangen (100 Kinderräder); hinsichtlich der **Mehrlieferung** (5 Kinderräder) steht ihm allerdings ein Bereicherungsanspruch zu. Die Begründungen dafür variieren: Teils verneint man bereits einen Sachmangel, weil die Zuviellieferung in § 434 Abs. 3 BGB gerade nicht geregelt ist (vgl. *Baumbach/Hopt*, § 377 HGB Rn. 19); teils bejaht man zwar im Wege richtlinienkonformer Auslegung einen Sachmangel, verneint aber einen Anspruch auf den erhöhten Kaufpreis, weil § 377 HGB nur die Käuferrechte einschränken, nicht jedoch die Verkäuferrechte erweitern soll (vgl. *Koller/Roth/Morck*, § 377 HGB Rn. 27b).

d) Rechtsfolgen des Rügeversäumnisses

509. Bohlen hat von Fandel ungefüllte Batterien für sein Tonstudio bestellt. Fandel liefert jedoch versehentlich gefüllte Batterien, die wegen unzureichender Verpackung nach Ablieferung in Brand geraten und auch Bohlens Mischpult in Mitleidenschaft ziehen. In der Aufregung vergißt Bohlen, die vertragswidrige Lieferung zu rügen.
a) Stehen ihm hinsichtlich der Batterien gleichwohl noch Gewährleistungsansprüche zu?
b) Hat er hinsichtlich der Schäden am Mischpult ver-

a) Nein. Die Verletzung der Rügeobliegenheit nimmt dem Käufer nicht bloß die Gewährleistungsrechte. Der **Käufer kann aus dem Qualitätsmangel keinerlei Rechte mehr herleiten,** auch nicht aus § 119 Abs. 2 BGB, aus Unmöglichkeit oder §§ 280 Abs. 1, 241 Abs. 2, 311 Abs. 2 BGB (vgl. *Koller/Roth/Morck*, § 377 HGB Rn. 24).
b) Nach Auffassung der Rechtsprechung ja (vgl. *BGHZ* 66, 208). Zwar schließt § 377 Abs. 2 und 3 HGB, wie soeben erläutert, grundsätzlich auch Ansprüche aus §§ 280 Abs. 1, 241 Abs. 2 BGB aus. Doch soll dies nur hinsichtlich solcher Schäden gelten, die auf dem Sachmangel beruhen. Hier beruht die Schadensersatzpflicht indes nicht auf einer fehlerhaften Lieferung, sondern in erster Linie auf der **Ver-**

tragliche Schadensersatzansprüche gegen Fandel?

letzung weiterer **Nebenpflichten:** der Pflicht zur Verpackung gefüllter Batterien und zur Anbringung warnender Hinweise. Insoweit sind **Ansprüche aus §§ 280 Abs. 1, 241 Abs. 2 BGB** hier nicht präkludiert (zu deliktischen Ansprüchen näher Frage 511).

510. Die Salamander AG stellt Extremschuhe (Jagd-, Berg- und Wanderschuhe) her. Das hierfür benötigte Leder bezog sie ihm Rahmen einer seit zehn Jahren bestehenden Geschäftsverbindung von dem Kaufmann Gerber. Dessen Lieferungen wurden bei der Salamander AG jeweils auf Menge und Dicke des Leders, seine Farbechtheit sowie daraufhin überprüft, ob Wasser abtropfte. Im Herbst 2003 lieferte Gerber „Bernina Bergleder vollimprägniert". Diese Lieferungen waren infolge einer Änderung der Lederzurichtung, über die Gerber die Salamander AG nicht unterrichtet hatte, mangelhaft. Das Leder war zwar wasserdicht, nahm bei Berührung mit Wasser jedoch Feuchtigkeit auf, was innerhalb kurzer Zeit zu pokkenartigen Aufwölbungen führte. Aufgrund dieses Mangels, der bei Anwendung des Wassertropfen-

Nach Auffassung der Rechtsprechung nein (vgl. *BGHZ* 132, 175). Der *BGH* würdigt den schwierigen Fall unter dem Gesichtspunkt einer **Nebenpflichtverletzung:** Zu den vertraglichen Nebenpflichten eines Verkäufers, der den Käufer in laufender Geschäftsbeziehung über einen längeren Zeitraum mit Ware bestimmter Beschaffenheit beliefert, gehöre es, diesem einen entsprechenden **Hinweis** zu geben, **wenn** er beabsichtige, eines der **Beschaffenheitsmerkmale der Ware** zu ändern; denn der Käufer dürfe bei derartiger Fallgestaltung darauf vertrauen, wie gewohnt mit Ware der gewünschten Beschaffenheit beliefert zu werden. Diese Nebenpflicht traf den Gerber. Er hatte die Salamander AG über zehn Jahre hinweg mit Leder bestimmter Beschaffenheit beliefert. Daher mußte er sie auf die geänderte Lederzurichtung aufmerksam machen. Das Unterlassen eines solchen Hinweises löst nach Auffassung des *BGH* einen Schadensersatzanspruch des Käufers aus §§ 280 Abs. 1, 241 Abs. 2 BGB aus, wenn die Ware infolge der geänderten Beschaffenheit einen Mangel aufweist. Hinsichtlich der Rügeobliegenheit des Käufers tritt der *BGH* bei einer derartigen Sachlage für eine vermittelnde Lösung ein: Sie entfällt nicht, sondern entsteht in entsprechender Anwendung des § 377 Abs. 3

tests hätte entdeckt werden können, war das Material für Schuhe ungeeignet. Die Salamander AG verarbeitete das Leder zu Schuhen, die sie an ihre Kunden auslieferte. Erstmals am 7. Januar 2004 rügten Kunden der Salamander AG gegenüber das pockenartige Oberleder. Daraufhin rügte die Salamander AG ihrerseits den Mangel gegenüber Gerber am 11. Januar 2004. Dieser wies die Beanstandung als verspätet zurück. Mit Recht?

HGB, sobald der Käufer auch ohne Hinweis des Verkäufers die Beschaffenheitsänderung erkennt oder erkennen kann. Das ist dann der Fall, wenn deren Auswirkung deutlich wird. Hier war der Mangel frühestens mit der ersten Kundenreklamation am 7. Januar 2004 zutage getreten. Die Rüge der Salamander AG vom 11. Januar 2004 erfolgte daher noch rechtzeitig.

511. Riesling, der eine große Weinkellerei betreibt, bezieht am 13. Oktober von der Säuerlich GmbH aufgrund eines Rahmenvertrages 50 000 Weinflaschenkorken zum Preis von 9,50 Euro pro 1000 Stück. Er verkorkt verschiedene Weinsorten mit den gelieferten Korken, verpackt sie in Kartons und liefert sie an seine Abnehmer aus. Kurze Zeit nach der Verkorkung weisen die Weine wegen der schlechten Qualität der Korken eine Trübung auf und schmecken bitter. Riesling rügt dies am 12. Dezember und verlangt von der Säuerlich GmbH Schadensersatz für die nicht

a) Nein. Riesling verkennt die an eine **Rügeobliegenheit** zu stellenden Anforderungen. Auch **bei Teil- und Sukzessivlieferungen** muß grundsätzlich jede einzelne Lieferung gerügt werden (vgl. *BGHZ* 101, 337, 339). Die Rügeobliegenheit setzt mit dem Vorliegen eines Sachmangels und dessen Erkennbarkeit ein und erfordert nicht, daß der Käufer die Gefahr eines Mangelfolgeschadens erkannte oder erkennen konnte. Ebensowenig liegt ein versteckter Mangel vor, weil die mangelhafte Qualität der Ware beim Durchschneiden einiger Korken unschwer feststellbar war.
b) Nach h. M. ja (vgl. *BGHZ* 101, 337, 341-349). *BGH* und h. L. stehen auf dem Standpunkt, daß die **Verletzung der Rügeobliegenheit** gemäß § 377 Abs. 1 HGB **nicht** den **Verlust deliktischer Ansprüche** wegen einer durch die Schlechtlieferung verursachten Verletzung eines der in

mehr verwendungsfähigen Weine.

a) Gegenüber einem kaufvertraglichen Schadensersatzanspruch beruft sich die Säuerlich GmbH darauf, daß Riesling den Mangel der Korken nicht unverzüglich gerügt habe. Dieser erwidert, er habe zu einer Untersuchung keine Veranlassung gehabt, weil auch früher gelieferte Korken eine sehr schlechte Qualität aufgewiesen und gleichwohl nicht zu einer Trübung der Weine geführt hätten. Außerdem habe ein versteckter Mangel i. S. d. § 377 Abs. 3 HGB vorgelegen. Findet Riesling damit Gehör?

b) Gegenüber einem deliktsrechtlichen Schadensersatzanspruch aus § 823 Abs. 1 BGB wendet die Säuerlich GmbH ein, daß § 377 Abs. 2 HGB auch Ansprüche aus unerlaubter Handlung ausschließe. Riesling repliziert, beide Ansprüche bestünden in echter Anspruchskonkurrenz nebeneinander und folgten ihren eigenen Regeln. Hat er Recht?

§ 823 Abs. 1 BGB genannten Rechtsgüter des Käufers zur Folge habe. Zur Begründung stützen sie sich auf die systematische Stellung der Vorschrift im Gesetz und ihre Entstehungsgeschichte, die keinerlei Hinweise darauf gebe, daß die Gesetzesverfasser an andere als vertragliche Ansprüche gedacht hätten. Dem Einwand, § 377 HGB solle nach seinem Sinn und Zweck Fragen der Mangelhaftigkeit baldmöglichst außer Streit stellen (vgl. *K. Schmidt*, § 29 III 5 b, S. 821 f.), halten sie entgegen, daß eine Geltendmachung des allgemeinen Vermögensschadens ausgeschlossen und der Käufer auf Ansprüche beschränkt sei, die auf einer Verletzung der in § 823 Abs. 1 BGB genannten Rechtsgüter beruhten (vgl. *Koller/Roth/Morck*, § 377 HGB Rn. 26). Außerdem führen sie an, daß die gegenteilige Auffassung zu schwer erträglichen Wertungswidersprüchen gelange: Wer unmittelbar vom Hersteller erwirbt, darf nicht schlechter stehen als derjenige, der mit dem Hersteller in keiner vertraglichen Beziehung steht, sondern die Ware über einen Zwischenhändler bezieht und seine deliktischen Ansprüche gegen den Hersteller auch dann behält, wenn er gegenüber dem Zwischenhändler nicht rechtzeitig rügt (vgl. *Baumbach/Hopt*, § 377 HGB Rn. 50). Schließlich verweist der *BGH* zur Unterstützung seiner Rechtsauffassung – eine Rarität in der höchstrichterlichen Rechtsprechung – auf gleichsinnige Lösungen in der Schweiz und den Vereinigten Staaten.

e) Rügeobliegenheit und Rückgriff beim Verbrauchsgüterkauf

512. a) Fahrradgroßhändler Radlos bestellt im Frühjahr bei der Gigant GmbH eine Mountainbike-Sonderanfertigung. Das Rad wird am 30. Mai geliefert und am 1. November von Stefan Sturzflug erworben. Diesem bricht am 14. Dezember bei einer winterlichen Bergtour aufgrund einer fehlerhaften Schweißnaht der Rahmen. Da sich eine Reparatur als unmöglich erweist, tritt Sturzflug sofort vom Kaufvertrag zurück, händigt dem Radlos das Rad aus und erhält von ihm den Kaufpreis erstattet. Radlos, für den die fehlerhafte Schweißnaht bei Ablieferung nicht erkennbar war, wendet sich am 15. Dezember an die Gigant GmbH und verlangt nun seinerseits Kaufpreisrückzahlung. Mit Recht?

b) Angenommen, Radlos macht seine Rechte aus § 437 BGB erst 25 Monate nach Abschluß des Kaufvertrages mit der Gigant GmbH geltend. Kann diese sich dann in jedem Fall auf die Verjährungseinrede zurückziehen?

a) Ja. Der zwischen Radlos und Sturzflug geschlossene Kaufvertrag ist als Verbrauchsgüterkauf i. S. d. § 474 Abs. 1 BGB einzuordnen. Dem Radlos stehen daher bei einem Regreß **die Vorschriften der §§ 478, 479 BGB** zur Seite. Sie reagieren auf die spezifischen Probleme, die bei einem **Rückgriff innerhalb der Lieferantenkette** auftreten, wenn der Verbraucher (hier: Sturzflug) wegen der Mangelhaftigkeit der Sache Rechte gegenüber dem Letztverkäufer (hier: Radlos) geltend macht. Gemäß § 478 Abs. 1 BGB bedarf es in solchen Fällen keiner Fristsetzung des Letztverkäufers gegen den Lieferanten. Weiterhin kommt dem Letztverkäufer nach § 478 Abs. 3 BGB die Beweislastumkehr des § 476 BGB zugute: Zeigt sich – wie hier – innerhalb von sechs Monaten seit Übergabe der verkauften Sache an den Verbraucher ein Sachmangel, so wird auch im Verhältnis zwischen Letztverkäufer und Lieferant (hier: Gigant GmbH) vermutet, daß die Sache bereits bei Gefahrübergang mangelhaft war. Radlos hat daher gegen die Gigant GmbH einen Anspruch auf Kaufpreisrückzahlung aus §§ 437 Nr. 2, 440, 326 Abs. 5, 346 Abs. 1 Alt. 2 BGB Zug um Zug gegen Rückgabe des Mountainbike. Der Rücktritt war auch nicht durch § 377 Abs. 2 HGB ausgeschlossen, weil Radlos den verdeckten Mangel unverzüglich gerügt hat. Ein Gegenanspruch der Gigant GmbH auf Wertersatz scheitert an § 346 Abs. 3 Nr. 2 BGB.

b) Nicht unbedingt. Zwar verjähren Mängelansprüche beim Kauf beweglicher Sa-

II. Handelskauf

chen gemäß § 438 Abs. 1 Nr. 3 BGB in zwei Jahren. Zur Vermeidung einer „Regreßfalle" für den Letztverkäufer ordnet § 479 Abs. 2 S. 1 BGB aber an, daß Ansprüche des Letztverkäufers gegen seinen Lieferanten frühestens zwei Monate nach dem Zeitpunkt verjähren, in dem der Letztverkäufer die Ansprüche des Verbrauchers erfüllt hat. Hier kommt es folglich darauf an, wann Radlos dem Sturzflug den Kaufpreis zurückgezahlt hat.

513. Wie ist im vorigen Fall zu entscheiden, wenn die fehlerhafte Schweißnaht bei einer äußerlichen Sichtprüfung gut zu erkennen war?

Dann sind Rückgriffsansprüche des Radlos wegen § 377 Abs. 2 HGB ausgeschlossen. § 478 Abs. 6 BGB stellt insoweit klar, daß die kaufmännische **Rügeobliegenheit auch im Rahmen einer Lieferantenkette** fortbesteht. Radlos hat es versäumt, die Gigant GmbH unverzüglich auf den Sachmangel hinzuweisen, so daß die Kaufsache als genehmigt gilt.

5. Internationales UN-Kaufrecht

514. a) Im internationalen Verkehr spielt das UN-Kaufrecht eine immer größere Rolle. Was verbirgt sich dahinter?
b) Wann kommen seine Vorschriften zur Anwendung?
c) Können die Kaufvertragsparteien seine Anwendung ausschließen?

a) Das **Internationale UN-Kaufrecht** beruht auf einem am 11. 4. 1980 in Wien verabschiedeten Übereinkommen *(United Nations Convention on Contracts for the International Sale of Goods)*, das für die Bundesrepublik Deutschland am 1. 1. 1991 in Kraft getreten ist. Weitere **wichtige Unterzeichnerstaaten** sind u. a. Frankreich, Italien, Spanien, Österreich, die Schweiz, die Benelux-Länder, die USA, Kanada, China und Australien (zum Ratifikationsstand und aktuellen Entwicklungen vgl. *Piltz,* NJW 2000, 553).

b) Das UN-Kaufrecht, auch CISG-Kaufrecht genannt, schafft ein **Sonderrecht für alle Warenkauf- und Werklieferungsverträge zwischen Vertragsparteien, deren Niederlassungen in verschiedenen Vertragsstaaten** liegen. Seine Rechtssätze sind in den Unterzeichnerstaaten unmittelbar und gleichermaßen anwendbar und gehören damit zum Corpus des internationalen Einheitsrechts.

c) Ja. Gemäß **Art. 6 CISG** ist ein **vertraglicher Ausschluß** grundsätzlich **möglich**. Hierfür genügt allerdings nicht der bloße Verweis auf deutsches Recht (vgl. *BGHZ* 96, 313 zum Vorläufer des UN-Kaufrechts, dem sog. EKG).

515. Was wissen Sie über das System der Leistungsstörungen im UN-Kaufrecht?

Es erhebt die **Vertragsverletzung** *(breach of conract)* zum **Zentralbegriff seines Systems.** Hierunter fallen sämtliche Verletzungen des kaufvertraglichen Pflichtenprogramms, seien sie Nichterfüllung, Verzug, Sachmängelhaftung oder positive Vertragsverletzung. Bei den Sanktionen einer Vertragsverletzung wird in erster Linie danach unterschieden, ob sie wesentlich sind oder nicht (Überblick bei *Daun,* JuS 1997, 811 ff., 998 ff.).

III. Kommission

1. Überblick

516. a) Welches sind die wesensprägenden Merkmale des Kommissionsgeschäfts?

a) Ausweislich der **Legaldefinition des § 383 Abs. 1 HGB** ist Kommissionär, wer es übernimmt, Waren oder Wertpapiere für Rechnung eines anderen im eigenen

III. Kommission

b) Wo liegen seine Hauptanwendungsbereiche im heutigen Wirtschaftsleben?

Namen zu kaufen oder zu verkaufen. Seiner **Funktion** nach steht der **Kommissionär** mithin **zwischen Eigenhändler** (Handeln im eigenen Namen für eigene Rechnung) **und Handelsvertreter** (Handeln im fremden Namen für fremde Rechnung).
b) **Verbreitet** anzutreffen ist das Kommissionsgeschäft vor allem **im Wertpapierhandel** (Effektenkommission), weiter **im Kunst- und Antiquitätenhandel** sowie beim Verkauf von Gebrauchtwagen. An Bedeutung eingebüßt hat es dagegen im Überseehandel.

517. Der sachliche Anwendungs- und Einzugsbereich der §§ 383 ff. HGB erfaßt drei verschiedene Arten von Kommissionsgeschäften. Welche sind dies?

(1) Die sog. **eigentliche Kommission:** An- und Verkauf von Waren oder Wertpapieren durch einen Kommissionär (§ 383 HGB mit gegenständlicher Erweiterung auf Werklieferungsverträge in § 406 Abs. 2 HGB);
(2) die sog. **uneigentliche Kommission** (= Geschäftsbesorgungskommission): Alle sonstigen kommissionsweise unternommenen Geschäfte eines Kommissionärs (§ 406 Abs. 1 S. 1 HGB), z. B. Inkassokommission oder Kreditbeschaffung;
(3) die sog. **Gelegenheitskommission:** Kommissionsgeschäfte eines Kaufmanns, der selbst nicht Kommissionär ist (§ 406 Abs. 1 S. 2 HGB, dazu Frage 477d).

518. Der Bankier Nonnemacher muß zur Erfüllung fälliger Verbindlichkeiten sein Privatvermögen angreifen. Er beauftragt den Kunsthändler König, einen alten Meister kommissionsweise zu veräußern.

Man unterscheidet **drei aufeinanderfolgende Rechtsbeziehungen:**
(1) Das **Kommissionsgeschäft,** hier: die Abrede zwischen Nonnemacher (Kommittent) und König (Kommissionär);
(2) das **Ausführungsgeschäft,** hier: der Abschluß und die Abwicklung des Kaufvertrages zwischen König (Kommis-

König veräußert das Bild für 100 000 Euro an eine städtische Gemäldegalerie. Erläutern Sie anhand dieses Beispiels, welche verschiedenen Rechtsverhältnisse beim Kommissionsgeschäft auseinanderzuhalten sind!

sionär) und der städtischen Gemäldegalerie (Dritter);
(3) das **Abwicklungsgeschäft**, hier: die Überführung des Geschäftsergebnisses von König (Kommissionär) auf Nonnemacher (Kommittent), d. h. die Herausgabe des erzielten Verkaufserlöses von 100 000 Euro (vgl. § 384 Abs. 2 HS. 2 HGB).

2. Kommissionsgeschäft

519. a) Nonnemacher wollte für das Bild im vorangegangenen Fall ursprünglich mindestens 100 000 Euro erhalten. Nunmehr weist er den König an, das Bild nicht unter 150 000 Euro zu verkaufen. Muß König dieser Weisung nachkommen?
b) Wie ist es, wenn König gleichwohl für 100 000 Euro verkauft?
c) Welche Ansprüche hat König gegen Nonnemacher, wenn er das Geschäft ordnungsgemäß ausgeführt hat?

a) Ja. Gemäß § 384 Abs. 1 HS. 2 HGB hat der Kommissionär jederzeit den Weisungen seines Auftraggebers, also des Kommittenten, Folge zu leisten.
b) Dann kann Nonnemacher gemäß **§ 385 Abs. 1 HS. 1 HGB** den **Ersatz des Schadens** verlangen, der ihm durch den Verkauf des Bildes erwachsen ist. Außerdem braucht er das **Ausführungsgeschäft nach § 385 Abs. 1 HS. 2 HGB nicht für seine Rechnung gelten zu lassen**, sofern er dies dem König unverzüglich erklärt (§ 386 Abs. 1 HS. 1 HGB). Kommt er dieser Rügelast nicht nach, so entfällt nicht nur sein Zurückweisungsrecht (§ 386 Abs. 1 HS. 2 HGB), sondern es entfallen auch etwaige Ersatzansprüche.
c) Gemäß **§ 396 Abs. 1 HGB** kann er die vereinbarte **Provision** verlangen. Außerdem steht ihm nach **§ 396 Abs. 2 HGB** i. V. m. §§ 670, 675 BGB ein **Aufwendungsersatzanspruch** zu, der allerdings nur solche freiwilligen Vermögensopfer umfaßt, die nicht schon durch die Provision abgegolten sind. Als abgedeckt anzusehen sind der Ersatz der eigenen Arbeitskraft und die allgemeinen Ge-

III. Kommission

schäftskosten mit Ausnahme des Entgeltes für die Benutzung von Lagerräumen und Beförderungsmitteln des Kommissionärs (§ 396 Abs. 2 HGB).

520. Nemax ist seit Jahrzehnten treuer Kunde des Bankhauses Beiten. Eines Tages beauftragt er die Bank, für ihn Aktien der am Geregelten Markt notierten Sturzflug AG zu erwerben. Die Bank nimmt den Auftrag an, rät aber kurz darauf dringend vom Kauf ab, weil sie erfahren hat, daß die Aktien weit überbewertet sind und alsbald einbrechen werden. Nemax beharrt gleichwohl auf Ausführung des Auftrags. Kann der fürsorgende Bankdirektor den Auftrag kündigen, um Schaden von Nemax abzuwenden?

Die Antwort hängt von der rechtlichen Einordnung des Kommissonsgeschäfts ab, weil die §§ 383 ff. HGB keine Kündigungsregeln enthalten. Einvernehmen herrscht darüber, daß die **Kommission einen speziell geregelten Geschäftsbesorgungsvertrag i. S. d. § 675 BGB** darstellt. **Umstritten** ist hingegen, ob diese Geschäftsbesorgung typologisch als **Werkvertrag** (Kündigungsrecht nach § 649 BGB nur für den Kommittenten) **oder** als **Dienstvertrag** (Kündigungsrecht nach § 627 BGB auch für den Kommissionär) anzusehen ist. Für einen Werkvertrag spricht die Erfolgsbezogenheit der Vergütung (§ 396 Abs. 1 S. 1 HGB), dagegen, daß der Kommissionär keinen Erfolg schlechthin, sondern lediglich ein sorgfältiges Tätigwerden verspricht. Generell läßt sich die Frage wohl nicht entscheiden. Werden nur einzelne Geschäfte getätigt, wird man mehr zum Werkvertrag neigen (vgl. *RGZ* 71, 76); bei längerer Verbindung spricht vieles dafür, Dienstvertragsrecht anzuwenden (vgl. *RGZ* 110, 119, 122). Demnach steht der Bank hier ein Kündigungsrecht zu.

521. Ist ein Kommissionär notwendig Kaufmann?

Nein. Seit der Handelsrechtsreform von 1998 ist ein **Kommissionär** nicht mehr *ipso iure,* sondern **nur nach Maßgabe des § 1 Abs. 1 HGB Kaufmann.** Erfordert sein Unternehmen keinen in kaufmännischer Weise eingerichteten Geschäftsbetrieb, finden **allerdings** nach § 383 Abs. 2

HGB die §§ 384 ff. HGB sowie die §§ 343 ff. HGB (mit Ausnahme der §§ 348–350 HGB) gleichwohl Anwendung (näher Frage 56).

3. Ausführungsgeschäft

a) Rechtszuordnung bei Verkaufs- und Einkaufskommission

522. a) Wie erwirbt die städtische Gemäldegalerie im Fall 518 Eigentum an dem alten Meister?
b) Wird die Galerie auch dann Eigentümerin, wenn das Bild nicht dem Nonnemacher gehört und König nach außen als Verkaufskommissionär auftritt?

a) Bei der **Verkaufskommission** bleibt der Kommittent (hier: Nonnemacher) zunächst Eigentümer des Kommissionsgutes. Er ermächtigt den Kommissionär (hier: König) im Rahmen der Beauftragung lediglich, über sein Eigentum zu verfügen, so daß der **Eigentumserwerb** unmittelbar zwischen ihm und dem Dritten (hier: Gemäldegalerie) gemäß **§§ 929 S. 1, 185 Abs. 1 BGB** vonstatten geht. Sollten Gläubiger des König noch vor der Weiterveräußerung auf das Gemälde zugreifen, kann Nonnemacher mithin Drittwiderspruchsklage nach **§ 771 ZPO** erheben; bei einer Insolvenz des König bestünde ein Aussonderungsrecht nach **§ 47 InsO** (vgl. *BGHZ* 104, 123, 127).
b) Ja. Zwar scheidet ein gutgläubiger Erwerb nach § 929, 932 BGB aus, weil die Galerie unter diesen Umständen nicht auf die Eigentümerstellung des König vertraut, doch **schützt § 366 Abs. 1 HGB** auch den **guten Glauben an die Verfügungsbefugnis** (näher Frage 476; zu Bereicherungsansprüchen des wahren Eigentümers gegen den Kommissionär vgl. Frage 528).

523. a) Der Briefmarkenhändler Bernhard hat für

a) Eine erfolgreiche Drittwiderspruchsklage des Philip setzt voraus, daß ihm ein

III. Kommission

den Philatelisten Philip auf einer Auktion kommissionsweise einen wertvollen Fehldruck erworben. Noch bevor er Philip die Briefmarke übergeben kann, wird sie von einem seiner Geschäftsgläubiger gepfändet. Kann Philip die Verwertung der Marke verhindern, wenn er seinerseits noch nichts an Bernhard gezahlt hat?

b) Wie hätte sich Philip gegen unliebsame Übergriffe von dritter Seite wirksam schützen können?

die Veräußerung hinderndes Recht i. S. d. § 771 ZPO an der Briefmarke zusteht. Als ein solches Recht kommt hier das Eigentum in Betracht. Allerdings findet bei der **Einkaufskommission in der Regel** ein **Durchgangserwerb beim Kommissionär** statt, wenn und weil dieser auch beim Eigentumserwerb im eigenen Namen handelt (mittelbare Stellvertretung). Ein **Direkterwerb des Kommittenten** könnte sich **allenfalls nach den Regeln des Geschäfts für den, den es angeht** (dazu *Baur/Stürner*, Sachenrecht, 17. Aufl. 1999, § 51 Rn. 43), vollziehen, dessen Voraussetzungen hier allerdings nicht vorliegen: Mag es für den veräußernden Auktionator bei einer Barzahlung auch gleichgültig gewesen sein, an wen er die Briefmarke übereignete, so müßte Bernhard doch den Willen gehabt haben, unmittelbar für Philip Eigentum zu erwerben. Davon wird man angesichts fehlender Vorschußleistungen für Aufwands- und Provisionsansprüche nicht ausgehen können. Mithin hat Philips Drittwiderspruchsklage keine Aussicht auf Erfolg.

b) Trotz eines dinglichen Zwischenerwerbs des Kommissionärs kann der Kommittent Philip bereits vor Herausgabe des Kommissionsgutes auf zweierlei Art und Weise Eigentümer geworden sein (zu folgendem *Baur/Stürner*, Sachenrecht, § 51 Rn. 30–32):

(1) durch ein **Insichgeschäft** des Bernhard, der nach § 181 BGB seinen eigenen dinglichen Einigungsantrag als konkludent bevollmächtigter Vertreter Philips annimmt. Hierfür bedarf es allerdings einer nach außen erkennbaren Aussonderung und Kennzeichnung des Kommissionsgutes.

(2) Durch ein **antizipiertes Besitzkonstitut,** indem sich Philip schon im voraus unter Vereinbarung eines Verwahrungsverhältnisses mit Bernhard über den Eigentumsübergang einigt, so daß der Durchgangserwerb des Kommissionärs nur eine „logische Sekunde" dauert. Voraussetzung für das Wirksamwerden des antizipierten Besitzkonstituts ist, daß das Gut als Kommissionsgut eines bestimmten Kommittenten individualisiert werden kann. Einer besonderen Aussonderung bedarf es nur, wenn nicht schon beim Erwerb feststeht, daß dieses Gut für diesen Kommittenten erworben wird.

b) Kommittentenschutz (§ 392 Abs. 2 HGB)

524. Kunsthändler König hat im Fall 518 das Bild im eigenen Namen, aber für Rechnung des Nonnemacher an die Städtische Gemäldegalerie verkauft, die binnen einer Woche zu zahlen verspricht. Als ein Geschäftsgläubiger des König hiervon erfährt, läßt er die Kaufpreisforderung in Höhe von 100 000 Euro pfänden. Rechte des Nonnemacher?

Bei der Verkaufskommission steht die Kaufpreisforderung zunächst dem Kommissionär als Vertragspartner des Erwerbers zu. An sich könnte Königs Gläubiger daher gemäß §§ 829, 835 ZPO auf die Forderung zugreifen. **Aus Gründen des Kommittentenschutzes** sieht § 392 Abs. 2 HGB indes vor, daß die Forderung aus dem Ausführungsgeschäft (vgl. Frage 518) schon vor ihrer Abtretung im Verhältnis zwischen dem Kommittenten (hier: Nonnemacher) und dem Kommissionär (hier: König) oder dessen Gläubigern als eine solche des Kommittenten gilt. Demnach kann Nonnemacher gegen die Forderungspfändung mit Erfolg Drittwiderspruchsklage nach § 771 ZPO erheben (vgl. *BGHZ* 104, 123, 127).

525. Angenommen, König hat im Fall 518 den Kauf-

Da die Kaufpreisforderung des Kommissionärs nunmehr erloschen ist (§ 362

preis für das Gemälde eingezogen, aber noch nicht an Nonnemacher weitergeleitet. Hat Königs Geschäftsgläubiger nun mehr Erfolg, wenn er auf die 100 000 Euro zugreift?

Abs. 1 BGB), hängt alles von der **Frage ab, ob § 392 Abs. 2 HGB auf das Surrogat der Forderung entsprechend Anwendung findet.** Die Rechtsprechung und ein Teil der Lehre lehnen eine solche Analogie ab, weil die Vorschrift keine dingliche Surrogation anordne (vgl. *BGH* NJW 1974, 456, 457; *BGHZ* 79, 89, 94). Eine vordringende Gegenauffassung verlängert den Kommittentenschutz in zeitlicher und gegenständlicher Hinsicht, solange das Surrogat unterscheidbar im Vermögen des Kommissionärs vorhanden ist (vgl. *K. Schmidt*, § 31 V 4 c, S. 903 f.).

526. Wie ist die Rechtslage im Fall 518, wenn König das Gemälde an den wohlhabenden Zahnarzt Zaster veräußert und dieser – hocherfreut über den günstigen Kauf und die unverhoffte Gelegenheit, Außenstände einzutreiben – dem erstaunten König gegenüber die Aufrechnung mit einer noch unbeglichenen Protheserechnung erklärt?

Angesprochen ist damit die **klassische Streitfrage, ob** der **Vertragspartner des Ausführungsgeschäfts** (hier: Zaster) ebenfalls **Gläubiger des Kommissionärs** (hier: König) **i. S. d. § 392 Abs. 2 HGB ist.** Im Schrifttum wird dies zum Teil bejaht und eine Aufrechnung mit nicht konnexen Forderungen des Dritten abgelehnt, weil dessen Vertrauen auf eine zugriffsfähige Forderung des Kommissionärs keinen Schutz verdiene (vgl. *K. Schmidt*, § 31 V 4 b, S. 901 f.). Rechtsprechung und h. L. wenden § 392 Abs. 2 HGB dagegen nicht im Verhältnis zum Vertragspartner des Ausführungsgeschäfts an: Dieser dürfe mit einer fälligen und gleichartigen Forderung gegen den Kommissionär jederzeit aufrechnen, es sei denn, er habe sich die Gegenforderung arglistig verschafft (vgl. *BGH* NJW 1969, 276; *Canaris*, § 32 Rn. 25–38). Dafür sprechen die methodische Maxime, Ausnahmevorschriften eng auszulegen, und die Schutzinteressen des Dritten, der hier in einer „Doppelrolle" als Gläubiger und Vertragspartner betroffen ist.

c) Schadensersatz und bereicherungsrechtliche Besonderheiten

527. Im Fall 523 hat Briefmarkenhändler Bernhard den Zuschlag für den begehrten Fehldruck erhalten und seinem Auftraggeber Philip sofort telefonisch Bericht erstattet. Als der Auktionator Aumann das wertvolle Stück mit einer Pinzette aus der Hülle nehmen will, reißt es entzwei. Ansprüche von Philip oder Bernhard gegen Aumann?

a) Ein Schadensersatzanspruch des Philip scheidet aus: Er steht in keinem Vertragsverhältnis zu Aumann und hat noch kein Eigentum an der Briefmarke erworben, so daß auch § 823 Abs. 1 BGB nicht weiterhilft.

b) Demgegenüber hat Bernhard einen Ersatzanspruch aus §§ 280 Abs. 1, 241 Abs. 2 BGB und – sofern die Übereignung schon stattgefunden hat – auch aus Delikt. Allerdings hat er (abgesehen vom Provisionsverlust) keinen Schaden erlitten, weil er Philip gegenüber nur für eigenes Verschulden haftet. Demnach hat es den Anschein, als müsse Aumann niemandem haften – ein untragbares Ergebnis, das man seit jeher durch die Figur der **Drittschadensliquidation** zu vermeiden weiß: Der Kommissionär (hier: Bernhard) erhält das Recht, den Schaden des Kommittenten (hier: Philip) gegen den Dritten geltend zu machen (vgl. *BGHZ* 25, 250, 258; *Canaris,* § 32 Rn. 41).

528. Nonnemacher hat seinen alten Meister für die Dauer einer Weltreise dem Bekannten Ehrlicher anvertraut. Dieser spiegelt dem Kunsthändler König vor, das Bild sei sein – Ehrlichers – Eigentum, und gibt es in Verkaufskommission. König veräußert es für 100 000 Euro an die Städtische Gemäldegalerie. Nach Nonnemachers Rückkehr

Ein Anspruch gegen König auf Erlösherausgabe könnte sich aus § 816 Abs. 1 S. 1 BGB ergeben. Nonnemacher hat das Eigentum an dem Bild nach § 929, 932 BGB, 366 HGB an die Gemäldegalerie verloren. Fraglich ist, ob König als Kommissionär Verfügender i.S.d. § 816 Abs. 1 S. 1 BGB ist. Das wird von einem Teil der Lehre abgelehnt, weil die Verfügung „wirtschaftlich" dem Kommittenten zuzurechnen sei (vgl. *Canaris,* § 32 Rn. 44–45 unter Hinweis auf § 392 Abs. 2 HGB; offenlassend *BGHZ* 47, 128, 131). Danach

ist Ehrlicher verschwunden. Kann sich Nonnemacher wegen des erzielten Erlöses statt dessen an König halten?

soll sich der Anspruch aus § 816 Abs. 1 S. 1 BGB gegen den Kommittenten (hier: Ehrlicher) und nur gegen diesen richten. Die Gegenauffassung macht geltend, daß der Kommissionär (hier: König) im Rechtsverkehr als Veräußerer auftrete und sich nicht unter Berufung auf sein fremdnütziges Handeln von den bereicherungsrechtlichen Folgen lossagen könne (vgl. *K. Schmidt*, § 31 V 2c aa, S. 891 f.). Allerdings soll ihm der Entreicherungseinwand des § 818 Abs. 3 BGB zur Seite stehen, wenn er das Geld gutgläubig an den Kommittenten weitergeleitet hat (vgl. *BGHZ* 47, 128, 130).

d) Selbsteintritt

529. Schürfgen hat bei dem Edelsteinhändler Funkel südafrikanische Rohdiamanten in Verkaufskommission gegeben. Funkel möchte bei dem attraktiven Preislimit am liebsten selbst zugreifen.
a) Kann er das?
b) Welche Wirkung hat die Ausübung des Selbsteintrittsrechts durch Funkel?
c) Steht Funkel unter diesen Umständen noch ein Provisionsanspruch zu?
d) Wie wird Schürfgen vor der Gefahr eines „Kursschnittes" durch Funkel geschützt?

a) Ja. Unter den Voraussetzungen des § 400 Abs. 1 HGB steht dem Kommissionär ein Selbsteintrittsrecht zu: Bei den Rohdiamanten handelt es sich um Waren, die einen Börsenpreis haben, und Schürfgen hat einen Selbsteintritt nicht ausgeschlossen. Gemäß § 405 Abs. 1 HGB muß Funkel zugleich mit der Ausführungsanzeige ausdrücklich erklären, daß er selbst eintreten wolle.
b) Durch die Erklärung des Selbsteintritts kommt zwischen Schürfgen und Funkel ein Kaufvertragsverhältnis zustande, das *neben* den Kommissionsvertrag tritt.
c) Ja. Gemäß § 403 HGB kann er im Falle des Selbsteintritts jene Provision fordern, die er bei Ausführung der Kommission durch ein Geschäft mit einem Dritten hätte verlangen können.
d) Das Gesetz schützt den Kommittenten, indem ihm von folgenden drei Werten der

für ihn günstigste in Rechnung gestellt wird: (1) Der zur Zeit der Kommissionsausführung bestehende Börsenpreis (§ 400 Abs. 3 HGB), (2) der bei Anwendung pflichtgemäßer Sorgfalt für den Kommittenten erreichbare Preis (§ 401 Abs. 1 HGB), (3) der bei einem Deckungsgeschäft mit einem Dritten vereinbarte Preis (§ 401 Abs. 2 HGB).

IV. Transport- und Lagerrecht

1. Überblick

530. a) Das Recht der Transport- und Lagergeschäfte litt lange unter starker Zersplitterung. Hat sich das inzwischen geändert?
b) Wie sind die einschlägigen §§ 407–475h HGB heute gegliedert?

a) Ja. Das **Transportrechtsreformgesetz von 1998** hat die zuvor auf verstreute Einzelgesetze verteilte Rechtsmaterie im 4. Buch des HGB äußerlich zusammengeführt und ihr dort auch zu größerer innerer Geschlossenheit verholfen.
b) Als Grundfigur des Transportrechts hat der Gesetzgeber den **Frachtvertrag** an die Spitze gerückt (§§ 407–452d HGB). Ihm folgen das Recht des Speditions- (§§ 453–466 HGB) und des Lagergeschäfts (§§ 467–475h HGB).

531. Sind damit sämtliche Rechtsquellen auch für grenzüberschreitende Beförderungsgeschäfte genannt?

Nein. **Das internationale Transportrecht** folgt ganz eigenen Regeln, die Vorrang vor dem HGB beanspruchen. Hervorhebung verdienen vor allem **drei völkerrechtliche Abkommen:**
(1) Für den **grenzüberschreitenden Straßengüterverkehr** die *Convention relative au contrat de transport international de marchandise par route* (CMR);
(2) für den **internationalen Luftfrachtverkehr** das Warschauer Abkommen

IV. Transport- und Lagerrecht 335

zur Vereinheitlichung von Regeln über die Beförderung im Luftverkehr (WA);
(3) für den **grenzüberschreitenden Eisenbahnverkehr** die *Convention relative au transport internationaux ferroviaires* (COTIF) mit ihrem Anhang (CIM).

2. Frachtgeschäft

a) Allgemeines

532. Erläutern Sie die dogmatische Einordnung und die typusprägenden Pflichten des Frachtvertrages!

Der in den §§ 407ff. HGB näher ausgeformte **Frachtvertrag** ist wegen seiner Erfolgsbezogenheit als **Werkvertrag** i. S. d. § 631 BGB anzusehen. Er verpflichtet den Frachtführer, das Gut zum Bestimmungsort zu befördern und dort an den Empfänger abzuliefern, und hält den Absender an, die vereinbarte Fracht zu zahlen.

Beachte: Entgegen dem landläufigen Sprachgebrauch bezeichnet „**Fracht**" i. S. d. § 407 HGB das dem Frachtführer zustehende **Entgelt**.

533. Ist der Frachtführer stets Kaufmann?

Nein. Er ist nicht *ipso iure*, sondern nur dann Kaufmann, wenn sein gewerbliches Unternehmen einen in kaufmännischer Weise eingerichteten Geschäftsbetrieb erfordert (§ 1 HGB) oder er sich freiwillig ins Handelsregister hat eintragen lassen (§ 2 HGB). Allerdings gelten die frachtrechtlichen Vorschriften nach § 407 Abs. 3 S. 2 HGB auch für nicht eingetragene **Kleingewerbetreibende**.

534. Welche Arten von Frachtgeschäften haben im

Es sind dies deren drei:
(1) Die **Beförderung von Umzugsgut**,

HGB wegen ihrer Eigentümlichkeiten eine Sonderregelung erfahren?

für die ergänzend die §§ 451–451h HGB gelten;
(2) der **multimodale Transport**, d. h. die Beförderung des Gutes aufgrund eines einheitlichen Frachtvertrages mit verschiedenartigen Beförderungsmitteln, auf den vorrangig die §§ 452–452d HGB Anwendung finden;
(3) das **Seefrachtrecht**, das in der Aufzählung des § 407 Abs. 3 HGB fehlt und statt dessen in den §§ 476–905 HGB eingehend geregelt ist.

b) Schadensersatzhaftung

535. a) Die Jenoptik AG beauftragt den Frachtführer Franzen, einen Infrarotlaser an den Augsburger Augenarzt Dr. Augentaler zu liefern. Franzen kommt mit seinem Fahrzeug bei plötzlich auftretendem Glatteis von der Fahrbahn ab und landet im Straßengraben. Dabei wird das hoch empfindliche Lasergerät zerstört. Frachtrechtliche Schadensersatzansprüche der Jenoptik AG gegen Franzen?
b) Muß Franzen auch für den entgangenen Gewinn der Jenoptik AG einstehen?
c) Kann sich die Jenoptik AG deliktsrechtlich hinsichtlich jener Schadensposten schadlos halten, die nach §§ 429 ff. HGB nicht ersatzfähig sind?

a) Den Eckpfeiler der frachtrechtlichen Haftungsordnung bildet die Vorschrift des **§ 425 Abs. 1 HGB**. Sie ist als **verschuldensunabhängige Haftung** konzipiert, die nach § 426 HGB nur dann entfällt, wenn der Schadenseintritt auch bei größter Sorgfalt unvermeidbar gewesen wäre. Vergleichbar dem § 7 StVG, ist insoweit der „ideale Frachtführer" als Maßstab heranzuziehen, der seine Fracht bei derartigen Wetterverhältnissen unterbrochen hätte. Demgemäß haftet Franzen hier dem Grunde nach § 425 Abs. 1 HGB.
b) Nein. **§ 429 HGB** beschränkt die Ersatzpflicht auf den Wert des Gutes und stuft damit **Folgeschäden** entgegen den §§ 249 ff. BGB als **nicht ersatzfähig** ein. Darüber hinaus sieht § 431 HGB einen **Haftungshöchstbetrag** vor, der an das Gewicht des transportierten Gutes anknüpft und hier womöglich weit hinter dem tatsächlichen Wert des Lasergeräts zurückbleibt.
c) Nein. § 434 HGB erstreckt die **handelsrechtlichen Haftungsbeschränkun-**

IV. Transport- und Lagerrecht 337

gen auch auf außervertragliche Ansprüche des Absenders. Das gilt insbesondere für Schadensersatzansprüche aus § 823 Abs. 1 BGB (abw. zum alten Recht noch *BGHZ* 46, 140, 141 ff.). Hinter alledem steht die rechtspolitische Erwägung, daß die Beförderung von Gütern mit erheblichen Gefahren einhergeht und dem Frachtführer deshalb eine haftungsrechtliche Privilegierung gebührt.

536. a) Wie steht es im vorangegangenen Fall, wenn Franzens angestellter Fahrer Fahrig den Unfall verursacht hat?
b) Kann die Jenoptik AG auch direkt gegen Fahrig vorgehen?

a) Eine Einstandspflicht des Franzen läßt sich dann aus § 425 HGB i. V. mit der **frachtrechtlichen „Leutehaftung"** des § 428 HGB herleiten, der als Zurechnungsnorm eine dem § 278 BGB vergleichbare Funktion wahrnimmt.
b) Ja. Allerdings sind gemäß § 436 HGB auch die Leute des Frachtführers in die Haftungsbefreiungen und -begrenzungen einbezogen, die in den §§ 407–450 HGB und im Frachtvertrag vorgesehen sind. Damit will der Gesetzgeber verhindern, daß diese strenger haften als der Frachtführer, weil anderenfalls über die arbeitsrechtliche Freistellungspflicht die Haftungsprivilegierung des Frachtführers ausgehöhlt würde.

c) Rechtsstellung des Empfängers und Zahlungsansprüche des Frachtführers

537. a) Salzmann beauftragt den Binnenschiffer Binder, 50 Tonnen Salz rheinabwärts von Heilbronn nach Bonn zu befördern und sie dort an Konrad zu übergeben. Hat Konrad gegen

a) Ja. Gemäß § 421 Abs. 1 S. 1 HGB ist er nach Ankunft des Gutes an der Ablieferungsstelle berechtigt, das Salz gegen Erfüllung der Verpflichtungen aus dem Frachtvertrag von Binder herauszuverlangen. Dogmatisch ist der **Frachtvertrag** demnach **kraft Gesetzes als Vertrag zu-**

Binder einen eigenen Anspruch auf Ablieferung des Salzes?
b) Wie steht es, wenn die Ware beschädigt in Bonn eintrifft?

gunsten Dritter i. S. d. § 328 BGB ausgestaltet. Allerdings muß Konrad bei Empfangnahme des Gutes nach § 421 Abs. 2 S. 1 HGB die noch unbeglichene Fracht entrichten.
b) Bei Beschädigung, verspäteter Ablieferung und Verlust des Gutes können nach § 421 Abs. 1 S. 2 HGB sowohl Salzmann als auch Konrad die Ansprüche aus dem Frachtvertrag im eigenen Namen gegen Binder geltend machen. Wir haben damit einen **gesetzlich geregelten Fall der Drittschadensliquidation** vor uns, der beim Versendungskauf einen Rückgriff auf die ungeschriebenen Regeln dieses Rechtsinstituts (vgl. Frage 527 zur Kommission) entbehrlich macht. Zwischen Empfänger und Absender besteht Gesamtgläubigerschaft i. S. von § 428 f. BGB.

538. a) Kann Salzmann dem Konrad schon Eigentum an dem Salz verschaffen, wenn die Ware noch rheinabwärts unterwegs ist?
b) Hat ein Eigentumswechsel stattgefunden, wenn Salzmann dem Konrad das Salz am 11. 8. um 16 Uhr unter Einigung und Übergabe des Ladescheins übereignet hat, das Schiff aber bereits um 13 Uhr auf Grund gelaufen war?

a) Ja. Zu diesem Zweck muß er Konrad den von Binder nach **§ 444 HGB** ausgestellten **Ladeschein** zukommen lassen. Gemäß § 448 HGB entfaltet die **Übergabe des Ladescheins** an den zum Empfang Legitimierten **dieselben Wirkungen wie die Übergabe des Gutes,** so daß ein Eigentumserwerb nach § 929 BGB möglich wird (vgl. zur im einzelnen streitigen Dogmatik *K. Schmidt,* § 24 III 2, S. 696 ff.). Eingeschliffener Begrifflichkeit zufolge bezeichnet man den **Ladeschein** deshalb auch als **Traditionspapier** (*traditio* = Übergabe). Gleiches gilt für den Orderlagerschein (§ 475 g HGB) und das seerechtliche Konnossement (§ 650 HGB).
b) Nein. Nach der herrschenden **Repräsentationstheorie** (vgl. *BGHZ* 49, 160,

163) vermag die Aushändigung des Ladescheins die Sachübergabe nicht zu ersetzen, wenn der Veräußerer zu diesem Zeitpunkt gar nicht mehr mittelbarer Besitzer ist: Ein mittelbarer Besitz, der nicht existiert, kann nicht mittels des Papiers übertragen werden.

539. a) Binder muß seine Fahrt in Mainz wegen eines nicht behebbaren Motorschadens abbrechen. Steht ihm gleichwohl ein Anspruch auf Teilvergütung zu?
b) Wie liegt es, wenn Salzmann die Erfüllung seiner kaufvertraglichen Verbindlichkeit gegenüber Konrad wegen der zeitlichen Verzögerung rechtlich unmöglich wird?
c) Ändert sich die Rechtslage im Fall b), wenn Konrad seine Fahrt wegen Rheinhochwassers vorzeitig beenden muß?

Ja. Gemäß § 420 Abs. 2 S. 1 HGB gebührt ihm die **anteilige Fracht (= Entgelt)** für den zurückgelegten Teil der Beförderung, soweit diese trotz des Hindernisses für Salzmann noch von Interesse ist.
b) Für diesen Fall sieht § 420 Abs. 2 S. 2 HGB einen **Wegfall des Vergütungsanspruchs** vor, weil Mängel des Transportmittels zu den spezifischen Risiken des Frachtführers gehören und demnach seinem „Risikobereich" zuzurechnen sind.
c) Das hängt davon ab, wie man den **Begriff des „Risikobereichs" des Frachtführers i. S. d. § 420 Abs. 2 S. 2 HGB** auslegt. Ausweislich der Gesetzesmaterialien sollte damit der in § 645 Abs. 1 S. 1 BGB angelegte Gedanke einer Sphärentheorie aufgegriffen und fortentwickelt werden (vgl. BT-Drucks. 13/8445, S. 53). Eine generelle Einstellung der Rheinschiffahrt wegen Hochwassers gehört zu jenen Hindernissen aus der „neutralen" Sphäre, die den Frachtführer richtigerweise nicht um seinen anteiligen Entgeltanspruch bringen (allgemein dazu *Canaris*, § 33 Rn. 52).

3. Speditionsgeschäft

540. Was versteht man im Rechtssinne unter einem

Entgegen dem allgemeinen Sprachgebrauch ist ein **Spediteur** im Rechtssinne

Spediteur?	gemäß § 453 Abs. 1 HGB nur zur Besorgung und nicht zur Durchführung des Transports verpflichtet. Darin unterscheidet er sich diametral vom Frachtführer, der die Beförderung nach § 407 Abs. 1 HGB selbst übernimmt. Beachte: Ausnahmsweise findet auch auf den Spediteur Frachtführerrecht Anwendung, wenn er sein Selbsteintrittsrecht nach § 458 HGB ausübt.
541. a) Wie lassen sich Berufsbild und Aufgabenstellung des Spediteurs beschreiben? b) Handeln Spediteure im eigenen oder im fremden Namen?	a) **Spediteure** sind im modernen Wirtschaftsleben **sachkundige Zwischenglieder bei der Transportorganisation.** Sie helfen, das Gut für die Beförderung vorzubereiten, nehmen die Zollabwicklung vor, wählen Reiseweg, Beförderungsart sowie einen Frachtführer aus und sichern Schadensersatzansprüche des Versenders (§ 454 Abs. 1 und 2 HGB). b) **Klassischer Vorstellung** zufolge schließt der Spediteur die erforderlichen Verträge in **mittelbarer Stellvertretung** für Rechnung des Versenders ab. Der französische *Code de commerce* rückt ihn deshalb als „commissionaire pour le transport" auch begrifflich in die Nähe eines Kommissionärs, dem Musterbeispiel mittelbarer Stellvertretung (vgl. Frage 516). Seit dem Transportrechtsreformgesetz von 1998 eröffnet § 454 Abs. 3 HGB aber ausdrücklich **auch die Möglichkeit unmittelbarer Stellvertretung.**
542. a) Welche gesetzlichen Vorschriften gelten für die Rechtsbeziehung zwischen Spediteur und Versender? b) Wie fügen sich die Allgemeinen deutschen Spedi-	a) Einschlägig sind zunächst die §§ 453–466 HGB; ergänzend gelten über § 675 Abs. 1 BGB Auftrags- und Werkvertragsrecht, weil es sich bei dem **Speditionsvertrag** um einen **Geschäftsbesorgungsvertrag mit Werkvertragscharakter** handelt.

IV. Transport- und Lagerrecht

teurbedingungen (ADSp.) in dieses Normengeflecht ein?

b) Sie haben keine Gesetzeskraft (vgl. *BGHZ* 9, 1, 2f.; 17, 1, 2), sondern sind **Allgemeine Geschäftsbedingungen,** die zuletzt auf der Grundlage der Transportrechtsreform von 1998 neu formuliert worden sind. Ihrer überragenden Bedeutung im Spediteurswesen wegen werden sie häufig schon kraft Handelsbrauchs in den Vertrag einbezogen (vgl. Frage 462).

543. Bauer Vollkorn hat mit Sperber einen Speditionsvertrag über eine Ladung Weizen unter Ausschluß der ADSp. geschlossen. Sperber beauftragt den ihm als sorgfältig bekannten Friederich in mittelbarer Stellvertretung mit der Beförderung. Infolge unzureichender Abdeckung während des Transports verdirbt die Weizenladung.
a) Hat Vollkorn Schadensersatzansprüche gegen Sperber?
b) Kann er sich wenigstens an Friederich halten?

a) Nein. Ein Schadensersatzanspruch nach § 280 BGB scheidet vorliegend aus: Da Sperber gemäß § 454 Abs. 1 HGB die Organisation der Beförderung nur zu „besorgen" und nicht durchzuführen hat, haftet er in bezug auf den Transport nur für eigenes Auswahlverschulden (vgl. *BGH* NJW-RR 1987, 1152), an dem es hier fehlt. Ein **Verschulden des Frachtführers** ist ihm weder nach **§ 278 BGB** noch im Rahmen der **„Leutehaftung" des § 462 HGB** zuzurechnen (vgl. *OLG Hamm* NJW-RR 1995, 1000).
b) Eigene vertragliche Ansprüche gegen Friederich stehen Vollkorn nicht zu; denkbar wäre allenfalls, den zwischen Sperber und Friederich geschlossenen Frachtvertrag als Vertrag mit Schutzwirkung zugunsten Dritter anzusehen. Die Rechtsprechung erlaubt es dem **Spediteur** in solchen Fällen allerdings, den Schaden des Versenders im Wege der **Drittschadensliquidation** geltend zu machen (vgl. *RGZ* 62, 331, 335; *BGH* NJW 1974, 1614, 1616; NJW 1989, 3099). Allerdings gilt dies nur für vertragliche Ansprüche; deliktische Ansprüche als Eigentümer des Frachtgutes gemäß § 823 Abs. 1 BGB kann und muß Vollkorn selbst liquidieren (vgl. *BGH* NJW 1998, 3205, 3206).

4. Lagergeschäft

544. Wie ist der Lagervertrag dogmatisch einzuordnen und welche Vorschriften finden auf ihn Anwendung?

Der **Lagervertrag ist eine spezielle Variante der entgeltlichen Verwahrung**, auf den die §§ 467 ff. HGB und ergänzend die §§ 688 ff. BGB anwendbar sind.

545. a) Weinliebhaber Riesling hat fünf Kartons Chateau Neuf du Pape in die Obhut des Lagerhalters Lange gegeben. Als er sie anläßlich seines 50. Geburtstages für eine Feier herausverlangt, sind die Flaschen nicht mehr aufzufinden. Vertragliche Ansprüche des Riesling gegen Lange, wenn die Ursache für das Verschwinden im Dunkeln bleibt?
b) Wie ist die Rechtslage, wenn der von Lange sorgfältig ausgewählte und überwachte Lagermeister Schluckspecht den Wein außerhalb seiner Dienstzeit entwendet hat?

a) Anders als den Frachtführer (§ 425 Abs. 1 HGB) und den Spediteur (§ 461 Abs. 1 HGB) trifft den **Lagerhalter** keine verschuldensunabhängige Obhutshaftung, sondern nach § 475 Abs. 1 HGB nur eine **verschuldensabhängige Einstandspflicht**. Allerdings muß er sich nach der gesetzlichen **Beweislastverteilung** des § 475 Abs. 1 HS. 2 HGB entlasten, wenn der Einlagerer darlegen und beweisen kann, daß die betreffenden Güter unversehrt in die Obhut des Lagerhalters gelangt sind (vgl. *BGH* NJW-RR 1986, 1361; NJW 1992, 367). Diese Exkulpation wird Lange nach Lage der Dinge mißlingen, so daß er dem Riesling zum Schadensersatz verpflichtet ist.

b) Eine allgemeine „Leutehaftung" nach dem Vorbild der §§ 428, 462 HGB ist im Lagerrecht nicht vorgesehen, so daß der Lagerhalter nach §§ **691 S. 3, 278 BGB** nur für das **Verschulden seiner Erfüllungsgehilfen** einstehen muß. Hier ist Schluckspecht sicherlich in die dem Lange obliegenden Verwahrungspflichten eingeschaltet, doch bleibt zu erörtern, ob er **in Ausführung** der ihm übertragenen Verbindlichkeiten **oder nur „bei Gelegenheit"** gehandelt hat. Dabei handelt es sich um ein allgemeines zivilrechtliches Abgrenzungsproblem, das nach herrschender Auffassung jedenfalls dann zu Lasten des Schuldners gelöst wird, wenn die Pflichtverletzung durch die Stellung der Hilfsperson ermöglicht oder wesentlich erleichtert wird (vertiefend *Medicus,* Schuldrecht I, Allgemeiner Teil, 15. Aufl. 2004, Rn. 332–333). So liegen die Dinge hier (vgl. im Ergebnis *RGZ* 101, 348).

546. Gemäß § 475c HGB kann über die Verpflichtung zur Auslieferung des Lagerguts vom Lagerhalter ein Lagerschein ausgestellt werden. Erläutern Sie am Beispiel des Lagerscheins die Einteilung der Wertpapiere!

Der Lagerschein begegnet in allen drei Varianten:

a) Er kann als **Rektalagerschein** (= Namenslagerschein) ausgestellt werden und berechtigt als solcher prinzipiell nur den namentlich Benannten.

b) Er ist als **Inhaberlagerschein** anzutreffen.

c) Er kann durch eine Orderklausel zum **Orderlagerschein** erklärt werden und gehört dann zu den kaufmännischen Orderpapieren des § 363 HGB.

547. Felderer hat 50 Tonnen Weizen bei Langer eingelagert und dafür einen Orderlagerschein erhalten. Als er in finanzielle Schwierigkeiten gerät, übereignet er den Weizen zur Sicherheit mittels Einigung und Übergabe des indossierten Orderlagerscheins an die Bauern-Bank. Wenig später übereignet er die Ware abermals durch Einigung und Abtretung des Herausgabeanspruchs an Körner, dem Langer versichert, er wolle fortan für ihn – Körner – besitzen. Bald darauf

Zu denken ist an einen Eigentumserwerb Körners nach § 929, 931 BGB. Allerdings hat Felderer den Weizen zuvor schon an die Bauern-Bank übereignet, so daß mangels Berechtigung des Felderer nurmehr ein gutgläubiger Erwerb vermittels §§ 931, 934 BGB in Betracht kommt. Hier gewinnt nun Bedeutung, daß über den Weizen ein **Orderlagerschein** gemäß § 475g HGB ausgestellt wurde. Dieser Orderlagerschein ist – wie der Ladeschein nach § 448 HGB (vgl. Frage 538) – ein **Traditionspapier,** was sich nach Auffassung der Rechtsprechung auf die allgemeinen bürgerlich-rechtlichen Übereignungsvorschriften auswirkt: Weil der Anspruch auf Herausgabe des Weizens in dem Traditionspapier verkörpert ist,

fällt Felderer in Insolvenz. Körner fragt Sie mit bangem Blick, ob er Eigentümer des eingelagerten Weizens geworden ist.

bleibt er untrennbar mit der Urkunde verbunden und kann nicht gesondert abgetreten werden. In Leitsätze gekleidet: „**Lagergut,** über das ein **Orderlagerschein** ausgestellt ist, kann **nach § 931 BGB** durch Einigung und Abtretung des Herausgabeanspruchs **nur übereignet** werden, **wenn gleichzeitig auch das Papier übergeben wird.** Dies gilt auch dann, wenn der Veräußerer nicht der Eigentümer ist und das Vorhandensein des Orderlagerscheins bei der Abtretungserklärung verschweigt. § 934 BGB schützt nicht den guten Glauben daran, daß der Herausgabeanspruch nicht in einem Orderlagerschein verbrieft ist" (*BGHZ* 49, 160). Demnach hat Körner vorliegend das Nachsehen.

Sachverzeichnis

Die Zahlen bezeichnen die Nummern der Fälle

Absatzformen 266
Absatzmittler, Typenreihe 303
Absatzmittlungsverhältnisse, moderne 301 ff.
Abschlußprüfer
– Anforderungsprofil 412
– Haftung 415
– Unabhängigkeit 412 ff.
Abschlußprüfung 409 ff.
Abschreibungen
– Arten 377 ff.
– Methoden 377
Abtretungsverbot, Einschränkungen 467
ADHGB 4
Aktivposten 353
Allgemeine Geschäftsbedingungen
– Einbeziehung 462
– Inhaltskontrolle 462 f.
Anlagevermögen 351 f.
Ansatzvorschriften 356 ff.
Anschaffungskosten 375
Anteilskauf 214
Arbeitsrecht
– im HGB 5
– Scheinselbständigkeit 319
asset deal 214
Auftragsbestätigung 457
Ausgleichsanspruch
– Franchisenehmer 318
– Handelsvertreter 286 ff.
– Vertragshändler 310 f.
Auskunftsanspruch, aktienrechtlicher 383, 421

Bauten auf fremdem Grund und Boden 361
Berufe, freie 40 ff.
Bestätigungsschreiben, kaufmännisches 452 ff.

– Abgrenzungen zur Auftragsbestätigung 457
– Irrtumsanfechtung 455
– Normzweck 452
– Tatbestandsvoraussetzungen 453 ff.
– Zugang 453
Bestimmungskauf 491 ff.
Beteiligungskauf 214
Bewertungsgrundsätze
– Bilanzidentität 374
– Einzelbewertung 374
– going concern 374
– Periodenabgrenzung 374
– Stetigkeit 374
Bewertungsvorschriften 356, 374 ff.
Bilanz
– Ansatzvorschriften 356 ff.
– Bewertungsvorschriften 374 ff.
– Gliederungsprinzipien 352
– Grundaufbau 351
Bilanzanalyse 339 ff.
Bilanzierung
– Geschichte der 330
– Immaterielle Vermögensgegenstände 366
– Leasinggüter 360
– Nutzungsvorteile 359
– Pensionsrückstellungen 370
– Rückstellungen 370
– Werbefeldzug 359
Bilanzierungsverbot 353
Bilanzierungswahlrecht 353
Bilanzierungsziele 330 f.
Bilanzierungszuständigkeiten 342 ff.
Bilanzkontrollgesetz 421 b
Bilanzpolitik 337 ff.
– Begriff 337
– Instrumente 338
Bilanzrechtsprechung 347

Bilanzrechtsreformgesetz 422, 430
Bilanzrichtliniengesetz 325
Bilanzwahrheit 363, 389
Bildzeichen als Firma 133
Börsenkurs, Unternehmensbewertung 225
Buchführungspflicht 349
Bundesoberhandelsgericht 4
Bürgerliches Recht, Verhältnis zum Handelsrecht 20 ff.
Bürgschaft 461

cash flow 341
Centros-Fall 96
cif-Klausel 18
CISG 514
Code de commerce 2, 4
Control-Konzept 398

Daihatsu-Fall 417 f.
Datenverarbeitung, private 88
Deckungsverkauf 490 f.
Delkredereprovision 278
Discounted Cash Flow Verfahren 223
Doktortitel, Firmenbestandteil 147
Domain-Adresse 164
Drittschadensliquidation 527, 537, 543
due diligence 217
Duldungsprokura 233

Eigenbetrieb 35
Eigenhändler 304
Eigenkapital 372, 391
Einfirmenvertreter 272
Einheitsbilanzklausel 334
Einheitstheorie, Konzernrechnungslegung 397
Einkaufskommission 523
Einrichtungen, kaufmännische 44 ff.
Enforcement 421 b
Enforcement-Lücke 421 a
Entgeltlichkeit, Grundsatz der 465
Equity-Methode 408
Ergänzungssätze zu § 15 HGB 120 f.
Ertragswertmethode 222

Erwartungslücke, Abschlußprüfung 411
Europäischer Gerichtshof 17, 348
Europäisches Handelsrecht 16

Fälligkeitszinsen 440
Fiktivkaufmann 60 ff.
Filiale 94
Firma 122 ff.
– abgeleitete 127
– Arten 126 f.
– einfache, zusammengesetzte 127
– Kennzeichnungseignung 131 ff.
– Mischfirma 127
– Personen-, Sach-, Fantasie- 126
– Unterscheidungskraft 134 ff.
Firmenbildung 126 ff.
– bei Handelsgesellschaften 137 ff.
– untersagte 140 ff.
Firmenfortführung 148 ff.
Firmenführung, mehrfache 149 f.
Firmengrundsätze 143 ff.
– Firmenausschließlichkeit 151
– Firmenbeständigkeit 155 ff.
– Firmeneinheit 149 f.
– Firmenunterscheidbarkeit 151 ff.
– Firmenwahrheit 143 ff.
Firmennamensrecht 125
Firmenordnungsrecht 125
Firmenschutz 162 ff.
Firmenwert 123
Fixgeschäft, relatives 492
Formfreiheit, erweiterte 7, 461
Formkaufmann 29, 65 f.
Fortführung eines Handelsgeschäfts durch den Erben
– Haftung 187 ff.
– Haftungsausschluß 192 f.
– Haftungsvoraussetzungen 189 ff.
Fortführung eines Handelsgeschäfts unter Lebenden
– Forderungsübergang auf den Erwerber 183 ff.
– Haftung 169 ff.
– Haftung aus besonderem Verpflichtungsgrund 186
– Haftungsausschluß 179 f.

Sachverzeichnis

- Haftungstheorien 169
- Haftungsvoraussetzungen 173 ff.
- Nachhaftungsbegrenzung 181 f.
Frachtführer
- Haftung 535 f.
- Kaufmannseigenschaft 533
Frachtgeschäft 532 ff.
Franchising 312 ff.
- Arten 314
- Einordnung 315
- Informationshaftung 320
- Ausgleichsanspruch 318
- Scheinselbständigkeit 319
Freie Berufe 40 ff.

Garantie 219
Gattungsbezeichnung 136, 166
Gerichtsstandsvereinbarung 460
Gesamtprokura 236 ff.
Geschäftsbezeichnung 128 f.
Geschäftseintritt in einzelkaufmännische Unternehmen 194 ff.
Geschäftsfähigkeit, beschränkte 49
Geschäftsübernahme s. Fortführung eines Handelsgeschäfts
Gewerbe 32 ff.
Gewerbe, Betreiben des 48 ff.
Gewerbetrieb, eingerichteter und ausgeübter 204 ff.
Gewinn- und Verlustrechnung 354
Gewinnerzielungsabsicht 35
Girovertrag 471
GmbH & Co.-Richtlinie 387
Goldschmidt, Levin 8
Grundlagengeschäft 242
Grundsätze ordnungsmäßiger Buchführung 355
Gutgläubiger Erwerb 476 ff.

Handelsbrauch 444 ff.
Handelsfirma s. Firma
Handelsgeschäft
- Begriff 438
- einseitiges, zweiseitiges 443
- Hilfsgeschäfte 440
- Vorbereitungsgeschäfte 440

- Zugehörigkeit zum Handelsgewerbe 441
Handelsgesellschaften, Kaufleute 67 ff.
Handelsgewerbe 43 ff.
Handelskauf 484 ff.
- Bestimmungs- und Fixhandelskauf 491 ff.
- Gläubigerverzug 487 ff.
- Rügeobliegenheit 493 ff.
- Rügeobliegenheit und BGB-Kaufrecht 507
- Rügeobliegenheit und Lieferantenkette 507 f.
- Selbsthilfeverkauf 489 f.
Handelsklauseln 18
Handelsmakler 296 ff.
- Unterschiede zum Handelsvertreter 299
- Unterschiede zum Zivilmakler 300
Handelsrecht
- Definition 1
- Anknüpfungspunkte 2
- Charakteristika 7
- und Bürgerliches Recht 20 ff.
- Verselbständigung 21 f.
Handelsrechtsreformgesetz 10
Handelsregister
- Einsichtnahme und Bekanntmachung 86 ff.
- Funktion und Führung 74 ff.
- registergerichtliches Prüfungsrecht 83 ff.
Handelsregisterauszug 90
Handelsregistereintrag
- deklaratorische und konstitutive Eintragungen 82
- eintragungspflichtige und eintragungsfähige Tatsachen 79 ff.
Handelsregisterverfügung 77
Handelsschiedsgerichtsbarkeit 28
Handelsvertreter
- Ausgleichsanspruch 286 ff.
- Einfirmenvertreter 272
- Einordnung 266 ff.
- Internationales Privatrecht 292
- Pflichten 273 ff.

– Provisionsanspruch 277 ff.
– Selbständigkeit 270
– Vertragsbeendigung 283 ff.
– Wettbewerbsverbot 274, 285
Handlungsvollmacht
– Abgrenzung zur Prokura 252
– Arten 254 ff.
– Einordnung 251
– Erlöschen 259 f.
– im Außendienst 257 f.
– Unwiderruflichkeit 260
Hauptniederlassung 91
Herstellungskosten 376

IAS 426 ff.
IAS-Verordnung 422, 426
IFRS 426 ff.
Imparitätsprinzip 374
Incoterms 18
Industrie- und Handelskammer 25 f.
Ingmar-Fall 292
Insiderhandelsverbot 220 f.
Inspire Art-Fall 97
Interessentheorie, Konzernrechnungslegung 397
International Accounting Standards 426 ff.
Internationale Handelskammer 27
International Financial Reporting Standards 426 ff.
Internet-Adresse 166
Irreführungsverbot 143 ff.
Istkaufmann 29, 32 ff.

Jahresabschluß
– Anhang 350, 385
– Aufstellung 343
– Feststellung 343 f.
– Offenlegung 416 ff.
– Prüfung 409 ff.

Kammer für Handelssachen 24
Kannkaufmann, kleingewerblicher 53 ff.
Kannkaufmann, land- oder forstwirtschaftlicher 57 ff.

Kapitalaufnahmeerleichterungsgesetz 399
Kaufmann
– Begriff 11, 29 ff.
– Fiktiv- 60 ff.
– Form- 65 f.
– Kann- 53 ff., 57 ff.
– Schein- 70 ff.
Kaufmannseigenschaft
– Beginn 50
– Ende 51 f.
– Geschäftsfähigkeit 49
– GmbH-Geschäftsführer 48
– Insolvenzverwalter 48
– Kommanditist 48
– OHG-Gesellschafter 48
– Prokurist 48
Kommission 516 ff.
– Arten 517
– Aufrechnung 526
– Bestandteile des Kommissionsgeschäfts 518
– Effektenkommission 516
– Einordnung 519
– Rechtszuordnung und Eigentumserwerb 522 ff.
Kommissionär
– Kaufmann 521
– Selbsteintrittsrecht 529
Kommissionsagent 303
Konsolidierung
– Konsolidierungskreis 400 ff.
– Konsolidierungsmaßnahmen 405 ff.
– Konsolidierungsstelle 403
Kontokorrent 468 ff.
– Begriff 468
– Bestandteile 470
– Girokonto 471
– Pfändbarkeit 474
Konzernabschluß 393 ff.
– nach international anerkannten Rechnungslegungsvorschriften 399, 422
– Bilanzansatz- und Bewertungsregeln 402 ff.
Konzernbilanzpolitik 404
Konzernrechnungslegung 396 ff.

Sachverzeichnis

- Geschichte 396
- Bedeutung 395 f.
- Funktionen 394
- Konzeptionen 397
Kosten- und Leistungsrechnung 323

Ladenangestellte, Stellvertretung 261 ff.
Ladeschein 538
Lagebericht 392
Lagergeschäft 544 ff.
Lagerschein 546
Landwirtschaft 57 ff.
Leasing, Bilanzierung 360
letter of intent 218
lex mercatoria 19
Liquidationswert 222

Mängelrüge beim Handelskauf 493 ff.
Mantelverwertung 160
Marke 130
Markenschutz 130, 163 ff.
Maßgeblichkeitsprinzip 333
memorandum of understanding 218

Nachhaftungsbegrenzung 181 f.
Nebenbetrieb, landwirtschaftlicher 57 ff.
Negativattest 86
Niederlassung 91

Objektives System 2
Offenlegung des Jahresabschlusses 416 ff.
Orderlagerschein 547

Passivposten 353
Primärtatsachen 109
Privatvermögen 365
Prokura
- Arten 236 ff.
- Erlöschen 245 ff.
- Erteilung 232 ff.
- Gesamtprokura 236 ff.
- und Grundverhältnis 231
- Mißbrauch 249 ff.
- Rechtsnatur 230 f.

- Sonderrecht 246
- Umfang 239 ff.
- Widerruf 245
Provision 278
Prüfstelle für Rechnungslegung 421 b
Prüfung, Jahresabschluß 409 ff.
Publizität des Handelsregisters 98 ff.
- negative 99, 100 ff.
- positive 99, 116 ff.
- Wirkung eingetragener und bekannt gemachter Tatsachen 110 ff.

Realisationsprinzip 374
Rechnungsabgrenzungsposten 373
Rechnungslegung 321 ff.
- im Konzern 396 ff.
- Internationalisierung 422 ff.
Rechnungswesen 322 f.
Recht am eingerichteten und ausgeübten Gewerbebetrieb 204 ff.
- Kasuistik 206
- Rechtswidrigkeit des Eingriffs 208, 210
- Subsidiarität 209
Rechtsscheintatbestand 71
Registergericht 76
Registerzwang 84
Reichsoberhandelsgericht 4
Reserven, stille 381 ff.
Rosinentheorie 108
Rücklagen 391
Rückstellungen 367 ff.
Rügeobliegenheit beim Handelskauf 493 ff.
rules versus standards 434

Saisonbetrieb 52
Scheinkaufmann 70 ff.
Scheinselbständigkeit 319
Schuldschein 442
Schweigen im Handelsverkehr 448 ff.
Sekundäre Unrichtigkeit 106
Sekundärtatsachen 109
Selbsthilfeverkauf 490
share deal 214
Sogwirkung der Marke 310
Sonderbilanz 335 f.

Spediteur
- Berufsbild 541
- Haftung 543
Speditionsgeschäft 540 ff.
Spezifikationskauf 491 ff.
Standardisierungsgremium 425
Staub, Hermann 9
Stellvertretung
- handelsrechtliche 226 ff.
- organschaftliche 228
- durch Ladenangestellte 261 ff.
Steuerbilanz 332 f.
stille Reserven 381 ff.
Streckengeschäft 501
subjektives System 2
Substanzwert 222

Tomberger-Fall 362 ff.
Trade Terms 18
Traditionspapier 538, 547
Transportrechtsreformgesetz 530
true and fair view 389

Überschuldungsbilanz 336
UNIDROIT 19
UN-Kaufrecht 514 f.
Unternehmen, Begriff 12 f., 198 ff.
Unternehmensbewertung 222 ff.
unternehmensbezogenes Geschäft, Stellvertretung 229
Unternehmensgesetzbuch 12
Unternehmenskauf 212 ff.
- Arten 214
- Mängelhaftung 215 ff.
Unternehmenspublizität 78, 420
Unternehmensschutz 204 ff.
Unternehmensträger 199 f.
Unternehmensvermögen, Bilanzierung 365
US-GAAP 431 ff.

Veranlassungsprinzip 118
Verbrauchsgüterkauf 512 f.

Verkaufskommission 522
Vermögensbilanz 335 f.
Vermögensgegenstand 358
Vertragshändler 304 ff.
- Einordnung 305
- Gruppenfreistellungsverordnung 307
- Mehrmarkenvertrieb 307
- Wettbewerbsverbot 307
- Ausgleichsanspruch 310 f.
Vertragsschluß durch Schweigen 448 ff.
Vertragsstrafe 459
Vertrauensschutz
- bei fehlender Voreintragung 106
- gegen den Registerinhalt 113 f.
Vertretungsmacht
- Mißbrauch 249 ff.
- organschaftliche 228
Vertriebskanäle 266
Vertriebssysteme, moderne 301 f.
Vorbereitungsgeschäfte 50, 440
Vor-GmbH 197
Vorsichtsprinzip 374

Weltabschlußprinzip 400
Wertaufhellungsprinzip 379
Wertaufholungsgebot 390
Wettbewerbsverbot
- Handelsvertreter 274
- Vertragshändler 307
- nachvertragliches 285
Wirtschaftliche Betrachtung 360 f.
Wirtschaftsgut 358

Zerschlagungswert 222
Zinseszinsverbot 475
Zurechenbarkeit von Vermögensgegenständen 360
Zurückbehaltungsrecht, kaufmännisches 482 ff.
Zweigniederlassung 91 ff.